浙江大学求是史学丛书

求 知 集

龚缨晏 著

商务印书馆
2006年·北京

图书在版编目(CIP)数据

求知集/龚缨晏著.—北京:商务印书馆,2006
(浙江大学求是史学丛书)
ISBN 7-100-04485-5

Ⅰ.求… Ⅱ.龚… Ⅲ.史学－文集 Ⅳ.K0—53

中国版本图书馆 CIP 数据核字(2005)第 052204 号

所有权利保留。
未经许可,不得以任何方式使用。

本书系浙江大学"211 工程"二期
重点学科建设项目成果。

求　知　集
龚缨晏　著

商　务　印　书　馆　出　版
(北京王府井大街 36 号　邮政编码 100710)
商　务　印　书　馆　发　行
北京市白帆印务有限公司印刷
ISBN 7-100-04485-5/K·859

2006 年 12 月第 1 版　　　开本 880×1230 1/32
2006 年 12 月北京第 1 次印刷　印张 14⅝
定价:25.00 元

目 录

上 编

关于人类起源的几个问题 …………………………………… 2
关于"劳动创造人"的命题 ………………………………… 9
让我们脚踏实地地迈向新世纪——直立行走及我们的学术 … 23
人类远祖的新发现 …………………………………………… 41
现代人类起源的理论问题 …………………………………… 46
关于印欧语系的起源问题 …………………………………… 55
现代西方关于国家起源的理论 ……………………………… 62
西方学者对"酋邦"的研究 ………………………………… 76
略论中国的史前酋邦 ………………………………………… 86
从村落到国家：墨西哥瓦哈卡谷地研究 …………………… 97
线形文字 B 及其释读 ………………………………………… 107
迈锡尼时代及其社会制度 …………………………………… 114
外国重要考古遗址与文化 …………………………………… 125
关于古代中国与美洲的交往问题 …………………………… 140
古代美洲奥尔梅克玉器匡谬——兼论古代中国与美洲的交往
　问题 ………………………………………………………… 149

下　编

宝云义通:来自朝鲜半岛的天台宗祖师 …………………… 156
佛国寺双塔与中国古塔的比较研究 …………………………… 172
马可·波罗对杭州的记述 ……………………………………… 188
马可·波罗与万里长城——兼评《马可·波罗到过
　中国吗?》 ……………………………………………………… 203
欧洲人对宁波的最早记述:文献与地图 ……………………… 229
近年来 Liampo、双屿研究述评 ………………………………… 241
"牛皮得地"故事的流传 ………………………………………… 254
明末记述澳门的浙江人 ………………………………………… 272
关于鸦片在中国早期传播的若干问题 ………………………… 279
1840 年前输入中国的鸦片数量 ………………………………… 309
鸦片战争前中国人对英国的认识 ……………………………… 327
哥德堡号沉船与 18 世纪中西关系史研究——读《对华贸易
　的黄金时代》 ………………………………………………… 360
中西交流的物证——读《贸易与发现》 ……………………… 375
"西学东渐"时代的东学西传——评《中国科学技术的西传
　及其影响》 …………………………………………………… 385
欧洲传教士对中国地理学的影响:地图学的证据 …………… 394
附图 ……………………………………………………………… 437
后记:让人类的求知欲在现代大学中自由翱翔 ……………… 458

上 编

关于人类起源的几个问题*

人类起源是原始社会史的重要内容,也是人类一直努力探索的重大问题。现代科学的不断发展,一方面加深了我们对人类起源问题的认识,另一方面也使我们不得不改变对此问题的某些基本看法。

一、人类的近亲

19世纪,进化论的创立者们一致认为,猿类与人类有共同的祖先,它们是人类的近亲。长期以来人们对于人猿关系的看法,集中地反映在我国史学界目前流行的观点之中:"人和猿来源于共同的祖先,约在中新世时期,便开始从主干上分开,一支发展为现代猿,另一支发展为现代人。在生物分类上,前一支上的所有种类都归属猿科(Pongidae),后一支上的所有种类都归属人科(Hominidae)。"①但事实上,现代科学关于人猿关系的看法,远远不是这样简单明确、肯定一致的。

世界上现存的猿共有四种:黑猩猩、大猩猩、猩猩、长臂猿,前

---

* 本文原载《世界历史》1994年第2期。
① 林耀华:《原始社会史》,中华书局1984年版,第19页。

两种是非洲猿,后两种为亚洲猿。20世纪60年代初,戈德曼等人通过血清蛋白的免疫学研究发现,非洲猿在亲缘关系上与人类比较接近,而非洲猿与亚洲猿之间的亲缘关系则较远。① 同时其他人对血红蛋白和染色体所作的研究、70年代的免疫距离和电泳分析,都表明非洲猿与人类之间的亲缘关系要远远超过它们与亚洲猿之间的亲缘关系。②

70年代发展起来的DNA(脱氧核糖核酸)杂交技术,则是从分子的角度确定不同生物之间关系的最直接的方法。研究表明,人类与非洲猿的细胞核DNA碱基序列非常相似,而人类与亚洲猿的细胞核DNA碱基序列有较大的差异;非洲猿与猩猩之间的亦有较大差异。从染色体的数目及带型上看,人类与亚洲猿之间存着较大差别,人类与非洲猿之间却有许多共同之处,特别是G带,人类与黑猩猩的几乎一样。80年代,人们用限制性内切酶对细胞中的线粒体DNA进行了大量的研究。布朗等人根据碱基序列分析指出,非洲猿(特别是黑猩猩)同人类的亲缘关系十分紧密,而亚洲猿(特别是长臂猿)同人类的亲缘关系却较疏远。80年代其他科学家对线粒体DNA所作的各种研究,也证明了布朗的结论。③

60年代开始的分子生物学成果日益表明,在灵长类的进化过

---

① 戈德曼(M. Goodman):《血清蛋白所反映的人类在灵长类谱系中的地位》,沃雪本主编:《生物分类与人类进化》(S. L. Washburn, *Classification and Human Evolution*),芝加哥1963年版。
② 斯宾塞主编:《美国体质人类学史》(F. Spencer, *A History of American Physical Anthropology*),纽约1982年版,第五章。
③ 斯普勒(J. N. Spuhler):《猴、猿、人的线粒体DNA进化》,《1988年体质人类学年鉴》(*Yearbook of Physical Anthropology*,1988),纽约1988年版,第31卷。

程中,先是长臂猿分化出去,然后是猩猩,最后是人类与非洲猿的分离。也就是说,现生的四种猿类并不是一个单源群,不能归在一个种类中,其中的非洲猿更接近于人类,因此应当从猿科中划出与人类归在一起。所以在现代分类学上形成了一个新的分类法。人猿超科被分成了三科:长臂猿科、原康尔修猿科、人科。人科又分为三个亚科:森林古猿亚科、猿亚科、人亚科,人亚科中包括以下几个属:黑猩猩属、大猩猩属、人属、南方古猿属。现在的猩猩以及已灭绝的西瓦古猿、巨猿等都被归到猿亚科中。①

那么,人、大猩猩、黑猩猩之间的亲缘关系又是怎样的呢? 80年代至今,人们主要讨论的就是这个问题。形态学及分子生物学的研究表明,不可能从一个共同的祖先那儿同时分化出这三种灵长类,因此,目前主要有两种观点。一种依据形态学认为,先是分化出人与非洲猿这两大支,后来非洲猿又分化出大猩猩与黑猩猩。另一种主要根据分子生物学,认为大猩猩先分化出去,后来才发生人与黑猩猩的分化;也就是说,人和黑猩猩是一个单源群,拥有最后的共同祖先,这两者之间的亲缘关系最为紧密。上述两种理论都有许多支持者,但从讨论的情况来看,后一种观点的支持者要多一些,所提出的证据也更有说服力。②

从化石材料上看,这个时期的化石只有在肯尼亚的萨布鲁山发现的一块上颌骨,地层年代为 600 万至 900 万年前,它的白齿形态与大猩猩的十分相似。所以许多人认为,大猩猩此时已经作为

---

① 塔特沙等:《人类进化与史前史百科全书》(I. Tattersal, *Encyclopedia of Human Evolution and Prehistory*),纽约,1988 年版,《灵长类分类表》。
② 格罗夫(C. P. Groves):《用 PHYLID 程序检验人猿超科谱系》,《人类进化杂志》(*Journal of Human Evolution*),1991 年第 20 卷第 2 期。

一个独立的分支产生了,而人类与黑猩猩此时尚未分离开来。可惜这块化石有许多问题还不清楚,不能作为最后证据。

总之,综合目前的材料,将现生的所有猿类作为一个单源群来看待,是不正确的。人类的近亲并不是所有的猿类,而只是其中的非洲猿类;与人类亲缘关系最为密切的则很可能是黑猩猩,因此,动物分类学中将非洲猿与亚洲猩猩划归同一科的分类法、史学界关于人、猿二分的观点,都应当改变。

二、人类的远祖

20世纪初,在印度的西瓦立克山区发现了一些化石。1934年,刘易斯将其中的一块上颌骨定名为"腊玛古猿",并认为腊玛古猿显然类似于人,是早期人科的化石代表。当时这一观点未能引起人们的重视。1961年,西蒙重新论证了刘易斯的观点,指出腊玛古猿的牙齿和下颌骨都具有人科的特征,西蒙的观点得到了皮尔比姆的支持。皮尔比姆说:人科牙齿的大部分特征都可以在腊玛古猿中找到,例如齿弓成抛物线状。他进一步指出,距今1400万年前,以某些森林古猿为代表的古猿向现代猿类发展,与此相并行,以腊玛古猿为代表的古猿则向现代人类进化,"广义上说,腊玛古猿是后来人科的祖先"。①

自70年代起,人们对腊玛古猿的看法逐渐在改变。

首先,根据分子生物学的计算,早在60年代中期,萨里奇等人

---

① 皮尔比姆(D. R. Pilbeam):《最早的人科》,《自然》(Nature)1968年第219卷,第220页。

就提出人类和猿类相分离的时间不会超过 500 万年,因此,1400万年前的腊玛古猿不可能是人科。① 当时,分子生物学的这个结论遭到了许多人特别是古人类学家的反对。但到了 80 年代,越来越多的人接受了这种观点。当然,由于所依据材料及计算方法的不同,分子生物学家们的结论也不尽相同。如根据 DNA 杂交计算,人和非洲猿分离的时间是 1000 万至 600 万年前;根据 DNA 序列分析,人、猿分离的时间为 800 万至 500 万年前。无论如何,腊玛古猿的年代都大大早于人与非洲猿相分离的时代。

其次,随着腊玛古猿化石在世界各地的不断发现,古人类学家的观点也发生了重大变化。他们认为,西蒙关于腊玛古猿齿弓的看法,是基于对化石的错误修复而得出的。1978 年,皮尔比姆说,"腊玛古猿并无抛物线状的齿弓;而且齿弓形状也根本不是什么特别重要的解剖学特征",腊玛古猿与同时代的其他古猿并无多少区别,也不具备后来人类的特征。② 1980 年,格林费尔德提出,人和猿的最后的共同祖先很可能是西瓦古猿,西瓦古猿与腊玛古猿是"同义的",③ 这样就否定了腊玛古猿是早期人科,同时意味着要取消腊玛古猿这一属名,而将它归入西瓦古猿。后来,安德鲁等人进一步指出:西瓦古猿至少有三四个种,其中包括腊玛古猿。从形态学上看,西瓦古猿与猩猩在牙齿及脑型上有十几个共同特征,但西瓦古猿与人类只有两个特征相似,而且这两个特征也是并行进化

---

① 萨里奇:《从分子生物学角度探讨人类起源》,萨里奇主编:《人类的经历》(V. Sarich, *Background of Man*),波士顿 1971 年版。

② 皮尔比姆:《人类起源的重新思考》,《发现》(*Discovery*),1978 年第 13 卷第 1 期。

③ 格林费尔德(L. O. Greenfield):《晚近分化假设》,《美国体质人类学杂志》(*American Journal of Physical Anthropology*) 1980 年第 52 卷,第 351 页。

的结果。① 这样,西瓦古猿(腊玛古猿)在分类上就和猩猩一起被归在猿亚科中,西瓦古猿是猩猩的先祖,而不是人类的远祖。这是80年代至今普遍流行的观点。我国人类学家近来也开始赞同这个观点。现在,腊玛古猿或被看作西瓦古猿的一个种,或是西瓦古猿的雌性个体,或是与西瓦古猿有密切联系的古猿,等等。

大概距今550万年前,进入了上新世。上新世的南方古猿是目前可以肯定的最早的人科成员。南方古猿一般分为以下几个种:阿法种(400万至300万年前)、非洲种(300万至230万年前)、粗壮种(180万至150万年前)、鲍氏种(220万至140万年前)、埃塞俄比亚种(250万年前左右),近来有人还提出了第六个种。② 对于南方古猿尚有不同看法,但有两点是比较一致的。

第一,由于人类是在240万年前出现的,因此,除了阿法种和早期非洲种外,南方古猿其他种都不可能是人类的祖先,而是与人类并行进化的旁系,这些旁系后来都灭绝了。第二,由于阿法种的年代最早,所保留的原始特征也最多,因此它是人类与南方古猿其他种的共同祖先。讨论的焦点在于非洲种的地位上。有人认为,从阿法种直接发展出非洲种与人类两支。也有人认为,阿法种发展到非洲种,再从非洲种发展到人类。③ 目前主张后一种观点的人越来越多,即人类最直接的祖先是南方古猿非洲种。

上新世晚期,出现了可以确认的最早的人属,即能人,绝对年

---

① 安德鲁(P. Andrews):《西瓦古猿与腊玛古猿的关系以及猩猩的进化》,《自然》1982年第297卷,第541页。
② 参见《美国体质人类学杂志》1990年第82卷第2期,拉提莫(B. Latimer)等人文章。
③ 乔里:《体质人类学与考古学》(C. J. Jooly, *Physical Anthropology and Archaeology*),纽约1986年版,第8章。

代为 230 万年至 180 万年前,生活在撒哈拉大沙漠以南地区。与此同时,在非洲的这些地区出现了最早的石器工具,年代为 240 万至 230 万年前。这绝不是一个偶然的巧合,它标志着作为工具制造者的人类的诞生。由于最早的人科化石、最早的人属化石、最早的石器工具都是在非洲发现的,因此人类的发源地很可能就在非洲。

从 70 年代起,我国学术界对从猿到人的过渡问题进行了比较热烈的讨论。毛昭晰等认为,在人类的起源过程中,存在着一个从猿到人的过渡时期,即"正在形成中的人"。[①] 这个观点受到了一些同志的反对。总结近几年国际科学界的成果,毛昭晰等人的观点无疑是正确的。因为无论从分子生物学还是化石材料上看,人和猿开始分离的时间约在 1000 万至 500 万年之前,但最早的人属和最早的石器都是在 240 万年前才出现。也就是说,人的系统和猿的系统相分离后,并不是立即具备人的体质特征,更不会制造工具,这里有个相当长的过渡时期。当然,这个过渡阶段的情况比较复杂,目前许多问题尚不清楚。

长期以来,研究人类起源主要依靠化石。60 年代后,分子生物学也成了一个重要依据,由于目前发现的化石很少,分子生物学还很年轻,所以还不能完全认识人类自身的起源问题。随着科学研究的不断深入,我们的认识也在不断地变化,这是极其正常的,反映了科学的进步。人类的科学正是在这种曲折的过程中得到发展的。

---

① 毛昭晰:《蒙昧时代低级阶段是从猿到人的过渡时期》,《世界历史》1983 年第 3 期。

关于"劳动创造人"的命题*

"劳动创造人"是我国理论界的一个基本命题,解放后对此命题进行过多次讨论。① 这个命题的主要内容是:古猿下到地面后,为了生存,手越来越多地使用天然工具以获取食物和抵御敌害,而脚则经常用于走路,最后直立行走。这样,"手变得自由了,能够不断地获得新的技巧,而这样获得的灵活性便遗传下来,一代一代地增加着。"手脚分工和直立行走,又使其他器官发生了一系列变化。在劳动中,社会成员必须经常地交流思想以加强合作,这种需要使猿的喉头及口部器官发生变化,导致语言的产生。在语言和劳动的推动下,猿的脑髓又发展为人的脑髓。因此,劳动是古猿转变到人的决定因素。② 我们认为,根据现代科学成果,在古猿向人类的进化过程中,劳动并不是一个决定性的因素。"劳动创造人"的命题不能绝对化、简单化。

一

从生物学上看,"劳动创造人"的命题包含着以下观点:动物的

---

* 本文原载《史学理论研究》1994 年第 2 期。
① 讨论情况参见《社会科学争鸣大系·历史卷》,上海人民出版社 1991 年版,第 597—602 页。
② 林耀华:《原始社会史》,中华书局 1984 年版,第 4—10 页。

需要和主观努力可以使器官发生变化；经常使用的器官能够得到发展；不使用的器官则要退化，即用进废退；在后天环境中获得的性状是可以遗传的，即获得性遗传；环境的变化使生物性状发生改变，通过获得性遗传形成新的物种。显然，这种观点正是拉马克学说的基本内容。但是，现代生物学已经否定了拉马克学说，因此，"劳动创造人"的命题也就失去了其生物学根据。

1. 什么是遗传物质。在拉马克看来，生物为适应环境而产生的性状通过繁殖而遗传给子代，这种后天获得的性状就是遗传物质。"劳动创造人"的理论也认为，直立行走、手因经常使用而获得的灵活性、器官的种种变化都是世代相传的遗传物质。

1866年，孟德尔发现了遗传的基本规律：细胞中存在着一种遗传因子，它控制着生物的性状；相对的遗传因子，控制着相对的性状；性状本身是不能遗传的，不是遗传物质；能够遗传的只是遗传因子，遗传因子才是遗传物质。比起性状本身能够遗传的获得性遗传理论，孟德尔的遗传因子成了一个看不见摸不着的神秘东西，因此当时孟德尔定律并不为人们接受。直到1900年，许多科学家通过实验才重新发现孟德尔遗传定律。从此，生物学从外部形态的宏观研究发展到细胞层次上的研究。1909年，人们将孟德尔所说的遗传因子称为基因，基因是现代生物学的一个基本概念。

那么，基因又是什么呢？1944年，艾弗里等人证明，细胞中的脱氧核糖核酸（DNA）就是决定生物性状并世代相传的遗传物质。1953年，沃克和克里克提出了DNA的双螺旋结构模型，标志着分子生物学的诞生，生物学从细胞层次发展到分子水平上的研究。现在知道，DNA是遗传物质，绝大部分生物遗传信息以核苷酸的不同排列次序编码在DNA分子上，生物体的遗传特征，就是由

DNA 中特定的核苷酸顺序所决定的。遗传基因，实际上就是 DNA 分子中的一个片段。种间的差异，根本上是由一些基因的差异及基因表达方式的差异而造成的。

2. 物种如何形成。人类（Homo）是一个物种，古猿是另一个物种。从古猿发展到人，实际是一个新物种如何形成的问题。在拉马克看来，环境变化了，生物就会发生相应的变异来适应新的环境；变异就是适应。通过获得性遗传，这些变异逐渐积累，最后成为新物种。拉马克学说的著名例子就是长颈鹿的起源：长颈鹿的祖先为了吃到高处的树叶而努力伸长头颈和前肢，于是头颈和前肢因不断使用而日益发达，并将此性状代代相传，终于变成现在的长颈鹿。在"劳动创造人"的命题中，也是认为古猿为适应环境而不得不劳动，从而导致直立行走、手脚分工等一系列变化，最终发展为人。

随着达尔文进化论的创立，否定了拉马克的学说。达尔文认为，在同一种生物中普遍存在着大量的变异，有些变异对生存有利，有些变异则对生存有害。在生存斗争中，有利的变异能够生存下去并遗传给后代，不利的变异则无法生存，被自然淘汰。这就是适者生存的自然选择。通过自然选择，有利的变异逐渐积累，最终形成新的物种。也就是说，变异并不是适应环境的结果，而是生物中本来就存在的；先有变异的存在，然后通过优生劣汰的自然选择形成新种。以长颈鹿为例，达尔文认为，长颈鹿的祖先之间本来就存在着变异，有的头颈和前肢较长，有的则较短。在生存斗争中，头颈和前肢较长的长颈鹿比较容易得到食物从而生存下去，并将此优点遗传给后代，而头颈与前肢较短的长颈鹿则会因得不到食物而灭绝淘汰。经过一代一代的自然选择，形成了现在的长颈鹿。

因此，生物进化的基本过程就是自然选择。同样，在达尔文看来，人类也是通过变异、遗传、自然选择从古猿进化而来的，自然选择的法则支配着人类的起源。所以，"劳动创造人"这个命题所包含的生物发展观点，是不符合进化论的。

现代科学的发展，不仅有力地证实了达尔文的进化论，而且丰富、充实了这个理论。从猿进化到人，经过了漫长的岁月，这里，进化的基本单位是群体而不是个体。群体是一个巨大的基因库，个体只是它的组成部分。个体遗传成分的变化，并不是都能引起进化的，只有群体遗传成分的变化，才会引起进化。个体所具有的那些不能遗传的特征，或者没有获得交配机会的个体，对于进化来说都是毫无意义的。因此，群体遗传的机制与规律，是完全不同于个体遗传的机制与规律的。古猿进化到人类，并不是由某个古猿个体性状的变化而引起的，而是取决于整个古猿群体在遗传结构（基因库）上的变化。"劳动创造人"的命题的致命弱点之一，就在于不能将个体遗传与群体遗传区分开来，在于从个体性状的变化而不是从群体遗传的变化中探究其原因。所以常常有人会从"劳动创造人"的命题中推导出这类可笑的问题：是哪一只古猿最先变成人的？本世纪初，哈代和温伯格创立了群体遗传学，为研究进化提供了理论依据与定量分析的手段。也正是群体遗传学的建立，才使进化论重新恢复了主导地位。进化的基本单位是群体而不是个体，进化的实质在于群体基因频率的变化而不是个体性状的变化，这正是现代综合进化论的一个基本观点。[1]

达尔文认为，变异是自然选择的前提，自然选择是在变异的基

---

[1] 李宝森等主编：《遗传学》，南开大学出版社1991年版，第503页。

础上进行的。但达尔文无法说明变异产生的原因。现在知道,变异的来源在于基因突变、染色体畸变、基因重组。生物遗传信息的传递、遗传一致性的保持,是通过 DNA 的复制而实现的。但 DNA 在复制过程中会发生一些错误(碱基替换、移码突变),造成基因突变,使遗传信息发生改变,引起生物性状的改变。染色体畸变,则是指染色体数目及结构上的变化。基因重组可以使群体暴露其隐藏的变异。变异是普遍存在的。

突变(基因突变和染色体重组)使生物遗传基础发生了变化。在自然选择的作用下,有利的突变得到保存并遗传给下一代,有害的变异则被淘汰灭绝。这样,在下一代群体中,有利的基因就会以较高的频率出现。这就是适者生存。不过,这里的"适者"并不是指仅仅生存下来的个体,而是指生存下去并留下后代的个体。是否繁殖后代,是区分"适者"的主要标准。生物体生存并向下一代传递基因的能力越大,则其适合度越大。能留下最多后代的个体,才是最适者。

突变和自然选择使群体的基因频率发生变化,通过隔离作用,将变化了的基因频率固定下来。隔离首先使一个物种分化成不同的亚种,各亚种又发生不同的基因突变和重组,在自然选择的作用下,朝不同的方向进化。随着不同亚种基因型差异的不断扩大,彼此间渐渐停止基因交换,无法交配,导致生殖隔离。当两个种群在生殖上被完全隔离开来时,它们就成了两个不同的物种。[①] 物种的基本特征就是:同一物种间的个体无论差异多大均可交配,而不

[①] 爱德林:《人类遗传学》(G. Edlin: *Human Genetics*),波士顿 1990 年版,第 18 章《进化》。

同物种间的个体则不能交配。我们人类虽然有不同的种族,但各种族之间是可以相互交配的,因此,现代人类是一个统一的物种。

突变、自然选择、隔离是物种形成的基本环节。人类作为一种生物物种,它的形成也受到这些生物规律的支配。直立行走、手的灵活性、器官性状的变化,都不是遗传物质,它们都是由细胞内的遗传基因所决定的;它们的变化,也都是由遗传基因的变化而造成的,并不是经常使用的结果。用进废退并不是产生变异的原因,至于说需要和主观努力可以引起器官的变化,那更是一种主观臆测。人和猿的差异,本质上是由基因及染色体上的若干差异所决定了的,如果没有突变,古猿就不可能进化为人类。中心法则表明,遗传信息是由核酸传递给蛋白质,而不能由蛋白质传递给内部的核酸。中性学说更进一步表明,基因的突变有它自身的规律,而不是由生物体外部行为所决定的。因此,使用天然工具之类的外部活动并不能导致遗传基因和遗传信息的变化,不能导致群体基因频率的变化,不能导致物种的形成。相反,所有这些活动都是由内在的生物学机制所决定的。所以,我们说"劳动创造人"的命题是不符合生物学研究成果的,是缺乏生物学基础的。

二

在"劳动创造人"的命题中,包含着这样一种观点:有些古猿因为会劳动而进化为人类,另一些古猿则因不会劳动而继续朝猿的方向发展。人和猿就像是一棵大树上的两个分枝。但根据现代科学,人和猿的关系远远不是这么简单明了的。

现生的猿共有四种:黑猩猩、大猩猩、猩猩、长臂猿。前两种被

称为非洲猿,后两种被称为亚洲猿。人们曾普遍认为,人和猿的发展谱系为:

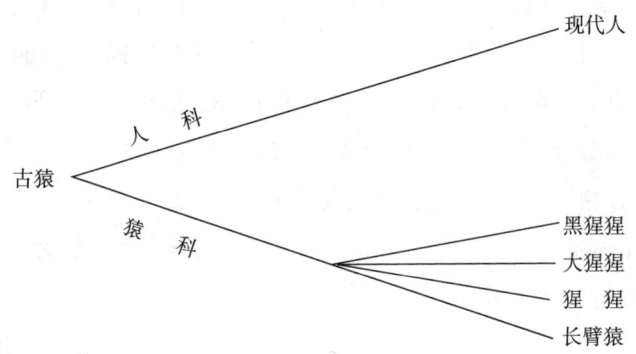

但是,60年代开始兴起的分子人类学研究表明,非洲猿在亲缘关系上要更接近于人类,而非洲猿与亚洲猿的亲缘关系则较远。免疫学研究表明,人类和非洲猿之间的抗体距离及免疫距离都比较相近,无论人类还是非洲猿与亚洲猿之间的抗体距离及免疫距离则都相去较远。通过 DNA 杂交证明,人类与非洲猿的细胞核 DNA 碱基顺序非常相似,"杂交"后基本上能够吻合相配,但人类与亚洲猿的细胞核 DNA 碱基顺序则有较大的差异,不能相配的碱基比例较高,非洲猿与亚洲猿的细胞核 DNA 碱基顺序也有很大的差异。从染色体的数目及带型上看,人类与非洲猿的共同之处较多,人类与黑猩猩的 G 带几乎一样,而人类与亚洲猿之间有较大差别。① 线粒体 DNA 研究表明,人类与非洲猿(特别是黑猩

---

① 戈德曼(M. Goodman):《分子生物学的发展及趋势》,斯宾塞主编:《美国体质人类学史》(F. Spencer: *A History of American Physical Anthropology*),纽约1982年版。

猩)之间有十分紧密的亲缘关系,而人类与亚洲猿的关系较远。①电泳分析也证明了上述结论。这些研究说明,非洲猿与人类的亲缘关系要远远超过它们与亚洲猿的关系,因此,在新的分类法中,就将非洲猿与人归在同一类中,人亚科包括黑猩猩属、大猩猩属、人属、南方古猿属。猩猩及一些灭绝了的古猿则被归入另一个亚种中,即猿亚科。② 在进化谱系上,四种现生猿并不是一个单源群,长臂猿最先分化出去,然后是猩猩,最后是非洲猿与人类的分离。非洲猿与人类拥有最后的共同祖先,而且许多人认为,其中的黑猩猩与人类关系最近:③

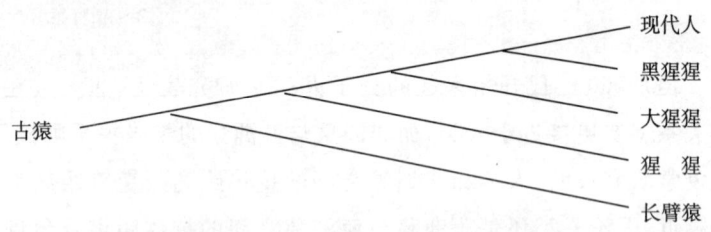

人和猿这种复杂的关系,一方面表明人类的起源是十分复杂的现象,另一方面也说明,人与猿的分化与差别,绝不是由会不会劳动所能决定的。如果猿类产生的原因仅仅在于不会劳动的话,就根本无法解释为什么猿类会在不同的时间分化出不同的种类。因此,人类产生的原因也绝不是在于它能劳动。

---

① 斯普勒(J. N. Spuhler):《猴,猿、人的线粒体 DNA 进化》,《1988 年体质人类学年鉴》(*Yearbook of Physical Anthropology*, *1988*),纽约 1988 年版。
② 塔特沙等:《人类进化与史前史百科全书》(I. Tattersal: *Encyclopedia of Human Evolution and Prehistory*),纽约 1988 年版,《灵长类分类表》。
③ 绥托(N. Saitou):《根据 DNA 序列材料重建已灭绝人猿超科的分子谱系》,《美国体质人类学杂志》(*American Journal of Physical Anthropology*)1991 年第 84 卷第 1 期。

"劳动创造人"的命题认为,古猿下到地面后,因为使用天然工具进行劳动,所以发展为人。但古生物学研究表明,实际情况是十分复杂的。原先认为人和猿在中新世就已经有了明显的区别,有些古猿是人类的祖先,有些则是现生猿类的祖先。随着化石材料的不断发现,人们逐渐认识到,当时非洲生活着许多种古猿,它们之间关系模糊,没有明显区别,也不具备人的特征。所以我们目前只能笼统地说,中新世的人猿超科成员是人和猿的共同祖先,到底哪一种是人的祖先哪一种是猿的祖先,还无法肯定。[①] 这些古猿都使用天然木棍石块,按照"劳动创造人"的观点,它们都应演变为人类。可实际上并非如此,人类只是由其中的一种古猿发展而来的。

在国际上,曾普遍认为,中新世的腊玛古猿是最早的人科成员。腊玛古猿也曾被当作"劳动创造人"的有力证据。但是,从70年代开始,人们对腊玛古猿的看法逐渐发生了改变。根据分子生物学的研究,人和猿分离的时间不会超过1000万年,所以1400万年前的腊玛古猿不可能是人科成员。根据古人类学的研究,以前对腊玛古猿化石的修复有误。根据错误修复得出的结论自然也是错误的。现在已经否定了"腊玛古猿"这一属名,并将腊玛古猿归入西瓦古猿,同时认为西瓦古猿与人类的关系较远,西瓦古猿与猩猩的关系却很近。[②] 西瓦古猿在分类上就与猩猩一起归入猿亚科中,西瓦古猿(腊玛古猿是其中一种)是猩猩的祖先而不是人的祖先。

---

① 格林费尔德(L. O. Greenfield):《晚近分化假设》,《美国体质人类学杂志》1980年第52卷,第351页。
② 参见《美国人类学家》(*American Anthropohgist*)1993年第1期,第10页。

大概距今 540 万年前进入了上新世。上新世的南方古猿是目前可以肯定的最早的人科成员。南方古猿至少包括四个种：阿法种（400 万至 300 万年前）、非洲种（300 万至 230 万年前）、粗壮种（180 万至 150 万年前）、鲍氏种（220 万至 140 万年前）。关于南方古猿虽有不同看法，但有两点是比较肯定的：1. 大概在 240 万至 230 万年左右，出现了可以确认的人类（Homo），即能人，同时出现了最早的石器，所以晚于这个时间的南方古猿粗壮种、鲍氏种不可能是人类的祖先，而是与人类并行进化的旁系。2. 由于南方古猿阿法种的年代最早，所保留的原始特征较多，因此，它是人类及南方古猿其他种的共同祖先。南方古猿阿法种已能双脚直立行走，手很灵巧。按照"劳动创造人"的观点，直立行走的确立"完成了从猿转变到人的具有决定意义的一步"，使古猿朝人的方向不断发展。那么，人们不禁要问：南方古猿阿法种既然已经手脚分工、直立行走，为什么它又会分化出不同的种呢？那些与人类的祖先一样能够直立行走、使用天然工具劳动、同时生存的南方古猿其他种为什么不能都发展为人类？那些已经直立行走、使用天然工具的南方古猿其他种为什么会灭绝呢？所以，"劳动创造人"的命题无法说明古人类学的材料。

最近的研究表明，双脚行走的起源很早。大概在 1000 万至 500 万年之间，[1]从这些古猿中分化出包括人类在内的许多人科动物。这一事实表明，人类的起源并不能由从双脚行走开始的劳动来说明。有人提出，南方古猿阿法种的生活环境是森林灌木丛，而

---

[1] 雅布罗斯基（N. Jablonski）：《人科祖先习惯性地面双脚行走之起源》，《人类进化杂志》（Journal of Human Evolution）1993 年第 24 卷第 4 期。

不是平原草地,它们的饮食主要是杂食和食腐,而不是肉食,因此双脚行走不可能是适应平地生活的结果。① 还有人认为,体内体温调节机制"对人类进化有着极其重要的影响",体温调节机制之不同,极大地影响了南方古猿与人类朝不同方向进化。②

三

1. 人类在自然界的位置。唯心主义的特创论认为,人是上帝所创造的,人类从诞生之日起就高于自然、超乎自然。上个世纪,达尔文创立了进化论,提出人类也是通过生物规律从古猿发展而来的,从而把人类从上帝手中解放出来归还于自然,使人类对自身在自然界中的位置有了正确的认识。经过长期的斗争,进化论终于取得胜利,成为现代科学赖以建立的一个基本理论。

我们既然承认人类是一种生物、人类从其他动物进化而来、人类属于自然界,那么,我们就必须承认人类的起源也是受到自然规律的支配。人类产生的原因必须用自然规律来说明。如果用"劳动"或其他非自然的因素来解释人类的产生过程,如果认为作为自然界一部分的人类的起源是受到超自然规律的支配,那么,就会产生一种新的特创论,实际上否定了现代科学。

人类是自然界的一部分,人类的起源是生物进化的结果,而不是自身主观努力的结果。即使今天的人类,也无法预见、改变、决

---

① 雷纳(R. J. Rayner):《南方古猿生活环境》,《人类进化杂志》1993 年第 24 卷第 3 期。

② 维勒(P. E. Wheeler):《身材及体形对人科能量与水利用之影响》,《人类进化杂志》1993 年第 24 卷第 1 期。

定自身的进化方向。如果将人类的产生视作自身主观努力的结果,就会陷入唯心主义的"目的论"。"劳动创造人"命题的一个重要哲学根源,就在于在"左"倾思潮影响下过分强调人的主观能动性,过分夸大主观意识的作用。我们的民族曾经因这种"左"倾思潮而付出了极其惨重的代价。

一百多年前,欧洲人因为达尔文将人类归诸自然界、将猿类视作人类的近亲而备感耻辱和愤怒,达尔文因此而遭到了肆意的攻击嘲讽,在科学界,发生了著名的赫胥黎与威尔伯福斯大主教的论战。科学发达的今天,也还有人通过夸大人的意识而竭力将人类从动物界和自然规律中"升华"出来。例如有人认为,既然腊玛古猿是人类的祖先,那么再将它称为"古猿"就不合适了,提出应称之为"腊玛猿人"。① 殊不知,生物分类有其客观标准,绝不是随着人们的好恶而随便定名的。如果按照这种观点,那么整个生物分类法更是大逆不道了,因为在生物分类体系中,人类所占的位置实在是很小很小的。难怪达尔文当时会受到那么猛烈的攻击。从人类学的发展上来看,"猿人"曾经是一个属名。随着研究的深入,证明所谓的猿人与后来的人类并无属一级的差异,而只是种的不同,因此"猿人"这个属名就被废除掉了,而代之以直立人这一新的分类名称。

一百多年前,赫胥黎在那场著名的论战中说:"一个人没有理由因为猴子做他的祖先而感到耻辱。"同样,我们也没有理由因为自身的起源受到自然规律的支配而感到耻辱。人类的伟大之处,不是在于它是超自然的生物,而是在于作为一个普通的生物物种

---

① 莫富:《怎样理解"劳动创造了人本身"》,《中央民族学院学报》1987年第1期。

能够创造出其他任何生物都无法创造的奇迹。

2.科学是发展的。有人说,"劳动创造人"的命题"清算了人类起源领域里的历史唯心论,从根本上解决了古猿是怎样转变人的难题";它"成了打开人类起源之谜的钥匙",人类起源理论因此"发生了突变,成为科学"等等。① 如前所述,"劳动创造人"命题的生物学依据是拉马克学说,拉马克学说已被现代科学所否定。另一方面,"劳动创造人"的命题也无法说明人类产生的问题。因此,认为"劳动创造人"的命题具有这些重大的意义,是没有根据的。

"劳动创造人"最早见诸恩格斯的著作,但那些夸大这一命题意义的人往往忽视这句话前面的限制语:"以致我们在某种意义上不得不说:劳动创造了人本身。"因此,恩格斯并没有将这句话当作放之四海而皆准的普遍规律,更没有赋予这句话如此重大的意义,他是在作了限定的条件下提出这种说法的。如果仅仅抓住片言只语而不是从内在意义去掌握马克思主义,反而无限地夸大马恩的某些说法,只会陷入经院式的论争,只会陷入教条主义,更不能解决实际问题。例如70年代中,《世界上古史纲》根据历史唯物论,总结了世界人类学的成果,认为存在着一个从猿到人的过渡时期,这个时期的生物是正在形成中的人,只能使用天然工具而不会制造工具;工具的制造标志着完全形成的人的出现。即使现在看来这个理论也还是完全正确的。从分子生物学及化石材料上看,人和猿的分离时间是1000万至500万年前,而人(Homo)的出现及石器的产生,都是在240万年左右。也就是说人和猿分离之后,并

---

① 薛乃仁:《劳动创造了人》,《沈阳师院学报》1982年第3期;尚南:《劳动创造人的理论及其科学依据》,《史学月刊》1987年第2期。

不是立即成为人,更不会制造工具,这里有着漫长的过渡时期。但许多同志不是从实际材料出发,而是根据马恩的片言只语反对《世界上古史纲》的观点。① 这种文字游戏式的反对意见不仅不符合马恩原意(对此,毛昭晰已有论述),②同时也无助于实际研究,只会造成许多混乱。

恩格斯时代,现代科学刚刚开始建立,对人类起源的实际过程几乎无所知晓。如恩格斯引用说,地球的年龄是一亿多年,③但我们现在知道的地球年龄已有 46 亿年了。在生物学上,上个世纪仅仅是外部形态的宏观研究,现在已发展到分子水平的研究。上个世纪对古人类化石所知极少,现在我们不仅发现了十分丰富的化石及文物,而且知道了人类的发展过程经过了不同的阶段(即不同的种)。因此,我们必须实事求是地根据现代科学来研究人类起源问题,而不能用前人的认识将自己困死。用经院式的哲学争论取代具体的实际研究、用过去的结论解释现代的事实,这都是无助于科学发展的。马克思主义是建立在科学之上的,科学是发展的,马克思主义是随着科学的发展而不断发展的。

---

① 卢文中:《关于人类起源的几个问题》,《吉林师大学报》1978 年第 2 期;王海林:《"正在形成中的人"与"劳动"》,《史前研究》1985 年第 1 期。
② 毛昭晰:《蒙昧时代低级阶段是从猿到人的过渡时期》,《世界历史》1983 年第 3 期。
③ 《马克思恩格斯选集》,第 3 卷,第 512 页注。

让我们脚踏实地地迈向新世纪[*]

——直立行走及我们的学术

学术的发展需要学术批评,在一个太多的是奉承的氛围中,更是需要这种批评。所以,最近有几位同志直率地对我的一篇文章提出批评,这是十分令人高兴的。① 也正是由于他们的批评,才促使我对近年来国际上关于人类起源问题的研究进展作一些必要的总结。

一、双脚是怎样站起来的

不同的动物以不同方式的行动(locomotion)来获取食物、求得配偶、逃避天敌。在灵长类动物中,有的是树上行动,如有些狐猴直挺着身子在林间纵跃,长臂猿则以臂悬行动而著名;也有的是陆上行动,如非洲猿类主要是屈指节行走,而人类所特有的行动方式就是双脚直立行走。

---

* 本文原载《史学理论研究》1996 年第 1 期。
① 韩民青:《是生物学问题,还是历史观问题》(本文简称"韩文"),《哲学研究》1995 年第 4 期;苏志宏、郝立丹:《对〈关于"劳动创造人"的命题〉的质疑》(本文简称"苏文"),《史学理论研究》1995 年第 2 期。

在现代世界上的所有动物中,只有人类才采取双脚直立的行动方式,这是我们人类的一个最基本的特征。因此,研究双脚直立行走的产生,是认识人类起源的关键,这正如恩格斯所说的:直立行走"完成了从猿转变到人的具有决定意义的一步"。恩格斯的这句话,也是我的批评者们反复引用的。所以,本文的重点就讨论双脚直立行走的产生问题。

就现在的材料而言,约 400 万年前出现于非洲的南方古猿是我们目前所知的最早的人科成员,这也是人类(人属)的直接祖先。① 近几十年来,古人类学家发现了许多南方古猿的化石材料,其中以被人们通称为"露茜"(AL 288—1)的骨架最为著名。② 世界各国的古人类学家从不同的角度出发,力图根据这些化石来恢复它们的行动方式,并形成了以下几种主要观点:

第一种观点认为,以"露茜"为代表的早期人科成员基本上像我们现代人类一样在地面上双脚直立行走。③ 第二种观点认为它们以树上行动为主(比如像长臂猿那样臂悬行动),偶尔在地面上直立行走。第三种观点认为,南方古猿已经在地面上直立行走,但这种行走方式与人类是不同的,④ 它们的下肢无法使它们在行走

---

① 原先人们一直认为阿法种是南方古猿最早的成员,最近,怀特(T. D. Whote)等人提出了比它更早的新种:*Aust. ramids*,见《自然》(*Nature*)1994 年第 371 卷,第 306—312 页。

② 西蒙(E. L. Simons),《人类的起源》,《科学》(*Science*)1989 年第 245 卷,第 1343—1349 页。

③ 路弗乔伊:(C. O. Lovejoy);《人类行走的进化》,*Scientific American*(中译本定名为《科学》)1988 年第 259 卷,第 118—125 页。

④ 迈克亨利(H. M. McHenry):《最早的双脚直立》,《人类进化杂志》(*Journal of Human Evolution*)1986 年第 15 卷,第 177—191 页。

时像人类那样保持稳定,①它们还是常常生活在树上,以树上的果子为食,并逃避夜间食肉动物的攻击。②

在整个人类学界,主张第二种观点的人最少,有相当一部分人主张第一种观点,而大多数人则持第三种观点,即认为南方古猿已在地面上双脚直立行走,同时也还离不开树上生活。当然,持第三种观点的人意见也并不完全一样。③ 此外,还有人认为对这些化石的复原工作可能有误,所以我们现在还不可能确定它们的行动方式,"露茜的直立姿势依然还是一个谜"。④ 更有人指出,如果把南方古猿阿法种(露茜)、最早的人类(能人)以及非洲猿类进行比较,可以发现,晚于露茜100多万年的能人要比露茜具有更多的类似于非洲猿类的特征,也就是说,露茜的后代要比露茜长得更像非洲猿类,或者说,露茜要比它的后代长得更像现代人类,这就给早期人科成员的直立行走问题提出了新的挑战。⑤

同样令人费解的是坦桑尼亚莱托利尔地层中的脚印。⑥ 关于早期人科成员直立行走的材料,除了上述这些骨骼化石外,还有一

---

① 伯奇(C. Berge):《南方古猿是如何行走的》,《人类进化杂志》1994年第26卷,第259—273页。

② 斯都(J. T. Stern)和苏迈(R. L. Susman):《南方古猿阿法种的行动骨骼结构》,《美国体质人类学杂志》(American Journal of Physical Anthropology)1983年第60卷,第279—317页。

③ 拉克(Y. Rak):《露茜的骨盆结构》,《人类进化杂志》1991年第20卷,第283—290页。

④ 阿皮波尔(M. M. Abitbol):《南方古猿阿法种侧观》,《人类进化杂志》1995年第28卷,第211—229页。

⑤ 哈特维格舒勒(S. Hartwig-Scherer)和马丁(R. D. Martin):《"露茜"要比她的"孩子"更像人类吗?》,《人类进化杂志》1991年第21卷,第439—449页。

⑥ 玛丽.D.李基:《三百六十万年前火山灰中的脚印》,《国家地理杂志》1979年4月号。中译文见毛昭晰译:《世界古代史研究》(第一辑),北京大学出版社,1982年。

组保留在莱托利尔地层的火山灰中的脚印,时代约在360万年前。通过研究,非洲猿类的四肢绝对不可能会踩出这样的脚印,这种脚印只能是双脚直立行走才会留下的,它们极像现代人赤脚留下的印记。此外,古人类学家在莱托利尔也发现了一些南方古猿的脚骨,其年代与那组脚印大体相当。按理说,这组脚印应当是这种南方古猿留下的。可事实上,南方古猿的脚骨并不怎么现代化。这就产生了这样一个问题:并不现代的脚怎么会踩出现代化的脚印呢?所以有人猜想,莱托利尔地层中的脚印可能是由另一种尚未被发现的人留下的。①

不管莱托利尔地层中的脚印是谁留下的,它至少表明早在360万年前双脚直立行走已经形成了。而双脚直立行走这种行动方式的最初起源一定是大大早于这个时间,所以,要想知道直立行走产生的原因,就必须研究在此之前的灵长类进化过程,特别是从1000万年前到400万年前这一段时期,因为双脚直立行走最有可能产生于这一时期中。② 而要说明双脚直立行走产生的原因,则要比确定双脚行走产生的时间更为困难。

从我们人类的角度来看,双脚直立行走确实有许多好处,例如手的"解放"等,这正是有些人所津津乐道的。但如果我们从其他动物的角度来看,我们也可以发现,相对于四肢运动来说,双脚直立行走也有不少缺陷:它不如四肢运动稳定、迅速、灵活,它使我们失去了上树的能力,它使人类的分娩过程成为动物界中最困难的,

---

① 吴汝康:《人类起源研究的新进展和新问题》,《人类学学报》1994年第4期。
② 希尔(A. Hill)和沃德(S. Ward):《人科的起源》,《体质人类学年鉴》(*Yearbook of Physical Anthropology*)1988年第31卷,第49—83页。

等等。① 因此,人类以失去了四肢运动的优势为代价而成为惟一能够双脚直立行走的动物,一定是有其内在原因的。这种原因是什么呢? 是什么"选择压力"导致双脚直立行走的人类的出现呢? 双脚直立行走带给人类的生存优势(包括个体的存活优势和繁殖优势)是什么呢?

19 世纪,人们普遍认为,由于热带雨林的缩小,干燥空旷的草原不断扩大,迫使原先生活在森林中的古猿下到地面上生活,为了适应地面生活的需要,它们不得不改变原来树上生活的行动方式而采取直立行走的姿势。但是,本世纪的古生态古环境研究表明,当时非洲的自然环境并非如此。从中新世晚期开始到上新世——更新世,非洲的自然环境并不是由单一的空旷草原取代热带雨林,而是有着多种多样的生态环境,有森林、无树的草地、灌木林地、多草的林地、多林的草地、沼泽地等等。大部分早期人科成员的遗址都位于开阔的森林或树林地带,而不是空旷的草原或矮灌木地区。②

19 世纪的另一个流行观点是将直立行走与石器工具的制造联系起来:前肢由于越来越多地用来制造与使用工具及武器而变成了手,所以整个身体就由下肢来支撑,这样,四肢行走就变成了双脚直立行走。现在看来,这种观点也是不符合事实的,因为双脚直立行走的确立要比石器工具的出现早 100 多万年。这样,进入本世纪

---

① 理查德(G. Richards)等:《是解放手,还是奴役脚》,《人类进化杂志》1986 年第 15 卷,第 143—150 页。该文从另一个角度研究了行为与直立行走的关系,在某种程度上回答了苏文"有目的的对象化劳动"和韩文"改造自然"之类的问题。

② 里太拉克(G. J. Retallack)等:《东非草原中新世中期的泥草化石》,《科学》1990 年第 247 卷,第 1325—1327 页;《人类进化杂志》1994 年第 27 卷第 1—3 期合刊"早期人科行为生态学"专号。

之后，人们从更为深刻的层次中去寻找直立行走产生的原因，并且随着古人类学与考古学的不断发展，形成了各种各样的关于直立行走起源的理论，理论的多样性正是本世纪的一个鲜明特征。

有人认为，在空旷的草原上，食物稀少而又分散，为了寻找食物，不得不在广阔的原野上进行长途跋涉，从而导致了双脚直立行走的出现；另一些人则说，由于双手携抱婴儿的需要导致了双脚直立行走；也有人认为，由于人类祖先繁殖率较低，为了使幼仔能够活下去，父母双方只好从远处将食物与水运回到营地，这种运送食物哺养孩子的需要使双脚直立行走得以产生；[1]还有人认为，直立行走有利于扩大视野。有人说，直立行走是为了适应猎取动物的需要而发展起来的[2]；另一些人则认为早期人科成员不是以肉食为主的狩猎者，而食用已死的腐烂动物，直立行走是适应这种食腐方式而形成的。[3] 生物的进化不是以个体为单位的，而是以群体为单位的，所以，对于进化来说，群体的繁殖比个体的生存更为重要，因此，有些人还从性选择的角度研究了直立行走与群体遗传之间的关系。[4]

人类与猿猴有着一定的亲缘关系，它们都是灵长类动物。在现生的其他猿猴中，也存在着不同程度的双脚直立现象，有的在树上，有的是在地上。所以，许多人对现生猿猴的行为进行了大量的

---

[1] 塔特沙（I. Tattersal）等：《人类进化与史前史百科全书》（*Encyclopedia of Human Evolution and Prehistory*），纽约1988年版，第323页。

[2] 加利尔（D. R. Carrier）：《人类奔跑与进化在能量学上的矛盾》，《当代人类学》（*Current Anthropology*）1984年第25卷，第483—495页。

[3] 谢普曼（P. Shipman）：《早期人科是食腐还是狩猎》，《美国人类学家》（*American Anthropologist*）1986年第88卷，第27—43页。

[4] 沙雷（F. S. Szalay）等：《人科中永久性发情期耀示的进化》，《人类进化杂志》1991年第20卷，第439—464页。

研究,并希望借此而发现人类直立行走产生的原因。例如,雅布龙斯基等人认为,在灵长类动物中,有一套恐吓耀示(Threat display)和袭击耀示的行为与姿势,在人猿超科中,这套行为与姿势主要表现为双脚站立起来吓唬对方,人类双脚直立行走的姿势就是从这种恐吓对方的耀示行为发展而来的。他们进一步推论说,在中新世晚期的环境中,食物资源分布很不均匀并随着季节的变化而发生变化,从而导致了人猿超科成员的群体内部以及群体之间日益加剧的冲突,其中群体间的冲突尤为激烈。不过,这种冲突主要是通过恐吓耀示(而不是实际的打斗)得以解决的。"在主要资源特别稀少、分布又特别不均的地区,争夺资源的冲突也就特别频繁,这样就越有利于演化出一套能够和平解决日常冲突的行为"。这套行为就是恐吓耀示,它以和平的方式有效地解决了群体间及群体内的冲突,从而降低了因为实际打斗而造成的损伤与死亡,使群体成员的数量增多、群体规模扩大。所以,直立行走的"根源"就在于双脚站立起来的恐吓耀示。[1]

但是,有人指出,所有上述这些理论都不能令人信服地说明直立行走的起源,因为这些理论所说的种种灵长类动物的行为并不是非要双脚直立不可的,这些行为也可以坐着来做,例如猿猴可以用坐着的姿势也可以用站立的姿势同样有效地使用天然工具。也就是说,这些行为还不足以成为一种"选择压力",因而不可能导致直立行走的产生。导致直立行走产生的原因只能是那些具有重大意义的行为,而在人类以外的灵长类动物中,最为重要的活动就是

---

[1] 雅布龙斯基(N. G. Jablonski)等:《人科祖先习惯性地面直立行走的起源》,《人类进化杂志》1993 年第 24 卷,第 259—280 页。

获取食物。也就是说,双脚直立与其说是一种行走方式,还不如说是一种摄食方式。① 这样就形成了各种"摄食假设",其中,以乔里的理论最为著名。

乔里认为,早期人科成员是以小型食物(植物果籽类)为主的,例如地上的草籽和树丛中的果子,"特别是当同一群体中的其他成员争食同一种食物的时候,动物就会蹲坐起来,或者双脚直立站起来。这样就能腾出双手来采拣食物并快速地送入口中。换句话说,直立的姿势有效地加快了摄食的潜在速度。……假设南方古猿的食物是嫩叶、植物籽以及非洲平原上到处都是荆棘灌林丛中的荚果,这些食物生长的灌木林中,其树枝既软又多刺,很难爬上去,要是蹲着的话又不够不着,这样,这些丰富的食物就只能用双脚站起来的姿势去采摘了。"因此,在早期人科成员双脚直立行走与手的形成过程中,"双手摄食起着十分重要的作用"②。

乔里认为双脚直立行走是由于地面生活的摄食需要而造成的,而塔特尔(R. H. Tuttle)等则认为,双脚直立行走来源于树上生活:人科成员的祖先在树上生活时,上肢抓攀树枝,身体悬空,因此具备了直立行走的骨骼结构;随着环境的改变,当它们越来越依靠在地面上获取食物时,它们原先用来在树上臂悬行动的前肢就不适于在地面上四肢爬行了,这样,这些前肢就在原来的解剖学基础上逐渐演变为手。所以,在塔特尔看来,双脚直立行走不是从地面上的四肢爬行发展而来的,而是从树上生活的臂悬行动方式发

---

① 龙海姆(R. W. Wrangham):《甘勒达狒狒摄食适应时的双脚行动》,《人类进化杂志》1980 年第 9 卷,第 329—331 页。

② 乔里(C. J. Jolly)等:《体质人类学与考古学》(*Physical Anthropology and Archeology*),纽约 1986 年版,第 215—217 页。

展而来的。①

最近，有人将乔里与塔特尔的理论进行了综合，认为在中新世的人猿超科中，树上臂悬行动是一种重要的摄食果实的方式，后来，由于环境的变化，不同生态中的物种以不同的方式适应环境的变化，从而导致了不同的运动方式的出现：在变化着的森林中，黑猩猩一方面增强它们在树林中臂行的方式，另一方面，以在地上进行四肢行走的适应方法奔走于较远的食物产地之间，从而获得了草本植物这一新的重要食物。"大猩猩则将这种适应方式推向了极端。而生活在树林地带的原始人科成员，则从不断增多的小树林和灌林丛中获得了越来越多的食物种类，最终演化为陆上的与树上的双脚直立"。早期人科成员有一种特有的双脚直立方式，这种方式既适于在树上采集食物，也适于在地面上采集食物，这种独特的直立方式一直延续到直立人出现为止。

上述这些关于直立行走起源的理论基本上都是把直立行走看成一种行为方式（或者是行走方式，或者是摄食方式，或者是其他什么方式），这种行为方式被认为是为了适应某种行动上的需要而产生的。但是，也有一些人认为直立行走的出现是为了适应生理上的需要，而不是为了适应行动上的需要。这种"生理说"的主要代表人物就是韦勒。他的基本观点是：在赤道非洲酷热的环境中，由于生理条件的限制，早期人科成员不可能有效地运用其他哺乳动物所采用的方式来躲避阳光照射，"这样，强大的选择压力将有利于它们采取如下的适应方式：或者减少从环境中获取的热量，或

---

① 亨特（K. D. Hunt）:《人类双脚直立的进化》,《人类进化杂志》1994年第26卷，第183—202页。

者加速热量的排放。对于上述这两个目的来说,双脚直立是开阔的赤道环境中最为理想的行动方式"。① 因为双脚直立首先使直接遭受阳光照射的身体区域得以减少;其次使身体较远地离开了地面,从而有利于热量的散发。从 20 世纪 80 年代中期开始,韦勒发表了一系列的论文来阐述他的观点。当然,他的观点也遭到了一些人的反对。②

进入 90 年代,有人根据近 20 年来在东非大裂谷地区进行的考古研究所获得的大量成果,提出了一个新的人类起源理论,这个新理论被称作"东边的故事"。

我们知道人类与非洲猿类(黑猩猩与大猩猩)拥有最后的共同祖先,用通俗的比喻来说,人类与非洲猿类就像亲兄弟。考古发掘表明,人类的祖先(以南方古猿为代表的早期人科)主要活动在热带非洲的东部地区,具体地讲,基本上分布在东非大裂谷以东地区。但是,在这个地区却没有发现同期的非洲猿类的祖先;有关非洲猿类祖先的地点基本上都分布在东非大裂谷的以西地区。也就是说,人类与非洲猿类这对亲兄弟的祖先并没有在同一个地域中生活在一起。如何解释这一现象呢?科朋提出了这样的理论:赤道非洲原来的地貌比较平坦,这里生活着人类与非洲猿类的共同祖先。大概在 800 万年前,由于激烈的地壳运动,形成了今天的非洲大裂谷。大裂谷将赤道非洲分成东西两部分,这两部分的气候

---

① 韦勒(P. E. Wheeler):《双脚直立对早期人科成员能量与水消耗的影响》,《人类进化杂志》1991 年第 21 卷,第 117—136 页。他的其他文章见同一杂志 1991 年第 21 卷,第 107—115 页;1992 年第 23 卷,第 379—388 页;1993 年第 24 卷,第 13—28 页;1994 年第 27 卷,第 511—529 页。
② 查普林(G. Chaplin)等:《生理学、体温调节和双脚直立》,《人类进化杂志》1994 年第 27 卷,第 497—510 页。

与植被是不同的,西部是湿润的森林与林地,东边则是比较干燥的热带草原。原先生活在赤道非洲地区的古猿也因为大裂谷所造成的地理隔离而被分成了两部分:生活在西部的古猿后来就演变为非洲猿类;生活在东部的古猿则为了适应新的环境而进化为以南方古猿为代表的人科。这就是"东边的故事"。所以,"人科的历史,就像其他脊椎动物的任何一个科的历史一样,是起源于一个事件,碰巧是一个构造事件,然后是在另一个事件(是个气候事件)的压力下发生进化"①。

90年代提出的另一个理论也是与东非大裂谷有关的:在东非大裂谷形成的过程中,随着热带雨林的减少,多林的草原不断扩大,从而造成多种多样的生活环境。在森林的东部边缘,有林地河泽等,这种新的环境迫使动物发生变化,于是有的动物灭绝了,有的进化了。在多林草原上,树林被草地所分割(或者说草地被树林所分割)。在这种陆地与树林相混合的环境中,食物资源在地理分布上就呈现出很大的不连续性,只有那些地面活动能力较强的动物才能较多地获得这些非连续分布的食物资源。在自然选择的作用下,那些有利于地面活动的运动方式就得到了发展,其中包括双脚直立行走。②

二、我们应当怎样走向新世纪

上面我们概括地介绍了近年来国际上关于双脚直立行走产生

---

① 科朋(Y. Coppens):《东边的故事》,《科学》(*Scientific American* 中译本)1994年第9期,译文据肖波。
② 《人类进化杂志》1995年第28卷第1期,"马拉维裂谷进化史"专号。

的一些主要理论观点,从中可以看出,双脚直立行走的产生实际上涉及到人类学、解剖学、古生物学、动物行为学、古生态学等不同的学科。例如,就动物行为学而言,我们知道,非洲猿类与人类是近亲,也就是说,人类与现生非洲猿类的行动方式都是从同一种古猿的行动方式发展而来的,所以,要说明双脚直立的产生,就必须要说明这种古猿的行动方式,而这种古猿的行动方式,又必须是能够说明它的另一支后代——非洲猿的行动方式的。因此,任何一个关于双脚直立的理论都必须符合上述这些学科的研究成果,用空洞的语言和概念堆积起来的什么"人类论"是说明不了任何科学问题的,反过来说,这种"人类论"对于科学的发展来说也是毫无意义的。

直立行走只是完成了从猿向人转变的第一步,就整个人类的进化过程而言,我们所未知的问题还有很多很多。例如:已经直立行走的南方古猿有几个种?它们与人类的关系如何?最早的"能人"是由南方古猿中的哪个种发展而来的?"能人"是一个种还是几个种?能人是怎样发展为直立人的?世界各地的现代人类都是非洲一位女性的后代吗?直立人的最终命运如何呢?[1] 此外,关于脑和语言进化的问题,科学界也都在讨论之中。[2] 这些正在热烈进行中的讨论表明,如果将有争议的问题当作最后的论据,那么,这种论据是缺乏力量的;同时,这些讨论还表明,人类的起源是一个相当复杂的具体问题,它绝不是靠抽象的玄思和哲学的词句

---

[1] 费拉雅(D. W. Frayer)等:《现代人类起源的理论》,《美国人类学家》1993年第1期。

[2] 关于脑的进化问题可参阅《当代人类学》1995年第36卷,第199—221页,爱罗(L. C. Aiello)等人的文章;关于语言的进化问题可参阅《人类进化杂志》1992年第23卷,第446—447页,利伯曼(P. Lieberman)等人的文章。

所能解决得了的。

　　本世纪的科学研究说明，人类的产生与发展并不是像以前人们所想象的那样是简单的直线式的，在人类的进化历程上实际充满了歧路与艰辛，也充满着偶然。所以我认为，人类的产生是大自然长期进化的结果。我们这样的人类出现在这个星球上并不是必然的，更不是大自然有意安排的。而在韩文看来，某种神奇的"内在规律"早已计划好要产生出像我们这样的人类以及我们这样的社会文化；人类以及人类所有的一切现有特征，都是注定要在这个星球上出现的，这是一种预先既定的必然目标；为了实现这一伟大的目标，"内在规律"又在遗传机制外破例将非自然的机制赋予人类。这是我与我的批评者的第一个主要区别。

　　在前一部分的叙述中可以看出，要想双脚直立行走，首先必须要有一定的骨骼结构，特别是骨盆的结构，没有这种解剖学基础，任何动物都不可能用这种方式行动。而这种解剖结构是由内在的遗传机制所决定的，主观努力不可能导致这种解剖学结构的产生与变化。例如多少年来人类一直梦想能够飞上天空，但我们并没有因为这种梦想而长出了翅膀。但韩文认为，古猿是为了能够在社会文化方面与猿造成重大差异而有意识地通过外在的"劳动"来改变自己内在的基因结构，生物内在的遗传结构可以因为古猿要想变成人的主观努力而发生变化。这是我与我的批评者的第二个主要区别。

　　我与我的批评者的其他区别，则主要是由于误解所引起的。这种误解首先表现在文章主题上的差异。我的批评者们要说明的是"恩格斯是如何论述人类起源的"，或者说，他们所写的一篇学习恩格斯关于人类起源的论述的心得体会；而我的文章主题并不想谈论恩格斯关于人类起源的思想,我想要说明的是:现代科学是怎样看待人类起源的、根据现代科学的成果我们应当改变哪些旧观念。我的批评者与我实际上是在谈论两件不同的事情。

恩格斯的思想当然只能通过恩格斯自己的论述才能得以说明,因此我的批评者们引用了大量的经典著作(尽管是被译成中文的),这种论证方法对于正确地认识恩格斯的思想来说无疑是完全正确的。但如果用这种论证方式对我的文章进行批评,就显得风马牛不相及了,因为我的文章本来就不是讨论恩格斯的思想的;恩格斯的真实思想到底如何,这对于我的文章来说都没有什么关系。由于我的文章主题旨在说明"现代科学是怎样看待人类起源的、根据现代科学的成果我们应当改变哪些旧观念",因此,我的批评者所要论证的是"这些观点或命题在今天是否还依然成立",而不应去论证恩格斯的原意到底如何。同样,我的批评者指责我没有把经典著作放在当时的历史背景下去理解,指责我对待前人学说的反驳的方式"是不符合实事求是的历史主义态度的"等等,也都是由于误解了我的文章主题而造成的无的放矢,因为我文章所要反驳的根本就不是前人的学说,而是现在流行的某种观念,更确切地说,是前人提出(是什么人提出对我来说并无多大关系)、目前依然还在流行的某种观念。我要否定这种观念,并不是因为此观念是前人提出的,而是因为该观念还在流行,是因为这个还在流行的观念已不符合现代科学的成就了。因而,我的批评者所说的"应当如何理解前人的学说"之类的问题,对于我来说实在是毫无意义的,因为我本来就不讨论这种学说在当时有哪些重大意义,我所关心的现代科学是怎样看待人类起源的。

还有一些对我的批评,则是由于批评者误解了有关的科学概念而造成的,其中,最主要的是"自然选择"的概念。我在文章中说,"生物进化的基本过程就是自然选择","自然选择的法则支配着人类的起源",苏文批评我在这里对"选择压力"和"环境条件"这两个因素"只字不提"。其实,自然选择的概念本身就已经包括了选择压力和环境条件的因素了:"在自然界,适合于环境条件(包括食物、生存空间、风土气候等)的生物被保留下来,不适合的被淘汰,这就称为自然选择。"①这段文字明明白白地就写在苏文多次引用的《生物进化论》中,真不知苏文的作者是如何理解选择压力、自然选择这些概念的。顺便说一句,像"适合度"之类的概念也是生物学中的概念,而不是我乱编出来的,同一本《生物进化论》中对这些概念也都有说明。

同样是由于不了解"自然选择"概念的内容,韩文则在自然选择之外还"发明"了一个"劳动的选择"。其实,它所津津乐道的所谓"劳动的选择"就是自然选择的意思,或者说,所谓的"劳动选择",只是作者对"自然选择"的一种模糊的理解。因此,韩文的作者将自然选择与他的所谓"劳动选择"对立起来,将同一件事当作两个不同东西而大谈特谈,既是没有必要的,更是错误的。

苏文为了对我的文章进行批评,将迈尔的著作作为自己的依据,同时,为了强调这个依据的权威性,还特地注明了迈尔的"头衔":"美国科学院院士,国际学术界公认的进化生物学权威,综合进化论的积极创导者之一。"如果苏文把其他人的观点当作依据来批评我的文章,也许还有一定的道理,但苏文却偏偏把迈尔的观点用作依据,这就使人十分奇怪了。因为,稍具科学史常识的人都知

---

① 李难:《生物进化论》,人民教育出版社1982年版,第159—160页。

道,正是综合进化论认为生物进化的实质就在于种群的基因频率发生了改变,物种形成和生物进化过程的基本环节就会突变、选择和隔离;正是迈尔"明确指出了现代综合进化论的特点,彻底否定获得性遗传,强调进化的渐进性,认为进化是群体现象,并重新肯定了自然选择的压倒一切的重要性"。① 也就是说,从根本上彻底否定"劳动创造人"的观点不是别人,正是迈尔他们,是他们最有力、最积极地否定了"劳动创造人"的命题所赖以建立的生物学理论基础,我的文章在很大部分上也正是建立在他们的基本理论之上的。把这样一个人的著作当作依据来论证"劳动创造人"的命题,真是一个笑话。而造成这个笑话的原因就在于苏文的作者并没有真正理解这本书,并没有真正知道什么是综合进化论。如果认真阅读迈尔的著作,就可以知道,苏文从迈尔书所引述的那些旨在批评我的字句,与我的观点并没有什么冲突之处。因此,苏文以迈尔的著作为依据,与其说是在批评我,还不如说是在支持我。

我的批评者们在讨论人类起源问题时,总喜欢大谈什么"文化"。其实,他们已经离开了正题而扯到另一个问题上去了,即文化与遗传的关系问题,或者是行为的遗传学基础问题,这类问题是需要另外的专门研究的,而且这类研究也绝不是像他们那样根据道听途说的什么"狼孩"之类的例子、依靠简单的泛泛而谈就能解决得了的。由于主题与篇幅的限制,这里不可能展开讨论文化的遗传学基础问题,所幸的是,在我的批评者所乐于引述的著作中有这样一段话:"往往有人说文化是人类最独特的特点,实际上,这完全是一个定义问题。如果把文化定义为年长的个体将某种知识、

---

① 《中国大百科全书·生物学》,第 1467 页。

技能(通过示范和学习)传给年轻的个体,那么文化在动物界就是很普遍的。……虽然文化对人类来说更重要(可能高几个数量级),但对文化的包容力并不是人类所特有的,它也是渐进进化的产物。"[1]迈尔的这段话是否正确,这需要进行大量的研究,但它至少说明了以下事实:我的批评者们是以迈尔的著作为依据的,如果他们真正读过迈尔的这本著作的话,那么,他们就不应当再去大谈什么人类在"超生物学的文化机制"的推动下"大踏步前进"之类的话,因为迈尔的这段话本身就已经否定了"超生物学的文化机制"之类的观点。这样,苏文的第二部分是否正确,已经不用我来回答了,因为作者自己已经提出了相反的意见。

尽管苏文在许多方面对我进行了批评,但我还是十分赞同它下面这句话:"我们所要加以纠正的,恰恰是我们的思维模式。"纠正思维模式,对于一个有着悠久历史的古老民族来说更是特别重要,因为在二千多年的漫长历史中,阐发"微言大义"的经学在古代中国的学术界中始终占据着统治地位,自然科学则被当作"雕虫小技"而受到轻视;在思维模式中缺乏严密的逻辑论证体系,而习惯于伦理化的模糊比附。这样一种思维模式确实不适于现代社会的发展,而要纠正这种历史的沉积而成的思维模式,更非易事。

19世纪,恩格斯吸收了当时最先进的科学成就提出了他的人类起源观点。今天,当我们就要走完20世纪的时候,生命科学已经发展到探索遗传基因的内部结构了,国际上已经在越来越具体地讨论人类起源的细节了,因此,如果站在国际学术的发展水平上、如果从自然科学的角度出发来看待我们所正在进行的这些论

---

[1] 迈尔:《生物学思想发展的历史》,四川教育出版社1990年版,第710—711页。

争,那么,这些论争也许会显得幼稚可笑。这就向我们提出了这样一个问题:我们的学术应该怎样走向新的世纪?是墨守成规,故步自封,还是勇敢地面向新世纪、积极地吸收自然科学的成果?我认为这个问题很值得我们思考。

千百万年前,我们的远祖因为双脚在坚实的大地上站立了起来而迈上了一条充满光明的进化之路,处于世纪之交的我们,也只有脚踏实地地迈向未来,才能在国际学术舞台上为中华民族争得应有的地位。

人类远祖的新发现[*]

人类(人属)是从某种古猿进化而来的,最后与人类的进化系统相分离的是非洲猿(黑猩猩与大猩猩),或者说,非洲猿与人类拥有最后的共同祖先。人的系统与非洲猿的系统开始分离的标志是双脚直立行走的出现。第一批能够双脚直立行走的人科成员,就是人类的远祖。根据分子生物学的研究与推算,人的系统与非洲猿的系统开始分离的时间应当在距今700万年前或者更早一些时候。[①]

可是,直到20世纪80年代,我们所知道的人类最早的直接祖先是南方古猿阿法种,它们的生活年代不会超过距今400万年前,其最著名的化石代表是俗称"露茜"的女性骨架,时代为距今350万年前,1974年发现于埃塞俄比亚的哈达地区。1978年,在坦桑尼亚的莱托利尔地层中又发现了比露茜稍早的有关人类远祖的材料,这是一串留在火山灰上的脚印,其年代为360万年前,这些脚印是由三个个体留下的,这些脚印表明这三个个体已能直立行走。再往前推,我们就所知甚少了,因为超过距今400万年前的化石几

---

[*] 本文原载《世界历史》1998年第3期。
[①] 理查德·利基著,吴汝康等译:《人类的起源》,上海科学技术出版社1995年版,第8页;托勒索尔等:《人类进化和史前史百科全书》(I. Tallersall *et al*, *Encyclopedia of Human Evolution and Prehistory*),加兰出版公司1988年版,第255页。

乎没有什么发现。也就是说,在人的系统与非洲猿的系统刚刚分离开来的最初阶段,即距今 700 万年到 400 万年之间,化石记录基本上是个空白,我们不知道在此漫长的 300 多万年内,在人类远祖的进化史上到底发生了什么。而这一段进化史对于认识人类的起源又是至关重要的。

进入 90 年代,这一局面开始发生变化,因为古人类学家在非洲找到了超过距今 400 万年前的一些化石。

1994 年,古人类学家米芙·李基(Meave Leakey)等人在肯尼亚北部图尔卡纳湖附近的阿利亚(Allia)湾及卡纳博(Kanapoi)找到了一些极其珍贵的人科成员化石。其中卡纳博出土的有 9 件化石标本,阿利亚湾出土的有 12 件,它们包括一个完整的上颌骨、两个近于完整的下颌骨,以及腿骨、残碎的颅骨和牙齿等。这些化石的年代在 390 万年到 420 万年之间,这样,人们对于 400 万年之前的人类远祖终于有所了解。

经过研究,米芙·李基他们在图尔卡纳湖附近发现的那些化石与现代黑猩猩及人类都具有一些共同的特征,这就证明了人类与非洲猿类之间密切的亲缘关系。同时,这些化石所表现出来的特征不同于现在所知的南方古猿各个种,它是一种新发现的南方古猿的新种。这样,1995 年,米芙·李基等人将这些化石定名为 *Australopithecus anamensis*,anam 在当地的语言中意为"湖泊"的意思,所以有人将此种名十分妥帖地译为"南方古猿湖畔种"。

南方古猿湖畔种的腿骨表明它是用双脚直立行走的,而不是像黑猩猩那样用趾关节行走;它的颌骨两侧平行,类似于猩猩,而不是像人类那样颌骨向后分开,表明它的面部长得更像猿而不是像人;但它的牙齿则更像人,而不是像猿,例如它的犬齿垂直地根植于上颌中(而不是像黑猩猩那样呈斜角),齿面釉质也较厚。①

1992到1993年,几乎与南方古猿湖畔种的发现同时,古人类学家怀特(D. White)率领的一支考察队在埃塞俄比亚中阿瓦什(Middle Awash)地区一个叫阿拉米斯(Aramis)的地方发现了近20块化石标本,包括牙齿、颅骨、颌骨和臂骨等。这些化石表明它们已能直立行走,其年代为距今400万年前,因此它们是目前所知的最早的人类远祖。怀特他们认为这些化石材料与已知的南方古猿都不同,它们代表了南方古猿的一个新种,也是最早的一个种。这样,怀特等人将这些化石取名为 Australopithecus ramidus。② Ramid在当地的语言中意为"根",所以这个种名在中文中被非常恰当地译为"南方古猿始祖种",国内有人很快地对此作了报道与介绍。③

但是,没过多久,怀特小组中的一个成员又发现了一具不完整的始祖种骨架,其中包括骨盆与胫骨。新的发现与研究使怀特他们认为,这些刚刚被称作"南方古猿始祖种"的化石实际上与南方

---

① 关于南方古猿湖畔种的发现及其特征,主要参见:米芙・李基:《肯尼亚卡纳博和阿利亚湾新发现的400万年前的人种》(Meave G. Leakey et al, *New Four—million—year—old Hominid Species from Kanapoi and Aliia Bay, Kenya*),《自然》(*Nature*)1995年第376卷;米芙・李基:《极远之处》(Meave Leakey, *The Farthest Horizon*),《国家地理杂志》(*National Geography*)1995年9月;米芙・李基和阿兰沃尔克:《来自非洲的早期人类化石》(Meave Leakey and Alan Walker, *Early Hominid Fossils from Africa*),《科学美国人》(*Scientific American*)1997年6月。

② 怀特等:《南方古猿始祖种,埃塞俄比亚阿拉米斯的早期新种》(T. D. White et al, *Australopithecus ramidus, a new Species of Early Homimd from Aramis, Ethiopia*),《自然》(*Nature*)1994年第371卷。

③ 吴汝康:《对人类进化全过程的思索》,《人类学学报》1995年第4期;理查德・利基著,吴汝康等译:《人类的起源》,上海科学技术出版社1995年版,第23页注;龚缨晏:《让我们脚踏实地地迈向新世纪》,《史学理论研究》1996年第1期;崔连仲主编:《世界通史》(古代卷),人民出版社1997年版,第14页。

古猿很不相同,它们与南方古猿之间存在着属一级的差别。也就是说,它们不应当是南方古猿这一属之中的一个种,而是一个在分类上与南方古猿并列的、在时间上先于南方古猿的新属。1995年,怀特他们将这个新属定名为 *Ardipithecus*,ardi,在当地语言中意为"大地、地面",因此这个属名似可以中译为"大地古猿",而那些在阿拉米斯发现的化石则是这个属中的一个种,即大地古猿始祖种(*Ardipithecus ramidus*)。①

　　大地古猿始祖种的许多特征类似于非洲猿,如牙面上的釉质较薄,但也有些特征(如枕骨大孔)则与人相似。大地古猿始祖种是目前所知最早的直立行走的古猿,是人类最早的远祖;与南方古猿湖畔种相比,大地古猿始祖种更早,更类似于非洲猿类,它是人、猿系统刚刚分离出来以后向南方古猿进化的一个过渡环节,它为我们更深入地认识人、猿系统的具体分离以及分离后的早期情况提供了线索。根据这些新发现的化石材料,最终与人类发生分离的很可能就是非洲猿中的黑猩猩系统。

　　自从19世纪中期以来,人们逐渐地普遍认为人与猿拥有共同的祖先,人是从一种古猿进化而来的。但进入20世纪后期之后,随着古人类学发现的日益增多以及科学研究的不断深入,人类起源问题不仅没有得到最后的解决,反而变得更加扑朔迷离。这个事实说明人类的起源是一个极其复杂的过程,远非我们原先所想象的那样简单明了。

　　新发现的大地古猿、南方古猿湖畔种以及原先已知的南方古猿其他化石,都有力的证明,自从人的系统与非洲猿的系统分离

---

① 《自然》(*Nature*)1995年第375卷,第88页。

（即两脚直立行走出现）之后，在非洲的土地上曾生活过许多种两脚直立行走的古猿，但只是其中的某一支进化为人类，而其他那些直立行走的古猿则先后都绝灭了。我们原先曾认为，只要产生了直立行走，古猿就会发生一系列变化，最终演变为人类。现在看来，这种观点无疑是错误的。直立行走（以及随之而来的所谓"用双手进行劳动"）并不能保证古猿必然会进化为人类。

　　大约距今700万年前或更早一些时候，从非洲古猿中开始分离出能够直立行走的一个分支，这些双脚直立行走的古猿并不知道自己未来的进化方向，也不会知道其中的一支将会进化为能够制造工具的人类，更不可能知道通过自己的主观努力去转变为人类。人类在这个星球上的出现完全是偶然的，并不是某种超自然因素（如"上帝"或什么"规律"）刻意安排的，大自然并没有规定生物进化的最高目标是要产生出人类。人类是在自然选择的作用下产生的。也正因为人类的出现是偶然的、而不是由于自己努力的结果，更不是某种超自然因素的作用，所以，我们才会为我们在地球上的成功生存而深感幸运，我们才会为我们所创造的辉煌成就而自豪，我们才要去珍惜并保护我们所赖以生存的家园——地球。

现代人类起源的理论问题

现代人类在生物学上一般被称为晚期智人,现代人类又分为不同的人种;在现代人类出现之前,地球上生息着被称为早期智人的古人类。现代人类是怎样产生的?现代人类与早期智人的关系如何?不同的人种又是怎样形成的?从远古神话到达尔文的进化论,人类提出了各种答案来回答这些问题。近年来,国外科学界对此又进行了热烈的讨论。在这场讨论中,形成了关于现代人类起源的两个鲜明的理论。

第一个理论被称为"多区进化理论",主要支持者多为古人类学家,国外的主要代表是美国密执安大学的人类学家沃尔泼夫,我国古人类学家吴新智等也被认为是该理论的倡导者。①

多区进化理论的渊源可以上溯到以研究北京人而闻名于世的魏敦瑞。20世纪60年代,美国的孔恩对魏敦瑞的理论作了修改,提出人类最早起源于非洲,然后扩散到世界各地,并在各个地区独立地进化,最终发展为不同的现代人类。由于他认为现代人种是在不同的地区各自自成系统地发展起来的,所以,他的理论被称作现代人类起源的"系统发生说"。

---

* 本文原载《世界历史》1995年第5期。
① 克拉默(A. Kramer):《大洋洲现代人类的起源》,《美国体质人类学杂志》(*American Journal of Physical Anthropology*) 1991年第4期。

现代多区进化理论也认为,一个种族的一些基本特征是该种族在某一地区长期进化的结果;但与"系统发生说"不同的是,多区进化理论同时强调,各种族的先辈们在不同的地区向现代人类进化的过程中,也存在着相互之间的交往融合、存在着相互间的基因流动(包括居民的迁徙和遗传交换),所以,对生存有利的基因就能在整个人类之中得到扩散;这样,既使不同人种维持着各自的特征,又使不同地区的不同种族不可能发展为一个完全独特的新物种,从而保证整个人类成为一个统一的生物种。①

总的说来,多区进化理论的主要观点是:现代人类的特征是在不同的时代不同的地区逐渐产生的,世界上并不存在着某个惟一的现代人类的发源地;各个地区现代人类出现的时间及方式,是没有什么统一的标准的,它要取决于该地区的基因选择、外来基因的流入等因素的交互作用;现代人类所共有的特征,并不是同时出现的,有些特征早已存在于现代人类之前的古人类之中;现代人类的特征最早并非一定出现在非洲;由于遗传漂变的瓶颈效应,某一地区现代人类的特征最先出现在该地区的边缘地带,然后才在中心地带出现。

第二种理论被称作"夏娃理论",此理论是现代分子生物学发展的产物,主要代表是美国加州大学伯克莱分校由威尔逊(已于1991年去世)领导的遗传学研究小组。

1953年,沃森等人提出了脱氧核糖核酸(DNA)的双螺旋结构,标志着分子生物学的诞生,从此,人类不仅在外部形态上而且

---

① 夫拉雅(D. W. Frayer)等:《现代人类起源的理论》,《美国人类学家》(*American Anthropologist*)1993年第1期。

能从内部分子层次上研究自身的起源了。DNA 是生物遗传的物质基础,是遗传信息的主要载体,生物的遗传信息绝大部分都贮藏在 DNA 分子中,这些信息以核苷酸的不同排列编码在 DNA 分子上。所谓的遗传基因,实际上是 DNA 的一个片段。DNA 最早是在细胞核中被发现的,1963 年,人们发现细胞的线粒体中也有 DNA。80 年代,科学家们确定了人的线粒体 DNA 的基本序列(又称剑桥顺序)。

在遗传中,父母双方的细胞核 DNA 都会遗传给子代,因此孩子既具有父亲的某些特征,又有母亲的某些特征。但线粒体 DNA 却是严格的母系遗传,即父亲的线粒体 DNA 不会遗传给后代,后代的线粒体 DNA 只来自母方。这是因为精子中的线粒体 DNA 不会进入受精卵,即使极个别的进入了,也会很快分解。母方将自身的线粒体 DNA 一代代地遗传下去,但在漫长的遗传过程中,线粒体 DNA 也会发生突变,所以,随着谱系的不断延续,线粒体 DNA 的差异也就越大。换句话说,如果一个种族生存的历史越是悠久,该种族居民线粒体 DNA 中所积累的突变也就越多,这个种族居民之间线粒体 DNA 的差异(歧异率)就越大。反之,如果一个种族较晚才分化出来,那么,这个种族居民之间线粒体 DNA 的差异就较少。80 年代中期,威尔逊遗传学小组搜集了世界上不同种族的 147 个胎盘,从中提取出线粒体 DNA,再用 12 种限制性内切酶把这些线粒体 DNA 切成片段,制成限制性图谱,进行比较分析。他们发现,非洲居民之间线粒体 DNA 的差异最大(歧异率为 0.47%),而亚洲人中的歧异率为 0.35%,欧洲人、大洋洲人的歧异率为 0.23%~0.25%,这表明非洲人是世界上最古老的种族,而其他种族出现的时间则较晚。①

但就整个现代人类而言,人们之间的线粒体 DNA 基本上是一样的,而猿类中间的线粒体 DNA 差异要比人类的大 2 至 10 倍,这说明猿类的生存历史要远比人类悠久。所以威尔逊小组的一个成员说:"我们人类是一个年轻的物种。不同文化之间的遗传差异实在是微乎其微。就我们的线粒体 DNA 而言,与其他任何脊椎动物或哺乳动物相比,人类的相互联系是极其密切的。"②

既然现代人类各种族居民的线粒体 DNA 基本上是一样的,而线粒体 DNA 又是严格的母系遗传,那么从理论上来说,现代世界上所有居民的线粒体 DNA 都应当是从同一个女性祖先那儿遗传下来的,也就是说,所有的现代人类都是同一个女性的后代,地球上不同的种族实际上拥有一个共同的女性祖先。如果我们从现代人类的线粒体 DNA 出发来追根溯源找出他们的原型,那么,我们就可以发现人类线粒体 DNA 的演变过程,从而确定现代人类起源发展的谱系,顺着这条谱系回溯,我们就可以在谱系的终端找到这位所有现代人类共同的女性祖先了。根据这个原理,威尔逊小组将现代人类各种族的线粒体 DNA 分成 133 种类型。他们发现,这一百多种类型又可以分为两大类,第一大类的线粒体 DNA 仅为一些非洲人所特有,第二大类的线粒体 DNA 则分布在包括其他非洲人在内的所有种族中。通过追溯第二大类的发展源流,可以发现它的源头也在非洲人中间。因此,现代所有人类的线粒

---

① 凯恩(R. L. Cann)等:《线粒体 DNA 与人类的进化》,《自然》(Nature)1987 年 1 月,第 31—36 页。
② 《寻找亚当与夏娃》,《新闻周刊》(Newsweekly)1988 年 1 月 11 日,第 38—44 页。

体 DNA 的"根"就在非洲,这就是说,现代人类的线粒体 DNA 都是从非洲人的一位女性那儿遗传下来的,她就是我们所有现代人类的共同祖先。威尔逊等人说:"逻辑上,所有人类的线粒体 DNA 最终一定有一个共同的女性祖先……我们可以将这位幸运的女性称为夏娃,她的世系一直延续至今。"[①] 所以,威尔逊的理论被称为"夏娃理论"。

威尔逊等人说,当时的非洲当然不可能只有"夏娃"这么一个女性在生活,那时也许有几千个男女同"夏娃"一起生活在同一个群体中。只不过是,其他女性并没有留下女性后裔(比如不育、早夭、只生出男孩等),所以她们的线粒体 DNA 世系也就中断了。只有"夏娃"所生下的女性后裔代代相续,日益昌盛,最终繁育成现代世界 50 亿后代。

威尔逊小组认为,人类线粒体 DNA 的进化速度为每 100 万年 2%～4%,据此推算,现代人类之共同祖先"夏娃"的生存年代(也就是现代人类产生的年代)为 14 万至 19 万年前。大概在 9 万至 19 万年前,生活在非洲的部分现代人类开始离开非洲向世界其他地区迁徙,并在不同的地区发展为不同的现代人种。正是由于非洲居民是世界上最早产生的现代人类,他们生存的历史最为悠久,所以,非洲人之间线粒体 DNA 的差异最大;其他种族是后来才从非洲人中分化出来的,生存的历史较短,所以,这些种族居民之间线粒体 DNA 的差异就较少。

"夏娃"的后代们在体质形态上是与我们一样的现代人类,当

---

① 威尔逊(A.C. Wilson)等:《人类最近才从非洲起源》,《科学美国人》(Scientific American)1992 年 4 月,第 22—27 页。

他们中的一部分离开非洲来到世界其他地区的时候,这些地区早已生活着在体质形态上较为粗壮的另一种人类,即早期智人,例如在亚洲有山顶洞人,在欧洲有尼安德特人,等等。威尔逊等人认为,现代人类从非洲迁徙到这些地方的时候,并没有和当地这些土著的早期智人交融混合,而是"完全取代了"这些早期智人。这是因为,如果现代人类到达这里后与当地的早期智人相交融的话,那么,这些早期智人的、与"夏娃"不同的线粒体 DNA 就会遗传下来,这样在现代居民中也就会出现各种各样的线粒体 DNA。可事实上,如前所述,现代世界居民的线粒体 DNA 是高度一致的,都来自同一位女性祖先"夏娃",除此之外,在现代人类的基因库中找不到其他来源的线粒体 DNA。据此推论,那些早期智人一定都灭绝了,他们没有留下后代,也没有同现代人的祖先混合,而是被到达这里的现代人"完全取代了"。

那么现代人类是如何"完全取代"当地土著的早期智人的呢?有人说这是因为现代人类有发达的头脑、体质、语言和社会组织;也有人说这是由于传染病的流行促使早期智人灭绝。威尔逊自己则说:"在不发生任何遗传混合的情况下,现代人类如何完全取代古人类,这依然是一个谜。"

夏娃理论提出后,引起了强烈的反应,直至 1992 年,该理论还被列为最新科学成果;① 1993 年 12 月,在日本专门为此举行了国际学术讨论会。② 夏娃理论也还引起了社会公众的关注,1988 年美国《新闻周刊》将这一理论作为封面报道,并成为该年度最畅销

---

① 《1992 年世界科技成就》,《新华文摘》1993 年第 6 期。
② 会议情况参见《人类学学报》1994 年第 2 期,第 116 页。

的一期。

以沃尔泼夫为代表的古人类学家坚决反对夏娃理论,他们指出:"现代中国人、大洋洲人、欧洲人都分别类似于本地区的古人类,而不是类似于非洲的古人类。更重要的是,在世界每个地区,我们都已找到了这个地区现代人类与该地区古人类之间的联系。"[①]他们认为,在化石材料上找不到现代人类完全取代古人类的证据。而且,现有的化石材料还不能证明现代人类最早出现在非洲。[②] 沃尔泼夫说,在人类的历史上,我们经常看到的是不同民族之间的相互交融,而不是完全取代;"夏娃理论"认为现代人类完全取代了古人类,这在情理上实在是难以想象的,如果一定要认为真的发生过这种取代,那么,这种理论真不该叫做"夏娃理论",而更应当称作"该隐理论"(在《圣经》中,该隐是夏娃的后代,以残暴著称)。

以华盛顿大学的坦普列顿为代表的一些生物学家则提出了反对夏娃理论的最有力的证据。他们在一系列的论文中指出:根据威尔逊小组的研究方法及计算机程序,实际上可以作出数以百万计的人类线粒体 DNA 发展谱系图,因此,威尔逊小组所绘制的谱系图是不可靠的,实验表明我们无法将人类线粒体 DNA 谱系追溯到非洲;夏娃论者关于线粒体 DNA 歧异率的统计方法并不正确,不能说明非洲人是现代人类的发源地;至于线粒体 DNA 的进化速度,目前尚有不同的说法,故而夏娃论者所说的现代人类起源

---

① 沃尔泼夫(M. Wolpoff)等:《反夏娃论的证据》,《新科学家》(*New Scientist*) 1991 年 6 月 22 日,第 37—41 页。
② 桑能(A. G. Thorne)等:《人类的多区进化》,《科学美国人》1992 年 4 月,第 28—33 页。

的时间也不一定可靠。① 特别是在最近的一篇文章中,坦普列顿从分子生物学的角度全面分析批评了夏娃理论。② 威尔逊研究小组的一个主要成员后来也承认了他们在研究方法上的一些错误。③

面对着来自各方面的强烈批评,夏娃论者不断寻找新的证据进行反驳。沃尔泼夫在批评夏娃理论时强调,在研究人类起源问题时,化石材料及古代遗物远比分子生物学材料重要,而威尔逊等人则针锋相对地指出,活人的生物学材料远比死人的化石重要,"因为现在的活人必定有其祖先,而死去了的化石则不一定会留下后代。"他们在后来的一系列研究中,坚持了自己的观点。④

一些古人类学家则努力根据古人类化石来支持夏娃理论。他们说,化石材料表明,在中东地区,古人类曾与现代人类并存,两者之间并没有发生交融混合,可见现代人类与古人类是两个不同的系统,现代人类是不可能从古人类发展过来的;⑤ 最近,又有人指出,在中东,先出现现代人类,后来才出现属于早期智人的尼安德特人,所以尼安德特人不可能是现代人类的祖先。⑥

---

① 柏林那加(M. Barinaga)等:《"非洲夏娃论"者在退却》,《科学》(Science)1992年第 255 卷,第 686—687 页。
② 坦普列顿(A. R. Templeton):《重评"夏娃论"》,《美国人类学家》1993 年第 1 期。
③ 海奇(S. B. Hedges)等:《人类起源及线粒体 DNA 序列分析》,《科学》(Science)1991 年 2 月,第 737—739 页。
④ 文奇兰特(L. Vigilant)等:《南部非洲人群单根头发中的线粒体 DNA》,《美国国家科学院院刊》(Proc. Natl. Acad. Sci. USA)1989 年第 86 卷,第 9350—9354 页。
⑤ 斯琴格((C. B. Stringer)等:《现代人类起源的遗传学和化石证据》,《科学》1988 年第 239 卷,第 1263—1268 页;《人类的起源》,《科学美国人》(Scientific American)1990 年 12 月,第 68—74 页。
⑥ 巴—约瑟夫(O. Bar-Yosef)等:《黎凡特地区的现代人类》,《科学》(Scientific American 中译本)1993 年第 8 期。

这里还应当指出的是,我国科学家通过对我国一些民族居民线粒体 DNA 的研究发现,有两种类型的线粒体 DNA 在灵长类动物与人类中都存在,表明它们是人类与灵长类所共同拥有的祖先类型。但是,这两种祖先类型的线粒体 DNA 仅仅保留在亚洲人群中,比如其中的一个类型在汉族人群中频率为 10.7%,在高加索人群中则不存在,而在混有高加索血统的维吾尔人群中又以很低的频率出现(1.5%),这说明亚洲可能是现代人类的一个发源地。[①] 我国生物学家的研究也引起了国际上的重视。[②]

这场关于现代人类起源的国际性讨论,还远远没有结束。在这场讨论中所提出的线粒体 DNA 证据,更进一步证明了现代人类是一个统一的生物物种,各种族之间并无高低优劣之分。通过考察这场讨论,可以看出,人类作为一种生物物种,它的产生和发展都要受到自然规律的支配。不论这场讨论的结果会怎样,它都将有助于我们更进一步认识自身的起源问题。

---

① 《中国科学》(B 辑)1988 年版第 1 期,第 60—70 页,俞民澍等人的文章。
② 斯普勒(J. N. Spuhler):《猴类、猿类、人类线粒体 DNA 的进化》,《1988 年体质人类学年鉴》。

关于印欧语系的起源问题[*]

印欧语系是当代世界上分布最广的一个语系,近一半世界人口以该语系中的某一种语言为母语。研究印欧语系的起源,不仅是语言学中的一个重大课题,而且,对于认识欧洲远古社会也具有非常重要的意义。长期以来,西方学术界对此问题进行了广泛的研究。在过去几十年中,蓬勃发展的史前考古学对印欧语系起源问题的研究产生了巨大的影响,并形成了几种不同的理论观点。但限于各种条件,国内学术界对西方这方面的研究动态所知不多。故特撰此文,供有意者参考。

自18世纪后期发现印欧语系以来,人们即开始讨论其发源地。当时人们多认为印欧语系最早产生在亚洲,特别是中亚山区。从19世纪中期起,学者们多持欧洲起源论,或说印欧语系发端于斯堪的纳维亚南部,或说在德国北部。进入20世纪,欧洲起源论已成主流,人们所争论的只是它的具体发源地。到目前为止,主要有四种观点:一种是"波罗的海—黑海起源说",认为早在中石器时代,原始印欧语居民就已生活在从波罗的海到黑海北岸的广大地区,进入新石器时代后逐渐扩散;第二种为"中欧—巴尔干起源说",认为原始印欧语的故乡在欧洲中部,可能还包括巴尔干半岛,

---

[*] 本文原载《世界历史》2000年第5期。

自新石器时代起向外迁徙;第三种是"小亚细亚起源说";最后一种是"黑海—里海起源说"①。在此四种观点中,后两种最为主要,并且正在进行热烈的争论。

小亚细亚起源说的代表人物是英国的著名考古学家伦夫鲁(C. Renfrew),其主要著作是《考古学与语言:印欧语系起源之谜》(Archaeology and Language: The Puzzle of Indo-European Origins)。伦夫鲁认为,印欧语系起源于小亚细亚的中部与东部。印欧语系的扩散,实际上是农业传播的结果。具体地说,公元前7000年至前6500年,这些操印欧语的原始农人们从小亚细亚逐渐向欧洲及亚洲迁徙。他们呈波浪式前进,每一代人平均迁徙约18公里。当他们将先进的农业引入到一个新地区后,当地那些原先过着采集狩猎生活的土著居民在学会农业的同时,在语言上也渐渐被外来者同化,于是印欧语得以不断扩散。因此印欧语的传播过程,并非是一个武力征服的过程。从历史学上来讲,伦夫鲁的观点有两点与传统的观点明显不同。1.传统上认为印欧语居民离开故乡向欧亚各地迁徙的时间是在公元前2000年代,也有的说是在公元前4000年代,但伦夫鲁则将此提早到公元前7000年代;2.传统上认为印欧语居民刚刚开始向各地扩散时,过着游牧生活,是游牧者,而伦夫鲁则认为他们是早期的农人。伦夫鲁的观点,实际上涉及了世界古代史中的许多问题。例如,人们一般认为,欧洲早期农业居民并非说印欧语,而伦夫鲁则将他们看作是印欧语居民。再如,传统上认为,公元前3500年至前1700年兴起于印度河

---

① 麦勒里和亚当斯:《印欧语系文化百科全书》,(J. P. Mallory and D. Q. Adams, Encyclopedia of Indo-European Culture),费兹罗伊·第波恩出版公司1997年版,第297—299页。

流域的哈拉巴文化是由土著居民创造的;最早的印欧语居民(雅利安人)是在哈拉巴文明灭亡后才出现在印度河流域的(所以有不少人认为哈拉巴文明是被雅利安人灭亡了的)。但是,伦夫鲁却认为,来自小亚细亚的印欧语居民带着农业来到印度河流域后,创造出了哈拉巴文明;哈拉巴文明的创造者本身就是印欧语居民①。

伦夫鲁的观点遭到许多人的反对,他们认为,伦夫鲁的观点与历史学、语言学以及比较神话学等学科的研究成果大相径庭。例如,比较语言学表明,原始印欧语居民非常熟悉车子,在印欧语系诸语言中,保留着表示车子的共同词根。但印欧语系诸语言中却没有表示"车辐"的共同词根,这表明当有辐车轮出现的时候,印欧语居民已经向四处扩散了。考古发现表明,欧洲的车子最早出现在东欧,时间是在公元前 3300 年左右,这些车子都是实心车轮;有辐车轮出现在公元前 2300 年左右。这就是说,印欧语系的发源地在东欧(具体地说是在黑海北岸的东欧草原)。约公元前 3300 年至前 2300 年之间,他们开始离开故乡向其他地区扩散②。这些理由,同时也是印欧语系"黑海—里海起源说"的基本依据之一。

"黑海—里海起源说"的一个主要提倡者是美国加利福尼亚大学考古学研究所的女学者吉布塔(M. Gimbutas)。她提出,印欧语系最初起源于乌拉尔山南部到伏尔加河中下游的草原地带(即里海北岸)。这一点还可以得到语言学与比较神话学的佐证,因为这些学科的研究表明,印欧语在亲缘关系上与乌拉尔语系的芬兰—乌戈尔语族最为接近,而芬兰—乌戈尔语族起源于乌拉尔山的中

---

① 《当代人类学》(Current Anthropology)1988 年第 3 期,第 437—468 页。
② 同上。

部地区,该地区与印欧语系的发源地里海北岸草原地区又是相邻的,故印欧语系与乌拉尔语系具有密切的联系。公元前7000年代,西亚的农业通过高加索地区(而不是经由黑海北岸)而影响到了里海北岸草原地区,使这里逐渐进入新石器时代。这一区域本来就是野马活动的地带,因此自然成为人工养马的最初发生地。根据考古材料,伏尔加河流域养马不会晚于公元前5000年。

吉布塔认为,生活在里海北岸的原始印欧语居民后来逐渐向外扩展。在其东部,以米奴辛斯克盆地为中心的阿凡纳谢沃文化(Afanasevo Culture,约公元前3500年至前2500年)以及后来的安德罗诺沃文化(Andronovo Culture,约公元前2000年至前900年),实际上都是伏尔加河流域原始印欧语文化向东扩张的结果。根据吉布塔的说法,原始印欧语居民向西共有三次大的扩张运动。第一次向西扩张发生在公元前4500年至前4300年前,他们在第聂伯河—顿涅茨河流域的草原地区(即现在的乌克兰南部草原)获得了统治地位,创造出了斯莱德涅·斯多格(Sredny Stog)文化;他们还进而向西渗透到摩尔多瓦、罗马尼亚,其影响一直波及到巴尔干半岛北部。第二次扩张发生在公元前3500年至前3000年前,原始印欧语文化一直延伸到意大利北部及波罗的海南岸,而多瑙河流域的土著文化则由于与原始印欧语文化相结合,演变成为全新的文化。第三次扩张发生在公元前3100年至前2900年前,印欧语居民来到希腊,同时中欧与北欧也被"印欧语化"。

这样,在吉布塔看来,进入新石器时代(出现农业)后,欧洲实际上就可以分为两大区域,一个是原始印欧语文化区,另一个则由非印欧语居民占据(吉布塔称这些地区为"古欧洲")。原始印欧语文化的基本特征是:讲原始印欧语,过着游牧或半游牧的生活,实行父系家长制统治,崇拜太阳神,好战,熟练驾驭马及车子,制陶及建筑技术均不发达。与此相反,"古欧洲"的非印欧语居民则是过着定居的农业生活,实行母系统治,崇拜月神及死亡女神,崇尚和平,建筑、制陶及艺术发达。因此,这"两个欧洲"在社会制度、意识形态及宗教信仰上都不相同。发源于伏尔加河中下游地区的原始印欧语居民,凭借着技术优势(主要是马),逐步征服了非印欧语居民,使欧洲"印欧语化"。在这个"印欧语化"的过程中,欧洲从母系社会转变为父系社会,从和平的社会转变为尚武的社会,同时,原先非印欧语文化的一些因素也被吸收到印欧语文化中。因此,所谓的西方文明,实际上来源于印欧语文化与非印欧语文化的融合。

吉布塔还认为,在原始印欧语文化中,最具代表性的特征是他们的葬俗。他们将死者埋于地下的墓穴中,一个墓穴可能就是一个家庭,里面所埋的一般为一个妇女加一两个孩子,或一对成年男女加几个孩子;墓室用石头或木头筑成房屋状,可能表示墓穴即为死者之住房,然后再在墓顶上建造一个圆形的小坟丘。由于这种坟丘在俄语中被称作"Курган",所以,吉布塔在1956年出版的《东欧史前史》(*The Prehistory of Easten Europe*)中将原始印欧语文化称作"Kurgan Culture",此词可中译为"古冢文化"。吉布塔所说的古冢文化实际上包括了俄国及东欧学者所说的许多不同文化,如竖穴墓文化(the Pit Grave Culture,现在多称之为"Yamna Culture"),乌萨多伏文化(Usatovo Culture)以及斯莱德涅·斯多格文化等。由于此概念的内涵过于庞杂,所以后来人们渐渐改称其为"古冢传统"(the Kurgan Tradition),这是目前研究东欧史前史以及印欧语系起源问题时经常要遇到的一个概念。无论是"古冢文化"还是"古冢传统",实际上是原始印欧语文化的同义词。而欧洲的"印欧语化"(Indo-Europeanization),实际上也就是"古冢化"(Kurganization)①。

美国另一位考古学家安东尼(D. W. Anthony)与吉布塔一样不同意伦夫鲁的观点,但他与吉布塔也有许多分歧。

安东尼认为,大约公元前5700年,早期农业从多瑙河下游自西向东传入到黑海西北部,这个地区逐渐进入新石器时代。从公元前4600年开始,在第聂伯河西岸,出现了特里波耶—库库泰尼文化(关于该文化可参阅《中国大百科全书·考古学》第522—523页)。在特里波耶—库库泰尼文化的影响下,第聂伯河东岸也开始进入新石器时代。这样,在黑海北岸,以第聂伯河为界,形成了两个不同的文化圈。第聂伯河西岸是比较先进的特里波耶—库库泰尼文化,以农业与畜牧为基础;村落规模宏大,面积大者可达300公顷,有的村落中甚至有上千座两层房子;使用黄铜制造工具及装饰品;有发达的彩陶,女性陶像流行;出现了刻划符号;与周边地区有广泛的贸易交换。第聂伯河东岸则是相对落后的"第聂伯—顿涅茨河文化"(关于该文化可参阅《中国大百科全书·考古学》第90页),这里村落分散,房子很小,缺乏黄铜,没有女性陶像,等等。

安东尼进一步指出,第聂伯河西岸主要是森林草原地带,这里降雨量多,森林中的动物资源也较丰富,利于农业或者狩猎。而第聂伯河东岸地区则多为无树的开阔草原,降雨少,比较干燥,农业条件较差,动物资源也不多,人们多沿河而居。随着人口的增多,第聂伯河东岸那些沿河而居的人们只得越来越多地去利用草原动

---

① 吉布塔:《东欧史前史》(The Prehistory of EasternEurope),皮巴蒂博物馆1956年版,第70—92页;《当代人类学》1986年第4期、1988年第3期;《印欧语系文化百科全书》,第338—341页。

物以获取食物,其中最主要的是驯养马。所以在安东尼看来,马的驯养最早发生在第聂伯河东岸,而不是像吉布塔所说的那样在伏尔加河流域。马的驯养,使经济转向以开发草原资源为基础,从而导致了整个社会的巨大变化。公元前4200年左右,在第聂伯河东岸,第聂伯—顿涅茨河文化发展成为一种新的文化,即斯莱德涅·斯多格文化。吉布塔认为斯莱德涅·斯多格文化是来自伏尔加河流域的原始印欧语居民创造出来的,而安东尼则认为,此文化是从当地的新石器文化发展而来的,促使这个文化迅速兴盛的原动力,就是马的驯养。后来,斯莱德涅·斯多格文化向周围扩张,并导致了特里波耶—库库泰尼文化等土著文化的衰亡。关于原始印欧语系的起源地,安东尼认为在维斯图拉河(维斯瓦河)与第聂伯河之间的某个地方,而不是像吉布塔所说的那样在伏尔加河流域。至于哪一种文化属于原始印欧语文化,安东尼没有明说,但从他的文章中可以看出,第聂伯河东岸的第聂伯—顿涅茨河文化以及后来的斯莱德涅·斯多格文化与原始印欧语居民有关,因为他说,第聂伯—顿涅茨河文化"至少部分地起源于"维斯图拉河与第聂伯河之间的土生中石器时代文化,而在他看来,原始印欧语正是发源于维斯图拉河与第聂伯河之间的地区。①

  从上面的讨论中可以看出,虽然国外学者对印欧语系的起源问题尚未取得一致的意见,但他们所做的研究工作还是相当深入的。

---

  ① 参见《当代人类学》1986年第4期;《美国人类学家》(*American Anthropologist*)1990年第4期。

现代西方关于国家起源的理论[*]

近年来,西方对国家的起源问题进行了比较广泛深入的研究,提出了许多新理论。这些理论,对于我国历史学的研究,有一定的参考价值,现从三个方面介绍如下:

一、关于国家的定义

西方学者对国家所下的定义很多,[①]大致上可分为三类:

1. 社会分化说。此说把国家视为社会分化的必然结果。18世纪的卢梭就认为国家是富人为了保护自己的利益、压迫穷人而产生的。现代西方这一观点的主要代表是傅礼德(M. Fried)。他指出:国家这一高度集中的政治制度是社会分化的产物,"国家的基本职能是在内外两方面维护一种特定的社会分化秩序"。[②]1972年,柯达克(C. P. Kottak)在研究东非国家发展的一篇论文

---

[*] 本文原载《世界史研究动态》1988年第4期。

[①] 傅礼德(M. Fried)、沃特金斯(F. W. Watkins):"国家机构","国家之概念",均见《国际社会科学百科全书》(*International Encyclopedia of the Social Science*),第15—17卷,纽约1972年版,第143—156页。E. M·布伦菲尔(E. M. Brumfiel):《论阿兹特克国家的形成》,《美国人类学家》(*American Anthropologist*) 1983年第85卷第2期,第261页。

[②] 柯恩(R. Cohen)和佘威士(E. R. Service)主编:《国家的起源》(*Origins of the State*),费城1978年版,第27页。

中,就运用了傅礼德的理论。

2. 政治结构说。国家是一种政治机构,是权力体系,于是,西方许多学者便从政治制度本身的结构特征上来给国家下定义。这可上溯到19世纪的斯宾塞。1942年,南德尔(S. F. Nadal)指出:国家具有集权的政府、领土主权和统治集团。佘威士(E. R. Service)后来又补充一条:对武力的垄断。美国的柯恩(R. Cohen)认为:国家产生之前政治体系的特征是分裂成许多政治小单位;每一政治小单位发展到一定程度时,就要分裂;而国家则能把不同的地区、民族、政治集团都包容起来。"国家的特点是官僚政治、中央对社会下属各部分的强制统治。"[①]1975年,兰特(H. T. Wright)和约翰生(G. Johnson)从信息处理的角度认识国家,把国家看作一个决策组织,他们说:"国家的定义是:一个行政管理活动专门化的社会。"[②]国家这个控制社会的等级机构由三层或三层以上的决策层次构成,高一级的决策层次控制低一级的决策层次,再加之信息处理活动的专门化,从而使最高层次的决策能够有效地影响下级各层次的活动,并使它们失去独立性。

3. 还有人根据国家的某些具体特征来给国家下定义,可谓"特征说"。如摩多克(G. P. Murdock)在1959年出版的《非洲:各民族及其文化史》中罗列了非洲专制政治的18个特征。但由于"特征说"所列举的都是些外部特征,无法反映国家的实质,所以,持此说者很少。

---

① 克利逊(H. J. M. Claessen)和斯卡尔尼克(P. Skalník)主编:《早期国家》(*The Early State*),海牙1978年版,第69页。

② 米利索斯卡(S. Milisauskas):《欧洲史前史》(*European Prehistory*),纽约1978年版,第248—249页。

二、关于社会发展阶段的问题

19世纪,民族学的创始人泰勒、摩尔根把人类社会的发展分为蒙昧时代、野蛮时代和文明时代。现代西方学者认为,这样划分除了材料上的不足外,还有两个基本缺陷。首先,这种历时性的发展模式是建立在共时性的例证上的。但在当代(共时性)的民族学材料中,实际上很难区分、确定哪一种社会组织形式在时间上要早于另一种社会组织形式。其次,"蒙昧"、"野蛮"、"文明"这些词句都是作者的价值判断,具有明显的褒贬意义,而不是如实地反映事实。① 本世纪初,斯宾格勒、汤因比提出了历史循环论。1955年,史图尔德(J. H. Steward)提出了七个发展阶段论:狩猎采集时期,原始农业时期,国家形成时期,地区性的繁荣时期,初征时期,黑暗时代,周期性的征服时期。1967年,傅礼德的《政治社会的进化》出版。1962年,佘威士的《原始社会组织》问世,1975年,他又出版了《国家与文明的起源》一书。美国哈斯说:"关于政府的起源及其基本职能问题,在哲学理论上存在着对立的态度,佘威士和傅礼德的论述中所包含的,就是这些主要的对立态度在人类学中的最新、最清楚的表述。"② 我们在此着重介绍他们的理论。

1. 傅礼德的社会发展理论

傅礼德认为,人类社会发展的第一个阶段是平等社会(Egali-

---

① 莱德曼(C. L. Redman):《文明的起源》(*The Rise of Civilization*),旧金山1978年版,第217页。
② J. 哈斯(J. Haas):《史前国家的发展》(*The Evolution of the Prehistoric State*),纽约1982年版,第20页。

tarian Society)："在任何一个年龄——性别级别中，威望位置（positions of prestige）的数量和能配得上这些位置的人的数量是一样多的。"①社会成员对每个社会地位的权利都是平等的，如果某一时期能人较多，则较尊贵的社会地位之数量也会因之增多。社会并不规定只有多少人才能运用权力，这样的社会中也就不存在着权力的等级结构。平等社会是采集狩猎集团。

第二个发展阶段是等级社会（Ranked Society），其特点是："比较尊贵的社会地位受到了某种限制，那些完全具备享有这些地位的才能的人，事实上并非都能享有这些地位。"②社会根据出身、世系等来规定社会地位的高低，但并不存在经济上的分化。"首领没有权力迫使人们服从"。③ 社会成员可以不听从首领。首领要比其他人更努力地劳动。傅礼德认为：从平等社会过渡到等级社会，"如果一定要找出两个主要原因的话，那应是人口的增长和再分配制度的出现"。④

紧接着等级社会的是分化社会（Stratified Society）。"分化社会是这样一个社会，在这里，年龄相仿的同性别成员，对用以维持生活的基本资源并不享有平等的权力。"⑤在分化社会中，"有真正的社会经济各阶级，它们在生活水平、安全程度甚至生活要求上都形成了鲜明的对照"。⑥ 等级社会发展到分化社会是一个质变的

---

① 傅礼德：《政治社会的进化》（*The Evolution of Political Society*），纽约 1967 年版，第 33 页。
② 同上书，第 109 页。
③ 同上书，第 137 页。
④ 同上书，第 18 页。
⑤ 同上书，第 186 页。
⑥ 同上书，第 225 页。

过程。促使等级社会过渡到分化社会的原因很多,例如人口压力、财富来源缩小、需要集中管理的组织制度等。傅礼德认为战争与奴隶制并不是社会分化的原因。

由于经济上的不平等,存在着剧烈的冲突,分化社会是个不稳定的社会。以血缘关系为基础的旧的社会机构无法解决由社会分化而导致的内部冲突,因此,不是基于血缘关系之上的社会机构就获得了日益重大的意义。国家随着血缘关系的瓦解而形成。所以他给国家下了这样的定义:国家是"一系列社会机构的总合,社会权力通过它们而在高于血缘关系的基础上组织起来"。① 在傅礼德的理论中,国家是最后一个阶段。傅礼德自己说:"一旦社会分化存在了,国家产生的原因也就产生了,国家的真正形成过程也就开始了,经过比较短暂的时间,国家正式形成。"不具备国家政治机构的分化社会是"几乎找不到的"。② 所以傅礼德关于分化社会与国家的区分并不是很清楚的。

这里,我们再顺便介绍傅礼德对"原生国家"与"次生国家"的划分。原生国家是指那些"通常在没有更高级的社会模式影响的情况下,通过自身内部的动力,真正独立发展起来的国家"。次生国家则是"在既存的国家影响下而产生的,并通常把某些既存国家中的组织机构之一部分或全部作为自身仿效或发展的模式"。③ 原生国家与次生国家的产生过程是否一样,它们各有什么特点,这些问题在西方及苏联、东欧也是十分引人注目的。④

---

① 傅礼德:《政治社会的进化》,第229页。
② 同上书,第185页。
③ 傅礼德:《国家:鸡乎?蛋乎?孰先孰后?》,柯恩等:《国家的起源》,第37页。
④ 可参见柯恩等:《国家的起源》和克利逊等:《早期国家》两书中有关文章。

2. 佘威士的社会发展理论

在佘威士的社会发展理论中,最早的人类社会组织是游团(Bands)。游团是狩猎采集的血缘集团。社会成员之间的差别只表现在年龄性别上。这里除了一些关于年龄、性别、家庭的规则外,一般没有政治组织,也没有经济上的专门分工,更没有吸收兼容其他群体的社会机构。

第二个社会组织是部落(Tribes)。部落与游团的主要不同之处在于:部落能够通过氏族、同龄人组织、宗教组织、武士组织等方式把许多小群体吸收进来,组成一个比较大的社会单位。而在游团中,简单的婚姻血缘关系是无法维持较大的社会组织的。因此,部落的规模要大于游团。部落一般是农业社会,通常有个名义上的领导人,但他没有政治经济特权,只是根据社会的意愿而工作,通过以身作则来领导别人。部落仍是平等的。①

关于部落,国外有人认为,在国家产生之前是不存在的。部落组织只是为了对付周边国家的军事威胁而产生的。部落仅仅存在于文明地区的边缘地带。②

佘威士认为,部落之后的社会阶段是酋邦(Chiefdoms)。酋邦这一概念在西方论著中广为应用,但尚无精确的定义。③ 克利逊和斯卡尔尼克说:"根据佘威士的定义作为出发点,它可以表

---

① 温克(R. Wenke):《史前诸模式》(*Patterns in Prehistory*),纽约1980年版,第343页。
② 高德里(M. Godelier):《马克思主义人类学研究》(*Perspectives in Marxist Anthropology*),剑桥1977年版,第三章《部落的概念》;并可参见《政治社会的进化》,第154—157页;《文明的起源》,第204页。
③ 伦夫罗(A. C. Refrew)等人主编:《考古学中的理论和解释》(*Theory and Explanation in Archeology*),纽约1982年版,第79页。

述如下:酋邦是这样一个社会政治组织——集权的政府,贵族性质的世袭等级制度,但没有正规的进行暴力镇压的法律机关,也没有能力防止分裂。这些组织看起来都是神权政治,人们像教徒一样,他们对权威的服从,是以服从一个酋长——祭司的形式而出现的。"①

佘威士认为,酋邦进一步发展为原始国家或上古文明。原始国家是指那些因与现代先进国家接触而从酋邦发展起来的国家。他说上古文明有六个:中美洲、美索不达米亚,秘鲁、埃及、印度、中国。从酋邦到上古文明只不过是个量变过程,因为上古文明的许多基本特征在酋邦中即已存在,它是更复杂、规模更大的酋邦。随着对外扩张、政治中宗教因素的日益减少,酋邦、上古文明发展为以暴力镇压为基础的国家。②

西方关于国家的理论分为两大派:冲突理论和结合理论。有人把两种学说上溯到古希腊。③ 傅礼德是现代冲突理论的一个代表,而佘威士则是结合理论的代表者。佘威士说:"根据冲突理论和结合理论,国家本身当然是高于血缘机构的、维护社会统一的最高机构。但问题在于为什么使社会统一在一起,怎样使社会结合在一起。"④在傅礼德看来,国家是由于社会成员在经济上发生了分化、社会内部产生了冲突而形成的。国家用暴力进行统治。佘威士认为,国家产生之前并不存在社会成员在经济上的分化,因此也就没有社会冲突。国家是为了协调、管理社会各部分而产生的。

---

① 克利逊等:《早期国家》,第22页。
② 佘威士:《关于政府起源的古典与现代诸理论》,柯恩等:《国家的起源》;并可参见哈斯:《史前国家的发展》,第76页。
③ 哈斯:《史前国家的发展》,第1—2章。
④ 柯恩等:《国家的起源》,第28页。

最早的酋长是最有能力的人,他"是被他的下属创造出来的,不是因为他们怕他,而是因为他们欣赏他的模范品质"。① 最早的统治阶级和被统治阶级是政治意义上的。早期政府不是借助于暴力,而是通过宗教,通过给人民带来利益统一社会,并使自己获得社会的支持。早期文明中没有阶级斗争,那时的内战是贵族们争夺继承权的斗争。

三、关于国家起源的专门理论

傅礼德和佘威士提出了关于社会发展的比较系统的理论,此外,西方还有许多着重论述国家起源的理论。

1. 环境限制理论

这是卡南罗(Carneiro)提出的。② 他认为,最早产生国家的地区(尼罗河流域、两河流域、印度河流域、墨西哥盆地、秘鲁沿海谷地)都是受自然环境限制的地区,它们周围的高山、沙漠、海洋限定了原始农人可以居住耕种的地域。如在秘鲁沿海,人们的村落只能集中到七八个狭长的山谷中。新石器时代,人口增长,新村落不断地分衍,可耕地逐渐都被利用了。在人口的压力下,土地日益紧张,人们为土地而争斗。被打败者没有合适的地方可以随便逃往,因而如果不是被灭绝或赶走的话,就向胜利者称臣纳贡,被打败的村落成了胜利者统治下的村落。随着土地紧缺的不断加剧,战争也日趋剧烈,发展到后来,争斗的双方不是以村落为单位,而是以

---

① 哈斯:《史前国家的发展》,第83页。
② 卡南罗:《国家起源问题一探》,《科学》(Science)1970年第169期。

酋邦为单位。"十分自然,政治单位的规模越大,则其数量越少,最后的结果是整个山谷都在其最强大的酋邦的旗帜下联合起来,这样形成的政治单位无疑是高度集中和复杂的,足可称之为国家。"接着是强大的山谷征服弱小的山谷,最后整个地区都被一个国家所征服,形成一个大帝国。随着政治单位从村落发展到帝国,其内部的社会政治结构也发生了变化。功臣成了地方官,统治者及其亲属构成了社会上层,战俘成了奴仆,构成了社会下层。

与上述这些地区不同,亚马逊河流域等地区有着绵延的森林,这些森林地都可以变作无穷的土地。这里进行的战争不是为了土地,而是为了复仇、争夺妇女、获取声威等。胜利者不把失败者当作臣民,因为失败者可以(而且事实上也是)逃到远处的森林中,像过去一样从事农业。所以这些地区的战争只能使村落分散到更广阔的地区上,并使这些村落保持独立性。

卡南罗还用"资源集中"和"社会环境限制"这两个概念来补充说明他的理论。如亚马逊河沿岸土地肥沃,物产丰富,人们争夺肥沃的土地。"战败者为了保持对沿河土地的享有,经常把臣服胜利者当作惟一的选择。"这是资源集中的后果。社会环境限制是指"一个人口密集的地区,会对居住在这一地区中心的人们产生类似于自然环境限制所产生的影响"。在中心地区,人口密度高,人们往往为土地而发生战争,打败者因为周边已有人居住而无处可逃。这样,在资源集中地区和社会环境限制地区,就像上述的自然环境限制地区一样,产生了国家。

2. 系统论

1972年,弗拉内里(K. V. Flannery)用系统论来研究国家的起源。① 根据系统论,在所有的系统中都有相同的基本过程。分离化(segregation)和集中化(centralization)就是这样的两个过程。分离化是指一个大系统内各子系统的差异化和专门化的程度。集中化是大系统内各子系统与最高控制层次之间联系的程度。社会是一个大系统,它总是包括经济、政治、宗教等子系统,一个社会的发展阶段越高,则其分离化与集中化的程度也越高。那么社会是怎样变得日益分离化和集中化的呢?弗拉内里提出了上升化(promotion)和线性化(linearization)这两条途径。通过上升化,一个机构从原来较低的层次中上升到高一层的位置中,或者从原来一个简单的职位(role)中产生出一个新机构。例如,一个教会(特殊目的的机构)在某种特殊情况下管理世俗行政事务(成了普遍目的的机构);又如原始社会中不正规的头人的领导职位发展为酋长,这都是上升化的例子。线性化是指高一层的控制机构无视、越过低一层的控制机构。弗拉内里举例说,墨西哥有一村庄,起先村民们自己管理简单的灌溉系统,后来政府派人在这里建造了现代化的灌溉系统,这样,灌溉系统再也不是由村民管理了,而是由国家管理了。国家(高一层的机构)取代村庄(低级机构)来管理灌溉网,这就是一个线性化的例子。

弗拉内里指出,在研究国家起源时,要区分以下几点:(1)分离化和集中化的过程;(2)这两个过程借以进行的途径(例如上升化和线性化);(3)社会环境压力(战争、人口增长、人工灌溉、交换等等),上升化等是由于一个或几个社会环境压力而导致运行的。

---

① 弗拉内里:《文明的文化进程》,《生态学与分类学年度评论》1972 年第 3 期,本文据《史前诸模式》,第 365—367 页。

亚、非、欧、美各大洲都有古代国家,要找出它们产生发展的共同原因是十分困难的。弗拉内里区分了上述三点,这样就不需要再去寻找导致这些国家产生的具体的共同的因素了。例如在西亚国家产生过程中,人工灌溉可能十分关键,而人口因素可能不重要。在美洲国家的产生过程中,人口因素可能十分重要,而人工灌溉则意义不大。但这些差异仅仅是社会环境压力的差异。在世界各地国家产生过程中,具体的社会环境压力在不同地区不同时期可能会有很大的不同,但由社会环境压力所引起的线性化与上升化是一样的,通过线性化等途径而造成的不断分离化和集中化是一样的。

弗拉内里提出 15 条规律阐释国家的起源,例如:低层控制机构如果无法有效地发挥作用,高层机构的控制就要加强,这可能就要导致线性化;线性化造成子系统缺乏独立自主性,或者简单化;要维持简单化就要求有更多的管理;要求更多的管理就要有更多的正式机构,等等。

现代西方许多学者主张从系统论的角度来研究国家的产生和发展,但是"都还不成熟"。[①] 有人认为,系统论只描述文化的发展过程,而不是进行分析或解释。科学寻求规律,规律应当普遍适用。如果说这个地方国家的产生是因为自然灾害,那个地方是人口压力,而另一个地方又是另一种"社会环境"压力,这样就得不出共同的规律了。[②]

3. 人工灌溉理论

用人工灌溉理论来说明古代国家的产生和发展,主要是魏特夫

[①] 《科学美国人》(*Scientific American*)杂志专题论文汇编(Readings from *Scientific American*);《文明》(*Civilizations*),旧金山 1979 年版,第 7 页。

[②] 温克:《史前诸模式》,第 370 页。

(K. A. Wittfogel)。他的理论已受到了国内学者的严厉批判,①因而这里不展开论述。魏特夫关于国家起源的主要观点是:古代文明产生的地区,邻近大河,土地广阔,但如果进行没有人工灌溉的农业,则雨水不足,因此农耕产生后,人们就要进行人工灌溉,以开发利用优越的自然条件。人工灌溉工程的建造和维修都需要大量的人力,因而人们"必须与其同伴协作,使自己服从于直接的权力"。这样就产生了一个管理集团,这个集团产生后又逐渐负责其他社会事务,因而也就获得了越来越多的权力。最后他们在经济、政治、军事、宗教各方面来统治人民。这就是魏特夫的"东方专制主义"。

桑德(W. T. Sanders)和普兰丝(B. J. Price)在研究墨西哥古代国家的起源时,也重视人工灌溉的作用,但他们的理论和魏特夫有很大的不同。他们说:墨西哥盆地的自然条件并非一律,有的地区需要人工灌溉,有的地区则不需要,人工灌溉地区与非人工灌溉地区交杂在一起,它们在人口密度、生产率上都有很大的差异,这样就形成了"竞争性的社会环境";"需要协作的农业制度,随之而来的人口分布的不平均、竞争性的社会环境,所有这一切合在一起,促使高度组织化、集中化的政治组织的产生发展";②这样形成的国家(特奥蒂瓦坎)具有显著的竞争优势,逐步征服周围地区,取得在墨西哥盆地的霸权。

4. 交换理论

---

① 吴大琨:《驳卡尔·魏特夫的〈东方专制主义〉》,《历史研究》1982年第4期。国外的一篇评论,可见 W. P. 米切尔(W. P. Mitchell):《再评水利理论》,《当代人类学》(Current Anthropology)1973年第1卷第5期。
② 哈斯:《史前国家的发展》,第149页。

兰特和约翰生认为,由于环境与人口的变化,造成生产分工及交换的发展,最后导致集中的政治。如伊朗西南,由于游牧居民的增加,对农产品及其他物品的需要也大大增长;为了满足这些需要,各公社就专门生产不同的货物;为了管理不同货物的交换,就形成了一定的制度。这种管理制度逐步发展,日益专门化,最后,当它具有三个或三个以上专门的决策层次时,便是国家。

拉思杰(Rethje)在70年代研究美洲文明的文章中,同样强调交换的作用。[①] 他认为,中美洲大部分地区都缺少黑曜石、盐等基本资源,低地居民只得与周围出产这些资源的高地居民进行交易。因而低地地区可分成两部分:最接近这些资源产地的"缓冲地"和远离这些产地的"中心地带"。在进行交换中,缓冲地带因为距离近而具有明显的优越性,中心地区只好想出各种办法来同缓冲地带进行竞争,如进行大规模的贸易远征等等。这样,在中心地区就形成了集中化的贸易制度,社会分化和国家产生的条件也就具备了。因管理远距离贸易的人对进口物资拥有较大的权力,可利用这种权力来支使人民,最后的结果便是国家的产生。

拉思杰和兰特等人的理论都是研究某一地区国家形成的问题,前者可称为地区间交换理论,而兰特等人的则可称之为地区内交换理论。

四、余论

西方对国家起源问题的研究,是随着民族学、考古学等学科的

---

① 哈斯:《史前国家的发展》,第141—142页。

不断发展而日益深入的。虽然他们的观点各不相同,但有两个趋势是共同的。首先他们都承认,从无国家的社会发展到国家有一个相当长的过渡时期,不管这一时期被称作"酋邦"还是"分化社会",或者其他什么。其次,人们日益强调国家产生发展过程中各种因素的综合作用,而不是某一因素的单独作用。这两种趋势,是科学发展的结果,也是发展的方向。

西方学者的理论模式,往往比较适用于某一地区,而无法推广到世界范围。同时,他们的理论明显地带上了现代社会的烙印,如过分地强调人口压力、交换作用等。而且许多方面比较模糊、材料欠实。

国家的产生发展问题,在西方及苏联东欧都受到了关注。1978年出版的《早期国家》(*The Early State*, Edited by H. J. M. Claessen and P. Skalník)一书,就是由美国、前苏联、原联邦德国、原捷克斯洛伐克、荷兰、印度等国20多位学者共同撰稿的。其中也讨论了中国国家产生问题。

西方学者对"酋邦"的研究*

"酋邦"(Chiefdom)是西方学者在研究国家起源时提出的一个新概念。近年来我国也有人采用这个概念研究中国史前社会。本文试图综述西方对此问题的研究。

一、"酋邦"概念的形成

"酋邦"概念最早是在对环加勒比海地区印第安人的民族学研究中形成的。当近代民族学家对这一地区进行考察时,有的酋邦已经灭绝,其余则退化为村落。典型的酋邦已不复存在。人们起初把这一地区那些已退化为村落的酋邦残余视作普通村落。1937年以后,洛斯罗泊、科奇霍夫指出:环加勒比海地区的村落实际上是从比较发达的一种社会组织中退化而来的。这样,斯图尔德在1948年出版的《南美洲印第安人手册》第四卷中,把环加勒比海地区的村落作为一种独特的社会文化类型而加以详细的考察。斯图尔德指出,这种社会文化类型的基本特征是:部落主要从事农业,人口较密集,村落也较大,一个典型的村落有几百到几千人;村落布局经过规划,村落的中心是个由栅栏围起来的广场,村中有庙

---

* 本文原载《世界史研究动态》1992年第1期。

宇、酋长住宅、仓库；社会由三到四个阶层组成，酋长的地位最高，有时一个酋长统治着好几个村落或部落；酋长拥有许多妻妾，还有许多侍从；酋长住在一个木房子中，接受别人的朝贡；酋长佩有特殊装饰物，由其臣属抬着轿子出行；酋长死后由妻妾仆人陪葬，也可能做成木乃伊保存在庙宇里或其他特殊的房屋里；祭司组织几乎不存在，一般由巫师（Shaman）或酋长来充当神人的中介；酋长与贵族一般是结合在一起的；酋长与贵族拥有大量的财富，这些财富一部分是由他们自己的大家庭生产出来的，另一部分来自部落平民的朝贡。

斯图尔德虽然以大量的材料描述了这种社会文化类型，并把它视作社会进化的一个阶段，但他并没有提出"酋邦"这个概念来表示这种社会文化类型。直到1955年，奥本格在他的文章《南美洲和中美洲低地部落中的社会结构类型》中，第一次明确地把这种类型的社会称为"酋邦"。奥本格把酋邦视作从部落发展到国家的中间阶段。他指出，一个酋邦由许多个地区和村落组成；大酋长是最高统治者，大酋长下面有许多小酋长治理各地区及村落；酋长们有权处理各类纠纷，甚至有权对犯禁者处以死刑；在大酋长的领导下，酋长们有权征调人民从事战争。

1958年，萨林斯的著作《波里尼西亚的社会分化》出版。在这本书中，萨林斯按照自己的分类体系进行叙述，并没有采用"酋邦"一词。但这本书中所包含的关于酋邦的民族学材料却是极为丰富的。书中特别强调了酋长在经济生活中的重要地位与作用。1959年，斯图尔德运用"酋邦"概念研究南美洲的印第安人社会。

第一个从理论上详尽论述酋邦的是佘威土。他在1962年出版的《原始社会组织》中，提出人类社会的发展经过了游团、部落、酋邦、国家这几个阶段。① 1975 年,他又出版了《国家与文明的起源》,进一步阐述他的观点。他特别强调酋长在经济上而不是政治上的重要地位,认为,由于社会的发展,需要对财富进行再分配,从而产生了酋邦;酋长站在社会再分配网络的中心,社会成员根据他们与酋长的世系之远近而被分成不同的等级;酋长可以征收食物并进行再分配;酋长可以征调劳动力从事大规模公共建筑,如庙宇、灌溉系统,甚至金字塔等;但另一方面酋长的权力又是有限的,因为酋邦之中没有真正的政府机构。

佘威士的著作在民族学家及考古学家中产生了很大影响,特别是英国著名考古学家伦夫鲁在 1976 年的《文明之前》一书中,把"酋邦"的概念应用到考古学中研究欧洲史前史。"酋邦"作为一个社会发展阶段,在民族学与考古学中被完全确立并得到广泛应用。

二、史前酋邦与近代酋邦

人类社会经过酋邦而进入文明时代。酋邦是史前时代的一个重要发展阶段。根据考古学材料确定史前酋邦,便成为考古学的一个重要目标。西方各国的考古学家们在长期实践中,提出了许多识别史前酋邦的考古学标志。

伦夫鲁认为,大规模建筑物的出现,如英国新石器时代的巨石建筑、马耳他的石庙等,证明酋邦已经出现。因为以单个村落的人力物力根本无法建起这类大规模建筑物,只有进入酋邦阶段,酋长通过征调其所属的许多村落的人力物力,才能造就这些宏伟建筑。

---

① 参见拙作:《现代西方关于国家起源的理论》,《世界研究动态》1988 年第 4 期。

兰宁在研究南美洲史前文化时提出，宗教祭祀中心是酋邦产生的标志。因为宗教祭祀中心的数量远远少于村落的数量，说明几个村落共用一个祭祀中心，而这又表明这几个村落在政治上很可能是统一的。

欧洲史前史研究专家米利索斯卡等人则根据墓葬中随葬品的数量多寡及质量好坏来确定史前酋邦。随葬品较丰厚的墓葬被认为是酋长的，反之则被认为是平民的。

依据考古学材料来说明社会组织，是考古学中的一大难题。尽管考古学家提出的各种识别酋邦的考古学标志在有些实例中很有成效，但都存在一些问题。例如，酋邦有能力建造大型建筑物，但国家也有能力建造，我们很难区别建造这些大建筑的社会是酋邦还是已进入文明时代的国家。同样，一个随葬品丰厚的墓葬主人可能是酋长，但也可能是个国王。因此，如何根据考古学材料来确定史前酋邦，是个需要进一步探讨的问题。

通过考古发掘和研究，人们认为世界上最早的酋邦产生在近东地区，时间是公元前 5500 年左右。在欧洲的大不列颠岛，约公元前 4000 年出现了酋邦。而在中欧，酋邦形成的时代约在公元前 3000 年。张光直先生认为中国的龙山文化已是酋邦时期。

西方学者对美洲大陆的史前酋邦进行了大量研究。约公元前 2000—前 1800 年，秘鲁地区出现了酋邦。约公元前 1500—前 1200 年，墨西哥地区产生酋邦。进入公元前 1000 年之后，在美洲的其他地区出现过许多酋邦。直到公元 1200 年左右，今美国东南部还产生过酋邦。[①]

[①] G. 琼斯和 R. 考茨主编：《美洲向国家形态的过渡》(G. Jones and R. R. Kautz, *The Transition to Statehood in the New World*)，剑桥 1981 年版，第 49 页。

从民族学材料来看,当西方进行殖民扩张时,世界上还有许多地区处于酋邦阶段,尤其是在美洲。环加勒比海地区的酋邦数以百计,是当时世界上酋邦最多的地区。在美国的东南地区酋邦也很普遍。在太平洋地区,特别是在波利尼西亚,有较多的酋邦。在撒哈拉大沙漠以南的非洲,许多地区也还处于酋邦时期。近来有些学者指出,非洲这些地区的许多所谓"王国"、"国家",实际上不过是酋邦而已。

三、酋邦的产生与发展

酋邦产生的原因是什么呢?西方学者对此问题进行了大量的研究和热烈的讨论,但至今尚未形成一致看法。

在民族学与考古学中,一个最流行的观点是:把酋长对财富的再分配,看作酋邦形成的关键。佘威士、伦夫鲁都强调这一点。鲍塞鲁提出人口增长是酋邦产生的原因。维伯(Maliolm Webb)认为酋邦是酋长的宗教权力发展的结果。卡南罗则把战争视作导致酋邦出现的原因。也有学者认为酋邦是社会内部分化的结果。关于酋邦产生的原因,概括起来主要有这些。每一种观点,在阐述某一特定酋邦时,往往是富有成效的,但当它作为一种普遍的理论解释所有的酋邦时,无论在理论上还是材料上,都不能完全站住脚。不过,从佘威士开始,人们比较一致地认为,生产技术并不是酋邦产生的原因。因为民族学与考古学材料表明,在相同的生产技术条件下,有些地区进入酋邦,而其周邻地区则处在比较落后的阶段。爱沙克认为,在野生食物较丰富的地区,人们可以在没有农业的情况下进入酋邦阶段。还有人指出,在许多地区不是技术的发展导致了酋邦的形成,而是酋邦的形成导致了技术的发展。

1988年,在美国举行了一次酋邦问题讨论会,①会上对酋长的权力基础进行了特别热烈的讨论。有些人认为,在中美洲及密西西比河流域的酋邦中,酋长主要依靠宗教活动来进行统治。另一些学者则坚持认为,从经济上控制社会成员的日常生活,才是酋长权力的基础。最后,与会者一致认为,经济控制、武力、宗教意识形态,是组成权力的三大要素。只有当这三大要素紧紧结合在一起时,酋长才会获得至高的权力。英国新石器时代及青铜时代的酋邦便是如此。在这些酋邦中,酋长从经济上控制了经济资源——畜群,同时又把牲畜用作宗教宴席上的食物;酋长建造起各类宗教建筑,同时这些建筑又是酋邦疆域的标志,表明酋长有权统治、保卫这一地区;通过组织远距离交换,加强了酋长的宗教地位,同时又获得了军事统治的武器装备。相反,如果这三大要素互相分离,便无法建立起酋长的至高权力。例如,在马克萨斯群岛的酋邦中,这三大要素互相分离,形成了酋长、武士、祭司三个不同的集团,他们之间长期斗争。又如,在英国的威萨克斯,传统的石圈建筑代表了宗教势力,而铃状杯则是新兴的武士阶层的代表,他们之间展开了剧烈的斗争;最后武士取得了胜利,占据了那些以前建有石圈的地方。

西方学者关于酋邦同外界交往的观点,特别富有启迪意义。通过同外界的远距离交换活动,以酋长为首的贵族们获得了本地所没有的贵重物品。这些贵重物品是社会其他成员所无法得到的,所以它往往被用作贵族地位的标志。酋长还可以用这些外来

---

① 会议情况见《当代人类学》(*Current Anthropology*)1989年第30卷第1期。

的贵重物品来吸引人们,并当作奖赏赐给那些支持他的人。例如欧洲北部酋邦中的军事贵族,就用从地中海地区传入的战车来标明自己的高贵身份。中美洲及密西西比河地区,酋长通过控制远距离交换,控制了本地居民。通过同外界的远距离交往,不仅获得贵重物品,而且也会同外界的宗教发生联系。贵族们往往利用只有他们才了解的外来宗教把自己同其他社会成员区分开来,凌驾于社会之上,控制社会。例如非洲的许多酋长,就是利用外来的伊斯兰教来巩固自己权力的。外来的贵重物品往往成了外来宗教的象征。这些外来宗教对于普通人民来说高深莫测,他们对那些拥有外来贵重物品的贵族们也就敬畏万分。

在1988年美国的酋邦讨论会上,学者们还提出,酋邦的发展,主要取决于九大外部因素:自然条件是否富饶,人口密度的高低,是否存在外界市场,自然环境限制的强弱,生产资源的集中程度,是否接近该酋邦所需的非食物资源的产地,是否接近贸易交换通道,社会环境限制的强弱,酋邦内部社会政治结构。

卡南罗指出,酋邦的发展,似乎存在着这样的规律:酋邦所处的地域越小(例如一个岛屿),则该地域内的几个酋邦越容易统一成一个大酋邦,而这个酋邦的复杂程度也越低。相反,地域越大,该地域内的酋邦越不易统一起来,但一旦统一的大酋邦形成了,那么这个大酋邦的复杂程度一定很高。[①]

民族学与考古学中的各酋邦,在其形成与发展过程中,具有各自的特点。学者们因此把酋邦划分成不同的类型。斯图尔德认为

---

① R.L.卡南罗:《酋邦:国家的前身》,G.琼斯和R.考茨主编:《美洲向国家形态的过渡》。

酋邦可分为军事性质的与神权性质的这两大类。伦夫鲁把酋邦分成"集体性的"与"个人化的"两类。考古学家可以发现,在个人化的酋邦中,个人拥有大量的物质财富并以这些财富来表示其个人地位。考古学家在个人化的酋邦中往往不易找到集体活动的遗迹遗物。集体性的酋邦正好相反。在这里考古学家可以找到大量的集体活动的遗迹遗物。如大规模的石圈建筑物及其他大型建筑,而个人所拥有的财富却不明显。卡南罗则把酋邦分为三类:最小限度的、典型的,最大限度的。从理论上说,最小限度的酋邦可以小到仅由两个村落组成,但在实际中这样小的酋邦实例却无法找到。一般说来,最小限度的酋邦由十来个村落组成。在西太平洋群岛中就有许多这种小酋邦。这种小酋邦存在的时间是短暂的,它会很快发展为典型的酋邦。典型的酋邦在美洲很多,它由 60 来个村落组成,人口可达 10000 多。最大限度的酋邦则"已接近国家的门槛",在夏威夷就有这类大型酋邦。

四、酋邦与国家

酋邦发展到怎样的程度,才能被称为国家呢?它们的分界线何在?要回答这个问题,首先必须确定什么是国家。而西方学者关于国家的定义与标准众说纷纭,许多人甚至写道,要在酋邦与国家之间找出一条普遍适用的分界线是根本不可能的。因此,这个问题便成了一个争论不休的难题。

在难以计数的观点中,有一种特别值得注意。这种观点认为,当社会处在原始部落阶段时,各村落互相独立,一个村落就是一个地域——政治单位。这里只存在着一个决策层次。随着社会的发展,部落演变为酋邦。在酋邦中,一个大酋长统治着几个村落。这样,在酋邦中,存在着两个决策层次:大酋长的与村落的。村落层次服从大酋长层次的指挥。而国家的特征是存在着三个决策层次:最高的是国王,其次为地方官员,最下面则是村落首领。每一决策层次,其实就是一个统治集团。所以也可以说,在部落社会中,只有一个统治集团,在酋邦中有两个等级的统治集团,在国家中有三个等级的统治集团。这个理论的最大优点,在于它的可操作性,因此被许多民族学家及考古学家所采用。①

五、一点看法

"酋邦"的社会制度大致上相当于"军事民主制"。但摩尔根提出"军事民主制",主要是为了强调这一社会具有浓厚的原始民主色彩,以驳斥当时流行的把军事首领视作专制君王的偏见。摩尔根并不想用这个概念来表示一个独立的社会发展阶段。现代学术界提出的"酋邦"则是一个独立的社会发展阶段。从考古学材料上来看,原始部落发展到国家,确实存在着一个相当漫长、复杂的过渡时期。这个过渡时期构成了史前历史的一个独立发展阶段。用"酋邦"来表示这一过渡时期,要比"军事民主制"更能反映历史事实,更符合考古学及民族学研究的新成果。

不管酋邦产生的直接原因是什么,但其终极原因,一定是社会生产力的发展,这是马克思主义的一条基本原则。只有这样,才能

---

① 斯宾塞:《库坎特兰加拿大与蒙特阿尔班》(S. Spence, *The Cuicatlan Canada and Monte Alban*),纽约1982年版,第一章。

说明为什么史前酋邦是在进入新石器时代之后才开始在世界各地普遍产生的,而在旧石器时代却没有酋邦。即使是那些建立在采集经济基础上的酋邦,也是在采集技术发展到一定水平之后才能出现的。同时,西方学者有时带着强烈的现代意识看待史前社会,例如过分地强调人口压力和贸易交换的作用。

"酋邦"概念的提出,为原始社会史研究开辟了一条新途径,带来了许多喜人的成果。西方对酋邦的研究,对于我国学术研究也具有很大的启发意义与借鉴作用。我们认为,中国新石器时代的良渚文化、龙山文化等,就是中国的史前酋邦。国外对酋邦的大型建筑、外来贵重器物(如玉器)、宗教权力等问题的研究,对于我国史前史研究都具有很大的参考价值。我们相信,我国的史前史研究将会越来越受到国际学术界的关注。

略论中国的史前酋邦*

中国是世界上的文明古国,研究中国文明的起源问题,对于认识中华民族的历史过程,对于研究人类社会的发展规律,都具有十分重大的意义。本文试就中国文明产生过程中的酋邦问题作一探讨。

一

考古材料表明,大约从公元前3500年开始,中国史前社会发生了剧烈的变化,进入到一个全新的发展时期。① 这一时期的主要考古学文化有:辽河流域的红山文化,黄河中游的后期仰韶文化和中原龙山文化,黄河下游的大汶口文化中、晚期及龙山文化,长江下游地区的良渚文化。从考古学上看,这一时期的中国史前社会表现出以下这些特征:

第一,当时农业生产已进入锄耕农业阶段,太湖流域则可能已经发展为犁耕农业阶段。人口增多,聚落密集。各地流行的猪狗随葬,反映了家畜饲养的兴旺。随着社会经济的发展,人口不断增

---

* 本文原载《杭州大学学报》1995年第2期。
① 严文明:《略论中国文明的起源》,《文物》1992年第1期。

多。在黄河流域,"从聚落遗址的分布情况看,龙山文化时期聚落的分布,特别是中原地区,远较仰韶时期密集、广泛。如据调查,安阳洹河流域龙山文化遗址比仰韶文化增加了一倍"。① 在浙北地区,"良渚文化遗址成串成片地分布,密集度很高,是一个显著的特点……在一个仅有几十平方公里的几个乡的范围内,相对集中了数十处良渚文化遗址,这与在一个县的范围内仅能发现几处分散的马家浜文化遗址(崧泽阶段遗址在浙北发现也不多),显然差别较大"。②

第二,社会分化严重,约公元前3500年之前的中国史前社会,"从聚落遗址、房屋建筑或埋葬习俗来看,都比较强调统一和平等的原则"。③ 但从公元前3500年左右开始,中国各地的社会分化日益严重。在红山文化中,位于墓地中心位置的墓主有石棺,并砌造了石围圈加以保护,随葬品丰富;而有些死者却被浅埋在一侧,墓室简陋,多人合用一室,随葬品少或无。在黄河中游的陶寺墓地,大中型墓有木质葬具,随葬品多达100~200件。而约占总墓数90%的小型墓则大多没有木质葬具和随葬品。在良渚文化中,普通死者被浅浅地埋在村落附近,随葬品很少或没有。但也有些死者被埋在人工堆筑而成的特殊墓地上,墓地土方可达20000立方米左右,而且这类墓葬中有葬具以及十分丰富的随葬品。如反山20号墓有陶器、石器、玉器、象牙器等随葬品共500多件。

综合考古学材料,我们可以清楚地看到,这一时期的史前社会

---

① 郑光:《中国新石器时代与中国古代文明》,《华夏考古》1988年第2期。
② 王明达:《反山良渚文化墓地初论》,《文物》1989年第12期。
③ 严文明:《略论中国文明的起源》,《文物》1992年第1期。

中出现了规模很大、随葬品丰富的特殊大墓,表明社会中已经存在着一些特殊的人物,这些大墓中各类丰富的随葬品,说明墓主在经济上是当时最富有的人;在墓葬布局上,这些大墓或位于中心地区、或被埋在人工建筑的高台上,表明他们已脱离社会其他成员,拥有最高的社会地位;从随葬品的性质上看,那些以玉器为主的各类象征权力与地位的礼器,说明他在政治上拥有统治社会的权力。总之,这些大墓主人们在政治、经济、社会地位各方面都凌驾于整个社会之上,是社会的统治者,是贵族;而那些被埋在简陋墓室中、随葬品少或无的死者,则是社会中的平民。当时的中国社会已被明确地区分为贵族和平民两大集团。

在大汶口墓地中,共有 130 多座墓葬,具中有一半的墓只有 5 件以下的陶器随葬。但 117 号墓有二层台与葬具,墓内陶器 54 件,玉石器共 4 件,骨角牙器共 18 件。该墓与另外 4 座墓中所出土的陶器数量,占大汶口 130 多座墓葬全部出土陶器的 1/4 以上。由此可见,117 号墓的墓主无疑是个贵族。经鉴定,该墓主人是个未成年人。所以,他不可能通过自己的成就而获得如此丰厚的随葬品。这些随葬品只能来自其家族、来自其血统与出身。这就是说,贵族是由血统所决定的,是世袭的。

第三,贵族内部存在着等级结构。在反山良渚文化墓地中,共有 11 座墓葬,墓主都是贵族。大部分墓中都有玉琮,但有 3 座墓中却无琮。只有 5 座墓中发现了玉钺,而其他墓中则没有这种最高权力的象征物。这表明墓主之间存在着一定的等级差别。瑶山顶上的良渚文化祭坛中,有 11 座贵族墓葬,分立南北两侧。"南列诸墓共见的琮、玉(石)钺,三叉形饰和与之配套的成组锥形饰等重器为北列诸墓所无;而北列诸墓的璜和纺轮又为南列墓所未见"。① 贵族之间的差别由此可见。其他地区的考古材料也证明了这一点,如陶寺墓地中大中小墓的数量之比是金字塔形。又如红山文化牛河梁遗址的"女神庙"中发现了泥塑群像,"根据群像之间大小和体态的差别判断,似已形成有中心、有层次的'神统'。这是人间等级差别的反映,积石冢大、小墓的主从关系也印证了这一点"。②

第四,宗教在社会生活中具有极为重要的作用。红山文化的东山嘴遗址位于高出河床50余米的山梁正中,这里"除了祭祀遗迹外,并无生活的居住遗存;而在附近的一些地段,也缺乏同时期的生活遗址"。③ 牛河梁则是一个规模更大的红山文化祭祀遗址,它也位于山顶,建有结构复杂的"女神庙"、祭坛等,没有发现有关聚落的遗址。人们选择山顶特意建造起专门用于祭礼的大型建筑,反映了当时社会中宗教的重要性。浙江瑶山山顶的良渚文化祭坛,由里外三层不同色彩的泥土筑成,"连围沟中的灰色填土,也是特意从山外搬运来的"。④ 这座位于山顶的祭坛精心设计、精心施工,表明了人们对宗教活动的重视。良渚文化中的各类敬天地礼器以及礼器上所刻的"神徽",更进一步反映了当时浓厚的宗教意识。而且,"考古发掘表明,良渚文化一般小墓出土器物上从未发现过任何形式的神徽,只有大墓才有,良渚神徽被少数人所独

---

① 浙江省文物考古研究所:《余杭瑶山良渚文化祭坛遗址发掘简报》,《文物》1988年第1期。
② 辽宁省文物考古研究所:《辽宁牛河梁红山文化"女神庙"与积石冢群发掘简报》,《文物》1986年第8期。
③ 俞伟超等:《座谈东山嘴》,《文物》1986年第8期。
④ 浙江省文物考古研究所:《余杭瑶山良渚文化祭坛遗址发掘简报》。

占，成为区别于一般部族成员的显贵者身份地位的徽记"。① 这说明宗教权力与世俗权力紧紧结合在一起，宗教成为统治者控制社会的重要的工具。黄河流域龙山文化中的卜骨、各类礼器、兽面纹饰等，也都说明宗教活动在这一时期的各个地区同样有着十分重要的地位。

第五，战争是十分普遍的现象。在黄河流域，仰韶文化时期只有防御沟，没有出现城堡建筑，进入龙山文化时期之后，在后岗、王城岗、平粮台、城子崖等地都发现了城址。城市这种防御性设施的出现，正是战争的产物。作为战争牺牲品的战俘的骨架，在邯郸涧沟等地也有发现。良渚文化中那种"矮肩、穿孔、三边带刃的磨石器，当是安装横把的石钺，属于一种战斗武器"。② 作为统治者权力象征的"权杖"——玉钺，就是由石钺这种战斗武器发展而来的，它是战争的象征。这一事实还表明，社会的统治者也就是最高军事首长。政权、神权和军权的高度结合，正是这个时代的显著特征。

第六，一个社会政治单位由几个村落组成。良渚文化发现于20世纪30年代，直到1987年，才在瑶山首次发现祭祀遗址。这一方面可能由于田野工作做得还不够，另一方面，也说明当时的祭祀建筑本来就不多，其数量远远少于人们所居住的村落。也就是说，当时的一个祭坛是由几个村落共同建造与使用的。而这种情况，只有当这几个村落组成一个统一的社会政治单位，受制于一个统一的领导机构时，才能实现。瑶山祭坛的建筑用土是特地从山

---

① 王明达：《反山良渚文化墓地初论》，《文物》1989年第12期。
② 中国社会科学院考古研究所：《新中国的考古发现与研究》，文物出版社1984年版，第157页。

下运来的，工程浩大；反山墓地由人工堆筑而成，土方达 20000 立方米。这些大规模的工程，单凭一个村落的人力物力是难以完成的，只有几个村落联合起来才能建成。至于东山嘴、牛河梁这些建于山顶上的红山文化大型祭祀建筑，更不可能是一个村落所能建成的，也不可能仅为一个村落所使用的。这些祭祀建筑表明当时"已经产生了植基于公社、又凌驾于公社之上的高一级的社会组织形式。"① 平粮台、王城岗、城子崖等地的龙山文化城市建筑，无疑必须依靠几个村落的联合力量才能得以建成。所有这一切都说明，跨村落的统一的地域组织已经形成。

第七，存在着社会财富的再分配体系。良渚文化的玉器种类极多，有琮、璧等 20 余种，玉器加工技术高超，有切、割、雕、刻等；玉器纹饰精致，在 1 毫米的宽度内竟刻划了四五道平行线；玉器数量丰富，一个墓中有上百件，这表明劳动分工已经产生，一些手工业已成为独立的生产部门，一些工匠已成为专业手工劳动者。否则，如此丰厚精美的玉器是无法生产出来的。红山文化的玉器同样十分精湛，牛河梁遗址的考古发现"进一步表明各种神职人员以及专业化艺术匠人已经作为特殊阶层出现"。② 在当时的条件下，不可能有商品的自由交换。因此，那些专业工匠所需的食物及其他生活资料，只能通过社会财富的再分配体系才能获得。玉器以及其他贵重礼器仅仅出现在贵族的墓葬中，这一事实说明手工业产品也是通过社会财富再分配体系来进行分配的。而社会财富的再分配者，就是社会的管理者，就是贵族。

---

① 苏秉琦：《辽西古文化古城古国》，《文物》1986 年第 8 期。
② 孙守道、郭大顺：《牛河梁红山文化神头像的发现与研究》，《文物》1986 年第 8 期。

第八,国家尚未产生。上述分析表明,当时社会的最高首领集军权、政权、神权于一身,他统治着许多个村落,负责社会财富的再分配。但他并不是国王,他还不具备像国王那样的至高权力,这在考古学上主要表现为:(1)在墓葬上,许多贵族埋在一起,如反山墓地有11座墓,此时尚无出现大规模的、专门的王陵。(2)这时还没有出现宫殿建筑。宫殿作为行政中心,是国家的一个基本特征。我国最早的宫殿,始见于这一时代结束之后的二里头文化。(3)这一时期的社会分化,也还没有像后来的国家那样剧烈,这时没有产生监狱之类的暴力机构。首领主要依靠宗教手段来维持统治。因此,这一时期处于国家形成的前夕,还没有进入国家。

从历史学的角度来看,史料记载的中国最早的国家是夏王朝,大概形成于公元前21世纪。极其零乱的史料告诉我们,夏王朝建立之前,中国大地上部落林立,互相征战,社会动荡,如阪泉之战等。国家产生之前中国社会的剧变,在史料上也得到了印证。

二

丰富的考古学证据和零散的历史学材料都有力地说明,从公元前3500年开始至公元前21世纪夏王朝建立,是中国史前史上变化最剧烈的时代,是中国文明产生的关键阶段,是国家的孕育形成时期。如何确定这一阶段的社会性质呢?我国学术界目前流行的观点是,按照摩尔根的理论,把这个历史阶段称之为"军事民主制时期"。但本文认为,这种观点是不妥当的。

首先,摩尔根所说的"军事民主制",是指野蛮时代的一种政治组织形式,此概念并不表示一种社会发展阶段,所以,"军事民主制时期"这一术语本身,便不符合摩尔根的原意。在摩尔根看来,"军事民主制"分为两种形式:一种是阿兹特克式的,存在于野蛮时代中级阶段;另一种形式的军事民主制存在于野蛮时代高级阶段,由酋长会议、军事首领与人民大会组成。① 因此,根本不存在着一个单一的"军事民主制时期"。

其次,摩尔根使用"军事民主制",是有其一定针对性的。这个概念的意思是"军事性质的民主制度","民主制度"才是主词。地理大发现后,欧洲殖民者涌入美洲,这些侵略者对当地的土著社会并不了解,他们根据自己的政治观念,把印第安人的政府说成是君主专制性质。同时,西方历史学家曾长期把希腊英雄时代的"国王"及罗马王政时代的"国王"理解为现代意义的国王,在历史学上造成了许多误见。摩尔根经过考察研究后指出,印第安人的"君王"、希腊英雄时代的"国王"、罗马王政时代的"国王",其实都只"不过是野蛮时代的军事首领而已,根本不同于阶级社会中的国王;当时的社会是民主性质的,而不是个人独裁的。所以,摩尔根把这些社会的政治制度称为"军事性质的民主制度",以强调当时社会的民主性质,说明现代民主制度的深远历史渊源,纠正学术界的误见。无论摩尔根,还是马克思、恩格斯,都是为了强调一种民主性质的政治制度而使用"军事民主制"这一概念的,他们并没有用这个概念来表示一个独特的社会发展阶段。

其三,摩尔根所说的军事民主制,在中国古代并不存在。学术界一般都认为传说中的"禅让"就是军事民主制。但记载这些传说的典籍本身就矛盾百出,如孟子说禅让是有过的,荀子说根本就没

---

① 摩尔根:《古代社会》上册,商务印书馆1983年版,第116页。

有那么一回事,《韩非子》则说不是禅让,而是"人臣弑其君者也"。因此很难确定其历史真相。即便承认历史上确有禅让,那么,它也不同于摩尔根所说的"军事民主制"。军事民主制的基本特征如酋长会议、人民大会、首领选举等在禅让传说中都不存在。禅让传说所表现的是君臣等级关系而不是部落首领之间的平等关系,它更具有个人独断性质而不是民主性质。

最后,摩尔根的理论本身具有一定局限性。他把人类历史分成蒙昧时代、野蛮时代和文明时代,这是早期西方社会学而不是考古学的分期法,他"不过是沿袭了18世纪欧洲启蒙学者在对人类学和考古学几乎是完全无知的情况下的所设想的一种人类社会发展序列"。[①] 同时,这些术语本身带有明显的以西方社会为标准的价值判断成分。所以,随着考古学与人类学的不断发展,他的理论模式越来越显得与事实不符。

新中国建立后,我国的考古事业蓬勃发展。面对着日益丰富的新发现,越来越多的学者感到"军事民主制"这个概念并不能准确地表示中国国家产生之前那段翻天覆地的历史阶段,因此提出了许多新的术语,但在这些新术语中,有些含义模糊不清,如"超部落联合体"、"雏形国家组织"、"文明火花"、"文明曙光"等,无法概括一个特定阶段的社会性质;还有些术语,如"玉器时代",主要强调生产力发展阶段,而不是社会的性质。同时,也有些术语本身包含了自相矛盾的意义。[②]

有鉴于此,我们认为,大约公元前3500年开始至公元前21世

---

① 童恩正:《有关文明起源的几个问题》,《考古》1989年第1期。
② 安志敏:《论文明的起源》,《考古》1987年第5期。

纪夏王朝建立之前的中国史前社会,应称为"酋邦"。

三

"酋邦"概念最早是在对美洲印第安人的民族学研究中形成的。① 1955年奥本格首次提出。佘威士提出,人类社会经过了游团、部落、酋邦、国家这几个发展阶段,并对酋邦进行了详尽的论述。此后,"酋邦"概念在西方考古学与人类学中逐渐被普遍采用。

从民族学材料来看,近代世界的美洲、太平洋地区及非洲的一些土著社会中,都还存在着一些酋邦。在南美洲,一个酋邦是由几个村落组成的,酋邦内部分化为三四个社会阶层,不同阶层居民的社会地位是根据血缘世系来确定的。酋长的社会地位最高,他集军权,政权及神权于一身,他佩戴着象征权力与地位的特殊装饰品,住在特殊的大房子中接受别人的朝贡,他拥有许多财富及妻妾,外出时由其随从抬着轿子。酋长主要通过宗教手段来进行统治,他还没有正规的暴力机构来强迫臣民服从其统治,各个酋邦之间经常发生战争。

从考古学上看,欧洲、亚洲、美洲、非洲都存在过史前酋邦。在考古学上,酋邦的特征表现为:巨石建筑、祭祀中心等大型公共建筑,墓葬规模及随葬品所反映的社会分化,不同聚落规模所反映的村落之间的分化,缺乏反映暴力统治的遗迹遗物、远距离的交换等等。②

---

① 参见拙作:《西方学者对"酋邦"的研究》,《世界史研究动态》1992年第1期。
② 关于"酋邦"概念在考古学上具体运用的一个实例,参见拙作:《从村落到国家》,《世界历史》1992年第3期。

所以,尽管国外学术界对酋邦尚未形成一致的定义,但是根据民族学和考古学材料,酋邦的基本特征还是比较清楚的:酋邦是原始社会向阶级社会的过渡时期;一个酋邦由若干村落组成,社会内部分化为贵族、平民这些不同的阶层;以酋长为中心,形成金字塔式的权力结构;酋长有能力征调各村人力物力建造大型公共建筑或从事战争;酋长是最高祭司,宗教是他统治社会的主要工具;酋长还不具备至高权力,还没有正规化制度化了的暴力统治机构。

因此,我们采用"酋邦"概念研究中国史前社会,并不是因为它已在国外学术界普遍使用,而是因为这个概念所包含的内涵,基本上符合前面所说的我国考古学所反映的实际情况:社会分化、大型公共建筑的出现、贵族佩戴着特殊玉饰表示其地位与权力、宗教意识浓厚、战争不断、国家尚未最后形成等。同时,世界各地不同时代的酋邦所表现出的基本相同的特征,也证明了人类社会发展的多样性中存在着统一性与规律性,这与马克思主义的基本原理又是完全一致的。

如前所述,国外对酋邦的研究始于 20 世纪 50 年代,时间不长,因此许多问题悬而未决。研究中国的史前酋邦,必将有助于国际学术界对酋邦问题的深入研究,同时也必将有助于中国的史前史研究走向世界。

从村落到国家：墨西哥瓦哈卡谷地研究*

瓦哈卡(Oaxaca)谷地是古代中美洲的一个重要文明中心,位于墨西哥南部山地,面积约 2000 平方公里。① 整个谷地略呈丫形,有东、南、北三个支谷。这里为半干燥气候,土地平坦,河水及地下水较丰富,适合农业。

瓦哈卡谷地的考古研究始于 18 世纪末。20 世纪 30 年代,墨西哥考古学家卡索在此进行了长期的发掘研究。② 60 年代和 70 年代,美国的弗拉那力和布莱顿先后在这里主持了跨学科的大规模综合研究。瓦哈卡谷地成了史前聚落形态考古研究的一个典型地区。

一、村落的产生

公元前 8000 年之前,瓦哈卡谷地的居民过着季节性迁徙的采

---

* 本文原载《世界历史》1992 年第 3 期。
① 温德夫:《世界考古学进展》(F. Wendorf, *Advance in World Archaeology*),纽约 1993 年版,第 254 页。
② 博纳:《墨西哥考古学史》(I. Bernal, *A History of Mexican Archaeology*),纽约 1980 年版,第 7 页。

集狩猎生活。约公元前5000年前,玉米等作物已被栽培成功。①在欧亚大陆,农业产生之后,人们迅速转入定居,主要食物来自农业。而在美洲大陆,作物被栽培成功之后,人们并没有定居下来,主要食物依然来自采集和狩猎。高施(Gheo—Skih)(公元前5000—前4000年)是这个时期的典型遗址,采集狩猎者每年七八月来此居住。直到进入公元前2000年代,瓦哈卡谷地才出现陶器,同时开始转向定居。

在铁勒斯·拉格斯(Tierras Largas)阶段(约公元前1500—前1150年),整个瓦哈卡约有28个村落,主要集中在北部支谷。各村落一般位于山脚下,靠近沿河平原,每个村落内的房子不超过10座,每座房屋面积约20平方米,房子由芦秆搭建而成,外面涂以泥巴。一个村落的居民约50人。② 人们种植玉米等作物,但野生动植物仍然很重要。人们还从外界输入黑曜石以加工制作工具。一般村落的面积在2公顷左右,但北支谷的蒙哥特(San Jose Mogote)遗址要比其他遗址大2倍。而且,在蒙哥特还发现一个宗教性质的房子(约4米×5米),地上用石灰粉刷(而同时期所有房子仅铺泥沙),南端墙边有一小祭台。在同一阶段的其他遗址中,均无此类建筑,这表明蒙哥特遗址在当时比较先进。从村落布局上来看,这个时期各个村落都是独立的,各不相同。这个时期的墓葬、房屋里遗物的分布,均说明社会内部还没产生贫富贵贱的分化。③

---

① 万克:《史前模式》(R. Wenke, *Patterns in Prehistory*),纽约1980年,第307页。

② 弗拉那力:《中美洲早期村落》(K. V. Flannery, *The Early Mesoamerican Villages*),纽约1976年版,第25页。

③ 布莱顿:《古代中美洲》(R. Blanton, *Antient Mesoamerica*),纽约1981年版,第52页。

二、酋邦的发展

进入圣·乔斯(San Jose)阶段(约公元前1150—前850年),蒙哥特迅速发展。当时,整个瓦哈卡谷地的村落增加到41个,但一般村落的面积不超过2公顷。而蒙哥特的总面积共达70公顷。蒙哥特有几处宗教建筑,其中一个建筑物用石头与砖坯砌成,建筑物顶端还有两块石头,分别刻着一只美洲虎的头和一只猛禽的头。[①] 这是现今所知瓦哈卡谷地最早的石刻。而在瓦哈卡其他地方,直到圣·乔斯阶段末期才出现为数极少的小型宗教建筑。

在瓦哈卡谷地,有较为丰富的铁矿石。虽然蒙哥特距铁矿石的产地较远,但在蒙哥特有一个手工工场,工匠们把铁矿石制成拇指甲大小的镜子,用作装饰物。这类小镜子通过交换被输运到中美洲其他地区。[②] 同时输出的还有陶器。

在蒙哥特发现的外来物品,也比其他任何遗址都要丰富。从墨西哥湾输入了贝壳、玉石等物品。从太平洋沿岸输入了牡蛎、贝壳、鲨鱼牙等。从危地马拉山区及墨西哥中部地区,输入了大量黑曜石。[③] 蒙哥特无疑是瓦哈卡谷地的经济中心,它与外界有着广泛的交换联系。

圣·乔斯阶段,不仅村落之间存在着分化,而且村落内部也存

[①] 斯宾塞:《库坎特兰加拿大与蒙特阿尔班》(S. Spence, *The Cuicatlan Canada and Monte Alban*),纽约1982年版,第1章。
[②] 勃朗迈:《中美洲文化的延续》(D. Browman, *Cultural Continuity in Mesoamerica*),芝加哥1978年版,第133页。
[③] 莫利:《文明的起源》(P. R. Moorey, *The Origins of Civilileatlon*),剑桥大学1978年版,第89页。

在着鲜明的社会分化。在蒙哥特,大部分房子用芦苇泥土建成。但有些大房子建在石头土坯筑成的基台上,一般用石灰水粉刷,而且在这些大房子中所发现的外来物品也较多。这无疑是贵族的住房,在瓦哈卡谷地的托马坦帕克(Tomaltepec)也如此。这里一般的房子约十几平方米,用芦苇泥土建造,而11号房子用石头土坯建成,面积30多平方米,屋内有丰富优质的外来品。从墓葬来看,有些死者没有任何随葬品,而有些墓中则有玉器、陶器、贝壳、铁矿石制品等。

在瓦哈卡谷地,有两个十分突出的装饰图案,一为"火蛇",一为"虎人",这两种图案都是从墨西哥湾的奥尔梅克文化(约公元前1200年到前400年)传播而来的。在蒙哥特,男子墓葬中一般都有这种饰有奥尔梅克文化图案的陶器,而在女性墓葬中的陶器都没有这类图案。而且,每个墓葬中仅仅只有一种图案,而不见另一种图案。考古研究表明,火蛇图案刻划在黑陶或灰陶上,分布在蒙哥特东部和西部。虎人图案装饰在白陶或黄陶上,仅见于蒙哥特南部的房屋墓葬中。在一些男婴的墓中也有这些图案,说明人们一出生就同某一图案发生了必然的联系。因此,这两个图案可能是两个不同世系集团的徽号。也就是说,当时蒙哥特的居民分为两个不同血统的集团,一个集团以火蛇为标志,另一个集团以虎人为标志。这种现象在我国商都殷墟也存在。①

总之,在圣·乔斯阶段,蒙哥特是整个瓦哈卡谷地的中心。它至少统治着周围的几个村落。蒙哥特的公共建筑都是宗教性质的,还没有发现暴力设施,所以蒙哥特对其内部平民及周围村落的

---

① 《殷墟西区发掘报告》,《考古学报》1979年第1期。

统治，主要依靠宗教手段。而且，这时社会内部分化也还没有像后来那么剧烈。根据民族学的资料，我们可以把这种类型的社会称为酋邦。① 蒙哥特是酋邦的都城，即酋都。

瓜德鲁普（Guadalupe）阶段（约公元前 850—前 600 年）和罗赛里奥（Rosario）阶段（公元前 600—前 500 年）还是酋邦时期。蒙哥特依然是整个瓦哈卡的中心。其规模比其他任何遗址都要大十几倍，统治着周围 20 个左右的村落。虽然个别遗址中也出现了公共建筑，但面积一般为 2—3 公顷。而蒙哥特的各类公共建筑占地超过 40 公顷。有些建筑用的石头重达 2 吨，从远处运来。在蒙哥特，还发现了罗赛里奥时期的一个裸体男子石刻雕像。② 学者们认为，这是个被杀死或被献祭的战俘。他的日历象形文名字刻在两足之间。这是整个美洲最早的文字材料，也是中美洲最早的战俘雕像，它证明 260 天纪年历法早在公元前 6 世纪就已产生了。③ 这块石刻也是蒙哥特和周围地区发生战争的最早记载。墓葬材料表明，社会内部的分化更为剧烈。瓦哈卡谷地已接近国家的门槛了。

三、国家的形成

进入蒙特阿尔班（Monte Alban）第一阶段早期（公元前 500—

---

① 琼斯：《新大陆国家的形成》（G. Jones, *The Transition to Statehood in the New World*），纽约 1981 年版，第 37 页。

② 马库斯：《萨波特克文字》，《科学》（*Scientific American* 中译本）1980 年第 6 期。

③ 费德尔：《美洲史前史》（S. Fiedel, *Prehistory of Americas*），纽约 1987 年版，第 269 页。

前 350 年),整个瓦哈卡谷地都发生了剧烈的变化。人口增多,村落密集。罗赛里奥时期,瓦哈卡谷地的村落有 89 个,而已发现的蒙特阿尔班第一阶段早期的聚落遗址达 260 个。这一时期出现了新的陶器类型,表明陶器已大量生产,手工业的劳动分工十分专业化。整个瓦哈卡存在着统一的市场网络。人们通过修筑人工灌溉渠道,开发山坡土地种植玉米等作物,而在此之前,人们主要在沿河平原上进行农业生产。同时,用泥坯建成的房子取代了以前那种在芦苇外抹泥巴的房子。

瓦哈卡谷地共有三个支谷,这三个支谷交汇的中心地区是一座山,高约 400 米。山顶周围土地不宜农作,也没有矿产,更不宜作为交易场所。这里一直以来无人居住。但到了公元前 500 年,陡峭的山顶上突然建起了规模宏大的建筑物,这个新的聚落就是蒙特阿尔班。蒙特阿尔班第一阶段早期,其面积为 320 公顷,人口约 3500—7000 人,它是整个瓦哈卡谷地最大的遗址,规模仅次于它的同期遗址蒙哥特,面积不超过 50 公顷。蒙特阿尔班的中心是个"大广场",约 150 米长,300 米宽,没发现用作居住的房子。在大广场发现了许多属于蒙特阿尔班第一阶段早期的石碑。石碑上所刻的人物,正是被杀死或被献祭的战俘首领。这是蒙特阿尔班对外进行军事扩张的记载,而在同期的所有遗址中,均无这种战俘石碑。在以后的各个阶段,随着蒙特阿尔班的不断扩张,这类石碑也越来越多,达 300 多块。在大广场周围,是贵族居住的建筑物。① 由于蒙特阿尔班的地理位置不适于任何经济活动,甚至连

---

① 布莱顿:《蒙特阿尔班》(R. Blanton, *Monte Alban*),纽约 1978 年版,第 36—37 页。

大部分饮用水也要从山下运来，因此这里的居住者只能依靠周围村落所交纳的贡赋才能生活。同时，这里的统治者一定也有能力征调周围的劳动力，否则，各种建筑便无法建造起来。所有这一些材料都有力地证明，大约公元前 500 年，整个瓦哈卡谷地在政治上已统一为一个整体。人们选择蒙特阿尔班居住，并不是为了经济目的，而是因为它位于瓦哈卡谷地的中心，便于对整个谷地进行统治，同时，由于它位于陡峭的山顶上，也便于军事上的防守。蒙特阿尔班是作为国家的都城而建立起来的。它的出现，标志着瓦哈卡谷地国家的形成。

在蒙特阿尔班，军事活动是各类遗物上的惟一主题，但反映宗教活动的遗物却没有发现。而在瓦哈卡谷地的其他遗址中，却以宗教活动为主题，没有关于军事活动的遗迹遗物。这说明，蒙特阿尔班的国家统治者垄断着国家的军事活动，主要依靠军事力量而不是宗教来维持统治。

蒙特阿尔班作为国家的都城，随着国家的强大而不断发展，后来在这里出现了宫殿、神庙、城墙及经济活动的遗迹遗物。公元 200—700 年是蒙特阿尔班最繁荣的时期，人口最多达 3 万，成了中美洲最主要的城市之一。公元 7 世纪开始，蒙特阿尔班衰落。

四、几点结论

通过对瓦哈卡谷地的研究，我们可以比较清楚地认识从原始村落到国家的发展过程。农业产生之后，并不是立即出现陶器、进入定居，而是有一个前陶新石器时期。铁勒斯·拉格斯阶段是原始村落公社时期，村落内部没有社会分化。一个村落就是一个独立的公社,互不统属,也就是说,这个时期只存在着村落首领这样一个层次的社会管理集团。在聚落形态上,表现为各村落的规模基本相同。农业提供了丰富可靠的食物来源,使人们能够从事其他活动;另一方面,史前人类又认为自身的生活受制于超自然的因素,所以史前村落中最早出现的公共建筑,都是宗教性质的。从圣·乔斯阶段开始,瓦哈卡进入酋邦时期。蒙哥特作为酋都,统治着周围的一些村落。这样,在酋邦中就存在着两个层次的社会管理集团。最高一个层次以酋邦首领(大酋长)为核心,酋邦所属各村落首领(小酋长)构成了低一层次的社会管理集团,他们服从于大酋长。与此相适应,酋邦的聚落形态也具有两个层次:酋邦首领居住的酋都是酋邦的统治中心,其规模要远远大于其他村落;而各村落的规模则基本相似,构成第二层次的聚落形态。蒙哥特与同期其他村落的聚落形式证明了这一点。同时,考古学材料还表明,村落内部也分化为贵族和平民这些不同的阶层。蒙哥特的公共建筑基本上是宗教性质的,只是到了酋邦末期,才出现有关军事活动的遗物。这说明酋邦主要依靠宗教手段进行统治。与酋邦不同,国家主要依靠暴力手段进行统治。国家存在着制度化了的正式统治机构,如赋税制度,法律制度、政治军事制度等。蒙特阿尔班的地理位置和战俘石刻及各类建筑,均说明了这一点。从聚落形态上看,国家存在着三个层次的聚落结构。规模最大的聚落就是国家的统治中心国都,蒙特阿尔班即为例证。第二层次的聚落是那些地区行政中心,其规模要小于国都,如蒙哥特。最后一个层次就是那些村落,其规模最小。每一层次的聚落中,都居住着一定的统治者。国都中有国王,地区行政中心中则有各类地方长官,村落也有首领。因此,聚落形态的三个层次,实际上反映了国王、地方官员、村落首领这三个等级的政治结构。

从考古学材料出发确定史前社会的发展阶段,是一个很难解决的大问题。上述研究表明,原始村落只有一个层次的社会管理集团,酋邦有两个层次的社会管理集团,国家至少有三个层次的社会管理(统治)集团。这些特征也反映在聚落形态的层次结构上。因此,根据社会管理(统治)层次结构及其相关的聚落形态的层次结构来区分原始村落、酋邦和国家这些社会发展阶段,为史前史研究提供了一个可操作的客观标准。我们认为,这个标准对于研究中国史前社会,也具有很大的参考价值。

推动瓦哈卡谷地从原始村落公社发展到国家的动力是什么呢?人们提出了各种理论来回答这个问题。比较流行的人口压力论认为,由于人口的增长,形成了对农业资源的压力,人们为了争夺农业资源而发生冲突,为了解决这些冲突,产生了集权化的政治机构,最后形成国家。但是,瓦哈卡谷地的考古研究表明,即使在酋邦时期,人们主要居住在北部支谷,最适于农业的南部支谷很少被开发。农业生产的潜力远远大于实际供养的人口。因此,在国家形成过程中,根本不存在人口压力。[1] 也有人根据魏特夫的"水利社会"理论,认为随着人工灌溉系统的建立,需要进行集中管理。政治上的集权导致国家的产生。但是,瓦哈卡谷地的考古材料证明,人工灌溉系统主要是在国家产生之后建立起来的。此外,"经济共生论"认为,在经济资源各不相同的地区,人们生产出不同的产品,对这些不同产品实行再分配的最有效办法,就是集权,即建立国家机构。但考古研究表明,瓦哈卡谷地内部并不存在着经济

---

[1] 《美国文物》(*American Antiquity*)1985年第45卷第1期。

资源不同的地区,因此,"经济共生论"也站不住脚。由于每一种理论都明显地存在缺陷,因此,新的理论趋势是用多种因素来综合解释国家的起源。① 但是,如果把过多的因素当作社会进化的动力,往往使人们无法认识到真正的原因。

我们认为,根据马克思主义的基本原理,导致瓦哈卡谷地从村落发展到国家的终极原因,是社会生产力的进步。只有生产力的发展,才使人们能够从事宗教、政治活动,才使社会控制成为必要。正如我们前面所述,正是随着农业的发生及发展,瓦哈卡谷地才从狩猎采集转向定居,产生了村落,进而发展为酋邦和国家。当然,用马克思主义的理论观点来阐述日益丰富的考古学新材料,是一项十分艰巨的任务,还需要我们不断努力。

---

① 莫尔:《考古学理论与方法》(J. Moore, *Archaeological Hammers and Theories*),纽约1983年版,第225页。

线形文字 B 及其释读[*]

线形文字是欧洲最早的文明——爱琴文明时代的文字，在它被发现到现在的一个世纪里，国外对此进行了大量的研究，取得了重大的成就。但在国内，除了在世界通史中略有所述外，①别无所见，这不能不说是憾事。本文旨在简单地介绍线形文字的基本情况，以供读者参考。

1900 年，英国考古学家伊文斯（A. J. Evans）在克里特岛的克诺索斯发现古代宫殿，并出土大量的泥版文书，他把这些泥版上的文字称为线形文字 B，以区别于他几年前在克里特发现的另一种线形文字（他称之为线形文字 A），此后，线形文字 A 和 B 的材料不断发现。

通过对文字材料的研究，爱琴地区上古文字的发展经过了三个时期。最早的是象形文字阶段（公元前 2000 年早期）。这时的文字是象形图案，主要刻在石印章、小石块上，也有的刻在泥块上。字形较规范，有一套计数制，但句子极短，其义不明。第二个时期是线形文字 A（约公元前 17 到公元前 15 世纪）。它可能从象形文

---

* 本文原为"中国世界古代史学会 1984 年年会"论文。
① 20 世纪 50 年代我国曾翻译出版过原捷克语言学家赫罗兹尼的《西亚细亚、印度和克里特上古史》，但书中关于线形文字的论述是完全错误的。日知先生在《荷马史诗若干问题》一文中，对线形文字 B 有过论述（《历史教学》1962 年第 9 期）。

字演化而来。有 1/3 的线形文字 A 文字符号与象形文字相同。线形文字 A 仅在克里特发现，主要是写在泥版上的，但在一些金属器和石器上也有。至今出土的泥版不到 200 块，其中 160 多块是从哈奇亚·特里亚达(Hagia Triada)发现的。这种文字尚未释读成功，但肯定不是用希腊语写的。美国人西拉斯·古登(Cyrus Gordon)宣称他已释读成功，认为它是用腓尼基语写的，但没有得到公认。第三个时期是线形文字 B(公元前 15 世纪晚期到公元前 12 世纪)。在克里特岛上，线形文字 B 仅在克诺索斯发现，有近 4000 块泥版(包括断片)。在希腊大陆，线形文字 B 比较流行。在派罗斯出土了约 1200 块泥版。此外，在迈锡尼、太林斯等地也都有发现；在一些陶器上也有线形文字 B。由于象形文字和线形文字 A 都未释读成功，本文主要介绍线形文字 B。

和线形文字 A 一样，线形文字 B 的文字符号也分为音节符号和表意符号(包括数字)，共约 200 个，其中音节符号近 90 个，许多表意符号，如车、马、人等，与实物很像。约有 2/3 的线形文字 B 的文字符号与线形文字 A 相似。线形文字 B 泥版由普通泥土做成，形状不一，小者长条形如棕榈叶，大者如现代书本之一页。最大的一块为 16 厘米×27 厘米，厚 13 厘米。右手书写，从左到右，左手握住湿泥版，许多泥版背面都有指印。长条形泥版一般只有一两行，书页形的有好几行。每行间用横线隔开，一般一行就表达一个完整的意义。每行的格式是：由几个词组成一个十分简单的文句，每个词由几个音节符号组成，文句后是一个表意符号，最后是数字。线形文字 A 泥版的写法、书写格式也一样，只是每行间无横线。写完后，把泥版晒干，而不是像古代西亚的楔形文字泥版那样用火焙烧。然后，放到篮子或箱子里保存。泥版不需要时，可放到水中"销毁"。内容相关的泥版常保存在一起，由于战争，存放泥版的档案库往往被焚，许多泥版因此而焙烧硬化，有幸得以保存至今。

线形文字被发现后，引起了人们极大的兴趣，英国、原捷克、德国、美国等许多国家的学者竞相释读，提出了各种各样的观点。有的认为是希腊语写的，也有的认为是巴斯克语，或腓尼基语，伊特拉斯坎语等等，众说纷纭。当时，多数人把象形文字，线形文字 A 和 B 都看成用同一种语言写的，这影响了正确的释读。许多人把线形文字与塞浦路斯古典语进行机械的比较，这也带来了许多问题。塞浦路斯古典语是一种音节语，基本上用希腊语写，并于 19 世纪 70 年代释读成功。由于它是音节语，词末辅音后须有不发音的"死元音"。① 在希腊语中最常见的词末辅音是 S，书写时，S 须写作 se，这里 - e 是不发音的。这样，在塞浦路斯古典文字中，有很大一部分词以 se 结尾，而表示 se 这个音的文字符号在线形文字中也有，但很少在词尾出现。许多人就认为线形文字不是用希腊语写的。后来证明这个观点是错误的。

在线形文字发现后的半个世纪中，各国学者走了许多弯路，在释读上没取得什么成就。但他们在此期间所进行的探索仍有一定意义，为以后成功的释读打下了基础。首先，在此期间，线形文字材料大量地被发现和整理出版。1909 年，伊文斯编辑出版了第一部包括线形文字的著作《米诺斯铭文》第一卷，后来，又出版了《米诺斯王宫》一书。1939 年，美国考古学家布利根（C. Blegen）在希

---

① 文字可分表意文字（如中文），拼音文字（如英文）和音节文字（如日文）。在音节文字中，每个字符或代表元音，或代表辅音加元音组成的一个音节，如日文中，"か"发音为"ka"；但没有单独的辅音字符。

腊发现古代派罗斯王宫,出土600余块线形文字B泥版。派罗斯泥版在内容上要比克诺索斯泥版完整,为研究者提供了丰富的材料。1951年,由皮尼特(E. L. Bennett)整理出版了《派罗斯泥版》。皮尼特根据每块泥版上的表意符号而把众多的泥版分成许多编,并列出了一个可靠的文字符号表。这是一个艰巨的工作,使繁多杂乱的文字符号条理化,为系统的研究带来了极大的便利。其次,在研究上也进行了许多富于启发性的尝试,1927年,考里(Cowley)指出线形文字B中表示"男孩"、"女孩"、"共计"的文字符号。1950年,皮尼特研究出线形文字A和B中的度量衡表示法。特别是美国女学者柯博(Kober),她发现线形文字B有两种表示"共计"的方式:一种是和表示男人及某类动物的表意符号一起出现的,另一种是和表示女人及另一类动物的表意符号一起出现的;显然,这是表示不同性别的变位形式。因而线形文字B有变位形式,更重要的是,她把词的不同的变位形式制成一张表,被称为"柯博三联表",其部分如下:[①]

	第一类		第二类	
第一格	26－67－37－57	3－28－37－57	69－53－41－57	70－52－41－57
第二格	26－67－37－36	3－28－37－36	69－53－41－36	70－52－41－36
第三格	26－67－5	3－28－5	69－53－12	70－52－12

由此可见,第三格的－5与－12在第一格和第二格中分别根据性别、数量等要素而发生变化,成为－37－36和－37－57或－41－36和－41－57。拉丁语也有类似的词尾变位,如:

---

① 由于线形文字的书写与印刷十分不便,因而国际上通用一个数字代表一个文字符号,各符号间用小横线相连,几个相连的符号组成一个词。

ser-vu-s	a-mi-cu-s
ser-vu-m	a-mi-cu-m
ser-vi	a-mi-ci
ser-vo	a-mi-co

在上述例子中,-vo,-co 等元音相同,但辅音不同,因而线形文字 B 中－5 与－12 这两个文字符号的元音也可能相同。-vo,-vu 或-co,-cu 的辅音相同,但元音不同,因而线形文字 B 中－5 的辅音可能与－37－相同,或－12－的辅音与－41－相同。她用这个方法找出可能相同的元音或辅音,形成了"栅格图"。柯博的研究为线性文字 B 成功的释读开辟了道路。

线形文字 B 最后是由文特里斯(M. Ventris)释读成功的。他 1922 年出生于英国。14 岁上中学时,在伦敦的一所博物馆中听了伊文斯关于克里特古代文明的报告,引起了他对上古语言的极大兴趣。18 岁时,他隐瞒年龄,在《美国考古杂志》上发表文章,认为线形文字 B 是用伊拉斯拉坎语写的。他后来成了一名建筑师。第二次世界大战中,他在英国皇家空军中服役,战后继续当建筑师,并颇有成就。但他对线形文字的兴趣一直有增无减,并于 1952 年释读成功。1956 年,他死于车祸。

文特里斯根据前人的研究成果,系统地研究线形文字 B。他根据文字符号排列的规律,认为三个经常出现在词首的文字符号可能是元音。他认为线形文字 B 的文句可分为:人名、街名、地名或机构名,其他词汇(如动词);并确定、比较了它们的变位形式。他根据如前所述的柯博的研究方法和原理,把他认为可能是元音或辅音相同的文字符号归在一起,形成了一张栅格图。随着研究的深入,这张栅格图不断地被修改,最后形成了代表元音的 5 个横栏和代表辅音的15个纵行。他再根据这些文字符号的排列规律以及其他各种材料而假定每个文字符号的发音。如08这个字符经常在词首出现,可能读作a。他用自己假定的发音读泥版,结果读出一些古地名。人们早就知道了线形文字B中表示男孩女孩的词,它们都以70这个文字符号开头。在文特里斯的栅格图中,70这个符号应读ko,而古典希腊语中表示男孩女孩的词正以ko开头。文特里斯不断尝试,用似乎已证明是正确了的读音去读更多的文句,形成连锁反应,结果,不仅更多的发音被确认,而且更多的规律被发现。文特里斯一直认为线形文字是伊特拉斯坎语写的,但随着越来越多的词被读出,他日益发觉线形文字B与希腊语相似;而且,如果按照希腊语来解读,许多句子都变得有意义了。1952年,他逐渐相信线形文字B是用希腊语写的。不久,他应邀发表广播讲话,宣布他的成果。

文特里斯的讲话被剑桥大学的古典学者柴多威克(J. Chadwick)听到了,两人很快建立了合作关系。1953年,《希腊研究杂志》发表了他们的文章《迈锡尼时代泥版上希腊方言之证据》,指出线形文字B是用希腊语写的,并提出了释读规则。文章发表后,在许多国家引起了强烈反响。皮尼特根据他们的释读规则,释读1952年发现的泥版,发现读出的句子与泥版上的表意符号一致。这样,支持文特里斯他们的人越来越多。1956年,文特里斯与柴多威克合著的《迈锡尼时代希腊语文献》(*Documents in Mycenaean Greek*)出版,反响很大。《时代》(*Time*)增刊评论说:"正像牛顿的《原理》不仅仅是数学家的经典著作一样,《迈锡尼时代希腊语文献》也不仅仅是古代世界研究者的经典著作。"

现在一般认为,约公元前1450年,希腊语居民入侵并统治克诺索斯，他们采用原来居民的线形文字 A 来记载希腊语，这就是线形文字 B。后来，线形文字 B 传到希腊大陆，广为使用。公元前 12 世纪，随着迈锡尼时代各国的灭亡，线形文字逐渐消失。

线形文字 B 泥版是迈锡尼时代各国的王家档案，其内容大致可分三类：货物收入记录（税赋等），支出记录（实物发放、献祭等），名册与财产账目（人员、土地、家畜的调查等）。泥版上的记载十分简洁，我们试以迈锡尼的 Ad 676 泥版为例：①

pu-ro　re-wo-to-ro-ko-wo　ko wo 人 22 ko-wo11

意为：在派罗斯，澡堂待役之子 22 人，孩子 11 人。

根据文特里斯等人的研究，线形文字 B 有-a、-e、-i、-o、-u 五个元音，也有双元音。词末如果是-l、-m、-n、-s、-r 等辅音结尾，在书写中略去。在计数人、马、羊等物件时，用十进制。没有小数点（线形文字 A 有小数点），而是用大小不同的单位来表示：| 表示个位，— 表示十位，O 表示百位，✧ 表示千位，⊖ 表示万位，12345 就是写作：

⊖　✧ O O — — | | |
　　✧ O　 — — | |

它有固体容量制，液体容量制及重量制，并有独特的换算制，如 1T = 64。

至今，国外关于线形文字 B 以及迈锡尼时代的著作可谓卷帙浩繁，形成了新的学科——迈锡尼学。线形文字成了古代历史和古代语言研究中的一个不可缺少的内容。

---

① 线形文字 B 释读成功后，在书写和印刷中，一般用每个文字符号的读音来代替原来的线形文字符号。

迈锡尼时代及其社会制度*

爱琴文明是欧洲最早的文明，也是古代世界五大文明之一。但爱琴文明是在1871年才被发现的，20世纪50年代线形文字B被释读，人们才开始对爱琴文明有了内在的认识，所以它又是我们所认识的"最年轻"的文明。国外在对爱琴文明的研究中还存在着许多问题，国内对它的研究则更少了①。本文根据考古学新成就，对迈锡尼时代作一探讨。

一

爱琴文明包括三大地区：克里特岛、基克拉底群岛和希腊半岛。这三大地区的文化各自都有专门的名称，依序分别为：米诺斯文化、基克拉底文化和希腊底文化。每一个文化又分为早、中、晚三期，每期又分Ⅰ、Ⅱ、Ⅲ三个阶段。

"迈锡尼时代"是一个历史形成的概念，在西方论著中，大都是指整个希腊底文化晚期（约公元前1600年—前1100年），国内也

---

* 本文原载《杭州大学学报》1992年第3期。

① 20世纪50年代我国翻译出版了捷克语言学家赫罗兹尼的《西亚细亚、印度和克里特上古史》，但书中关于线形文字的论述是完全错误的。1962年第9期《历史教学》上发表过日知先生的文章。《世界上古史纲》及《中国大百科全书》则代表了80年代我国的研究水平。

基本上采用这种说法①。本文认为,"迈锡尼时代"应当指希腊底文化晚期的最后一个阶段Ⅲ(约公元前 1400 年—前 1100 年)。因为在希腊底文化晚期Ⅰ、Ⅱ时期尚未产生国家,而在希腊底文化晚期Ⅲ时已经产生了国家,所以,我们认为这是两个社会性质不同的时期,应当把它们区分开来。

首先,考古学材料证明了国家是在希腊底文化晚期Ⅲ产生的。1876 年,谢里曼在迈锡尼发现了墓圈 A,时间为公元前 1600 年到前 1510 年。墓中有大量的财宝,谢里曼说他发现的金器就达 14 公斤②。人们普遍认为,公元前 1600 年有个外来民族入侵到这里建立王朝,同时建起这些陵墓埋葬国王。直到 80 年代,国内有些著作还在沿用这种说法③。20 世纪 50 年代,帕帕狄米特里奥与梅洛拿斯在迈锡尼发现了墓圈 B④,其时间上属公元前 17 世纪(希腊底文化中期末),下至公元前 16 世纪上半期,有的与墓圈 A 同时。所以墓圈 A 所代表的文化"深深地根植于土生的希腊底传统之中"⑤,它是从原来的文化中自然发展起来的,并不存在着外族突然入侵到这里,也不存在着一个新王朝。这时还没有国家。

在迈锡尼,"至今尚未发现属于希腊底文化晚期Ⅰ和Ⅱ时期的城墙遗址,我们今天所能证明的只能是:在希腊底文化晚期Ⅲ之前,迈锡尼山上并没有防御建筑。"⑥但进入希腊底文化晚期Ⅲ,在

---

① 如《中国大百科全书·考古学》该条目。
② G. E. Mylonas, *Mycenae*, 1976, pp. 20, 22.
③ 如《世界史》,人民出版社 1983 年版;《世界通史纲要》,吉林文史出版社 1985 年版;《世界上古史》,吉林文史出版社 1987 年版;及其他论著中诸章节。
④ 墓圈 B 情况见 G. E. Mylonas: *Mycenae and Mycenaean Age*, 1967.
⑤ J. T. Hooker: *Mycenaean Greece*, 1976, p. 63. L. W. Taylour: *The Mycenaeans*, 1964, pp. 75—87.
⑥ G. E. Mylonas: *Mycenaean and the Mycenaean Age*, p. 16.

迈锡尼、太林斯、格拉、雅典等地都出现了城堡建筑①。"设防城堡是希腊底文化晚期Ⅲ的特征"。这个时期在许多地方还建起了王宫。"迈锡尼、派罗斯、底比斯和太林斯现存王宫的最早阶段,看来应属公元前14世纪"②。城堡与王宫,正是国家产生的两个最重要的考古学证据。

第二,从文字材料来看,国家是在希腊底文化晚期Ⅲ出现的。约公元前1450年,希腊语居民入侵克里特岛后,采用当地居民的线形文字A来记写希腊语,形成线形文字B③。后来又把线形文字B带回到希腊半岛。希腊半岛上最早的文字材料(线形文字B)是在底比斯发现的,属希腊底文化晚期ⅢA,在此之前并无文字材料。文字的出现和使用,是国家产生的一个标志④。无论马克思主义还是非马克思主义,对此均无异议。从世界史的范围来看,文字与国家通常总是伴生的。

第三,从文化分布的范围及影响来看,希腊底文化晚期Ⅰ和Ⅱ是希腊半岛地方性的文化,同时深受米诺斯文化的影响⑤。但公元前1400年以后,希腊半岛高度繁荣,希腊底文化成了地中海地区的主导文化。有人甚至说在希腊底文化晚期Ⅲ有一个"迈锡尼帝国"或"迈锡尼商业帝国"⑥。这一提法固然不科学,但希腊底文化在地中海地区的影响却是无可否认的。因此,应当把作为地方

---

① R. H. Simpson: *Mycenaean Greece*, 1981, p. 4.
② G. E. Mylonas: *Mycenaean and the Mycenaeean Age*, p. 11.
③ 关于线形文字材料及其释读情况,见 J. Chadwick: *The Deciphment of Linear B*, 1959.
④ 《马克思恩格斯选集》,第4卷,第21页.
⑤ *The Cambridge Ancient History*, 1971—1975, Vol. 11, pt. 1, pp. 633, 579.
⑥ S. A. Immerwahr: "Mycenaean Trade and Colonization", *Archaeology*, 1960, No. 13.

性文化的希腊底文化晚期Ⅰ、Ⅱ与作为地中海地区主导文化的希腊底文化晚期Ⅲ区分开来。

最后,研究神话的学者最近认为:希腊底文化晚期Ⅰ和Ⅱ是第一个英雄时代[1],许多神话传说反映了当时的社会情况。那些英雄们竞技比武、捕狩猎物、劫掠牲口,攻城分赃,与后世的君王大不相同;这时还属于恩格斯所说的"军事民主时期"。特别是涅斯托耳所讲述的劫牛事件,十分形象生动地反映了"军事民主制"的社会状况。[2]

总之,在希腊底文化晚期Ⅰ和Ⅱ时期还没有产生国家,Ⅲ时期则已进入阶级社会。我们用"迈锡尼时代"这一术语来表示希腊底文化晚期Ⅲ,从而把它与社会性质不同的前两个时期区分开来。苏联学者说,"公元前17世纪开始,迈锡尼、太林斯和派罗斯等早期奴隶占有制国家开始形成"。[3] 这是不正确的。国家尚无,"奴隶占有制"更不知从何谈起。迈锡尼时代国家最早是在公元前14世纪开始建立的。同样,把希腊底文化晚期Ⅰ和Ⅱ时期称为"竖井墓王朝",[4]也是不科学的,因为这时还不存在"王朝"。墓圈A中的大墓都是贵族的坟墓,并不是国王的陵墓。更重要的是,新的考古发现证明墓圈A所代表的文化并不是在公元前1600年突然出现的,而是从希腊底文化中期发展起来的。外族入侵建立王朝及墓圈A的观点,应予改正。

---

[1] *The Cambridge Ancient History*, Vol. 11, pt. 1, pp. 645—649.
[2] 参见《伊利亚特》,人民文学出版社1958年版,第211—212、169—172、126页等。
[3] 《苏联大百科全书》(俄文版),1972年第7卷,第286页。
[4] 见《中国大百科全书》相关条目。

二

线形文字B泥版文字,是迈锡尼时代希腊国家的王家经济档案,50年代被释读成功,这为研究迈锡尼时代社会制度提供了丰富可靠的材料。在克诺索斯,出土了近4000块泥版文书。在派罗斯,出土了1200块。在迈锡尼、太林斯等地也有发现。但派罗斯的泥版文书内容最完备,因此,这些泥版文书就成了主要研究资料。

我国甲骨文中,有卜者名字和干支日期。但泥版文书中没有书写者的名字及纪年制。派罗斯泥版Ap64中有"今年"一词。Ma365中有"明年"一词。Ma193等泥版中有"去年的"一词。这说明泥版所记载的是当年或与当年有关的事情,而且泥版是逐年清理的。在迈锡尼(Oe111)和克诺索斯(So4442)泥版上的时间表示法也是如此。[1]

根据对泥版文书的研究,派罗斯国家分为内省和外省。内省即王宫所在地区,位于国家西部,外省位于东部。内省共有9个行政区,外省则有7个行政区。[2]

泥版Jn829记载了内外行省16个行政区向宫廷缴纳青铜的情况。Jo438是关于缴纳黄金的情况。在这些泥版中,每个政区的首领被称为ko-re-te,[3]可译为"区长",他的副手po-ro-ko-re-te可

---

[1] 每块线形文字泥版均由两个拉丁字母加上若干阿拉伯数字编号。

[2] J. Chadwick: *The Mycenaean World*, 1977. 又可见其所著:"The Geography of the Further Province of Pylos", *American Journal of Archaeology*, 1973, No. 77。

[3] 线形文字B书写及印刷十分不便,国际上通行根据其读音用拉丁字母来表示。本文尽量避免引用泥版文书原文,以便于印刷和阅读。读者可根据本文所标注的泥版文书编号在 *Documents in Mycenaean Greek* (Cambridge, 1973年版)及其他著作中查阅泥版文书原文。

译为"副区长"。通过分析泥版中这两个称号，笔者发现区长这一称号有个显著特点：在绝大多数情况下，它总是同地名相联系的，基本格式是："某某地方的区长"，这更进一步证明"区长"是个地方统治者的称号。

在泥版文书中，国王被称为 wa-na-ka。《荷马史诗》也用这个词称阿伽美农"是人王"。国王是最高统治者，他有权任命官员，Ta711 第一行写道：国王任命某某人为某某官。在 Fr 泥版中，国王也和众神一起接受人们的贡献，说明国王在宗教上有很高的地位。他还是财富的最大拥有者。国王一词可加后缀成为形容词，有王家陶工（Eo371）、王家漂洗匠（En74）。Er312 泥版生动地反映了这种金字塔形的权力结构：

wa-na-ka-te-ro te-me-no		国王的特权地
to-so-jo pe-ma 麦 30		合麦子 30
ra-wa-ke-si-jo te-me-no 麦 10		拉瓦吉太斯的特权地合麦子 10
te-re-ta-o to-so pe-ma 麦 30		泰来斯坦思们的土地合麦子 30
to-so-de te-re-ta 人 30		这里共有三个泰来斯坦思

te-me-no 的主要意思是：为首领而保留的土地，因此译为"特权地"。在其他关于土地的文书中，都没有出现这个词，国王的特权地是别人的三倍。而且这块泥版所记载的只是一个地方的土地情况。国王无疑是最大的土地所有者。

在 Er 泥版中，仅次于国王的贵族是拉瓦吉太斯（ra-wa-ke-ta）。只有他才能像国王一样拥有特权地，他也参加对神的献祭

(Un718)。他还拥有其他财物,如拉瓦吉太斯的猪(Ea822),拉瓦吉太斯的修车匠(Ea421)等。他是一个地位极高的大贵族,协助国王处理各类事务。泥版中也没有出现拉瓦吉太斯这一官职拥有者的名字,可见在一个国家中拥有这个称号的贵族只有一个,无须指明其姓名。

派罗斯 An 编泥版中有 5 块泥版(519,567,654,656,661)的格式与内容都相同,记载了 10 个防区(o-ka)的军队调配情况。每个防区前面都有一个以所有格形式出现的人名,我们称他为司令官。然后是几个以主格形式出现的人名,我们称他为副官。再下面是"某某地方的人共多少",这些人是士兵。最后一行的句子是:"和他们在一起的 e-qe-ta 是某某。"

这样,在这 5 块泥版中,共有 10 个司令官的名字,10 个有姓名的 e-qe-ta。笔者注意到,司令官和副官可以出现在同一块泥版中(Ag64),后面可以跟着相同的符号(Aq218),说明他们有某种共同之处。但 e-qe-te 却总是不和司令官、副官出现在一起的,后面所跟的符号也都不一样(Aq218 第一部分)。在 An656 中,起先把 e-qe-te 与副官误写在一起,发觉后又把他划掉了,这都说明了 e-qe-ta 与司令官、副官是有区别的。

通过对所有 e-qe-te 的研究,我们发现他们有的与神一起领受贡物(Es),他们总是和那些与宫廷有关的人出现在一起,例如代表国王巡视的人(Eq213),为国王征集羊群的人(Cn 编),负责王宫器具制造的人(Wa917 等)。所以我们认为 e-qe-te 也是一种宫廷贵族。e-qe-te 这个词的意义是"伴侣、随从",因而我们把它译为"侍卫"。他们的名字前面总是写明父名,以示尊贵。

通过对所有 10 个司令官及所属副官的研究,同样可以发现,他们总是同地方统治者,例如区长、副区长联系在一起,向宫廷缴纳青铜(Jn829)或者黄金(Jo438)等,所以他们也是地方贵族。在这些泥版文书中的各种人物,都不会与上述的侍卫记载在一起。反过来,在关于侍卫的泥版文书中,也不会有这些地方贵族。因此,本文认为在迈锡尼时代,地方贵族与宫廷贵族是被明显地区分开来的。

综合上述分析,笔者认为,迈锡尼时代的军队由各地的地方首领带领本地居民组成,所以泥版上的格式是"某某地方的人共多少"。当时还不存在固定军籍的常备军,只是临时征召的公民兵。泥版文书中所记载的士兵人数,少者10人,多至上百,但都是10的倍数。可见当时的军队是十进位编制,这种十进制军事组织在古代世界的其他地方也可见到。[①] 国王委派宫廷贵族侍卫到军队中代表国王进行控制,所以泥版文书的结尾总要写明"和他们在一起的侍卫是某某"。在越重要的防区,派的侍卫就越多(An656),他的地位也就越高(An656,Es)。

在《荷马史诗》中,通常用"巴赛琉斯"来表示国王。在Jn编泥版中,有3个巴赛琉斯(qa-si-re-u),他们是工匠的负责人或监督人。我们在泥版中看到,巴赛琉斯也是同地方贵族出现在一起的(An,Aq64,Ae,En50),这些称号总是不会和宫廷贵族(如侍卫、拉瓦古太斯)一起出现的。所以,这个称号只表示地方贵族。即使在荷马史诗中,巴赛琉斯这个词也还保留着迈锡尼时代的痕迹。例

---

① 张政烺:《古代中国的十进制氏族组织》,《历史教学》1951年第3—6期;杨升南:《略论商代的军队》,胡厚宣等著:《甲骨探史录》,生活·读书·新知三联书店1982年版。

如阿吉诺国王说他的国家里共有 12 个巴赛琉斯,加上他共 13 个。① 这里,巴赛琉斯一词显然是指贵族而不是国王,因为一国不可能有 13 个国王。

在迈锡尼时代,地方贵族数量很多,力量很大,这是因为他们有坚实的经济基础。在迈锡尼时代还存着公社,地方贵族正是公社的首领。Un718 记载了公社(da-mo)与拉瓦吉太斯及 e-ke-ra-wo 一起向波塞顿神献祭。拉瓦吉太斯是个仅次于国王的贵族,e-ke-ra-wo 也是个大贵族,有人认为它就是国王的名字。可见公社在当时社会中有十分重要的地位。迈锡尼时代公社的存在,证明了恩格斯的论断:"一切文明民族都是从这种公社或带着它的非常显著的残余进入历史的。"②

恩格斯在《反杜林论》中指出,一切文明民族都是从土地公有制开始的,经过一个或长或短的历史阶段,公有制变为私有制。③迈锡尼时代正处于土地公有制向私有制过渡的时期。记载土地制度的泥版主要是 E 编,其基本格式是"某人,身份是什么,地多少"。通过对 E 编泥版的分析,可以看出当时存在着三大类土地,一种是私人所有或占有的(En/Eo),一种是公社所有(Ep/Eb),一种是以完成某种义务为条件的土地(Ep613)。所有这些土地都可以转让(o-na-to)给别人,而在获得这些转让地的人中有许多是神职人员,也有国王的工匠,还有一些大贵族。所以不能笼统地说当时劳动人民由于缺乏土地而向贵族租种土地。

泥版文书中还保存了反映土地公有制向私有制过渡的生动材

---

① 杨宪益译:《奥德修纪》,上海译文出版社 1979 年版,第 98 页。
② 《马克思恩格斯选集》,第 3 卷,第 187 页。
③ 同上。

料。Ep704/ Eb297 是关于土地纠纷的文件。一个女祭司说有一块土地是为神所有的"特种地",但公社说她所占有的只不过是公有土地中的一块转让地。最后的结果我们不得而知。这块泥版说明了贵族们以种种方式不断地侵吞公有土地,土地私有制正通过破坏公有制而得到确立。

三

迈锡尼文明的发现,极大地丰富了我们对于古代世界及其发展规律的认识。

无论东方还是西方,最早产生的国家总是小国寡民。根据对泥版文书地理的研究,派罗斯国家的版图南北约 50 英里,东西约 30 英里。① 在古代中国也一样,孟子说:"夏后殷周之盛,地未过千里者也。"②幅员辽阔的大国,是后来才发展起来的。

在希腊后来灿烂的古典文明中,盛行过发达的奴隶制和土地私有制。但是,就在同一块希腊土地上,迈锡尼时代的社会中却存在着土地公社所有制,当时社会的主要劳动者是普通平民而不是奴隶。③ 这就证明,把希腊古典文明看成是希腊特殊地理环境的产物这个地理环境决定论的观点,是完全错误的。同时也迫使我们重新探讨希腊古典文明产生与发展的规律。

欧洲中心论者总是把公社、国王、专制与东方国家联系在一

---

① J. Chadwick:"Life in Mycenaean Greece," *Hunters, Farmers, and civilizations*。《科学美国人》(*Scientific American*)杂志专题论文汇编。
② 《孟子·公孙丑》。
③ J. Chadwick, *The Mycenaean World*, p.73.

起,把这些东西说成是东方历史的特点。迈锡尼时代的泥版文书否定了这种说法。在希腊的迈锡尼时代,也曾经出现过集世俗权力与宗教权力于一身的国王,也存在过像古代东方国家那样的宫廷经济,也曾有过公社组织。因此,东方特殊论或西方特殊论都是站不住脚的。世界历史在丰富多彩的多样性中,保持着统一性。

外国重要考古遗址与文化*

一、苏美尔—阿卡得时代考古

苏美尔—阿卡得时代（约公元前4300—前2000年）是美索不达米亚南部原始社会解体及国家产生和发展的时代，也是这一地区的铜石并用时代和青铜时代。美索不达米亚南部又称巴比伦尼亚，包括两大部分，北部为阿卡得，南部为苏美尔，人类最早的文明就是在这里诞生的。其文化的发展大体分为欧贝德时期、乌鲁克时期、杰姆代特奈斯尔时期、苏美尔早王朝时期、阿卡得王朝时期和新苏美尔时期。欧贝德时期已属铜石并用时代，进入苏美尔早王朝时期后，南美索不达米亚各地普遍建立城邦国家。对这一时期的考古研究有助于人们了解文明诞生的过程。

考古简史 在两河流域的科学发掘工作开始之前，欧洲的旅行家、商人、官员就已在这里寻访古迹。1842年，法国人P. E.博塔（1802—1870）发掘尼尼微，这是美索不达米亚考古发掘之始。19世纪40—50年代，英国考古学家A. H.莱亚德、W. K.洛夫特斯、J. E.泰勒等人先后到此发掘。1877年起，法国考古学家E. de 萨尔泽克发掘拉格什城址，发现许多公元前3000年后半期的雕像

---

* 本文内容原为《中国大百科全书·考古学》（中国大百科全书出版社1986年版）中的相关条目，署名：毛昭晰、龚缨晏。

与泥版。这是最早出土的苏美尔文物,让人们第一次接触古代苏美尔文字、艺术和历史。19 世纪 90 年代,美国考古队发掘尼普尔,德国考古队发掘巴比伦城址,他们开始运用比较先进的考古技术,坚持在一个遗址中进行长期的发掘、整理。同时,各国加强了对巴比伦尼亚地区的考古。第一次世界大战后,两河流域的考古研究取得较大成果,发现了乌尔城址、埃利都遗址、欧贝德遗址、杰姆代特奈斯尔遗址等一大批重要遗址。此外,在语言学上也取得重大成就,成功释读阿卡得语、亚述语等塞姆语系的泥版文书。随着考古学、语言学的发展,人们对美索不达米亚南部历史的认识也不断加深,确定了两河流域南部史前时代与历史时代的文化发展序列,对当时的经济、政治、宗教、艺术等方面的研究也逐渐展开。

欧贝德时期　约公元前 4300—前 3500 年,两河流域南部进入欧贝德时期,这一时期奠定了苏美尔文明的基础。苏美尔时代的重要城市一般均起源于这一时期的聚落。此时灌溉农业发达,并存在广泛的贸易。遗址有欧贝德、埃利都、欧盖尔、乌鲁克的底层等,其中最主要的是埃利都遗址。建筑物用泥砖建造。神庙已具有后代神庙的特征,例如祭台、神龛等。以神庙为中心,开始出现初期的城镇。陶像绝大多数为女性,称为"母神",也有男像。这时还有用泥土烧成的镰刀、斧子等工具,以手制彩陶为特征的陶器亦较精美。从男性雕像的出现,看出当时已进入父权制氏族社会,推测属于军事民主制阶段。

乌鲁克时期　年代约为公元前 3500—前 3100 年。最重要的遗址为乌鲁克。这时陶器多为轮制,没有发现彩陶。两河流域南部开始产生国家,许多地方出现了大规模的神庙建筑物,如乌鲁克的石庙、红庙、柱庙、欧盖尔的画庙等,这些大建筑物反映了当时社会的高度统一和贵族对社会的统治力量。同时，各地还出现了一些小城市，如乌鲁克、尼普尔等。乌鲁克时期末，出现了文明时代的重要标志——文字。还出现了陶制的圆筒印章，可能是用来表示所有权的。

杰姆代特奈斯尔时期 年代约为公元前 3100—前 2900 年。乌鲁克文化在这个时期得到了新的发展。聚落数量明显增多，有人推测此时已形成以神殿为中心的祭司阶层统治的城市国家。在这一时期文字使用更加普遍，出土了以象形文字刻写的泥版文书。印章的数量、种类增多。大量的遗迹、遗物证明这一时期的灌溉设施、土木工程、轮制陶器、车辆制造、金属加工等技术都有明显进步。

苏美尔早王朝时期 从公元前 2900 年开始，两河流域南部进入苏美尔早王朝时期。这时基什、乌尔、拉格什、乌鲁克等小国林立，互相争战。城市建有城墙，几乎所有的大建筑都用平凸砖建造。随着国家的发展，世俗贵族的权力不断加强。早王朝后半期，基什、马里、埃利都等地出现了王宫建筑。同时，乌尔还建有大规模的王陵区。在乌尔、阿格拉卜、海法吉等地出土了许多精致的金属器和金属雕像，并在泥版上发现了苏美尔语刻写的楔形文字。研究表明，苏美尔早王朝时期，两河流域南部已用失蜡法铸造金属。

阿卡得王朝时期 约公元前 237 年，阿卡得王朝兴起，其国王萨尔贡一世统一了两河流域南部。阿卡得人吸收了苏美尔文化的成分，以阿卡得语记写楔形文字。乌尔、基什等地发现有阿卡得时代的建筑。在苏萨、尼尼微等地发现了这一时期的青铜像、石碑、印章等遗物，较著名的有"纳拉姆新战胜碑"等。印章画面的布局在这一时期发生了比较明显的变化，人物之间距离扩大，刻度加深。约公元前 2230 年，阿卡得王朝灭亡。

新苏美尔时期 公元前 2230—前 2000 年是新苏美尔时期，这时的两河流域南部先后受库提人、乌尔第三王朝的统治。建于首都乌尔及乌鲁克、埃利都等地的苏美尔式神庙建筑更加对称。乌尔的塔庙、乌尔—那穆的庆功碑、拉格什的古地亚雕像等都是这个时期的重要遗存。

二、巴比伦—亚述时代考古

巴比伦与亚述时代是西亚的奴隶制帝国时代。年代在公元前 2000—前 539 年。这一时期的两河流域主要是巴比伦帝国与亚述帝国，按年代顺序则有古巴比伦、亚述、新巴比伦几个时期。

考古简史 1842 年，法国人 P. E. 博塔（1802—1870 年）发掘尼尼微城址，次年又在豪尔萨巴德发掘亚述时代的宫殿。1845 年起，英国学者 A. H. 莱亚德发掘尼姆鲁德的亚述宫殿，并发掘阿苏尔城址和尼尼微城址。这个时期多为发掘亚述帝国时期的宫殿，目的是寻找可以搬走的宝物，谈不到科学发掘，也不注意对遗址的保护。1890—1900 年美国人发掘了尼普尔城址，1899 年德国学者 R. 科尔德威（1855—1925 年）开始发掘巴比伦城址，另一德国学者 W. 安德烈（1875—1956 年）自 1903 年起发掘阿苏尔城遗址，他们运用比较先进的发掘方法，取得了较大成果。第一次世界大战后，巴比伦和亚述时代的考古又有进展，1922 年在英国考古学家 L. 吴雷的主持下，英美联合发掘乌尔城址；20 世纪 20 年代末到 30 年代初，美国学者主持发掘伊拉克东北部的努济城址和豪尔萨巴德城址;1933年,法国学者A.帕罗发掘马里城址。1942—1945年,伊拉克政府发掘杜尔库里加祖城址。60年代,英国学者D.奥茨发掘伊拉克的里迈城址。在考古发掘迅速兴起的同时,古文字学的研究也不断发展。1802年,德国人G.F.格罗特芬德(1775—1853年)首次释读出古波斯楔形文字的几个国王名,但他的成果直到1893年才公诸于世。1847年英国学者H.C.罗林森(1810—1895年)成功地释读贝希斯顿铭文;在19世纪后半叶,经过罗林森及爱尔兰学者E.欣克斯等的努力,逐渐形成亚述学这一新的学科,主要研究亚述与巴比伦时期的历史、文字及物质文化。这些成果促进了历史学和考古学的发展,使人们对亚述与巴比伦时期的文化面貌、社会生活等有了进一步的了解。

古巴比伦时期 公元前18世纪,巴比伦统一两河流域南部,至公元前12世纪,加喜特巴比伦王朝灭亡,是为古巴比伦时期。伊夏里遗址的神庙,乌尔城址的双层民房,里迈遗址中的建筑装饰与拱顶结构,哈马尔遗址中的建筑和马里王宫等,都是这个时期的重要遗迹。而哈马尔出土的法律文书、马里出土的大量泥版文书及汉穆拉比法典碑等,都是反映这一时期社会历史的珍贵材料。赤陶雕像、模制圆筒印章、哈马尔出土的守门泥狮等则是宝贵的艺术品。约公元前1600年,加喜特人统治巴比伦,这一时期的遗迹有杜尔库里加祖城址、乌鲁克遗址中带特大转角扶壁的神庙等,在库里加祖的宫殿遗址中,发现许多金饰物和彩色玻璃制品。模制砖是此时建筑中的创造,带有浮雕的界碑是此时的重要文物,碑上的文字表明国王对其臣民颁赐土地。这一时期农业与手工业均较发达,手工业行业见于汉穆拉比法典者凡10种,实际上当不止此。当时已有较发达的对外贸易,出口农产品、织物、油类,进口金属、宝石、木材、象牙等。

亚述帝国时期 公元前2000年后,亚述在两河流域北部兴起,其发展又可分为古亚述、中亚述、新亚述3个阶段。在阿苏尔城址已有古亚述时期的建筑遗迹和遗物。约公元前1500年,米坦尼王国灭古亚述后称霸两河流域北部,在努济城发现了这一时期的宫殿和神庙,以及一般居址,还出土了许多泥版文书及黑底白彩的彩陶。公元前14世纪,米坦尼衰落,亚述复兴,称为中亚述时期。公元前10世纪末,亚述向外扩张,公元前8—前7世纪形成了版图庞大的亚述帝国,是为新亚述时期。尼姆鲁德、尼尼微、豪尔萨巴德等都是这一时期的重要遗址。在这些遗址中发现了宏伟的宫殿、神庙及其他建筑。著名建筑有尼尼微的王家图书馆、豪尔萨巴德的宫殿、尼姆鲁德的武库等。遗址中还有大量的金属器、象牙雕刻、青铜制品、壁画,著名的雕刻品如沙尔马尼瑟尔三世黑色方尖碑、阿苏尔纳西尔帕二世纪念碑、人首带翼的公牛或狮子的守门石像、象牙雕刻女性头像等。在尼姆鲁德发现木头和象牙做成的"书",面积为33.8厘米×15.6厘米,表面涂蜡后写字,共15页,各页之间用金铰链相连。亚述帝国时期在浮雕上取得了巨大成就,雕刻的主题一般是国王战胜敌人,也有国王狩猎的场面。

新巴比伦时期 公元前7世纪末至前539年,是为新巴比伦时期。这一时期的遗迹分布在基什城址、乌尔城址、尼普尔城址、乌鲁克遗址等地。最为重要的是巴比伦城,它的伊丝塔尔门、尼布甲尼撒王宫、马尔杜克神庙都是十分宏伟的建筑。建筑物上普遍用上釉的砖砌成狮子等图案来装饰。这个时期雕塑罕见,发现的遗物也不多。

三、西亚主要考古遗址

1. 阿里库什遗址(Ali kush Site)

西亚新石器时代遗址。位于伊朗西南胡齐斯坦省北部迪兹富勒以西约 80 公里处。遗址为一土丘，高 4 米，直径 175 米。1903 年法国考古队在此收集过一些石器。1961 年 F. 霍尔等人进行了发掘。

遗址分 3 个时期：①布斯莫德期（约公元前 7000—前 6500 年）。这时房屋用土坯建造，屋内发现了炉灶、小磨盘等。出土有人工培植的二粒小麦和二棱有稃大麦，还有石镰、端刮器等燧石石器及小泥像。山羊可能已被牧养，渔猎仍有重要意义，人们经常捕猎羝羚、野牛、野驴等动物以及鲤鱼、鲇鱼等。②阿里库什期（约公元前 6500—前 6000 年）。房子仍用土坯建造，开始使用灰泥涂抹。农业有很大的发展，主要种植麦类和豆科作物。山羊、可能还有绵羊已被家养。工具原料依然以燧石为主，也有用外来的黑曜石制造的，用于加工农作物的石磨盘等工具增多。还发现有铜制品。席子、篮子等编织物的发现，说明当时已有编织术。死者埋在室内地下，尸体周围有绿松石、贝壳等饰物。③穆罕默德·加法尔期（约公元前 6000—前 5700 年）。此时出现石基砖房，墙壁不仅用灰泥涂抹，而且以赤铁矿粉为饰。陶器首次出现，有的为彩陶。死者仍埋在室内地下。山羊、绵羊的饲养有很大的发展，但人工培植的作物减少，农业可能已倒退。

2. 马里城址(City Site of Mari)

西亚苏美尔时代至巴比伦时代城市遗址。今名哈里里，位于幼发拉底河中部阿布卡马鲁附近,距河2.5公里。城市始建于早期王朝时代,公元前1760年被巴比伦王汉穆拉比焚毁后衰落。1933年,法国考古学家A.帕罗主持了发掘。后来又进行了多次发掘。

遗迹分布范围很广。最早的居址属公元前4000年,遗物有陶器等。公元前3000年前期,即苏美尔早期王朝时期,马里城逐渐繁荣,先后建立了伊丝塔尔、母神胡萨格、夏马西等神的庙宇,其中最重要的是伊丝塔尔神庙。在这些神庙中,发现了许多神像和国王的雕像、陶器、贝壳镶嵌物、石印章、青铜器等遗物。此外,这一时期的遗迹还有许多墓葬和一座宫殿遗址。出土遗物表明,当时马里已是西亚的重要交通点,深受苏美尔文化的影响。后来,阿卡得国王萨尔贡一世侵占马里,毁坏了庙宇、宫殿等建筑物。但不久马里即开始复兴。在伊新—拉尔萨时期(约公元前21—前18世纪)建立的大型神庙中,发现了两只青铜狮像。公元前18世纪前半叶的济姆里利姆为王时,马里达到全盛。他兴建的王宫是古代西亚最宏伟的王宫之一,面积约为200米×120米,正门开在围墙东部。内部共有260多个房间,许多房间饰有彩色壁画,内容主要是进贡场面、军事活动和宗教故事等。宫殿入口开在北面,宫中是国王的住宅和政府机关及贮藏室、浴室等。在宫中发现了约2万块公元前19世纪和公元前18世纪的泥版文书,包括经济文件、法律文件、外交文书以及各地官员的报告等。这些文书以马里文书而闻名于世。

3. 特洛伊城址(City Site of Troy)

小亚细亚青铜时代和早期铁器时代城市遗址。古代希腊称伊利奥斯或伊利昂。位于土耳其西北的希沙立克。存在的时间约自公元前3000年至公元4世纪。古代希腊的《荷马史诗》中记叙了希腊人和特洛伊人战争的故事，但人们长期认为特洛伊城是虚构的。1870—1890年，德国考古学家 H. 谢里曼发掘特洛伊城址，特洛伊的真实存在始得以确认。1893—1894年，德国考古学家 W. 德普费尔德继续主持发掘。1932—1938年，美国考古学家 C. W. 布利根又在此发掘。

城市堆积分9层，1—5层相当于青铜时代早期，6—7层属青铜时代中期和晚期，8—9层属早期铁器时代。第1层（约公元前3000—前2600年）为一直径90多米的小城堡，有石筑城墙、城门。已开始使用铜器，流行磨光黑陶或灰陶，针、钻等骨器很多，还发现了一块刻有人面的石灰石石碑。第2层（约公元前2600—前2300年）的城堡直径达120多米，城中有王宫及其他建筑，在一座王家宝库中，发现了许多金银珠宝及青铜器。陶器逐渐以红色和棕色为主。此外还出土有石器、骨器、陶纺轮等。第3—5层（约公元前2300—前1900年或前1800年）时间前后衔接，文化持续发展。城市范围很大，但建筑不如第2层宏伟。第6层（约公元前1900或前1800—前1275年）的文化与前不同，可能是由一个新民族创造的。城墙坚固，经多次扩建，总长达540多米，至少有4座城门。城内有许多贵族住宅的建筑台基，平面呈长方形，有石础木柱。居民行火葬，以骨灰瓮为葬具。这一层的城市毁于地震。震后的7层（约公元前1275—前1100年）年代与特伊洛战争年代相当。分两个阶段，其中早期文化是6层的继续，发现有继承6层传统的陶器、迈锡尼式陶器、灰色素面的米尼亚式陶器等。房屋密集，房内地下几乎都埋有大罐子，罐口外露，以石板为盖，有的房内多达10—20个，可能是用来储放食物的。约公元前13世纪后半叶，城市可能被《荷马史诗》中所记述的希腊人所毁。此层晚期,文化发生较大的变化,陶器为手制,较粗糙,器形也不同于前,其居民可能来自欧洲。公元前 1100—前 700 年,这里无人居住。此后的第 8 层,是希腊人居住时期的堆积,公元前 5 世纪,在卫城上建立了雅典娜神庙。第 9 层属于希腊化时代和罗马统治时代,城市曾多次扩建。公元 4 世纪君士坦丁堡建立后,逐渐湮没。

4. 苏萨城址(City Site of Susa)

伊朗铜石并用时代至早期铁器时代遗址。又名苏桑,希腊语称苏锡安,现名舒什。位于扎格罗斯山下,距迪兹富勒约 20 公里。遗址面积约 2 平方公里,由 4 个土丘组成。1897 年开始,法国考古学者 M.—A. 迪约拉富瓦(1844—1920)、J. de 摩尔根(1857—1924)、R. 吉尔斯芒等人在此发掘。

约公元前 4000 年前半期,苏萨出现了最早的居址,称为苏萨 A。其陶器以杯、钵等器形为主,器表呈淡黄色,其上用黑褐色颜料绘出几何化的水鸟、羊、蛇等动物、人物及波形、三角形、十字形、圆形等几何形纹饰。这种陶器被命名为苏萨Ⅰ,同欧贝德文化有较深联系。接着而来的苏萨Ⅱ式陶器,时代当公元前 3000 年中叶,其器形、纹饰同乌鲁克文化、杰姆代特奈斯尔文化均有联系。在这里还发现了亚麻布、石印章、铜器等遗物。公元前 3000 年末,苏萨是埃兰的首都,经常同美索不达米亚各国发生战争。公元前 12 世纪,埃兰人入侵巴比伦尼亚,把纳拉姆新战胜碑、汉穆拉比法典碑等珍贵文物劫运到苏萨。约公元前 636 年,亚述国王毁坏苏萨城。公元前 5 世纪,波斯兼并埃兰。波斯国王大流士一世以苏萨为国都,修筑城墙,建造王宫。王宫位于苏萨城的北面,宫墙表面装饰着上釉的砖,上面有狮子、卫兵、公牛等彩色浮雕。在几个庭院周围,建造许多房子,还有廊柱建筑。整个宫殿把美索不达米亚和伊朗的建筑风格融为一体。在王宫遗址中出土一块记载宫殿建筑的古波斯语铭文板。公元前 331 年,亚历山大大帝占领苏萨,苏萨处于希腊文化的影响之下。萨珊帝国时期,国王沙普尔二世以苏萨城是基督教中心而进行大规模破坏。此后,苏萨逐渐荒废。

5. 耶路撒冷古城遗址(City Site of Old Jerusalem)

巴勒斯坦历史名城。犹太教、基督教和伊斯兰教的圣地。距地中海约 58 公里。分旧城和新城两部分。考古发掘始自 19 世纪中期,1968 年起,希伯来大学、以色列考古学会等在旧城进行考古发掘。

公元前 4000 年,耶路撒冷附近即有人居住。青铜时代晚期,杰布西特人于公元前 18 世纪建立起坚固的城堡,城墙遗迹已在奥费尔山东坡被发掘出来,系用未经修整的大石块垒砌而成。约公元前 996 年,以色列王大卫攻占了耶路撒冷,并以此为国都。据史籍记载,所罗门王曾在这里建造十分宏伟的宫殿和庙宇,还扩建了城市。在奥费尔山西坡,曾发掘出约 40 米长的城墙,可能即为公元前 8 世纪犹太国王希西家为抗击亚述入侵而建。希西家还开凿了一条 512 米长的地下水道引泉水入城,发现了记载水道开凿情况的铭文。约公元前 587 年,城市遭新巴比伦王尼布甲尼撒二世毁坏。后来,又先后受马其顿、罗马和阿拉伯的统治,城市几经变迁。现在的旧城城墙和城门是 16 世纪修建的。城内有公元前 1 世纪建造的犹太教圣迹许愿墙、4 世纪的基督教圣墓教堂、伊斯兰教石寺。

6. 博阿兹柯伊城址(City Site at Boğazköy)

赫梯王国首都遗址。位于土耳其安卡拉市东约 200 公里的哈利斯河谷。原称哈吐斯，公元前 2000 年前半叶称为哈吐沙，现名为博阿兹卡莱。1906 年开始，德国考古学家 H. 温克勒（1863—1913 年）领导德国考古队进行了多次发掘。

博阿兹柯伊最早的居址出现在公元前 3000 年，属青铜时代早期。公元前 2000 年初叶，亚述人到此。公元前 1800 年后，这里的城市被库萨拉国王安尼塔斯所毁。约公元前 17 世纪中叶，赫梯国王哈吐西利一世建都于此。此后，城市不断扩大。公元前 14 世纪时，城市面积已近 120 公顷。公元前 13 世纪，河谷外的比于克卡亚山也被划入城市的范围。城墙经多次扩建，用大石垒砌而成，城墙上有塔楼，城外有很深的壕沟，西南的狮子门和东南的大王门最为著名。卫城建于城内山上，依自然条件而建筑围墙，内有许多大建筑物。城内有 5 座神庙，以城北的大庙最大，大庙式样独特，中间是神殿和庭院，四周建有住房、仓库。在城内共出土 1.5 万多块泥板文书，内容包括政治、外交、经济和宗教等。其所记语种主要是赫梯语，也有阿卡得语及西亚其他上古语言。这些泥板大部分属于公元前 14—前 13 世纪，也有些属于公元前 17—前 16 世纪。公元前 12 世纪初，随着赫梯帝国的灭亡，城市也遭破坏，逐渐荒废。

四、安第斯山古代印第安人文化

16 世纪西班牙人入侵南美洲以前的印第安人文化。分布于南美洲西部和西北部。中心地区在安第斯山中部今秘鲁、玻利维亚一带。主要考古学文化有查文文化、纳斯卡文化、印加文化等。

研究简史 对这一地区古代文化的研究始于 19 世纪初。德国学者 A. von 洪堡于 1814 年发表的南美洲古代遗址的报告是美洲最早的科学报告。科学发掘始于 19 世纪末德国学者 M. 乌勒,他以科学方法研究陶器并确定其年代序列,对南美考古学的发展作出了重大贡献。20 世纪前半期,秘鲁的 J.G. 特略、美国的 A.L. 克罗伯、W.C. 贝内特、G.R. 威利、W.D. 斯特朗相继在此进行发掘和研究。40—60 年代各国学者逐渐注意对古代文化制度与社会发展方面的研究。60 年代后,人们更注重农业革命和国家起源方面的探讨。今天南美考古学以秘鲁为中心,取得颇多的研究成果,主要代表有 L.E. 瓦卡尔塞尔、F.K. 多伊格等。

分期 安第斯地区的古代文化可分为 7 个时期:①前陶时期(南美洲人类出现至公元前 1800 年)。最初的人类活动于安第斯地区的高原地带,以采集和狩猎为生。公元前 8500—前 5500 年间,开始栽培豆类植物。沿海地区在公元前 2500 年前后出现了分散的定居村落,与西亚、中美洲同样,安第斯地区的植物栽培也早于制陶。②初始期(约公元前 1800—前 900 年)。此期出现陶器,农业成为主要生活来源,农作物品种增多,有些地方出现原始的灌溉水渠。随着农业的发展,内地农业村落增多。③早同一期(公元前 900—前 200 年)。此期安第斯地区第一次出现文化上的同一性,查文文化广泛传播。此期有较高水平的金银冶炼技术,但关于当时的社会性质尚不清楚,有人推测属酋长国阶段。④早中间期(公元前 200—公元 600 年)。又称古典期。此期出现国家,文化上的同一性消失,各地出现一些较小的中心,其中北方以莫奇卡文化为主,南方以纳斯卡文化为主。各地的艺术、建筑、金属冶炼、纺织都达到较高水平。⑤中同一期(600—1000 年),此时安第斯地区文化出现第二次统一,主要文化是蒂亚瓦纳科文化。⑥晚中间期(1000年—15世纪中叶)。此时又出现许多小国,其中主要是奇穆帝国。青铜的传播是这一时期的一大特征。⑦晚同一期(15世纪中—16世纪中)。此时为印加帝国统治时期,16世纪中叶为西班牙殖民者所灭。

遗迹 前陶时期末已出现大型建筑,多建在土丘之上,如奇永河谷的埃尔帕拉伊索系建在人工土丘上的石砌建筑,土丘中央有阶梯。里奥塞科的两座金字塔式建筑则是将从前的一组房屋填满砾石为基础,然后在其上砌筑土坯房屋。初始期这类大建筑分布更广,且转向内地。早同一期的建筑可以查文文化的为代表。查文·德万塔尔遗址的巨大神庙均以方形石头建造,石上常见猫科动物(美洲虎)浮雕,也有其他半神半兽的动物形象。建筑物之下有排水沟之类的设施。沿海地区的神庙多为土坯砌筑,巨大的神庙建筑在土坯台基之上,其代表是莫奇卡文化的太阳庙和月亮庙。中同一期的蒂亚瓦纳科遗址、晚中间期的昌昌城址都有雄伟的建筑,且壁面均有浮雕。蒂亚瓦纳科的建筑用石有的重达百吨以上,石块之间彼此衔接紧密。印加文化的建筑多在石墙和泥墙上开挖不规则四边形门窗,重要的建筑多集中在库斯科城。除房屋、神庙及其他建筑外,重要遗迹还有反映当时农业发展水平的梯田和渠道等。

墓葬始见于前陶时期,南方地区死者多埋于室内地下,行屈肢葬,以草席或棉布裹尸。中同一期时,此种习俗沿海岸向北传播,逐渐取代北部的直肢葬习俗。

遗物 发现的遗物主要有陶器、金银器、纺织品等。陶器多模制,最有特征的器物是马镫壶。初始期各地陶器差异颇大,查文文化多以神话图案为饰,南方的帕拉卡斯文化马镫壶的一个壶嘴往往表现为人头或鸟头。圆底碗普遍,器表一般呈黑色或深褐色,烧前刻画出图案轮廓,烧后彩绘。纳斯卡文化的彩陶图案多动植物和神怪形象,人物少见。属中同一期的瓦里遗址出土陶器多为多彩的深钵类,图案与蒂亚瓦纳科出土太阳门上的浮雕图案相似。晚中间期的奇穆文化的陶器基本上是磨光黑陶,器形除马镫壶外,还有双腹壶、单把手带流壶等。印加文化的陶器中以陶瓶最为常见,其他有带把手广口壶、盘等,被称为库斯科式陶的多彩陶器,装饰图案主要是松叶、三角等几何图案。

前陶时代,安第斯地区已种植棉花,早中间期已熟练地纺织棉花及羊驼、驼马的毛,并织出各种图案。查文文化的纺织器、帕拉卡斯文化的刺绣、蒂亚瓦纳科文化的织锦都极为华美精致。

查文文化和莫奇卡文化的金银制品发达,莫奇卡文化除金银制品外,还以金、铜合金制造装饰品、武器等。晚中间期已出现青铜器,奇穆文化已有青铜武器、工具,至印加文化时,青铜器广泛使用。武器、工具、装饰品等青铜制品多有发现。

关于古代中国与美洲的交往问题*

从18世纪中叶起,国内外史学界对古代中国与美洲的交往问题进行了多次热烈讨论。自20世纪50年代开始,这一问题又成为人类学、考古学的一个重要课题。

学术界探讨古代中国与美洲的交往涉及到这样一些基本问题:美洲文化是独立发展起来的,还是外界影响的结果?在人类文化的发展过程中,到底是各地区独立发明所起的作用大,还是相互传播所起的作用大?人类文化的发展规律,在本质上是发明,还是传播?① 那些认为外界影响在美洲文化形成过程中起重要作用的学者,被统称为"传播论者"。

传播论者的理论基础是:古代世界的发明创造是极少的,只有在特定的文化、历史、环境等因素的综合作用下,才会导致发明创造;由于导致发明创造的各种特定因素不可能在不同的时空中重复出现,因此,不同地区所存在的相似的文化特征一定是相互传播的结果;不同文化之间的传播,会引发新的发明。

---

* 本文原载《世界史研究动态》1992年第12期。
① 谢南德(H. K. Schneider):《跨越太平洋的史前交往与文化变迁理论》,《美国人类学家》(American Anthropologist)1977年第1期。

一

传播论者提出了一系列的证据,来证明早在哥伦布到达之前美洲就已与外界发生交往。其中较重要的证据是动植物材料。

葫芦的原产地是非洲或亚洲,但在墨西哥的奥开普洞穴(距今9000年前)、提瓦坎(距今7500年前)、秘鲁的华卡·普利塔均有发现。甘薯原产于美洲,而波利尼西亚也有许多种甘薯,这表明甘薯传入此地的时间很早。① 在大洋洲,甘薯被统称为"库马",而在美洲,只有哥伦比亚沿海的一些印第安人才用此词称呼甘薯。有人认为,"库马"原为大洋洲词汇,泛指各类可食用的根块植物。后来大洋洲居民到达美洲后,就把甘薯这一新的根块植物也称为"库马"。这个词在这一地区就这样被沿用了下来。椰子本是东南亚的植物,但在西班牙人到来之前即已传入美洲。在美洲有许多原产于亚洲(中国、印度等地)的鸡,其蛋壳略呈棕色。印第安人饲养这些鸡主要用于宗教巫术活动,这与亚洲的风俗又颇为相近。后来西班牙人带来的鸡主要食用,蛋壳为白色。② 我国大汶口文化遗址中发现过一些地平龟的甲壳,鉴定者写道:"所有地平龟属的化石种都只限于北美……美洲以外的其他大陆上,从未有过化石种或现生种的记录。"③许多人以此作为古代中国与美洲交往的证据。中国至少在七八千年之前就已大量种植粟。中美洲最早种植

---

① 卡特(G. F. Carter):《越过太平洋的植物》,《美国考古学会〈美国文物〉专题报告》(*American Antiquity* Memoirs, Society for American Archaeology),1953年版。

② 卡特:《农业单源说》,见《农业的起源》(*Origins of Agriculture*, edited by C. A. Reed),芝加哥1977年版。

③ 《大汶口》,文物出版社1974年版,第159—160页。

的谷物也是粟,时间在 7000—9000 年前。有人提出美洲的粟栽培技术来自中国。其他被引作传播论证据的植物还有花生、芒果树、菠萝、玉米等。

在传播论的证据中,最丰富、同时也最复杂的是考古学材料。在美洲早期陶器中(公元前 2000 年代—前 1000 年代),有许多器物类似于中国的鼎、豆、盘等。约公元前 1500 年,中美洲出现了制作树皮衣服用的翼子板,一直被使用到近现代。在中国台湾,这种翼子板早在公元前 2400 年即已出现。这类翼子板在整个太平洋地区广为流行。托尔斯托指出,在翼子板的 121 个特征中,有 92 个特征为中美洲与东南亚所共有。因此翼子板被认为是文化传播的物证。①

约公元前 1200 年,在墨西哥湾地区突然兴起了美洲最早的文明——奥尔梅克文明。由于奥尔梅克文明与当地以前的文化传统有很大差异,因此它的来源问题便成了一个学术难题。有些学者认为,奥尔梅克文明源自中国的商文明,它与商文明之间存在着以下这些类似之处:都有文字,其中三个字符相似;都重祭祀,都有人牺人祭;都崇拜高山,而且都认为山神与下雨有关;都崇拜猫科动物,而且艺术表现手法也相同,例如一般没有下颌,犬齿明显夸张突出等;奥尔梅克文化中的另一主神"火蛇",与中国古代的龙极其相似,尤其是拉文塔遗址 19 号石碑上的蛇,与中国的龙几乎没有什么区别;在全世界的古代文明中,惟有中国与奥尔梅克文化以制作精美的玉器为特征,玉器被视作最贵重的器物;古代中国把圭璋

---

① 杰宁(J. D. Jennings):《古代美洲土著》(*Ancient Native Americans*),旧金山 1978 年版,第 605 页。

视作权力与地位的象征,而在奥尔梅克文化的石碑上,统治者们也手持圭璋一类的器物,有些玉器器形相似,加工技术也雷同;在古代中国与奥尔梅克文化中,都有颅骨变形习俗;建筑物都是南北朝向,都有排水系统;等等。① 1975年,有人提出奥尔梅克文化中已有了指南针。后来又有人写道:"原先一直认为是中国人发明了(指南针),但现在必须考虑(指南针)最终起源于奥尔梅克文化这种可能性"。② 海因—格尔德等人认为,南美洲的查文文化也是在古代中国文明影响下发展起来的,如猫科动物的纹饰一般没有下颌。

    传播论者的证据还有很多。例如,厄瓜多尔出土的陶屋模型与亚洲的陶屋模型很相似,屋脊均为二端上跷的马鞍型,而当地的房屋屋顶单坡、屋脊平直;中国古代流行以扁担负重,美洲则主要用背带背,但厄瓜多尔发现的一只纺锭上,刻着一个人用扁担挑货物;近代美洲还在使用的竹排,其建造方式及结构与中国台湾的竹排十分相近;厄瓜多尔出土的陶枕头、人物雕像、六排管箫、陶杈等,也与亚洲的颇为相似。③ 埃克霍姆认为,中美洲出土的带轮子的陶玩偶源自欧亚大陆;公元初特奥提瓦坎的三足陶筒与中国汉朝的鼎及陶仓十分相近;中美洲文明中的部分建筑及雕刻艺术来自印度。④ 有的学者还指出,中国与美洲在古代都有这样的习俗:

---

① 米格斯(B. J. Meggers):《中美洲文明的越太平洋起源》,《美国人类学家》1975年第1期。
② 杰宁:《古代美洲土著》,第611页。
③ 爱斯特拉达(E. Estrade)等:《厄瓜多尔发现的一组可能来自太平洋彼岸的证据》,《美国人类学家》1961年第5期。
④ 埃克霍姆(G. F. Ekholm):《越太平洋交往》,杰宁等主编:《美洲史前人类》(Prehistoric Man in the New World),芝加哥1964年版。

在死者口中放入谷物或玉器,随葬用的玉器通常染成红色;美洲的家狗主要用作祭祀,可能也传自中国。中美洲的一些睡莲图饰可能来自印度。① 此外,被引作传播论证据的还有语言、神话、游戏、魔术方面的材料。

二

尽管国内外认同传播论的学者提出了一系列物证证明古代中国与美洲之间的交往,但我们认为,就目前的材料而言,下此结论还为时尚早,主要根据如下:

首先,这些物证都是间接的材料,至今为止尚未发现确切无疑的直接的物证,而且,新的考古发现又不断地否定一些物证。例如20世纪70年代在美国加利福尼亚沿海发现了据称是3000年前的中国石锚,这些石锚曾作为中国古代居民到达美洲的有力证据。但新的研究表明,这些石锚是19世纪的。厄瓜多尔的瓦尔迪维亚所发现的公元前3600年的陶器,曾一直被认为是美洲最早的陶器,由于其制作技术及纹饰与同期日本的陶器很像,因此人们认为美洲的制陶术来自日本。但70年代,在瓦尔迪维亚发现了更早的陶器,从而否定了美洲陶器外来说。② 以前人们认为中美洲没有玉石矿,因此提出奥尔梅克文化中的一些玉器产自缅甸。可是新的研究表明,奥尔梅克文化的玉器产自墨西哥的巴尔萨斯河流域。

---

① 兰兹(R. L. Rands):《玛雅艺术中的睡莲》,《美国民族学会报告》(Bulletin, Bureau of American Ethnology) 1953年第151期。
② 费德尔(S. Fiedel):《美洲史前史》(*Prehistory of Americas*),剑桥大学1987年版,第七章。

以前还有人对亚洲与中美洲的玉器进行光谱分析,认为一件中国软玉与中美洲玉器之间有极为明显的相似之处。但后来有人指出,这种结论在矿物学上是站不住脚的。

其次,传播论者的材料,往往存在着年代学的问题。美洲的太靖式(Tajín)纹饰与中国周、秦时代的器物纹饰极为相似,几乎难以分别,但太靖式纹饰的年代为公元300—700年,与周、秦相去太远,不能以此作为相互接触的证据。再例如,花生的原产地一般认为是中美洲,在中国的良渚文化中(公元前3300—前2200年)发现了花生,国内外都有人把这些花生当作古代中国与美洲交往的物证。但中美洲最早是在距今3800年开始种植花生的,晚于良渚文化。① 这又如何解释呢?是否有可能中国也是花生的原产地呢?1982年,卫聚贤的《中国人发现美洲》出版,所引材料很多,但大多没有年代学根据,不能证明古代中国人曾到达过美洲。例如该书说在美洲发现过一些陶片,上面刻着"亚"、"凡"等中文。即使如此,这些陶片也都没有地层与年代,很可能是近代人带入美洲的。这可以以古钱币为例。国内许多人都引证说,在美洲的博物馆中有中国王莽时期的钱币,这是中国古代居民到达美洲的证据。② 但据作者所知,美洲大陆发现的最早的古钱币为北宋时期。研究者指出,所有这些中国古钱币都是近代流入美洲的。③

其三,传播论者的证据,大多是根据器物类型的对比而得出

---

① 科亨(M. K. Cohen):《生前食物危机》(*The Food Crisis in Prehistory*),耶鲁大学1977年版,第225页。
② 王仲尧:《中国和美洲大陆人民历史悠久的文化交往》,《当代国际问题研究》1991年第4期。
③ 爱泼斯坦(J. F. Epstein):《美洲发现的前哥伦布时代旧大陆钱币》,《当代人类学》(*Current Anthropology*) 1980年第1期。

的。但离开了具体的文化内容及地层年代而进行简单的器物类比,往往要得出错误的结论。如古代亚洲与美洲都曾崇拜蛇,并且关于蛇的一些艺术品也十分相似。但研究表明,蛇在不同的文化中有不同的意义。在印度,蛇象征生育,而在美洲,蛇与生育无关。① 又如,中国商朝与美洲奥尔梅克文化都崇拜猫科动物,艺术表现手法也颇为相近。但美洲虎是奥尔梅克文化的主要崇拜对象,具有祖先图腾的意义,而商代的图腾是鸟,殷商器物上的虎纹仅仅表示辟邪。此外,虽然商代动物纹饰与美洲的十分相似,但人们往往没有注意到,商代纹饰主要表现在青铜器上,而美洲则主要刻在石头上,两者表现媒介不同。

其四,许多主张古代中国人早在哥伦布之前就到达美洲的论著,往往引用一些错误的材料,以讹传讹。此类例子甚多。在奥尔梅克文化的拉文塔遗址中发现过一组石刻人像,共 16 个。有人说:"其面型都是中国人的样子"。② 但印第安人与中国人同属一个人种集团,有基本相同的体质特征,本来就很难区别,况且,从发掘报告上看,这些人像与同期中国人的人像明显不同,如头颅特长。③ 所以这种说法是不对的。有人根据河姆渡第二层与美洲蒂瓦纳库城都发现"中国人"的头像,认为这是古越人与南美人直接交往的证据。但是,河姆渡第二层的年代约为公元前 4000 年,蒂瓦纳库的年代是距今 3600 年,两者相差 2000 多年。而有同志竟

---

① 孟德克(B. Mundkur):《美洲的蛇崇拜》,《当代人类学》1976 年第 3 期。
② 房仲甫:《殷人航渡美洲再探》,《世界历史》1983 年第 3 期。
③ 德鲁克(Drucker)等:《1955 年拉文塔发掘报告》(*Excavation at La Venta, Tabasco, 1955*),华盛顿 1959 年。

说"时间上也基本吻合"。① 而且,查找所引照片,实在看不出"中国人"的样子。还有同志认为河南济源发现的扶桑树图案就是美洲的玉米,可是从所引照片上看,根本不像玉米。②

其五,中国与美洲古代文化之间的相似之处固然很多,但不同之处更多,而且基本方面是不同的。从生产技术上讲,中国早已进入青铜时代,而美洲一直没有金属工具。从文化遗存上讲,美洲那些重达30吨的巨大人头石像就不见于中国商代。另外,在宗教、服饰等各方面,也都有巨大差别。如果中国人果真在很早的时代就与美洲发生交往,为什么不把青铜以及冶铁技术带入美洲呢?这类传播论者无法解释的矛盾还有很多。

最后,我们坚决否定那些认为古代中国人曾大规模到达美洲的观点,例如认为被商朝打败的东夷人逃到美洲,被周朝推翻的商遗民逃到美洲创造了奥尔梅克文化,③被中原王朝打败的百越人逃到美洲,④等等。我们只要引用人类学的简单事实,就可以说明问题。例如美洲印第安人对欧亚大陆的一些常见流行病(如麻疹)普遍缺乏免疫力,这说明印第安人与欧亚居民长期隔绝。在美洲,特别是中美洲,几乎是百分之百的 O 型血,没有 B 型血。而东亚是世界上 B 型血出现频率最高的地区。据1981年以后的调查,我国华北汉族的 O、B、A 型血的比例分别为:33.44%、29.37%、28.44%。⑤ 如果古代中国居民曾大规模到达美洲,那么势必造成

---

① 张小华:《中国与大洋洲、美洲古代交往的探讨》,《中央民族学院学报》1984年第1期。
② 王家祐等:《玉米的种植与美洲的发现新探》,《社会科学研究》1982年第3期。
③ 委历:《古代已有亚洲移民到美洲的新论证》,《世界历史》1981年第2期。
④ 石钟健:《古代中国船只到达美洲的文物证据》,《思想战线》1983年第1期。
⑤ 《人类学学报》1984年第3卷第2期,第158—163页袁义达等人文章。

混血,中美洲地区也就不会出现百分之百 O 型血的情况了。至于有人说,"李白在美洲吸过烟草"等等,①那更是无稽之谈。

总之,从目前的材料来看,还不能完全解决古代中国与美洲的交往问题。我们认为,即使古代中国与美洲确实存在着某种形式的交往,那也是极其偶然的,其历史意义也根本无法同哥伦布相比。

---

① 卫聚贤:《中国人发现美洲》,说文书店 1982 年版。

古代美洲奥尔梅克玉器匡谬*

——兼论古代中国与美洲的交往问题

1992年2月28日的《华声报》发表了一篇题为《古代美洲奥尔梅克玉圭商殷文研究——中华文明东迁美洲的文字学论据》的文章(以下简称《研究》)。该文考证后认为,美洲奥尔梅克文化拉文塔遗址出土的6块"玉圭"上所刻的图案,是用殷商文字所写的商代祖先名号,由此证明殷末将领率众东渡美洲建立新家,将中华文明带到新大陆,"哥伦布又焉能与此相比!"该文在同年第7期《新华文摘》及其他许多报刊上被广为转载,影响不小。因此,其谬误之处应予纠正,勿使以讹传讹。

奥尔梅克文化是美洲最早的文明,年代为公元前1200年至前300年。拉文塔是奥尔梅克文化后期主要遗址。拉文塔(La Venta)是现在的西班牙语名称。我们目前尚不知道奥尔梅克文化时期的人们所讲的语言①,因此,这个遗址在奥尔梅克文化时期名称已无可稽考了。所以,《研究》说"文塔"速读为"家",表明殷末将领东渡美洲后在此建立新家,这个观点是错误的。

---

* 本文原载《世界历史》1992年第6期。
① 《大英百科全书》(*The New Encyclopaedian Britannica*),1989年第15版,第22卷,第790页。

拉文塔是个大型祭祀中心，在第四号祭坑，发现了16个石雕人像和6块玉版(《研究》称之为"玉圭")。对于这6块玉版，发掘报告是这样描述的：

  其中4块玉版为浅灰色，其质料及加工方法表明，"这四块玉版很可能是从同一块玉石板上剥离下来的"。在这4块玉版上都有图案，这些"残留的图案显然包括一些奥尔梅克文化的共同因素。第1号玉版上所刻的是局部图案，这些局部图案可能是一组图形中的一个部分。第2号玉版的主题更像是死板的几何图案，但它们可能是原先那块玉石板上一条边的某种装饰图形。第3号玉版显然是一个人像的一部分。第4号玉版几乎可以肯定是与第3号玉版联系在一起的，上面所刻的是一个精致的头饰图案。另外两块玉版的玉石质地与这四块不同，第5号玉版为略带绿色的淡灰色玉石，第6号玉版为浅灰——蓝色玉石。这两块玉版上也都没有任何装饰图案的痕迹……第5号玉版上的一些迹象表明，它实际上大概用作工具"。①

根据发掘报告，我们可以确定以下事实：

1. 在此6块玉版中，只有4块是有图案的。因此，《研究》说另外2块"文字模糊不清，难以辨认"，是毫无根据的。

2. 这4块玉版上的图案，不管它们是不是文字，都是不完整的。《研究》把这些不完整的图案判定为完整的殷商文字，其基本前提就是错误的。把这些本来就不完整的图案考释为殷商先祖名

---

① 《1955年拉文塔发掘报告》(*Excavations at La Venta*, *Tabasco*, 1955)，华盛顿1959年版，第156—158页。

号及东夷人族号,更是荒唐至极。

3.《研究》说"六圭白色、十五尊玉雕黑色,一尊红色。这种崇白、尚黑(玄)、贵红(太阳崇拜)的习俗,恰为殷人习俗",这些遗物表明殷人"东渡美洲后的根思之念"。但发掘报告告诉我们,这6块玉版根本不是白色的。至于那16尊人像,发掘报告说,或为砾岩,或为蛇纹岩,或为灰色的玉石,与《研究》的说法也不大相同。

4.发掘报告也介绍了对第4号祭坑的认真发掘过程,当时所有的人像及玉版都有明确编号,也拍了现场照片。我们不知道《研究》凭什么说:"可能是陈列者的疏忽,或发掘者打乱了圭版的放置顺序。"

5.退一万步说,即使这6块玉版上确实刻有殷商文字,那么也不是《研究》所说的那种殷商文字。因为对照发掘报告上的图案,《研究》所依据的图案是不正确的,错误的。《研究》是在根据一些本来就错误的图案进行考释,所有的结论自然也就是错误的了。

最后,除了玉版本身外,《研究》还有许多错误。如该文说,殷人到达美洲后,"念念不忘殷地安阳,至使'殷地安'成为口头禅,约定俗成,相沿传袭"。后来哥伦布来到美洲,"因听他们讲'殷地安',就以为是到了印度",故称其为印第安人。只要稍具历史常识的人都知道,哥伦布绝对不是因为听到当地居民口中念叨"殷地安"而称他们是"印第安人的"的。①

《研究》的本来目的是要"破译解读"奥尔梅克玉器上的图案,"以匡天下之大谬"。但作者不去查找原始的发掘报告,而是依据错误的图案,结果又造成了一个"天下之大谬"。

---

① 郝名玮:《哥伦布研究中的几种观点质疑》,《世界历史》1992年第4期。

除了《研究》以外,国内还有些人持类似观点,如认为被商朝打败的东夷人逃到美洲,或被周推翻的殷遗民来到美洲,或被中原王朝打败的百越人逃到美洲等。① 更有甚者,竟说"李白在美洲吸过烟草"。② 在国外,也有一些人持类似观点,如认为奥尔梅克文化源自中国,③或南美的查文文化来自商文化等。我们借此机会,就古代中国与美洲的交往问题再作一些说明。

首先,这类文章所依据的材料往往有问题。如上文所说的拉文塔第四号祭坑中出土的 16 尊人像,有人说:"其面型都是中国人的样子"。④ 但从发掘报告上看,这些人像的特征,如头颅特长,根本不像中国人。还有人认为,美洲蒂瓦纳库城发现的人像类似于中国河姆渡第二层出土的人像,据此证明古越人到达美洲。但是,我们知道,河姆渡第二层的年代为公元前 4000 年左右,而蒂瓦纳库城的年代是距今 3600 年,两者相距 2000 多年;有的文章竟然说它们在"时间上也基本吻合"。⑤ 国内一些文章说,在美洲的博物馆中陈列有中国王莽时代的钱币,并由此论证中国人到达美洲。但据本人所知,美洲发现的最早的中国古钱币为北宋时期,而且这些古钱币都是近代流入美洲的。⑥ 70 年代,美国发现了据称是 3000 年前的中国石锚,这些石锚曾作为古代中同人到达美洲的有

---

① 石钟健:《古代中国船只到达美洲的文物证据》,《思想战线》1983 年第 1 期。
② 卫聚贤:《中国人发现美洲》,说文书店 1982 年版。
③ 米格斯:《中美洲文明的越太平洋起源》,《美国人类学家》(*American Anthropologist*)1975 年第 1 期。
④ 房仲甫:《殷人航渡美洲探》,《世界历史》1983 年第 3 期。
⑤ 张小华:《中国与大洋洲、美洲古代交往的探讨》,《中央民族学院学报》1984 年第 1 期。
⑥ 爱泼斯坦(J. F. Epstein):《美洲发现的前哥伦布时代旧大陆钱币》,《当代人类学》(*Current Anthropology*)1980 年第 1 期。

力证据而在国内外被广为引用。但国外新的研究表明,这些石锚是19世纪的。① 国内的学者最近也指出,这些石锚并非中国所产。②

其次,许多主张古代中国居民到达美洲的人,往往根据器物形状的类比进行论证。但是,离开了具体的文化内涵和地层年代进行简单的器物类比,就会导致错误的结论。例如,美洲的太靖式(Tajin)纹饰与中国周、秦时代的一些器物纹饰非常相似,甚至很难区别。但太靖式纹饰的年代为公元300—700年,离周、秦太远了,不能证明相互的交往。再如,在奥尔梅克文化与中国商代的器物上,都有大量的猫科动物形象,其艺术表现手法也十分相似。这一事实也常常被引作古代中国与美洲交往的证据。但是,人们往往没有注意到这两个文化在表现媒介上的区别:美洲的动物纹饰主要刻在石头上,商朝的动物纹饰则主要表现在青铜器上。另外,虎这种猫科动物在奥尔梅克文化中是主要的崇拜对象,具有祖先图腾的意义,而商代的祖先图腾则是鸟,商代器物上的虎纹只表示辟邪。

其三,人类学的材料也无法证明古代中国居民曾大规模地来到美洲。在美洲,特别是中美洲,几乎是100%的O型血,没有B型血。但东亚则是世界上B型血出现频率最高的地区。1981年以后的调查表明,我国华北汉族的O、B、A型血比例分别为:33.44%、29.37%、28.44%。如果古代中国居民曾大规模地到达美洲,那么,势必要造成混血,中美洲地区也就不会出现100% O

---

① 费德尔(S. Fiedel):《美洲史前史》(Prehistory of Americas),剑桥大学1987年版,第七章。
② 安太庠:《石锚古生物学的研究与新大陆的发现》,《世界历史》1992年第4期。

型血的事实。此外,美洲印第安人对欧亚大陆的一些常见流行病(如麻疹)普遍缺乏免疫力,这也说明美洲印第安人与欧亚居民长期隔绝。

最后,如果承认古代中国居民与美洲有过交往,那么,将会面临着许多无法解决的问题。例如,中国商朝以发达的青铜器著称,而奥尔梅克文化则没有金属工具。难道商遗民到达美洲后,就把青铜术遗忘了吗?中国人如果到达美洲,最先应当到达太平洋沿岸,而奥尔梅克文化却位于墨西哥湾沿岸,在美洲西海岸没有发现中国居民的遗迹。这些中国人是怎样穿过美洲陆地到达东海岸的呢?这类问题还有很多。要想证明古代中国居民到达美洲,就必须回答这些无法解决的问题。

古代中国与美洲的交往问题,无疑是个令人感兴趣的问题。但要证明这一点,必须依靠确切的材料,而不能道听途说,以讹传讹,更不能将严肃的科学研究当作神话奇谈。就目前的材料而言,我们还不能证明这种交往的存在。即使这种交往确实存在,其世界历史意义也不能同哥伦布的"发现"相比。中华民族的伟大之处,在于勇敢地面对现实和积极地开拓未来,而不是夸张自己曾经有过的业绩。

下 编

宝云义通：来自朝鲜半岛的天台宗祖师*

一、义通事迹

中国江南与朝鲜半岛关系久远,在宗教上的联系尤为密切。发祥于江南天台山的中国第一个佛教宗派天台宗自其草创阶段开始,一直都与朝鲜半岛进行着各种形式的交往。在天台宗的发展史上,留下了发正、玄光、波若、缘光、朗智、法融、理应、纯英、道育、义通、谛观、义天等来自朝鲜半岛的僧人们的活动踪迹①。特别是义通在天台宗"经五代离乱,仅存一线"②的情况下,竭力弘扬天台宗,成了"中兴教观之鼻祖"③,被后世尊为天台宗第十六代祖师。南宋志磐在记述天台宗历史的《佛祖统纪》中写道:

> "十六祖宝云尊者义通,字惟远,高丽国族,姓尹氏(后唐明宗天成二年丁亥岁生)。梵相异常,顶有肉髻,眉毫宛转伸长五六寸。幼从龟山院释宗为师,受具之后学《华严》、《起

---

* 本文原载《中国江南社会与中韩文化交流》,杭州出版社 1997 年版。
① 周琦:《天台山与朝鲜文化交流》,《东南文化》1990 年第 6 期(《天台山文化专刊》);陈景富:《天台宗东传朝鲜半岛》,《东南文化》1994 年第 2 期(《天台山文化专刊》第二辑)。
② 宗晓:《宝云振祖集》序,《四明尊者教行录》卷七,《大正藏》卷四十六。
③ 《宝云振祖集》第八。

信》,为国宗仰。晋天福时来游中国。"①

《佛祖统纪》这段记载,所依据的是北宋治平元年(1064年)明州延庆寺住持宗正撰写的《钜宋明州宝云通公法师石塔记》,此石塔记对义通的生平作了更为详细的叙述:

"法师讳义通,字惟远……本海国高丽君族,尹姓,母孰氏。妊诞颇异,因舍龟山院,师释宗,及冠染具,传《华严》、《起信》,彼尤仰止。殆壮游中国,晋禾福(系"天福"之误)时也。……俗寿六十有二。端拱改元龙集戊子十月十有八日示疾",②三天后逝世。

据此,义通是在宋太宗端拱元年(988年)去世的,他的出生年代则为后唐天成二年(927年)。

《钜宋明州宝云通公法师石塔记》说义通是"高丽君族"。《草庵纪通法师舍利事》说:"四明宝云通法师,新罗人也"。③ 宋代所纂的《宝庆四明志》中则说:"有僧义通,自三韩来,誉振中国。"④宋代以后的志书中关于义通原籍的记叙,基本上都因袭上述三种说法,或云高丽,或云新罗,或云三韩。所以,义通的原籍一直含糊不明。

那么,义通到底来自何方呢?要想回答这个问题,首先必须考察义通来华前的朝鲜半岛局势。

"三韩"之名始见于《三国志·魏志》,包括马韩、辰韩、弁韩三部,实际上是朝鲜半岛南部居民的泛称。公元3世纪起,马韩发展为百济,辰韩发展为新罗;公元5世纪,百济、新罗与北部的高句丽

---

① 志磐:《佛祖统纪》卷八,《大正藏》卷四十九。
② 《宝云振祖集》第四。
③ 《宝云振祖集》第六。
④ 罗濬等纂:《宝庆四明志》卷十一。

三足鼎立,史称"三国时期",而弁韩之地则分别并入了百济、新罗。高句丽、新罗、百济三雄争霸,互相征战,朝鲜半岛上战火不断。后来,新罗在中国唐朝的协助下,于660年灭亡了百济,668年灭亡了高句丽,逐渐统一了朝鲜。由于新罗"将胜利的功绩归因于佛的法力"①,佛教在统治者的倡导下有了很大的发展,大量僧人入华求法②。到了9世纪后期,新罗开始衰落,国家动荡。900年,甄萱建立后百济,901年,弓裔建立泰封国。这样,新罗一分为三,史称"后三国时期"。918年,弓裔部将王建杀死弓裔,自立为王,改国号为高丽。935年,高丽灭新罗,936年,高丽灭后百济。

义通出生于927年,正是后三国时期,马韩、辰韩和弁韩都已不复存在,《宝庆四明志》说义通来自"三韩",乃因袭古称,实际上只是笼统地说他来自朝鲜半岛。《钜宋明州宝云通公法师石塔记》说义通"本海国高丽君族,尹姓,母叡氏"。但考诸史籍,高丽的国君并不姓尹,新罗、百济、高句丽等主要国家也没有以尹为姓的国王。在这些国家的历史记载上也找不到以叡为姓的王后王妃③。因此,义通的身世尚有待证明④。

根据历史记载,义通在来华前曾在朝鲜半岛的"龟山院"学习《华严》、《起信》,这是惟一能够较为明确地反映其原籍的线索。但

---

① Duk—Hwang Kim: A History of Religious In Korea, Seoul, 1988, p. 24。
② 李箕永:《统一新罗时代的佛教思想》,《元晓思想研究Ⅰ》,韩国佛教研究院1994年版。
③ 《朝鲜女姓史》编纂委员会:《朝鲜女姓史附录》,梨花女子大学出版部1993年版,第101—111页。
④ 也许所谓的"尹"、"叡"是韩语其他姓氏的汉语异译;或者也许义通的先辈是某个部族的首领,而不是真正的国王,因为朝鲜半岛上除了几个大国外,还有一些独立或半独立的部族,这些部族的首领也被称为"君王",如《三国史记》卷十四高句丽太祖大王二十二年"冬十月,王遣桓那部沛者薛儒伐朱那,虏其王子音为古邹加"。

是,我们在史籍中找不到名为"龟山院"的寺院。① 不过,史料记载说义通来华前曾精研《华严经》,这应当是可信的,因为华严宗正是当时朝鲜半岛上最为主要的佛教宗派之一。②

总之,就目前的材料而言,我们还不能确定义通的原籍。要解决这个问题,需要进行更多的研究,特别是需要对朝鲜方面的材料进行全面深入的研究③。

义通是在后晋天福年间(936—943年)来到中国的,《钜宋明州宝云通公法师石塔记》说义通到中国后,"至始访云居"。《佛祖统纪》卷八说云居"属天台",为"韶国师所居"。韶国师就是著名的德韶,后来吴越王钱俶登位后"遣使迎之,伸弟子之礼"④,尊他为国师。当时德韶在天台云居"聚众五百",宣扬佛法。义通在德韶门下学习佛法有所契悟之后,在天台宗"经五代离乱,仅存一线"的背景下,"挺志造螺溪寂公之室"⑤,决心振兴天台宗。

---

① 《韩国寺刹事典》说:"龟山院:未详,疑是龟山寺之别称"(权相老博士著,退耕堂全书刊行委员会编,梨花文化出版社1994年版,上卷,第205页)。同书(上卷)第204页在记载龟山寺时说:"龟山寺:在京畿道开城府松岳山昭格殿东,傍有仙月寺。"根据《三国遗事》的记载,龟山寺创建于高丽太祖十二年(929年)。也就是说,龟山寺是在义通出生后两年才创建的。据此,龟山寺又似乎不大可能就是收养义通的龟山院,除非史籍记载有误。或许这个"龟山"并不是一个山名,而是一个僧人的名字(例如唐代就有名叫"龟山"的朝鲜僧人入华学禅);或者,"龟山院"只不过是对某个朝鲜寺院的汉语音译,这种例子也不是没有的。例如《三国遗事》卷四《二惠同尘·惠空》说:惠空"常住一小寺,每倡狂大醉,负箕歌于街巷,号负箕和尚,所居寺因名夫盖寺,乃箕之乡言也"。就是说,"龟山"可能也是韩语某个"乡言"的汉语音译。
② 许兴植:《韩国中世佛教史研究》,大正文化社1994年版,第6—15页。
③ 实际上,由于朝鲜半岛长期处于战乱分裂之中,政权更替频繁,疆界变迁不定,再加上古代中朝交通不便,语言翻译没有统一的标准,古代中国人对于那些入华求法的朝鲜僧人的真实背景往往是不太清楚的,误传讹传甚多。例如,南朝时入华的朝鲜僧人玄光,《宋高僧传》卷十八说他是新罗人,但同时又说他的具体籍贯是熊州,而熊州实际上是百济之地;再如,新罗名僧圆光,《续高僧传》卷十三说他"俗姓朴",而《三国遗事》卷四则说他"俗姓薛氏"。此类例子还有很多。
④ 普济:《五灯会元》卷十。
⑤ 《宝云振祖集》序。

天台螺溪羲寂（《宋高僧传》卷七作"义寂"），天台宗第十五代宗师，俗姓胡。羲寂看到"天台教迹远自安史挺乱，近从会昌焚毁，残编断简传者无凭"①，于是苦心搜罗经籍，并建议吴越王钱俶遣使去日本、朝鲜求索佛经。佛经取回之后，吴越王为羲寂"建寺螺溪，匾曰定慧，赐号净光法师"②。义通在螺溪精心学习，史籍记载说：羲寂"传法弟子百余人，外国十人，义通实为高第"③。义通以其在佛学上的造诣而获得了很高的声誉，"具体之声浃闻四远"④。

义通在螺溪大约生活了20年⑤，深得天台宗之要，决心返回朝鲜弘扬天台宗，"一日，别同学曰：'吾欲以此道导诸未闻，必从父母之邦'"⑥，于是来到四明（今宁波），打算搭船回国。吴越王钱俶之子、四明郡守钱惟治得知义通到来，"加礼延屈咨问心要，复请为菩萨戒师，亲行授受之礼。道俗趋敬，同仰师模"⑦，义通之威望由此可见一斑。钱惟治执意挽留义通，义通说："非始心也。"钱惟治说："或尼之，或使之，非弟子之力也。如曰利生，何必鸡林乎？"⑧，

---

① 《佛祖统纪》卷八。
② 同上。
③ 同上。
④ 《宝云振祖集》第四。
⑤ 义通是在天福年间（936—943年）来到中国的，他离开天台到明州准备回国时，即被钱惟治所留。《四明尊者教行录》说钱惟治"时判明州也"（序）。《佛祖统纪》、《天台山方外志》等也都说当时钱惟治是"郡守"。《宝庆四明志》记载说："钱亿：建隆元年以节度使持节明州……乾德五年二月丁卯卒于官"（卷一），钱亿去世后，钱惟治继而为明州"郡守"（知明州军州事），因此，钱惟治劝留义通不可能早于乾德五年（967年）。从文句上看，义通到达明州、被人挽留、顾承徽舍宅建寺，很可能发生在同一年，即开宝元年（968年）。以此估算，义通在天台大约生活了20年多一点。
⑥ 《佛祖统纪》卷八。
⑦ 同上。
⑧ "或尼之，或使之"出于《孟子·梁惠王章句下》，原句为："行，或使之；止，或尼之。行，止，非人所能也。"赵岐注："尼，止也。""鸡林"，本指新罗（《旧唐书·高宗纪》、《旧唐书·新罗传》），有时也指新罗周邻的地区或国家。

义通只好答应。这样,义通就留在明州传法。①

开宝元年(968年),义通来到明州后不久,"福州前转运使顾承徽"②因为"屡亲师诲",③于是就"舍宅造寺"④,名为"传教院",请义通居住。此后,义通一直生活在明州,在明州传教院讲授天台宗教义。

传教院在义通的主持下发展很快,十余年后,已有"殿宇房廊一百余间,佛像七十尊,主客僧五十八人"⑤。太平兴国六年(981年)年底,义通的弟子传教院僧人延德到京请求宋太宗御赐寺额。第二年,宋太宗赐其"宝云禅院"之额,"昭其祥也"⑥。从此,"传教院"就改名为"宝云寺",义通也被称为"宝云义通"、"宝云通公"等。

宋朝皇帝亲赐寺额,更进一步提高了宝云寺的地位,促进了宝云寺的发展。义通在宝云寺"敷扬教观几二十年,升堂受业者不可胜纪"⑦,他本人"誉振中国","昔吴越国王尤所钦重"⑧。十分幸运

---

① 有些著作,特别是近人的一些著作,说挽留义通的不是钱俶的儿子钱惟治,而是钱俶本人(如比丘明复编:《中国佛学人名辞典》,中华书局1988年版,第440页;任道斌主编:《佛教文化辞典》,浙江古籍出版社1991年版,第124页。又:后者明显抄袭前书)。这种说法很可能是由于宗晓的一句错误的话而造成的,宗晓在《宝云振祖集》序中说:义通在明州等待回之船时,"偶郡守淮海大王钱公惟治请问心要,辟为戒师"。考诸史籍,钱惟治并没有当过什么"淮海大王",被封为淮海国王的是钱俶本人,不过这是太平兴国三年(978年)的事情(见《宋史》卷四百八十世家三),此时义通早已在明州生活了。所以,"郡守淮海大王钱公惟治"这句话是把钱俶的称号误加在其子钱惟治的头上。根据《钜宋明州宝云通公法师石塔记》等资料,将义通挽留在明州的应当是钱惟治而不是钱俶。

② 《宝云振祖集》第一。
③ 《佛祖统纪》卷八。
④ 《四明尊者教行录》序。
⑤ 《宝云振祖集》第一附二"敕黄"。
⑥ 《宝云振祖集》第四。
⑦ 《佛祖统纪》卷八。
⑧ 《宝云振祖集》第二、第四、第六。

的是,钱俶所作的两首赞美义通的诗被保留了下来①:

其一 宝云通公法师真赞

不离三界,生我大师;

白毫异相,满月奇姿。

戒珠普照,慧海无涯;

人天福聚,瞻之仰之。

其二 诗寄赠四明宝云通法师

海角复天涯,形分道不赊。

灯青读圆觉,香暖顶袈裟。

戒比珠无类,心犹镜断瑕。

平生赖慈眼,南望一咨嗟。

义通弟子众多,声名远扬。他经常称呼别人为"乡人",有人问其原因,他回答说:"吾以净土为故乡,诸人皆当往生,皆吾乡中之人也。"②所以,后来有人这样称赞义通:"呼一切人,皆是乡人;冷云扫电,枯木生春。"③

在义通的弟子中,最为重要的是知礼和遵式,他们被称为义通

---

① 这两首诗见《宝云振祖集》第八、第九,作者均题为"吴越国王钱俶"。但从这两首诗的标题来看,此两首诗无疑作于太平兴国七年"传教院"改名为"宝云寺"之后,而此时,钱俶早已纳土归宋成为宋朝的"淮海国王"了(《宋史》卷四百八十列传第二百三十九)。关于第二首诗,宗晓在自注中说:"宗晓尝阅草庵教苑遗事,得所谓'平生赖慈眼,南望一咨嗟'之句,盖昔吴越国忠懿王寄赠宝云通法师所作也。惜乎不睹其全,每以为恨。一日访旧得之,喜不自胜,荆玉隋珠曾未足喻。"

② 《佛祖统纪》卷八。

③ 《宝云振祖集》第十二。

的两个"神足"。知礼俗姓金,四明人。太平兴国四年(979年),知礼时年20岁,来到宝云寺,"从宝云学教观。始三日,首座谓之曰:'法界次第,汝当奉持'。师曰:'何谓法界?'座曰:'大总法相圆融无碍者是也。'①师曰:'既圆融无碍,何有次第?'座无对。居一月,自讲心经,听者服其夙悟。五年,其父梦师跪于宝云之前,(宝云)以瓶水注于口。自是,圆顿之旨一受即了。六年,常代宝云讲……端拱元年,宝云归寂,师复梦贯宝云之首擐于左臂而行。即自解曰'将非初表受习流通、次表操持种智之首化行于世耶'"②。知礼后来被人们称为"四明尊者",天台宗奉他为第十七祖,宋真宗赐他"法智大师"之号③。义通的另一个高足遵式俗姓叶,宁海人,年轻时到天台国清寺,在普贤菩萨的像前自焚一根手指,"誓习乎天台教法。徐鼓箧趋宝云义通大师讲席。道中梦一老僧,自谓'吾文殊和尚也'。及见通,乃其所梦之僧也。即服膺北面受学。"④宋真宗曾将紫服赐予遵式,后又赐他"慈云大师"之号,当时人们称他为"天竺忏主"。遵式曾这样称赞他的恩师义通:"章安归往,荆溪亦亡;诞此人师,绍彼耿光。"⑤

天台宗发源于天台山,盛于隋唐。但从五代开始,天台宗日益衰落,甚至到了"仅存一线"的地步。由于义通努力弘扬此道,天台

---

① 此句《佛祖统纪》等作"大总相法门圆融无碍者是也",当误。本文据《四明尊者教行录》第一卷改之。

② 无尽(传灯):《天台山方外志》卷六。

③ 《中国大百科全书·宗教分册》第524页"知礼"条说:知礼"20岁从天台螺溪传教院义通学天台教观",这是错误的。螺溪在浙江台州天台县,民国喻长霖等纂修的《台州府志》卷四十七说:"螺溪:(《赤城志》作折溪),在县东五里(智顗放螺于此),源出钓鱼山,支流为幽溪。"而义通的传教院则在浙江明州(今宁波市),与天台分属两州。而且,知礼来向义通求法时,传教院早已改名为宝云寺了。

④ 契嵩:《镡津文集》卷十二,《大正藏》卷五十二。

⑤ 《佛祖统纪》卷八。

宗到了宋代又逐渐复兴。自从义通到四明传教后,天台宗的中心也从天台山而转移到了四明。重立天台山祖庭的明代高僧传灯(1554—1628年)在他的记载天台宗历史的《天台山方外志》中这样感叹说:"台教正统,智者而下迄螺溪凡十二世,皆弘道兹山。自宝云传教四明,法智中兴之后,是道广被海内,而四明、三吴尤为繁衍。台山者始渐浸微,亦犹佛教盛传震旦,而西域是后终晦不明。"①这样,"五代以后,台宗衰于台而盛于明,故明蔚为全国大丛林之一"②。所以,义通这位来自异国的僧人对于天台宗的继承、保存和振兴都作出了十分重大的贡献,同时,他对于促进明州佛教事业和文化事业的发展也作出了十分重大的贡献。后来有许多高僧名人写过赞美义通的诗文,有些诗文保留在《宝云振祖集》中,其中的《南湖师祖宝云尊者斋忌疏》是一个名叫"镜上义铦"的日本人撰写的,文中有"中兴教观宝云尊者大师,应身日本"之句。

　　直到清代,人们在赞美宁波时,还将义通和他的宝云寺引作宁波的自豪:"并湖甲第,嵯峨尺五,碧瓦朱甍,更仆难数,其最先者,给事故庐,犹传仙坞,漕使遗居,后为梵宇,吾不能毕陈矣。""是邦仙释之场也,洞天福地则有其四,佛地则有其三。其在湖上有可言者,宝云片石,义通传教;延庆尊者,于焉分派。"③这里的"漕使遣居,后为梵宇",就是指义通生活过的宝云寺(全祖望注曰:"故宝云寺,在均奢桥东者乃顾漕使宅")。

---

① 《天台山方外志》卷八。
② 民国《鄞县通志·政教迹》,壬编。
③ 全祖望:《鲒崎亭集》卷四。

二、宝云寺的变迁

义通来到明州后,一直生活在宝云寺,他在这里度过了整整20个春秋,宝云寺也就成了明州城内的一个重要佛教寺院。宋《宝庆四明志》说:"宝云院,子城西南二里。"①同书在叙述明州城内坊巷时说,西南厢有"行春坊",并注明行春坊在"宝云寺西"②。《宝庆四明志》还有一段关于鄞县县学的记载:"嘉定十三年(1220年),邑簿吕康年有请今丞相史鲁公,念县学久废非宜,命守俞建相以择所,以旧址隘且不利闻于上,以宝云寺西不隶将威果指挥废营更之。"③据此,宝云寺就在鄞县县学的东边。当时宝云寺有"常住田五百三十一亩,山无"④。

宝云寺后来几经劫难。建炎庚戌(1130年)春,宝云寺"遭兵火,院宇一夕而空",宋朝皇帝所赐的敕黄石刻也"于煨烬中文字断裂,已不可辨",使人们非常遗憾,"常慨以无复再全之理者"。过了20年,绍兴己巳年(1149年)的一天,有个姚江僧拿着省谍、敕黄等墨本来到宝云寺,住持仲旻"忻然如获至宝",第二年再将这些文字摹刻于石上⑤。后来,宗晓又将这些珍贵文献收入《宝云振祖集》,并幸运地保存至今。到了绍兴庚辰年(1160年),宝云寺又败落下去了,连宗正撰写的《钜宋明州宝云通公法师石塔记》也不存在。住持智谦"力搜访之,始得塔记,乃再刊刻。又辟真堂,塑师(义通)

---

① 《宝庆四明志》卷十一。
② 《宝庆四明志》卷四。
③ 《宝庆四明志》卷十二。
④ 《宝庆四明志》卷十一。
⑤ 《宝云振祖集》第一。

座像,及吴越国王所赞顶相并上石碣",并由左朝散郎王伯庠撰写塔记[1]。

南宋四明僧人宗晓最全面、最系统地搜集整理了义通事迹,他在嘉泰癸亥年(1203年)春所写的《宝云振祖集》序文中说:"宝云鼻祖与吾四明为贤父子,表里像运,中兴一家,若其德业不传于世,则教失宗元,后昆奚究!因考核碑实,泊诸简编,得师事迹与厥后继者,凡二十篇,别为一帙,题《宝云振祖集》,盖取是院祖堂之匾曰振祖故也。"[2]宗晓距义通的生活年代二百多年,此时的宝云寺"兵尘之后,古迹扫地而尽"。宗晓多方探听,得知在另一所佛院里(景清兴法院)还珍藏有义通的遗物。宗晓于是拜访了这所寺院,最后终于找到一个宝云义通的藏衣塔。宗晓赞叹此塔"雕布奇巧,饰以浑金;内空外方,高五尺许。此宝云旧物,不知何缘留坠彼刹"[3]。

明州延庆寺住持宗正在1064年撰写的《钜宋明州宝云通公法师石塔记》中曾感叹说:"凡诸著述并逸而不传,嗟!"但一百多年后的宗晓在对义通的事迹进行搜集整理后说:"然考诸四明章记,则尝秉笔为《观经疏记》、《光明玄赞释》矣,若余之法义,则法智悉面承。载之于记钞,其《赞释》一部尚存,但不广传耳。惜哉!"[4]义通的高足法智知礼也曾说其师义通著有《赞释玄辨》一部,而知礼自己的一些重要著作也都是从其师那里禀受而来的。

南宋嘉定十三年(1220年),宝云寺遭火灾,灾后重建[5]。元朝

---

[1] 《宝云振祖集》第四。
[2] 《宝云振祖集》序。
[3] 《宝云振祖集》第七。
[4] 同上。
[5] 《宝庆四明志》卷十一。

世祖至元二十六年(1289年)和至大二年(1309年)又遭火灾①,元顺帝至元元年(1335年)由僧子文重建②。到了明朝,"洪武二十四年(1391年),住持名善建方丈;永乐十四年(1416年),住持宝玑重建山门"③。

从宋代嘉定十三年起,宝云寺一直与鄞县县学相邻。明成化二年(1466年),由于鄞县县学的射圃太隘不便行射礼,所以知府张瓒将宝云寺西边的一片空地划归鄞县县学以扩大射圃④。后来,鄞县县学的师生们认为:"尊圣道、斥异端,吾儒事也。今儒学之东有佛寺焉,圣师庙貌浮屠之居得以尚之,弦诵之声梵呗之音有以杂之,杨子云有云(或作'言')在门墙则麾之,今异端之教逼迩先圣之门墙,不可以不麾斥之也。"⑤弘治十二年(1499年),"邑人御史金公洪还自京师",众师生就将自己的意见告诉了这位御史,金洪马上把这些意见转告提学副使赵宽、知府伍符等人,请他们将宝云寺迁走⑥。另一方面,宝云寺的僧人们也觉得与县学相邻颇有不便,当时的住持如璋"虽从佛教,亦通儒术,尝曰:'老佛与素王立教不同,然殿宇左右并峙,门径出入参杂,甚非所宜,安得僻静处移易此乎?'此念屡兴而未得其地。乃弘治己未春,如璋出定,与其徒二三人东行至竹湖坊,见废寺基一所,乃喜曰:'吾辈若得此,可以

---

① 袁桷等:《延祐四明志》卷十六。
② 王元恭:《至正四明志》卷十。
③ 杨寔:《宁波郡志》卷九。
④ 钱大昕等纂:《乾隆鄞县志》卷五;张恕等:《同治鄞县志》卷九。
⑤ 《乾隆鄞县志》卷五;《同治鄞县志》卷九。这里所引的杨雄(公元前53—18年,字子云)语录,出自《法言·修身》,原文为:"或问:'人有倚孔子之墙,弦郑卫之声,诵韩庄之书,则引诸门乎?'曰:'在夷貉则引之,倚门墙则麾之。'"
⑥ 《乾隆鄞县志》卷五;张恕等:《同治鄞县志》卷九。

安处矣。'"① 如璋在竹湖坊看中的这块废地基是戒香尼寺的遗址。弘治十三年(1500年),宝云寺从均奢桥边被迁到了竹湖坊旁边,而原来的宝云寺则被并入了鄞县县学,在宝云寺的原址上建立起了明伦堂、尊经阁等。在竹湖坊边戒香尼寺遗址上新建的宝云寺在明代仍十分重要,"为天下讲宗十刹之一"②。此后,宝云寺一再扩建,万历三十四年(1606年),建维卫殿。崇祯元年(1628年)毁,二年(1629年)重建佛殿、方丈。清顺治十年(1653年),重建山门、天王殿及诸寮舍,康熙十八年(1679年)重修,道光十八年(1838年)里人柴希泉重修"③。民国时,宝云寺属一区,住持名叫云杰。

三、义通的后事

义通是在988年去世的,火化之后,"门弟子收骨,葬于育王山之阳,寺西北隅"④。义通生活的宝云寺位于明州城内,而育王山则位于城东20多公里。为什么义通去世后要安葬在那么远的地方呢?原来,"育王未为禅时,其徒尝请宝云诸师,屡建讲席",因此"宝云既终,因葬骨于此"⑤。77年后的治平元年(1064年),义通的墓地"甓甃已芜",延庆寺住持宗正"乃就之累之为方坟,增显其处",⑥并写下了《钜宋明州宝云通公法师石塔记》。

---

① 《乾隆鄞县志》卷五;张恕等:《同治鄞县志》卷九。
② 张时彻等纂:《宁波府志》卷十八。
③ 民国《鄞县通志·政教志》。
④ 《宝云振祖集》第四。
⑤ 《佛祖统纪》卷八。
⑥ 《宝云振祖集》第四。

60多年后,义通的墓地已渐渐地被人遗忘了。大约在1125年,①宝云寺威法师拜访了当时的育王寺住持道昌禅师(后住灵隐),宝云威对道昌说:"通法师乃宝云启教之宗主也,有塔葬于此。"道昌询问那些年长的僧人,他们都说塔在育王寺的西北角。道昌"遂往寻之,见荒榛蓬棘中塔已坠毁矣"。②

　　在育王寺的对面有个乌石岙,人们都说这是块风水宝地,因为"相传有僧随阿育王安舍利塔,未得道者坠地化为乌石"③,所以那些贵人富户常常恳请道昌让他们在乌石岙做坟。道昌只得说那个地方"非余私有,若自与之,必招因果",以此拒绝别人,结果使许多人"大不悦"。这时,道昌的先师妙湛老人想出了一个好办法,他对道昌说:"通法师,天台宗主也;又,此地人皆欲得之。若迁通公骨殖葬于此地,则非独免求地者源源而来,抑亦通公之骨葬得其所。"这样,道昌择日与宝云威法师、妙湛老人、雪峰睿禅师等高僧一起将义通的遗骨从育王寺附近迁往乌石岙安葬。"是时,大众半千同

---

　　① 《佛祖统纪》卷八说是宣和七年(1125年),《草庵纪通法师舍利事》说是"宣和丁未冬"。《草庵纪通法师舍利事》有误,因为宋宣和止于乙巳(即宣和七年),从第二年(丙午年)开始即改元靖康,丁未已是靖康二年(也即宋高宗赵构建炎元年)。故本文从《佛祖统纪》。
　　② 《宝云振祖集》第五。
　　③ 郭于章撰:《阿育王山志》卷一。张津等撰:《乾道四明图经》卷二记载了关于乌石山的几个不同传说:"晋太康二年,并州离石人刘萨诃(民国《鄞县通志》政教志作'刘萨阿'),生业弋猎。因病死而复苏,云在冥中见一梵僧语之曰:'汝罪深重,应坠恶道。今洛下齐城丹阳会稽并有古塔及浮江石像,悉阿育王所造,可勤求礼忏,当免斯苦'。萨诃更生,乃祝发为僧,更名惠达,东旨县,入乌石岙,结茅以寓,遍访海内名山。忽一夜,闻土下钟声,即标识其处。越三日,见梵僧七人行道空中,地形如涌为方坛状,神光照映。因撅土求之,得一石函,中有舍利宝塔。六僧腾空而去,一僧化为乌石,因以名岙焉。"又按《会稽记》云:'晋相王导初渡江,有道人神采不凡,自言来从海上,告导曰:昔与阿育王同游郊县,安葬身舍利塔,阿育王与真人捧塔飞行虚空入海,诸弟子攀引不及,一时俱坠,化为乌石,如人形。'《名僧传》云:'昔有神捧塔飞行海上,弟子中有未得道者坠地化为乌石,犹作人形,上有袈裟文。至今村名塔墅,岙名乌石。'"

送之"①。后来道昌回忆说:"至取其骨,香水洗沐,于日光中,世所谓坚固子者,或青或黄或红或白,兹生于骨上,见者无不作礼叹。如此殊胜,世所未有。"②《草庵纪通法师舍利事》则对取骨的过程说得更加详细:"其骨晶荧可爱,考之琅琅有声。雪峰默念之:'果若人骨也,当不止如是而已'。少顷,杲日既升,见骨中世所谓坚固子者。二三众惊且哗。则须臾变,数百千璀璨的烁如珠玑。人或求之,至有盈掬得之者。"直至数十年后,还有老僧珍藏着当时得来的义通之舍利。义通的遗骨安葬于乌石岙后,乌石岙更被人们所看重,此后有人也葬于此地,以分享其风水("欲邀其福"),但是,别人的坟墓"未久而皆为人所移,唯通师之塔巍然而独存",所以道昌不无感慨地说:"是知用心善不善者,报应之效晓然可见也。"③

　　义通的遗骨最后安葬于乌石岙。关于乌石岙的位置,《阿育王山志》说:"去育王十里有乌石岙"④,民国《鄞县通迹》说:乌石山,"此山即《阿育王山志》之乌石岙"⑤。查诸民国《鄞县通山志》,可知乌石山位于鄞县县城之东约21公里半,坐落在阿育王山与江南的另一名刹天童寺之间,民国时属十区宝幢镇,产竹木茶,南岙底有居民十余家。

　　义通出生在朝鲜半岛,渡海越洋来到中国江南,在天台宗日益衰微的关头继承了天台宗的一线命脉,承担起了复兴天台宗的使命,为天台宗的发展和明州的佛教繁荣作出了不可磨灭的贡献,被后人尊为天台宗第十六祖。南宋重臣魏国公史浩曾专门作诗赞美

---

① 《宝云振祖集》第六。
② 《宝云振祖集》第五。
③ 同上。
④ 《阿育王山志》卷一。
⑤ 民国《鄞县通志·舆地志》。

义通,这首诗充分表达了人们对这位来自异国的一代宗师的敬意。这里谨以此诗作为本文的结束[①]:

> 止观宗旨,鼎盛于隋。
> 末法不意,将遂埋微。
> 通师崛起,三韩之湄。
> 风帆万里,舍筏从师。
> 得道已竟,言归有期。
> 四明檀越,顾氏承徽。
> 捐宅为寺,尽礼邀祈。
> 名曰宝云,金刹巍巍。
> 师既戾止,学徒影随。
> 户外屦满,声走天涯。
> 台山坠绪,接统兴衰。

---

① 这是史浩所作的"明州宝云四祖赞"中的第二首。关于这四首诗,淳熙十四年(1187年),当时的宝云寺住持宗莹注曰:"宝云古道场,宗莹以固陋承乏,大傅大丞相魏国公适幸临之,首访祖师遗址。一龛风雨,智者、宝云二大士像颓然其中。公指宝云,顾谓宗莹曰:'法智、慈云两尊者得非此老亲出乎? 至今邦人目为通师翁道埚,盖为二弟子设也。可辟一堂,塑绘四祖师像,作新斯刹。'宗莹慢然有愧王臣护法之意,遂即东庑作振祖堂。堂成,像设亦具。众请魏公作序,公不堕知见,不涉思惟,四赞立成。"

佛国寺双塔与中国古塔的比较研究*

韩国庆州佛国寺是韩国人民的珍贵文化遗产,也是全世界共同的文化财富。佛国寺双塔是韩国人民智慧的结晶,它反映了韩国民族悠久的历史传统。然而,要全面认识这两座古塔所包含的文化意义,还必须将它置于东亚整个佛教发展史中进行考察。本文拟从中国的实际材料出发,对庆州佛国寺双塔作一些比较研究,希望以此来进一步揭示中韩两国源远流长的历史文化联系。由于庆州佛国寺建造于8世纪[①],因而本文所说的中国古塔也仅局限于唐以前及唐代。

一、佛国寺双塔与中国佛塔形制

佛教起源于印度,随着佛教入华,佛塔亦即出现。中文的"塔"又称"窣堵波"、"塔婆"等,均出自古代梵文"stūpa"或巴利文"thūpa"的音译。在印度,人们建造窣堵波的目的是为了埋藏佛陀的舍利,以纪念这位伟大的佛祖。在中国,塔又被称为"浮图",因

---

* 本文原载(韩国)新罗文化祭学术发表会论文集第18辑:《佛国寺的综合考察》,1997年,署名:黄时鉴,龚缨晏。
① 参见韩国文化公报部、文化财管理局:《佛国寺复元工事报告》,光明印刷公社,1976年,第27页。

为塔是埋藏舍利和供奉佛像的地方。"浮图"即佛,以之称呼佛塔,实际上是将"塔"字省去了。而中国古代匠人们在营建佛塔时还不断地对佛塔的形制进行了改造。

中国建塔的历史可以追溯到1世纪。在东汉明帝永平十一年(68年)建于洛阳的中国最早佛寺白马寺中就有塔。《魏书·释老志》说:"自洛中构白马寺,盛饰佛图,画迹甚妙,为四方式。凡宫塔制度,犹依天竺式样而重构之。从一级至三、五、七、九,世人相承,谓之浮图。"①在这里,"佛图"即"浮图",也就是塔。东汉献帝初平四年(193年),达官笮融在徐州建造起规模很大的塔和寺。《三国志·刘繇传》说他"大起浮图祠,以铜为人,黄金涂身,衣以锦采;垂铜槃九重,下为重楼,阁道可容三千余人"。② 这是最早的具体地描述佛寺和佛塔的中文文献材料。516年建造的永宁寺塔是北魏最大的佛塔,据杨衒之《洛阳伽蓝记》记载,它是九层的四方形木结构建筑,考古学家已在1979年发现它的塔基③。

从上述史料可以知道中国早期佛塔的如下基本事实:佛寺内有塔,塔呈四方形,塔顶有刹,刹下面的塔身是个重楼,内置鎏金铜佛像。我们称这种塔为楼阁式木塔。所谓重楼,是中国古代的一种木结构高楼,汉武帝就曾建立这种高楼以迎接神仙的到来。这类塔的形象我们可以在云冈石窟的中心柱上看到。原藏山西崇福

---

① 《魏书》卷一百一十四,中华书局标点本,第3029页。
② 《三国志》卷四九,中华书局标点本,第1185页。此本原标点为"下为重楼阁道,可容三百余人"。今据汤用彤《汉魏两晋南北朝佛教史》改,中华书局1983年版,第51页。
③ 参见中国社会科学院考古研究所洛阳工作队:《北魏永宁寺塔基发掘简报》,《考古》1981年第3期;杨鸿勋:《关于北魏永宁寺塔复原草图的说明》,《文物》1992年第9期。

寺的北魏九层石塔模型表现的也是楼阁式木塔①。在日本的法隆寺,还保存着唐代以前楼阁式木塔的实例。

我们认为,中国早期的佛塔,虽然就性质而言源自印度的窣堵波,但在形制方面却大量羼入了中国建筑的传统。上引史文中的"重构之"可能就是这个意思。就建筑形制而言,印度的"窣堵波"是土石建筑的半球形实心坟墓,它主要由刹杆、覆钵、基座等组成;而中国早期的佛塔则是空心的四方形木结构建筑,由塔刹、塔身和台基等组成,覆钵置于塔身与刹之间,体积缩小,也可视为刹的组成部分。由于楼阁式木塔是从中国传统的楼阁发展而来的,所以,它具备了登高远望的功能,而印度的窣堵波是没有这种功能的。赋塔以登高的功能,是中国文化的产物,从而在中国历史上留下了无数的登塔赏景之作。

木结构的楼阁式佛塔虽有许多优点,但它很难长久保存。这样,到了3世纪,中国出现了砖石营造的佛塔。南北朝时期,砖石建筑的佛塔开始增多。我国现存最古老的砖塔是河南的嵩岳寺塔,它同时也是中国第一座密檐式佛塔,其形状为正十二边形,是我国古代佛塔的孤例。许多研究者认为,正当四方形的楼阁式佛塔盛行时突然出现这样一座正十二边形的密檐式佛塔,或许是一个新的佛教宗派产生的结果,因为这种新型佛塔不可能源于中国的木结构建筑传统,它应当来自印度②。

隋唐时代,中国建造了许多佛塔,既有楼阁式木塔,又有密檐

---

① 此塔模型抗日战争期间被劫往日本,现藏台北历史博物馆。参见史树青:《北魏曹天度造千佛石塔》,《文物》1980年第1期。

② 参见梁思成:《中国的佛教建筑》,《清华大学学报》第8卷第2期,1961年12月;刘致平:《中国建筑类型及结构》,中国建筑工业出版社1987年版,第22页。

式砖塔,而且还出现了楼阁式砖塔。在佛教天台宗的发源地浙江天台山,迄今仍保留着一座隋代的砖塔,称为隋塔。此塔是我国早期楼阁式砖塔的萌芽。唐代的楼阁式木塔,今已荡然无存;但唐代的一些楼阁式砖塔却依然屹立至今,如著名的西安大雁塔和兴教寺塔。唐代还留下了许多密檐式砖塔,如西安的小雁塔(荐福寺塔)、辽宁朝阳的北塔以及云南大理的崇圣寺千寻塔等。

尽管最早出现的密檐式塔是十二边形的,尽管隋代在天台山建造过六边形的砖塔,但迄至唐代,中国古塔绝大多数是四边形的。塔在形制上应当为四方形的观念在古代中国根深蒂固,人们奉四方形为塔的正统。从宋代起,八角形和六角形的塔才渐渐多了起来。

中国古塔的形制对韩国塔的建造有重大影响。众所周知,佛教是从中国传到韩国的。但传入朝鲜半岛的佛教是经中国文化过滤、加工和改造过的,是中国化了的佛教。因此,韩国的佛教深受中国的影响,在塔的建造方面也无例外。

据研究,韩国最早的塔也应当是木结构的[①]。可惜这种木结构的塔一个也没有被保存下来。现在我们可以看到的韩国始原型古塔都是石塔,如益山弥勒寺石塔、扶余定林寺石塔和芬皇寺石塔等。这些塔分别建在百济、新罗等国;有的是仿楼阁式的,有的是仿密檐式的;有的是仿木结构的,有的是仿砖结构的。虽然如此,它们都严格遵循中国古塔的模式,由塔刹、塔身、台基等组成,与印度作为坟墓的半球型的窣堵波相去甚远。

[①] 参见高裕燮:《韩国塔婆的研究》,韩国乙酉出版社1954年再版本,第一章;秦弘燮:《韩国的石造美术》,韩国文艺出版社1995年版,第126—127页。

特别值得注意的是,上述始原型石塔虽然形态各异,但在平面形式上却完全一致,即都是四方形的。如前所说,四方形正是唐和唐以前中国古塔在形制方面的主要特征。到了新罗统一以后,塔平面的正方形形制得到进一步强化,成为韩国石塔的基本形式。以佛国寺释迦塔所代表的典型式石塔是正方形的,即使像多宝塔这样的所谓异形塔,它的下层也是正方形的。

与中国相比较,有一点也是颇有兴味的,那就是:四方形塔源于中国,但韩国古塔似乎比中国更固守这种四方形的传统。在隋唐时代,除方形塔这一主流外,中国各地还出现了一些异形塔,除上面所说的天台山六边形隋塔外,还有山西五台山佛光寺的六边形祖师塔,山西运城的圆形泛舟禅师塔,河南登封的八角形净藏禅师塔。尤为奇特的是山东历城的九顶塔,此塔全部由砖砌成,在平直朴实的塔身顶部还建有九个小塔,它们都是唐塔的典型形象,正方形,仿木结构楼阁,有三层塔檐。这种种异形塔虽然不多,但反映了企图突破正方形框框的努力。而在韩国,正方形塔却承承相因,迄至 9 世纪末,几乎看不到多少变化[①]。

二、佛国寺多宝塔与中国古代的亭阁式塔

楼阁式塔与密檐式塔是中国古塔的两个主要类型,此外,古代中国还有一些其他类型的塔,其中与本文有关的是亭阁式塔(又叫单层塔)。

无论楼阁式塔还是密檐式塔,都是较庞大的建筑,营造这类建

---

① 参见秦弘燮:《韩国的石造美术》,第 128 页。

筑,需要大量的人力物力,平民百姓是无能为力的。一般的中国信徒只能建造一些规模较小的佛塔,其中较为普遍的是将作为佛教象征的窣堵波与中国的亭阁相结合,即在亭阁上加一个刹,于是形成了亭阁式佛塔。后来,亭阁式塔也被用作僧人的墓塔。这样,亭阁式塔在实际上可以分作两类,一类是佛塔,另一类是墓塔,现在存世的以墓塔居多。

6世纪中期,中国已经出现亭阁式石塔。近年在河南安阳宝山寺发现的北齐道凭法师双塔就是早期的亭阁式塔。这两座塔位于宝山寺西侧的台地上,东西并立,相距三米多。两塔均为单层石造,由台基、塔身和塔顶组成,塔顶置覆钵与塔刹。两塔东、西、北三面都是素面实壁,只有南壁开有拱券状塔门。两塔外形基本相同,只是在塔门形制及塔顶花纹上略有区别[①]。

山东历城县神通寺的四门塔是中国最早的亭阁式塔之一,它的建立最迟不会晚于隋大业七年(611年)。此塔全部由石头建造,单层,平面为四方形,四面各开一半圆形拱券门。塔室内有方形中心柱,柱的四面都刻有佛像。塔的上部用五层条石叠涩外挑,然后用近30层条石向上收进,构成一个方锥形的顶,顶上是方形须弥座,上托一个由覆钵和相轮等组成的刹。整个塔身没有任何装饰,风格素洁,给人以坚固朴实的感觉。

唐代的亭阁式塔很多,较为著名的有山东历城龙虎塔,因门上雕有龙虎而得名。这是一座四方形石塔,但塔檐部分又是砖砌的,所以比较独特。塔基很高,共三层,为石砌须弥座,上有覆莲、狮

---

① 参见杨宝顺等:《河南安阳宝山寺北齐双石塔》,《文物》1984年第9期;河南省古代建筑保护研究所:《安阳宝山寺考古收获》,《中原文物》1987年第4期。

子、飞天、力士等浮雕。塔身由四个长方形石板构成,每一边都有火焰形券门,门龛两侧雕有龙虎、菩萨、飞天等。塔顶为砖砌重檐,顶上有方形刹座,上置精巧的刹。

在北京房山云居寺有石塔群。云居寺的北面有四座小石塔,它们都建于唐代(8世纪初),其形制也大体相同:正方形,底层较高,塔身前后两壁上都开有一个尖形拱券门,门的两旁雕有天王、力士。塔门内是一个方形龛室,室内是雕在石板上的佛像,塔身上部是六层密檐。寺北面的石经山顶还残存两座唐代石塔,一座称为"金仙公主塔",此塔共九层,在形制上与上述四座小石塔相仿,特高的底层上也有券门、佛龛和浮雕。另一座为亭阁式单檐石塔,也为正方形,塔身由四块石板合成,正面雕有尖拱形塔门,门两旁刻有二神,塔檐是仿木结构。

此外,前面提到的佛光寺祖师塔、九顶塔、净藏禅师塔、泛舟禅师塔,以及山西原平崇福院石塔和甘肃永靖炳烛寺石窟第三窟的中心塔,都是比较有名的亭阁式塔。

现在我们再将目光转向韩国的佛国寺。在庆州佛国寺中,最引人注目的是多宝塔,它的造型是十分独特的,引起人们对它的起源作了种种探讨[①]。我们认为,佛国寺多宝塔实际上可以分成上下两层。它的下层塔身建立在一个石砌高台上,呈四方形,四角立有四根石柱,石柱之间是开放的空间,柱顶塔檐略微反翘。只要将多宝塔的下层塔身与中国古代亭阁式塔作一对比,就可以看出,多宝塔的下层塔身在外形上正是一个四方形的亭阁。而多宝塔的上层则是完全仿照木结构八角形亭阁的建筑。如果仔细观察,它甚

---

① 黄寿永、郑永镐:《韩国佛塔100选》,韩国精神文化研究院,1992年,第9页。

至不厌其烦地用石头将栏杆刻意做成竹节状,以真实地再现木结构亭阁的竹栏杆。

佛国寺多宝塔的真正特色在于:将四方形亭阁塔与八角形亭阁塔有机地组合成一个完整的塔。这种塔上加塔的组合方式在韩国可以上溯到在感恩寺西塔发现的金铜舍利塔,而它更早的起源应当还是来自中国。例如前面所说的宝山寺北齐道凭法师双塔就是在一个四方形的塔身上面加了一个完整的半球形覆钵,就其组合方式而言,与韩国感恩寺的金铜舍利塔是完全相同的。山西佛光寺祖师塔的构造也是在四方形亭阁塔上再加上一层四方形亭阁塔。在现存的隋唐古塔中固然看不到类似于韩国金铜舍利塔和佛国寺多宝塔的形式,但是在敦煌壁画中我们仍可以找到种种塔上加塔的形象,而且,下层塔身基本上也是四方形亭阁式塔[①]。所以,我们有理由这样推断:佛国寺多宝塔是由四方形亭阁式塔和八角形亭阁式塔重叠构成的,而这两种不同类型的亭阁式塔都源于中国,甚至这种塔上加塔的组合方式也受到了中国的影响。

三、佛国寺双塔与中国古塔的木结构特征

在建筑学上,以中国为中心的东亚建筑的基本特征是以木结构为主要的构造方法,普遍采用梁、柱、斗拱的结构体系。东亚建筑学的这一共同特征,在佛教建筑上表现得尤为明显。东亚各地

---

① 例如见于《中国美术全集》绘画编15《敦煌壁画》所收:15《阿弥陀经变》(220窟壁)、37《宝雨变经》(321窟南壁)、41《迎县延法师入朝》(323窟南壁东侧中层)、71《法华经变局部·药草喻品》(23窟北壁西侧)和87《弥勒经变》(148窟南壁上层)等,上海人民出版社1985年版。

的佛教建筑是各国佛教文化交流的主要内容之一。佛塔是佛教建筑的一种重要形式。中国最早的佛塔是木结构的，其他类型的塔也是在木结构的基础上发展起来的，并深受木结构塔的影响。庆州佛国寺双塔虽然是石塔，但也在一定程度上体现了木塔所包含的木结构特征，体现了东亚各国在建筑学上的同一性，体现了中国与朝鲜半岛密不可分的文化联系。

佛国寺大雄宝殿西边的释迦塔是韩国典型式石塔的代表，此塔略微上翘的塔檐表明它对木塔的刻意模仿，使它具有木结构楼阁塔的外形。从渊源上说，以释迦塔为代表的韩国典型式石塔是从始原型石塔发展而来的。而最早的始原型石塔，如益山弥勒寺址石塔，它在形式上却完全是模仿木结构楼阁式塔的；这种对木塔的模仿不仅表现在上翘的塔檐上，而且体现在各个方面，甚至其内部结构也做成中空，以表现木塔内部的空间特点。

佛国寺释迦塔建立在二层台基上，它的第二层（上层）台基很高，这种平素的高台基是韩国石塔与中国石塔的一个重要区别。但即使在这种反映韩国石塔特色的高台基上，我们也可以看到木塔的影响。我们认为这种高台基实际上来源于弥勒寺址石塔较高的第一层结构，而弥勒寺址石塔的第一层建筑的匠心又是为了竭力仿照木塔。木材与石料是两种质地完全不同的建筑材料，要想用石材来完全仿造木塔，不仅在建筑学上存在着很多困难，而且建成之后的石塔在外观上也会显得十分笨拙。这样，后来的韩国工匠们在用石材建造佛塔时，就将木塔的一些特征简化了，其中主要的是省去了门窗之类的复杂结构。我们可以在韩国石塔的流变中看到这种省略的过程：弥勒寺石塔那种如实表示木塔底层结构的样式先是被省略为仅用两块面石来表示，如扶余定林寺址的五层石塔;塔身以上的每一层门窗也被省略为仅用几块或两块面石来表示,如义城塔里五层塔。接着,塔的底层和底层以上的各层门窗都被省略为仅用一块面石来表示,这就是我们在感恩寺三层塔、罗原里五层塔、九黄里三层塔、佛国寺释迦塔等石塔中所看到的那种典型样式。在门窗被不断省略的同时,为了使石塔显得崇高庄严,塔的台基也被不断地加高,我们只要将弥勒寺石塔与后来的义城塔里五层塔、感恩寺三层塔以及佛国寺释迦塔加以比较,就可以看到石塔台基逐渐增高的趋势。在门窗省略与塔基升高的过程中,那种如实表示木塔结构的弥勒寺底层样式并没有完全消失,而是演变为用大块石料建造塔基,以突出塔的稳固与高耸。

韩国石塔对木结构传统的依恋是如此的执著,以至于我们不仅在以佛国寺释迦塔为代表的韩国石塔主流——典型式石塔中感受到木结构的强烈影响,而且在数量极少的所谓异形石塔中也很容易发现木结构的款款形式。同释迦塔并列的佛国寺多宝塔是韩国异形石塔的代表,它的下层实际上是个四方式亭阁,四角的柱子以及柱头突出的斗拱结构明确地说明它仿效木结构建筑的意图;下层的塔顶虽然是上层塔的基础,但塔檐四角仍像木建筑一样做成了上翘形式。而多宝塔的上层则完全是一个木结构的八角子亭阁,整体建筑乃是一件用精工石料来表现木结构的杰作。

四、佛国寺双塔与中国古代寺院布局

中国早期的寺院,塔是中心,围绕着塔构成一个由堂阁组成的方形庭园,这种布局形式与印度的佛寺相仿。早期的佛寺遗址尚未发现,但是,据《洛阳伽蓝记》及有关考古资料可知,著名的北魏永宁寺正是这样:整个寺院采取中轴对称的形式,一座九层方塔位于中心,塔的北面建造佛殿,形成"前塔后殿"的格局,僧舍等附属建筑建于塔院的两侧及后方。在日本现存的一些早期佛寺中,还可以看到这种以塔为中心的布局。

从北魏中期开始,舍宅为寺的"功德"盛行,许多王公贵族达官富家将自己的宫室宅第捐作寺院。在这种类型的佛寺中,原来宅第的前厅就成了安置佛像的现成殿堂,而后厅则成为讲堂。在这种情况下,即使另建佛塔,也被建在寺院的侧旁或后面。塔不再是寺院的中心。这样就出现了一种新型的佛寺:整个寺院采用以纵轴为主、横轴为辅的均衡对称格局,位于主轴线中心的是佛殿,周围是各种次要建筑,有的还附有花园亭榭。这种以佛殿为中心的布局后来逐渐成为中国寺院的主流。在《洛阳伽蓝记》所记述的50座重要佛寺中,大体上说,以塔为中心的仅占1/4,以殿堂为中心的已占1/3。这样,不仅塔的形式中国化了,而且包括塔在内的整个佛寺的布局也就中国化了。

从现存文献看,佛殿前双塔并立以作为佛殿陪衬的布局最早出现在东晋元帝时代(317—322年)。唐朝的张彦远在其《历代名画记》中说:"王廙,字世将,琅琊临沂人,……元帝时为左卫将军,封武康侯。时,镇军谢尚于武昌昌乐寺造东塔,戴若思造西塔,并请廙画。"① 可见当时武昌的昌乐寺就建有双塔。

到了隋唐时期,以塔为中心的寺院已经很少,佛殿成了大多数寺院的中心。中国现存最早的木结构建筑是山西五台山的南禅寺

---

① 张彦远:《历代名画记》卷五,人民美术出版社1983年再印本,第110页。

正殿和佛光寺正殿,这两座寺院的总体布局就是以佛殿为中心的。从敦煌石窟的壁画、一些佛教雕刻和律宗创始人道宣的《戒坛图经》所描绘的理想寺院中也可以知道,唐代的寺院从山门开始,沿纵中轴线前后排列数重殿阁,构成佛院的主体。在以佛殿为寺院中心的情况下,塔的位置或被置于侧旁的塔院中,或在殿前成左右双塔。这样的布局不仅为中国的文献与考古资料所证实,而且一些外国的入华僧人也有载录。例如,日本圆仁和尚在《入唐求法巡礼行记》一书中记述,他行抵山东牟平县壹村法云寺,寺已改为台馆,"时人唤之为'伐台馆'。馆前有二塔:一高二丈,五层,镌石构作;一高一丈,铸铁作之,有七层"[①]。

上述中国古代寺院的布局及其变化也影响了韩国的古代佛教建筑。传入朝鲜半岛的塔是中国式的塔,而不是印度式的塔。佛国寺双塔是整个寺院建筑的一个有机组成部分,而不是与作为坟墓的印度窣堵波联系在一起的。在佛国寺的整体布局中,我们所看到的正是一种中国式的佛寺布局。就佛国寺的主体建筑群而言,显然有一条纵中轴线,在这条中轴线上前后依次排列着石桥、山门、大雄殿和后堂。大雄殿是整个佛国寺的中心建筑,而塔则是陪衬。殿前两侧,东有多宝塔,西有释迦塔,东西并立,对称而庄严。在鸠摩罗什译的《妙法华经》中有这样的记载,释迦牟尼在灵鹫山说法华经的时候,天空中涌现出一座多宝塔,众生请释迦开启塔门,见多宝如来结迦趺坐,赞叹释迦,"多宝佛于宝塔中分半座与释迦牟尼佛,而作是言:'释迦牟尼佛可就此座。'即时,释迦牟尼佛

---

① 圆仁:《入唐求法巡礼行记》卷二,上海古籍出版社1986年版,第85页。

入其塔中,坐其半座结迦跌座"①。二佛并坐,向为佛徒所尊;双塔并立正是二佛并坐的象征。可是在佛教典籍中,未见有关双塔形制的具体规定,而庆州佛国寺的双塔却将《法华经》所描述的多宝和释迦并坐用建筑形式生动地表现了出来。

佛国寺双塔的形制与布局表明了中韩佛教建筑的内在联系,说明了韩国佛教与中国佛教的密切关系。

五、从中韩古塔的比较看佛国寺双塔的民族特征

从佛国寺双塔,可以看到中国古塔对韩国古塔的影响,这是古代中韩文化交往的结果。在古代中韩文化交往过程中,韩国人民积极主动地学习中国文化,表现出强烈的民族求知热情。据文献记载,仅在隋唐时代,来自朝鲜半岛的入华求法僧人就有117人,其中绝大多数是新罗僧侣②。在他们学习居留的寺院中,自然会有各种类型的塔。就是在入华新罗人各个聚居地之间的道路上,也可见到不同的塔。例如,上文提到的日本圆仁和尚在牟平县法云寺见到的双塔,就坐落在文登县赤山新罗院和登州新罗馆之间的交通线上。因此,入华新罗人稔知中国的佛塔当是情理中的事。

有些新罗僧人来到中国,以中国为家,度过一生,圆寂后也葬身于神州大地,并建造墓塔。例如,在当时的佛教胜地五台山就建

---

① 鸠摩罗什译:《妙法华经》卷四,《大藏经》盈帙,法华部;又,竺法护译:《正法化经》卷六。

② 参见黄心川:《隋唐时期中国与朝鲜佛教的交流——新罗来华佛教僧侣考》,《世界宗教研究》1989年第1期。

有新罗王子塔。敦煌写本《印度普化大师游五台山启文》记述："（四月）二十二日游王子寺，上罗汉堂，礼降龙大师真容，看新罗王子塔。"①另一写本《五台山赞》吟道："滔滔海水无边畔，新罗王子泛舟来；不辞白骨离乡远，万里将身礼五台。"②在中韩文化交流史上，塔既是中韩两国人民友谊的丰碑，又象征着韩国人民勤于吸取外来文化的开阔胸怀和进取精神。

同时，通过对佛国寺双塔与中国古塔的比较研究，我们可以看到韩国人民不仅善于吸收外来文化，而且在消化外来文化的过程中，具有自己的创造精神。就佛塔的营造而言，这种创造精神首先表现在建筑材料的选择和改变上。塔从中国传入韩国后，韩国人民并不是机械地照搬中国的建筑技术与方法，而是充分利用当地丰富的石材资源和传统的石工技术，用石料来建造自己的佛塔。弥勒寺的塔是石建的，定林寺的塔也是石建的，即使像芬皇寺塔这种在外观上及建筑方法上完全是仿砖结构的佛塔，它其实也是石建的。中国的塔主要是由木材和砖头建造的，石塔不多，而且石料还常和砖头混用。中国的石塔似未构成一个独立的系统，它最多只不过是作为主流的木塔和砖塔的一种补充形式。而在韩国，石塔有一个完整的发展过程，形成了明确的演变序列。石塔是韩国佛塔的主要形式，是韩国民族文化的一个显著特点。

这种创造精神还表现在韩国石塔自成体系的传统上。韩国的佛塔源自中国，但韩国人民在不断建塔的过程中，一方面从中国古塔中吸收各种优点，另一方面又创造出自己的特征和风格，从而形

---

① 敦煌文书，P.3931号，引自郑炳林：《敦煌地理文书汇辑校注》，甘肃人民出版社1989年版，第316页。

② 敦煌文书，S.5573号，引自上揭郑炳林书，第320页。

成了自己的传统。三国时代,佛教刚刚开始传入朝鲜半岛,人们对佛塔还处于一个认识、比较和接受的过程中,当时传入的佛塔类型较多,如弥勒寺石塔是仿木结构的楼阁式塔,而芬皇寺石塔则是仿砖结构的密檐式塔。随着新罗的统一,人们通过将各种佛塔进行综合和融会,确立了自身特有的石塔形式,并使之定型,这就是韩国的典型式石塔。佛国寺释迦塔就是典型式石塔的代表。从释迦塔我们可以看到,典型式石塔主要以楼阁式塔为蓝本,在它叠涩砌出的塔檐上体现了密檐式塔的特征。

同中国零散的石塔相比,大量的韩国石塔拥有自己的系列与传统。除此之外,如果将韩国石塔与中国石塔作进一步比较的话,我们还可以看到许多区别。中国古代石塔大多为高僧的墓塔,而高大的砖塔或木塔主要用作佛塔;韩国则不然,它的佛塔基本上是像佛国寺双塔那样的石塔,砖木结构的塔很少见。中国石塔或者没有台基,或者有台基但用华丽的须弥座来装饰;但韩国的典型式石塔一般都有很高的两层台基,而且台基上没有什么装饰。就整个塔身而言,中国石塔也多加雕饰,如山东的龙虎塔等;而韩国的石塔却很少有什么装饰的,像芬皇寺石塔、义城塔里五层塔这类带雕饰的石塔是很罕见的。所以,比起中国的石塔来,韩国的石塔显得更为朴素、坚实、庄重。中韩石塔之间这种种差异,正是韩国民族创造精神的又一体现。至于像佛国寺多宝塔这种充满智慧的异形塔,那就更是韩国民族特性的生动有力的具体表现。

中国是古代东亚文明的发源地,是东亚文化圈的中心。在韩国历史的发展过程中,韩国文化曾长期受到中国文明的强烈影响。正如一位韩国学者所说的,在古代东亚,"艺术的影响与灵感总是从中国单向地传向韩国或日本"①。这是一个实事求是的论说。同时,我们也看到,韩国人民在接受中国文化影响的时候始终保持自己的民族文化传统,并不断创造自己富有民族特色的新文化。佛塔在朝鲜半岛传播演化的历史以及佛国寺双塔本身也有力地说明了这一点。进入近代以后,情况更渐渐发生变化。我们认为,在复杂多变的当代世界,对于正在为实现现代化而奋斗的中国人民来说,现在需要认真思考的是,如何向韩国学习我们所需要的东西,怎样才能学到我们所需要的东西。面对着佛国寺双塔,我们想到的是古代韩国人民在学习中国文化时所表现出来的那种不倦的求知精神和可贵的创造精神,这正是当今中国所最为需要的。

附记:本文写作过程中在韩文文献阅读方面得到了刘俊和先生的帮助,谨致谢忱。

---

① Kim Won-Yong, *Art and Archaeology of Ancient Korea*, p. 261, Taekwang Publishing co., Seoul, Korea, 1994.

马可·波罗对杭州的记述[*]

要研究浙江与欧洲的历史关系，首先就要讲到马可·波罗(Marco Polo，1254—1324)。因为就现有的历史记载而言，他是最早来到浙江的欧洲人，而且第一次将杭州介绍给了欧洲，并以极大的热情来描述和盛赞它的美丽与富饶。

一、马可·波罗和他的游记

700年前，在意大利热那亚的一座监狱中，有个叫马可·波罗的威尼斯人讲述了他在东方的所见所闻，同狱的作家鲁思梯切洛(Rustichello或Rusticiano)将马可·波罗的口述笔录成书。这本著作原来的书名应当是《寰宇记》(Divisament dou Monde)，但它在意大利通常被称作《百万》(Il milione)，在英语中大多译作《马可·波罗旅行记》(Travels of Marco Polo)，中文则普遍称之为《马可·波罗行纪》或《马可·波罗游记》。

《马可·波罗行纪》写成后，很快受到人们的欢迎，16世纪的意大利地理学家拉木学(G. B. Ramusio)说"它在几个月内就风靡

---

[*] 本文原载《杭州大学学报》1998年第1期。

了整个意大利"。① 人们争相传抄,于是形成了各种手抄本,②并被译成各国文字出版。到了 20 世纪 70 年代末,"世界各种文字的译本已在 120 种以上"。③

《马可·波罗行纪》最初是用一种当时流行的法语——意大利语混合语言写成的,随着它的流传,出现了各种文字抄本,传抄的过程中还有意无意地被删略、篡改和加工,这样,各种抄本的内容就互不相同了。马可·波罗在生前的 20 年中可能也对有些抄本作过增订和修改。④ 因此,考订各版本的源流,对于恢复《马可·波罗行纪》的原貌,对于确定马可·波罗所说的事实,都是极其重要的。

通过几个世纪艰苦的研究,特别是意大利学者贝内戴托(L. F. Benedetto)在 20 世纪 20—30 年代所进行的工作,人们基本上弄清了《马可·波罗行纪》的流传情况。

总的说来,所有的抄本可以分为甲、乙两大系统。甲系统包括:

F 本:即巴黎国立图书馆所藏著名的 B. N. fr. 116 抄本,抄于 14 世纪上半期,所用语言为法语——意大利语的混合语,也就是

---

① A. C. Moule & Paul Pelliot, Marco Polo: *The Description of the World*, p. 40, London, 1938.

② 1981 年,福建科技出版社出版了新的《马可波罗游记》中译本,中译者在"译后记"中说:"直至今天不同的版本据说多达 80 多种",余士雄很快指出这种说法是不对的,他在《谈新译〈马可波罗游记〉》(《读书》1982 年第 10 期)中说:"国外《马可波罗游记》的版本也不止 80 种,据向达 1956 年统计,就有 100 多种,现在恐怕更多了"。黄时鉴在《略谈马可波罗书的抄本与刊本》(《学林漫录》第 8 集,中华书局 1983 年版)中说:"到了 20 世纪 70 年代末,已发现的抄本共约有 140 种。"这一数字在 20 世纪 80 年代没有什么变化,参见 *The New Encyclopaedia Britannica*,第 15 版(1988 年),"Marco Polo"条。

③ 黄时鉴:《略谈马可波罗书的抄本与刊本》,《学林漫录》第 8 集。

④ *The New Encyclopaedia Britannica*,第 15 版(1988 年),"Marco Polo"条。

鲁思梯切洛最初写作《马可·波罗行纪》时所用的语言。1824 年，法国地理学会(Société de Geographie)将这个抄本作为《旅行记与回忆录文集》(Recueil de Voyages et de Memoires)的第一种刊印出版，所以中文也常将 F 本称作"地学本"或"地理学会本"。与其他抄本相比，"F 本的篇幅最长，在某些方面还是最好的"。① 但有人说：F 本"可能确为马可·波罗在热内亚狱中自其口语而笔录的原本，未经后人的修改"。② 这种说法就不对了，因为马可·波罗在狱中形成的原作早已不知去向，而且，F 本也不是最早的抄本。

法文本(Court French)，简称 FG 本，共有 16 种抄本，都用这种法文抄写。有的抄本只有两页。法国学者颇节(Pauthier)于 1865 年出版的所谓 G 本，实际上是根据 FG 本编辑而成的。③ 英国学者玉尔(H. Yule)的名著《马可·波罗游记》(The Book of Ser Marco Polo)则将颇节的著作作为主要依据。④

意大利托斯卡纳(Tuscan)方言本，简称 TA 本，共 12 种抄本，除了一种(LT)用拉丁文抄写外，都用托斯卡纳方言抄写。

威尼斯方言本，简称 VA，约有 30 种抄本，抄写所用文字多为威尼斯方言，也有用托斯卡纳方言、德文、拉丁文等。VA 本还包括 14 世纪传教士庇庇诺(Pipino)根据 VA 本而译编的拉丁文本，

---

① A. C. Moule & Paul Pelliot, *Marco Polo*: *The Description of the World*, p. 42.
② 邱克：《中国交通史论》，人民交通出版社 1994 年版，第 48 页。
③ A. C. Moule & Paul Pelliot, *Marco Polo*: *The Description of the World*, p. 509；戴尼森·罗斯：《〈马哥孛罗游记〉导言》，张星烺译《马哥孛罗游记》，万有文库第十二集，商务印书馆 1939 年简编本，第 8 页。
④ H. Yule, *The Book of Ser Marco Polo*, revised by H. Cordier, Book 1, pp. 141—142, London, 1926. 张星烺于 1922 年将此书的导言译成中文，后以《〈马哥孛罗游记〉导言》为书名作为受业堂丛书第一种出版。

此种拉丁文本被称作 P 本，这是最通行的拉丁文本。①

乙系统，都来源于一种比 F 本还要早的、更接近原作的、现在已佚失了的抄本，包括著名的拉木学本（简称 R 本，它不是手抄本，而是印刷本）和才拉达（Zelada）本（简称 Z 本）。

再往上追根溯源，上述甲、乙两系统的抄本都来自一种已佚的抄本（简称 O_1），O_1 又是从原稿（简称 O）抄录而来的。这样，我们可以用一种简图来说明《马可·波罗行纪》各种抄本的流传关系：②

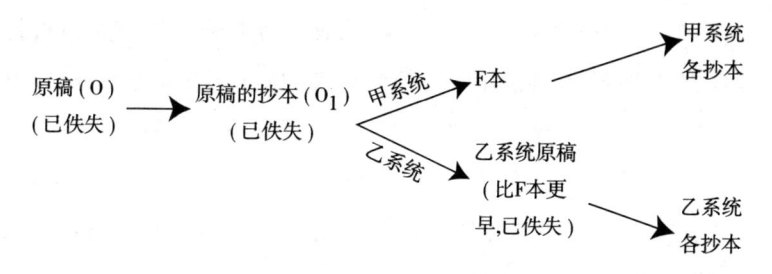

```
原稿(O)  →  原稿的抄本($O_1$)  ─甲系统─→  F本  ───→  甲系统
(已佚失)      (已佚失)          ╲                      各抄本
                              乙系统 → 乙系统原稿
                                      (比F本更     ───→  乙系统
                                      早,已佚失)          各抄本
```

在所有这些抄本中，最为重要的抄本是 F 本、R 本和 Z 本。对于这三个抄本，黄时鉴先生的《略谈马可波罗书的抄本与刊本》一文，对此已有全面的介绍，这里仅就与本文关系较为密切的 Z 本再作些补充。

Z 抄本是 1470 年左右用拉丁文抄写而成的。18 世纪，这个抄本为大主教才拉达（Zelada, 1717—1801）所有，大概在才拉达去

---

① 这里所说的 P 本即庞庇诺所译的拉丁文本，它与邱克在其《中国交通史论》第 48 页所说的"P 氏本"完全不同。邱克所说的"P 氏本"，实际上是指法国人颇节（G. Pauhier）于 1865 年根据 FG 本而编辑出版的法文本，以前人们曾根据颇节的姓氏将他的译本称作 G 本，邱克称之为"P 氏本"，不知何据。而且，颇节的著作也根本不是像邱克所说的那样，是对 F 本"进行了校订"后而形成的。

② 此图据 A. C. Moule 和 Paul Pelliot 所著 *Marco Polo: The Description of the World* 的导言和附录中的《手稿分类表》。

世前两年，这个抄本又与其他一些图书一起被转赠给在西班牙托莱多(Toledo)的一所著名的教会图书馆。1759年，有人用拉丁文将Z本又抄写了一份，这份新抄本简称Z1，现收藏在米兰的一个图书馆中。1932年，西班牙托莱多所藏的Z抄本被发现，后来，摩勒(A. C. Moule)和伯希和(Paul Pelliot)将Z本与其他抄本进行了汇校，并于1938年用英文合著出版了《马可·波罗寰宇记》(Marco Polo: The Description of the World)。

人们普遍认为，在《马可·波罗行纪》的所有各类版本中，摩勒和伯希和一起校订的这个英译本"是最好的本子"。① 特别值得指出的是，在摩勒和伯希和所合校的这部《马可·波罗寰宇记》中有一个极其重要的"导言"，它详细地考证了马可·波罗的生平及其游记的流传情况，是研究马可·波罗不可不读的基本文献。下面，本文以《马可·波罗寰宇记》中的"导言"为主要依据，就马可·波罗的生平事迹作一些说明。

马可·波罗是意大利威尼斯人，"马可"是他的名字，"波罗"是姓。16世纪，拉木学曾搜集整理过关于马可·波罗的传说与材料。根据他的说法，马可·波罗的祖父叫安德列·波罗(Andrea Polo)，他有三个儿子：马可(Marco)、尼古罗(Nicolo)、马菲奥(Mafio)。马可·波罗是尼古罗的儿子。拉木学说，老马可死后，为了纪念他，尼古罗的妻子将自己的儿子起名叫马可，方豪也说"老马可卒于1260年"。② 这种说法并不对，老马可1280年所立

---

① 《中国大百科全书·中国历史》，"可马·波罗"条。
② 方豪：《中西交通史》(下)，岳麓书社1987年版，第517页。

的遗嘱还保存着,1295年他可能还活着。①

马可·波罗一家是商人,他们在君士坦丁堡及克里米亚都有自己的生意。最早来到中国的是马菲奥和尼古罗两兄弟,他们大概于1265年到达元朝的上都,并受到忽必烈的接见,又于1269年回到地中海东岸的阿克尔(Acre)。1271年,马菲奥和尼古罗带着年轻的马可·波罗再次前往中国。1275年,他们抵达元上都。此后,他们在华生活了17年。马可·波罗在中国曾到过大都(北京)、扬州、杭州、泉州等许多地方。

1291年,马可·波罗一行离开中国回国,1295年回到威尼斯。② 关于马可·波罗等人回到威尼斯的情形,流传着一些富于戏剧性的说法。拉木学说:马可·波罗等人离家多年,他们的亲人以为他们已客死他乡;回来时,他们"形容憔悴,沾染鞑靼人之习俗,忘威尼斯之土语,操鞑靼人之口音,衣鞑靼人之服装,粗陋褴褛(褴褛)",所以被拒之门外。后来的巴巴罗(Barbaro)则说得更离奇:马可·波罗回家后,妻子就将他穿的破衣衫送给了一个乞丐,而马可·波罗从东方带来的珍宝都藏在这些旧衣服里。第二天,当马可·波罗得知妻子已把这些旧衣服送给一个乞丐后,就来到一座桥头边,假装发疯,引起众人围观。最后那个乞丐也来观看,马可·波罗认出了乞丐身上所穿的自己的旧衣服,于是将这些衣服取了回来。③

---

① A. C. Moule & Paul Pelliot, *Marco Polo: The Description of the World*, p. 15.

② 关于马可·波罗行程的一些年代问题,参见《中西文化交流先驱——马可波罗》,商务印书馆1995年版,第349—357页。

③ 张星烺译:《〈马哥孛罗游记〉导言》,第67—68页。

这类说法也经常出现在国内的出版物中。① 其实,这类流传甚广的故事只不过是传说而已,缺乏根据,"得不到任何一件早期文献典籍的支持"。②

马可·波罗回国后不久,威尼斯与热那亚之间爆发海战,马可·波罗参加了这场海战,并被热那亚人俘获。关于这场海战的时间,人们曾根据拉木学的说法将之定在 1298 年,③国内后来也有许多人采用了这个说法。④ 但经国内外专家的研究,认为致使马可·波罗被俘的那场海战事实上应发生在 1296 年,而且,关于这场海战并没有留下多少记载,拉木学则将这场海战与 1298 年的海战混在一起了。⑤

马可·波罗在狱中口述了他在东方的经历,并于 1299 年被释放。1324 年,马可·波罗去世。去世前,他立下了一份遗嘱,这份遗嘱保留至今。根据这份遗嘱统计,马可·波罗去世时留下的财产,如果按照 20 世纪 20 年代的比价进行折算的话,约相当于 3000 英镑。⑥

马可·波罗生前被称为"百万"(Milione),他的游记在意大利一般也被称作《百万》(*Il milione*),他的住宅则被叫做"百万宅"(Corte del Milione)。关于"百万"之名的来源,有着不同的说法。

---

① 尚铭:《马可·波罗和〈马可波罗游记〉》,《马可波罗游记》,福建科技出版社 1981 年版;沈立新:《中外文化交流史话》,华东师大出版社 1991 年版,第 78 页。
② A. C. Moule & Paul Pelliot, *Marco Polo*: *The Description of the World*, p. 33.
③ 张星烺译:《〈马哥孛罗游记〉导言》,第 70—71、145、180—185 页。
④ 如唐锡仁:《马可波罗和他的游记》,《世界历史》1979 年第 3 期;尚铭:《马可·波罗和〈马可波罗游记〉》;郭圣铭:《马哥·波罗》,《旅游天地》1980 年第 3 期;《中外关系史辞典》(朱杰勤、黄邦和主编),湖北人民出版社 1992 年版,第 703 页。
⑤ A. C. Moule & Paul Pelliot, *Marco Polo*: *The Description of the World*, pp. 34—35;《中西文化交流先驱——马可波罗》,第 355—357 页。
⑥ A. C. Moule & Paul Pelliot, *Marco Polo*: *The Description of the World*, p. 31.

有人认为马可·波罗从东方回来，带来了百万财富，所以人们称之为"百万"，但从他的遗嘱来看，很难证明这一点。有人说，这是由于马可·波罗回到故乡向人们讲述东方的富有时，喜用"百万"一词来形容；也有人说，人们之所以叫他"百万"，是因为他的书中充满了成千上万的离奇之事。后来，贝内戴托提出了另一种说法：所谓的"百万"，并不是马可·波罗的绰号，而是他的拉丁文真名，即Aemilione（大艾米尔）。总之，至今为止，我们还不清楚"百万"的真正意义。①

二、马可·波罗对杭州的记述

在《马可·波罗的游记》中，杭州被称作"行在"（Quinsay、Quinsai、Kinsay等）。关于杭州的记载约占全书的1/15，是这部游记中"最精彩、最重要的一个章节"。② 因此，英国的玉尔、法国的摩勒与伯希和、日本的藤田丰八与桑原骘藏等著名学者都对《马可·波罗行纪》中关于杭州的记述进行过研究。

但是，如前所述，《马可·波罗游记》的抄本与版本很多，其中关于杭州的记述也各不相同。③ 而且，这些关于杭州的不同记载成了对《马可·波罗游记》进行版本学研究的一个重要资料。摩勒与伯希和曾就此作过专门的讨论，他们说：关于杭州的"这一章可

---

① A. C. Moule & Paul Pelliot, *Marco Polo*: *The Descripton of the World*, p. 33.
② A. C. Moule & Paul Pelliot, *Marco Polo*: *The Description of the World*, p. 499.
③ 这一点很重要，有的研究者就是由于不清楚《马可·波罗游记》不同版本间的关系而得出了一些不正确的结论。参见方如金：《〈马可·波罗游记〉质疑》，《未定稿》1985年第16期；沙舟：《马可·波罗所见杭州初考》，《未定稿》1986年第7期。

以根据主题分成长短不一的 60 节。在这 60 节中,F 本有 31 节,Z 本有 24 节,R 本有 57 节。F 本中有 12 节不见于 Z 本;Z 本中有 5 节不见于 F 本,有 3 节不见于 R 本。R 本中有 26 节不见于 F 本,有 34 节不见于 Z 本。Z、R 拥有 2 个相同的短节,而这 2 节不见于 F 本。在次序上,Z 本除了 5 个多出来的小节外,都严格依循 F 本的次序,这两个稿本在用词上也十分相近。而 R 本的次序则与 F 本、Z 本大不相同,特别是在第 54 节中,即讲述皇宫的那一节。F 本的这一节约为 265 个法文词汇,Z 本与此相似,约为 168 个拉丁文词汇。R 本的这一节则多达 690 个意大利文词汇,它在内容上与其他各个本子是如此的不同,致使贝内戴托将 R 本这一节的全部内容附加在 F 本后面刊印出来,他这样做是很正确的。① (关于杭州的) 这一章很长、很重要,R 本的这一章有许多很有意思的增加部分,对于这些增加的部分,Z 本除了两个小段外,似乎知道得很少或根本一无所知。同样,有三段颇有意思的内容只出现在 Z 本中,R 本对于这三段则是毫不知晓"。② F 本、R 本、Z 本在版本学上的这些差异,说明了《马可·波罗游记》早期抄本的多样性与复杂性,同时还说明 R 本尚有其他的来源,这些来源至今还没有被发现。

大约从 1874 年开始,我国已有人介绍马可·波罗的事迹。③

---

① 在冯承钧所译《马可波罗行纪》(中华书局 1954 年版)中,R 本的这节内容也作为独立的一章出现,标题为《补述行在》。

② A. C. Moule & Paul Pelliot, *Marco Polo: The Description of the World*, p. 499.

③ 李长林:《国人介绍与研究〈马可波罗游记〉始于何时?》,《世界史研究动态》1990 年第 10 期。

后来，我国出版过好几个《马可·波罗行纪》的中译本。① 在这些中译本中，较为重要的有两种。一种是冯承钧依据沙海昂注释本所译的《马可波罗行纪》，1936年初版，1954年重印；另一种是张星烺根据贝内戴托Z本的英译本而翻译的《马哥孛罗游记》，1936年初版，1939年又出简编本。冯承钧的《马可波罗行纪》是国内流行最广的中译本。在这些中译本中，都可以找到关于杭州的记述。此外，有人还专门将关于杭州的内容单独译成中文，如向达在1929年以玉尔的著作为依据，把《马可波罗行纪》中有关杭州的部分译出，并根据中文资料进行了比较研究。② 1990年，贺起再次将玉尔著作中的这部分内容单独译出。③ 还有人就游记中的这些内容写过专门的文章。④

这样，在《马可·波罗游记》的各种中译本及关于杭州的著述中，除了张星烺1936年翻译的《马哥孛罗游记》外，其他的都没有吸收Z本的内容。而如前所述，Z本在《马可·波罗游记》的各种抄本中是最为重要的一种。因此，本文的主要目的，就是根据摩勒与伯希和合校的《寰宇记》，介绍一些关于杭州的记述，特别是Z本所特有的这方面的内容。

为了便于叙述，我们以冯承钧所译的《马可波罗行纪》作为底本（因为这是国内目前最流行的译本），然后将这个中译本中所没

---

① 关于《马可波罗行纪》在中国的出版情况，除参阅上述有关引文外，还可参见张跃铭：《〈马可波罗游记〉在中国的翻译与研究》，《江淮论坛》1981年第3期。

② 向达：《元代马哥孛罗诸外国人所见之杭州》，《东方杂志》1929年第26卷第10号。

③ 贺起：《世界上最美丽华贵的城市》，《元明清名城杭州》，杭州历史丛编之五，浙江人民出版社1990年版。

④ 除前面已引述者外，还有唐锡仁：《马可波罗杭州纪游》，《地理知识》1980年第6期。

有的内容从《寰宇记》中译出,作为这个中译本的补充,为其他研究者提供一些必要的资料。大体上说来,中译本中所没有的关于杭州的记述可以分为三类:

其一,对中译本中已有的内容作进一步的补充说明。

我们可以就此列举几个实例(以下前面引号里的内容都出自冯承钧的这个译本的第 151 章,而后面的内容则出自《寰宇记》所引的 Z 本或其他本子)。

杭州城"内有一万二千石桥"。Z 本说杭州城内的这"一万二千"座桥梁"大部分是石头建造的,也有一些则是木造的"。

"此城完全建筑于水上"。VA 本补充说:"犹如威尼斯。"

杭州城的富人们"其起居清洁富丽,与诸国王无异"。Z 本说:"与诸国王及贵族无异。"这样,就更明确地表明了这里所说的应当是指民间的富人。

"城中有一大湖"。Z 本补充说,这是个"美丽的、了不起的大湖"。

元朝在原来南宋的城市里驻扎重兵进行防卫,"最少者额有千人,有至一万、二万、三万人者"。Z 本接着说,各地驻兵的多少"取决于当地的状况及力量的大小"。

"此城尚有出走的蛮子国王之宫殿"。Z 本说:蛮子国王的名字叫"Facfur"。①

杭州城内的占星术士很多,"一切公共市场中为数甚众。未经

---

① "蛮子"是对南宋的称呼。"Facfur",又作"Faghfur"或"Baghbur",来源于古波斯语的"Bagaputhra",在阿拉伯语中转为"Baghpou",都是对汉语"天子"一词的意译,这里实际上是指南宋皇帝。冯承钧将此词音译为"法黑福儿"、"范福儿"等。参见冯承钧译:《马可波罗行纪》,第 529 页; H. Yule, *The Book of Ser Marco Polo*, revised by H. Cordier, Book 2, p. 148.

星者预卜,绝不举行婚姻"。Z本说:"如果任何人要想举行婚礼,都先要请占星师查考新郎新娘的星座是否相配,如果相配,那就完婚,如果相克,那就告吹。"

"其旧王虽命居民各人子承父业,第若致富以后,可以不必亲手操作,惟须雇用工人,执行祖业而已。"这一段其他本子的文字相差较多,根据Z本、TA本、VA本等,应当为:"我还要告诉你们,以前统治这个城市与这个王国的国王,当他在位时,曾颁布命令,要求每个居民必须从事他父亲及其祖先的职业。即使他拥有几十万比生的黄金,①他也只能从事他父亲的职业。但你们不要以为他们真的会被迫去亲手工作,前面已经讲过,他们只是被迫雇人继续从事祖业。现在,大君主再也不要求他们去遵守这条法令了,因为,如果一个匠人富到已经可以并且愿意放弃他的职业的话,那么,无论是谁都无法强迫他继续从事这个职业。因为大君主很明白这个道理:如果某人因为贫穷而不得不从事某个职业(否则他无法活下去),后来他财运亨通,他完全不必再去从事这个职业就能过上尊贵的生活,那么,如果他已不想再去从事这个职业的话,为什么还要强迫他去干呢？如果神使某人大获成功,而人却要对此人横加干涉,这是不明智的,也是不公正的。"

其二,对中译本中的某些内容有不同的说法。

这方面最为重要的实例是 Cianga,F 本又作"Caiugan"或"Ciangan",TA 本又作"Cianghin"或"Cinghan",Z 本作"Cangan"等。

---

① 比生(besant 或 bezant),古代金币单位,按照20世纪20年代的比价,一个比生略少于11个苏(sou);见 H. Yule, *The Book of Ser Marco Palo*, revised by H. Cordier, Book 2, p. 592.

马可·波罗在说到从苏州到杭州的途中,路过一个叫"Cianga"的地方。根据 F 本等的说法,马可·波罗从"Cianga"出发,骑马行走三天才到杭州。有人认为,"Cianga"应当是"长安"的对音,即今天浙江省海宁市的长安镇。确实,在宋元时代,长安镇是个交通要道,而且就位于运河边。据《永乐大典》记载,元代的长安镇设有站赤:"长安站,船三十只,正户三十户,帖户三百三十一户。"①但是,据南宋《咸淳临安志》记载,盐官县在杭州"东一百九十里",长安镇又在盐官县城的"西北二十里",②现在长安镇距杭州还不到 50 公里。如果骑马的话,从长安镇到杭州一天即可到达,根本不需要三天。

冯承钧早在 20 世纪 30 年代就指出:"元代固有长安县,在运河上,但距杭州仅数小时航程,与本书所志三日程之距离不合也。"③这样,人们提出了各种说法,如颇节认为此地名应当是指松江,冯承钧认为这种说法是不对的,因为松江在元代叫华亭;玉尔认为这应当是"嘉兴"的对音,④冯承钧自己认为应当是"长兴"的对音。但这些说法多多少少都存在着一些问题。

Z 本发现后,人们在 Z 本上所找到的记载是从"Cianga 到杭州骑马行走一天",这样,终于解决了这个问题。现在,我们可以确定 Cianga 就是海宁县的长安镇,马可·波罗说从这里到杭州骑马走一天,与实际路程相符。⑤

其三,有些内容是中译本中完全没有的。

---

① 《永乐大典》,中华书局 1986 年版,第 7247 页;第 7294 页。
② 《咸淳临安志》卷十六图、卷十七、卷二十,《宋元地方志丛书》第七册。
③ 冯承钧译:《马可波罗行纪》,中华书局 1954 年版,第 569 页。
④ H. Yule, *The Book of Ser Marco Polo*, revised by H. Cordier, Book2, p. 185.
⑤ P. Pelllot: *Notes on Marco Polo*, p. 257, Paris, 1959.

《寰宇记》中的有些内容是中译本中完全没有的。比如,各个译本说到由于杭州的房子多用木头建造,所以易遭火灾,但只有Z本说杭州城有"六万名消防队员"。

在讲到泛舟西湖之乐时,R本说西湖上的游船"有窗可随意启闭,由是舟中席上之人,可观四面种种风景"。Z本紧接着说道:"最好的美酒上来了,最佳的糖果上来了。这样,游湖的人们一起同乐,因为他们已经忘却了一切,只是尽情地享受人生之乐,只是尽情地享受共宴之乐。要知道,西湖带给人们的娱乐与快乐是任何其他东西都无法做到的。"

下面几段中译本中所没有的部分,是较为重要的:

蛮子国(南宋)的人对死者有种种送葬仪式,他们认为人死后会投生到另一个世界中去重新开始生活。"因为有了这种信仰,所以他们不怕死,也不在乎死,只要死了以后别人能用前面所说的那些方式对死者表示尊敬,他们坚信在另一个世界中也一定能得到同样的尊敬。这样,蛮子国的人比起其他地方的人来要更容易感情冲动,有些人会因为愤怒或悲伤而常常自杀。如果某人打了别人一下,或者抓了别人的头发,或者给别人造成某种伤害,如果这个冒犯者有权有势,而这个被害者又根本没有力量去进行报复,那样就要发生自杀了。这个受害者会出于极度的悲愤而在夜里吊死在那个冒犯者的门上,以此来表示对冒犯者的谴责与蔑视。如果邻居揭发了这个冒犯者的话,人们就要对这个冒犯者作出处罚:当受害者的尸体火化时,这个冒犯者要根据葬礼习俗向死者表示祭奠,这就是前面所说的奏乐、供上纸绘的仆人等。受害者之所以要上吊的原因也正在于此,即他死后会受到这个有财有势的人的敬重,这样,他在另一个世界也就会得到同样的敬重了"。

Z本关于杭州一章的最后一段内容,也是冯承钧译本中所没有的:"通过打听得知,杭州城每一天要消耗的胡椒达43担,每一担重223磅。你可以由此而推算出这里每天要消费掉多少其他香料,也可推算出每天所需的全部生活必需品是多么的巨大。我还要说一件奇事,它发生在伯颜围攻这座城市的时候。当国王Facfur逃走的时候,这个城市里的许多人也乘坐在一条船上逃命,船在一条既宽又深的河流中航行,这条河就在此城的旁边流过。正当他们在这条河上逃跑时,河水突然全部干涸了。伯颜得知此事后,就来到这里,强迫所有那些逃命的人都回到城里去。在干涸的河底,横卧着一条大鱼。那条大鱼看起来十分奇怪,它长达百步,但它的体积与它的长度实在不相称。这条鱼还全身长毛,许多人将这条鱼的肉拿来吃了,在那些吃鱼的人中,有许多死了。据马可·波罗说,他在一个偶像教的庙宇中亲眼见到过这条鱼的头。"

在马可·波罗的笔下,杭州成了一个美丽、富饶、神奇的人间天堂,它使中世纪的欧洲人对东方产生了种种幻想,正是这种幻想促使后来的哥伦布等人要远航到东方去,从而揭开了新的历史篇章。如果将马可·波罗所说的杭州与当时中国实际的杭州认真作一番对比,我们相信一定会有一些意想不到的收获,但这已超出了本文的主题与范围,这项工作当容以后再做。

附记:本文所依据的外文文献,主要由黄时鉴师提供,特此致谢!

马可·波罗与万里长城

——兼评《马可·波罗到过中国吗?》

700年前,意大利威尼斯人马可·波罗在热那亚的一座监狱中讲述他在东方的所见所闻,同狱的作家鲁思梯切洛将他的口述笔录成书。这本在中国被译作《马可·波罗行纪》的著作为当时的欧洲"提供了关于东方的最广泛、最权威的报道"[①],流传极广,到了20世纪70年代末,"世界各种文字的译本已在120种以上"[②]。同时,这本充满夸张笔调的著作也使许多读者提出这样一个问题:马可·波罗真的到过中国吗?

长期以来,一直有人认为马可·波罗并没有到过中国,他所说的内容都是根据某些道听途说而编造出来的。19世纪末以来,经过英国学者玉尔、波伊勒、法国学者伯希和、我国学者杨志玖和美国学者柯立甫等人的深入研究,许多问题已得到合理的说明。但是,20世纪中期以后,仍不断有人对《马可·波罗行纪》的真实性提出种种怀疑,如60年代德国的福赫伯(Herbert Franke)、70年

---

* 本文原载《中国社会科学》1998年第4期,署名:黄时鉴、龚缨晏。

① D. F. Lach, *Asia in the Making of Europe*, Vol. 1, book 1, p. 36, The University Of Chicago Press, 1965.

② 黄时鉴:《略谈马可波罗书的抄本与刊本》,《学林漫录》第8集,中华书局1983年版。

代美国的海格尔(John W. Haeger)、80年代英国的克鲁纳斯(Craig Clunas)。对此,国内外一些学者发表文章进行了答复①。尽管如此,还是有人执著地坚持怀疑论的立场,20世纪90年代的代表当推英国图书馆的中文部主任吴芳思(FrancesWood)博士,她于1995年出版了题为《马可·波罗到过中国吗》的著作,此书最近已被译成中文出版②。

在具体的论证上,怀疑论者的一个主要论据是:由于马可·波罗没有提到一些被认为是中国所特有的事物,其中最为突出的是茶、长城和女子缠足等,所以马可·波罗不可能到过中国。这就是吴芳思所说的马可·波罗的"漏写"问题。在这些所谓"漏写"了的事物中,吴芳思认为长城是"很能说明问题的"③,为此她特地列出一章进行专门的论述。这样,本文就以长城为主要事例对"漏写"问题作一探讨。

一

为了便于展开讨论,我们先回顾一下到元代为止的长城建筑史。中国开始修筑长城是在公元前4世纪的战国时代,当时的秦、

---

① 国内如杨志玖的《马可波罗足迹遍中国》(《南开学报》1982年第6期)、《马可波罗与中国》(《环球》1982年第10期)(以上二文均收入杨志玖所著《元史三论》中,人民出版社1985年版)、《再论马可·波罗书的真伪问题》(收入余士雄主编《中西文化交流的先驱——马可·波罗》,商务印书馆1995年版),黄时鉴的《关于茶在北亚和西域的早期传播》(《历史研究》1993年第1期)。

② 弗朗西丝·伍德(吴芳思)著,洪允息译:《马可·波罗到过中国吗?》(Did Marco Polo Go to China?),新华出版社1997年版。为便于读者查核,本文引用此书时,尽量用中译本,只是在译文不同的情况下,注用英文本。

③ 《马可·波罗到过中国吗?》,第132页。

赵、燕等国都曾建造长城[1]。秦始皇统一中国后,对原来的战国长城进行利用改造,修建了一道"起临洮,至辽东,延袤万余里"[2]的宏伟防御线。汉朝为了抵御匈奴的入侵,对长城十分重视,特别是汉武帝时代,在秦长城的基础上又进行了大规模的修建。根据文献记载和考古研究,秦汉长城东起辽宁阜新县以北,西至玉门关,而烽燧则一直延续到罗布泊。整条长城可以分为东段、中段和西段三大部分,其中东西两段变化不大,中段的位置较为复杂,可以分为三条:"一条自甘肃经宁夏、陕北至内蒙古黄河南岸。第二条位置稍北,在河套以北、阴山南麓。第三条位置在最北,西接居延,横在阴山山脉以北。"[3]

到了东汉,匈奴等北方民族势力不断强大,并入侵到秦汉长城以内居住,秦汉长城这道对北方民族的防御线也就失去了它本来的意义。魏晋南北朝时期,中国处于分裂之中,北方民族纷纷迁入原秦汉长城以南地区,有的还建立起自己的政权。这时期的北魏、北齐、北周等国也曾修造过长城,但由于这些国家疆域有限,国祚短暂,所以它们所建的长城规模不大,线路不长,而且都位于秦汉长城以内地区。隋代虽然多次修建长城,但"多属对旧有长城之修整,增筑者少,工程规模较秦汉小得多"[4]。

唐朝国力强盛,版图西抵阿姆河流域,北至贝加尔湖,疆域大大超出秦汉时期,以前历代所筑的长城都已失去了标志疆界和防

---

[1] 中国社会科学院考古研究所:《新中国的考古发现和研究》,文物出版社1984年版,第400页。
[2] 《史记·蒙恬列传》。
[3] 参见《中国大百科全书·考古学》,中国大百科全书出版社1986年版,第376页。
[4] 罗哲文:《长城百科全书》,吉林人民出版社1994年版,第5页。

御外敌的作用。只是在北方的极个别地方,曾修过长城,如《通典》所记:"妫川郡……北至张说新筑长城九十里,……西北到新长城为界,三百八十里。"①宋代仅仅承袭五代十国的规模,所辖疆域已在原来秦汉长城乃至北朝长城的以南地区,而秦汉长城则在辽、金境内,宋和辽、金的统治者当然都不可能去修缮这条长城。

金朝兴起后,为了防止蒙古族的入侵,曾修筑过一条漫长的军事防御线,这条防御线通常被称作"金界壕"(也有人称之为"金长城")。但金界壕主要分布在今内蒙古自治区境内,它的东端起点约在莫力达瓦旗的尼尔基镇北8公里处,沿兴安岭、阴山向西南至现在呼和浩特附近的庙沟②。

金界壕未能阻挡得住蒙古的扩张。蒙古不仅灭亡了金朝,而且还统一了中国,建立起一个地跨欧亚两大洲的庞大帝国。蒙古本来是长城以北的游牧民族,过去中原王朝建立长城就是为了防御北方游牧民族的侵扰。蒙古族统治中原后,原来的长城位于蒙古帝国的内腹之中,蒙古的统治者自然就"没有修筑万里长城的必要。相反地,万里长城对于元朝的统治,还造成一定的障碍。所以终元之世,找不出任何关于修筑长城的记载"③。元朝只是对个别的重要关隘(如居庸关)加以修整而已。

马可·波罗正是在蒙元时代来到中国的。下面我们就要讨论,他在入华以后能否见到长城?他所能见到的长城会是什么样的?

---

① 《通典》卷一百七十八《州郡·古冀州上》。
② 贾洲杰:《金代长城》,载《中国长城遗址调查报告集》,文物出版社1981年版。参见王国维:《金界壕考》,载《观堂集林》第三册,中华书局1959年版。
③ 朱偰:《万里长城修建的沿革》,《历史教学》1955年12月号。

二

经过一个多世纪的研究,马可·波罗来华与离华的线路已基本上可以确定①。他在抵达可失哈耳(今新疆喀什)以后,沿着丝路南道到了罗布泊,然后经沙州(今甘肃敦煌),沿河西走廊东行,过天德军抵达元上都,再到大都。如果将马可·波罗的这条入华路线与元代之前的中国长城线路加以对比,就可以发现,他至少在两个地方有可能见到长城:一个是在西部的敦煌地区,另一个是在从上都到大都的旅途上。在河套平原,也有一些长城遗址,如唐代的贾耽曾记:"又经故后魏沃野镇城,傍金河,过古长城,九十二里至吐俱麟川。"②但由于马可·波罗在河套平原的具体旅行路线难以弄清③,我们暂且撇开不论。那么,元代时候,在敦煌一带和在从上都到大都的道路上所能见到的长城是什么样的呢?

先来看一看敦煌一带。马可·波罗入华时,敦煌地区的长城,即秦汉长城的西端,早已荒废。近年的考古发掘表明,敦煌马圈湾的汉代烽燧在王莽时期即已全部废弃④。到了唐代,连汉代名关玉门关的关址都已不能确定⑤。唐代敦煌文书说:"长城,在州北

---

① "Marco Polo", *The New Encyclopaedia Britannica*, 15thed., 1988, Vol. 9, pp. 571—573.

② 《新唐书》卷四三下《地理志》七下。

③ 学者们对于马可·波罗从宁夏到天德军的具体路线,目前还有不同的说法。玉尔认为,马可·波罗从宁夏沿黄河北上而达天德,伯希和则认为马可·波罗应当是从陆路经榆林而至天德。参见 P. Pelliot, *Notes On Marco Polo*, Paris, 1963, p. 850.

④ 甘肃省博物馆、敦煌县文化馆:《敦煌马圈湾汉代烽燧遗址发掘简报》,《文物》1981 年第 10 期。

⑤ 吴礽骧:《玉门关与玉门关侯》,《文物》1981 年第 10 期。

(其城)六十三里,正西入碛,前汉所置,北入伊州界"①,"长城,州北西六十三里。塞城,州东五十四里"②。《沙州都督府图经》在讲到沙州的"四所古城"时说得更加详细:

  古长城,高八尺,(其)[基]阔一丈,上阔四尺。

  右在州北六十三里。东至阶亭烽一百八十里,入瓜州常乐县界。西至曲泽烽二百一十二里。正西入碛,接石城界。按《匈奴传》汉武帝西通月氏、大夏,又以公主妻乌孙王,以分匈奴西方,于乌孙北为塞,以益广(因)[田]。汉元帝竟宁元年,侯应对词曰:孝武出军征伐,建塞起亭,遂筑外城,设屯戍以守之。即此长城也。

  古塞城。

  右周回州境,东在城东卌五里,西在城西十五里,南在州城南七里,北在州城北五里。据《汉书》,武帝元鼎六年,将军赵破奴出(合)[令]居,析酒泉置燉煌郡。此即辟土疆,立城郭,在汉武帝时。又元帝竟宁,单于来朝,上书愿保塞和亲,请罢边戍。郎中侯应以为不可,曰:"孝武出军征伐,建塞徼,起亭燧,筑外城,设屯戍以守之,边境少安。起塞已来,百有余年。"据此词即元鼎六年筑。至西凉王李暠建初十一年又修,以备南羌北虏。其城破坏,(其)[基]址见存。③

敦煌文书所说的"长城"、"塞城"都是秦汉长城的组成部分。

---

  ① 《燉煌录》残卷(斯5448号),王仲荦:《敦煌石室地志残卷考释》,上海古籍出版社1993年版,第166页。
  ② 《沙州城土境》(伯2691号),郑炳林:《敦煌地理文书汇辑校注》,甘肃教育出版社1989年版,第39页。
  ③ 敦煌文书,伯2005号,王仲荦:《敦煌石室地志残卷考释》,第132页;郑炳林:《敦煌地理文书汇辑校注》,第15页。

东汉灭亡以后，虽然人们也曾利用过秦汉长城的某些片段加以修缮①，但从整体上说这条长城已经荒废，成了残破的古迹。而且，在那时，长城并没有被看做是一个延绵万里的统一整体，也没有被看做是特别重要的古迹。如敦煌文书中有《敦煌古迹二十咏》，其中就没有提到长城，只有一首《阳关戍》记述了阳关这座"废关"："万里通西域，千秋上有名，平沙迷旧路，甾井（隐）[引]前[程]，马（素）[色]无人问，晨鸡吏不听，遥瞻废关下，昼夜复谁扃。"②唐朝灭亡后，后晋曾于938年向西域派出一个正式使团，其要员高居诲在记述他所路过的敦煌时，也提到了阳关等名胜，但同样没有说及长城③。宋辽之后，阳关这座唐代的"废关""终于被流沙吞没"了④。如果在元代的敦煌列出一份名胜表，阳关恐怕就榜上无名。

公元11世纪，敦煌处在西夏的统治下。当时，辽宋与西域的交通往往不能通过西夏统治下的河西走廊，而是经由草原之路、居延路或青海路，敦煌昔日的东西交通枢纽地位有所削弱。即使到了元代，虽然河西走廊又成为东西交通的重要通道，但"由于陆路东西交通路线的逐渐增多，从前由陆路进入汉地，必须经由沙州的时代终于改变了"。⑤元代名臣耶律楚材在讲到蒙古军队灭亡西夏时说："沙州、瓜州，汉所置也。"⑥我们不知道他在说这句话时有没有想到汉代在敦煌所筑的长城，但有一点是毫无疑问的，那就

---

① 如《晋书·凉武昭王李玄盛传》说："玄盛乃修敦煌旧塞东西二围，以防北虏之患，筑敦煌旧塞西南二围，以威南虏。"
② 敦煌文书，伯3929号，郑炳林：《郭煌地理文书汇辑校注》，第138页。
③ 《新五代史》卷七十四《四夷附录第三》。
④ 成大林：《阳关之谜》，《文史知识》1981年第3期。
⑤ 大岛立子：《元代的敦煌》（上、下）《民族译丛》1984年第2、3期。
⑥ 耶律楚材：《西游录》，中华书局1981年版，第4页。

是:随着时间的流逝,元代所见到的秦汉长城遗址一定比唐代所见到的更加残破。

下面,再让我们对连接上都到大都的道路作一番考察。元代从上都到大都的主要通道有四①,往来于这些通道上的各类人员数量很多,为我们留下了不少记述,其中有些就提到了长城。

早在元代两都制确立之前,张德辉在奉元世祖之召北上漠北的途中,见到在鱼儿泊"之西北,行四驿,有长城颓址,望之绵延不尽,亦前朝所筑之外堡也"②。这里所说的"前朝"即金朝,他所看到的实际上是金界壕。略晚于张德辉北行的王恽也说:"二十七日戊子,次新桓州,西南十里外,南北界壕尚宛然也。"③在元代,此金界壕又作"界墙",如郝经曾写过一首题为《界墙雪》的长诗,吟道:"可笑嬴秦初,更叹金源末,直将一抔土,欲把万里遏。"④

在马可·波罗时代,郝经大概是提到长城最多的一位作家,在他的《陵川集》中,明确提到长城的诗作不下5篇。其《白沟行》说:"西风易水长城道,老汧查牙马颠倒,岸浅桥横路欲平,重向荒寒问遗老。"⑤其《化城行》说:"霜净沙干雁鹜鸣,路傍但见棘与荆,秪有惨淡万古情,人间城郭几废兴,一抔聚散皆化城。君不见,始皇万里城长城,人土并筑顽如水,屈丐按剑将土蒸,坚能砺刀草不生。"⑥更有一首诗的标题就是《古长城吟》:"长城万里长,半是秦人骨,一从饮河复饮江,长城更无饮马窟;金人又筑三道城,城南尽

---

① 陈高华、史卫民:《元上都》第二章,吉林教育出版社1988年版。
② 张德辉:《纪行》,《秋涧先生大全文集》卷一百,四部丛刊本。
③ 王恽:《中堂事记》上,《秋涧先生大全文集》卷八十。
④ 郝经:《陵川集》卷三,文渊阁四库全书本。
⑤ 郝经:《陵川集》卷八。
⑥ 郝经:《陵川集》卷十。

是金人骨。君不见,城头落日风沙黄,北人长笑南人哭。为告后人休筑城,三代有道无长城。"①除了郝经,还有一些元代名人吟咏长城,如黄溍的诗作《榆林》:"崇崇道旁土,云是古长城;却寻长城窟,饮马水不腥。斯人亦何幸,生时属休明,向来边陲地,今见风尘清。禾黍被行路,牛羊散郊坰,儒臣忝载笔,帝力猗难名。"②

在元代的地理学文献中,也有关于长城的一些记述,如《元一统志》卷一在讲到上都路的古迹时说:"按《山林地志集略》云:望云县有古长城,六国时在此。唐长城广袤接于枪杆山岭,在奉圣州之东六十里。"在讲到太原路的古迹时说:"古长城(在管州)。在州东七十里下马城东北。又从东北朔州界,入岚谷县界六十里,过西九十里入岚州,经合河县,即秦之长城也";"古长城(在岚州)。从岚谷县东北朔州界,经本州岚谷县界六十里,入岚州及合河县界,即秦之长城也。"

从上面的引述可以看出,元朝之前,中国确实多次建造过长城。但是,当马可·波罗来到中国时,除了极个别的关隘被人们加以修缮利用外,长城的绝大部分都已成为荒芜的遗址。长城只是作为古迹,从而和一些古寺废庙一起出现在元人诗文和地理文献之中。我们注意到,元人在记述古长城时,有如下的特点:一、只是将长城当做荒废的古迹来看待,而且有时将历代长城混为一谈;二、侧重于描述当年筑城的悲苦,或感叹长城并不能阻挡外敌入侵和王朝兴废;三、有时借长城废弃、边陲清明的景象来歌颂元朝的大一统;四、往往是在当地人告知以后,他们才认识到所见的遗址

---

① 郝经:《陵川集》卷十。
② 《金华黄先生文集》卷四《上京道中杂诗》。

是古长城,进而发思古之幽情。显而易见,在元人看来,长城并没有什么特别的意义,更没有将长城看做是中国的一个主要象征。

　　在上述这种历史背景下,像马可·波罗这样一位不懂汉语的欧洲人进入中国后,当他行经长城遗址时,只有具备以下条件才有可能意识到他所见到的正是长城。一个条件是,在入华之前他已经知道中国有条长城;另一个条件是,在他的同行者中有精通中国历史文化的人告诉他这就是长城。然而,第一个条件显然是不存在的,在马可·波罗之前,欧洲没有任何一个人在任何一部著作中提到过长城。第二个条件也难以成立,因为没有任何资料表明马可·波罗曾有这样一位同行者。因此,我们认为,马可·波罗入华以后有可能见到长城遗址,但是,他即使见到了它,也并不见得会知道这就是现在众所周知的长城。

　　总而言之,在马可·波罗时代,长城在欧洲不为人知,即使在中国也不是人们普遍重视的主要景物,更谈不上是中国的重要象征。这样,马可·波罗没有提到长城,乃是合乎情理的、很正常的事情。

三

　　长城被看做中国的一个重要象征,是从明代开始的。明朝建立后,对北方的防御十分重视。整个明代,几乎没有中断过对长城的修建。明长城东起山海关,西至嘉峪关,是中国"现存历代长城遗迹中最完整、最坚固、最雄伟的实物。"[①]

[①]《中国大百科全书·考古学》,第332页。

也就在明朝正德年间，欧洲人开始来到中国沿海活动。从此，中国与欧洲有了日益频繁的直接交往。通过亲自观察以及研究中文著述，欧洲人对中国的认识也在不断地加深。

1549年，一批在中国沿海从事走私贸易的葡萄牙人被明军俘获，他们中的一些人在中国南方度过几年的囚徒生活。后来，有个叫伯来拉（Galeote Pereira）的人将自己在中国的经历写成著作，即《中国报道》。在这部著作中，伯来拉只是说鞑靼"与中国为邻，这两国之间有大山分开"。① 但是，另一个在中国做了6年囚徒的匿名传教士却在《中国报道，一个在那里当过六年俘囚的可敬的人，在马六甲神学院向神父教师贝唆尔（Belchior）讲述》中这样说道：

> 在中国与鞑靼交界的边境上，有一座极其坚固的城墙，它的长度可以让人走上一个月，皇帝将大量的士兵安置在堡垒中。当城墙修筑到高山处时，他们就对高山进行劈削加工，从而使高山能作为城墙的组成部分而保留下来，因为鞑靼人非常勇敢，且精于战争。当我们在做囚徒时，他们曾冲破此城墙，进入中国内地达一个半月路程远的地方。但由于中国皇帝准备了大量的军队，这些军队有精巧的装备（中国人擅长此道），赶走了骑马作战的鞑靼人。由于鞑靼的马匹越来越疲乏饥饿，一个中国军官命令将大量的豆子撒在田野上，这样，那些饥饿至极的马匹再也不听主人的使唤而来吃豆子。于是，中国皇帝的军队就将他们打得大溃而归。现在，城墙上监守

---

① C.R. 博克舍编注，何高济译：《十六世纪中国南部行纪》，中华书局1998年版，第26页。

严密。①

这个匿名传教士讲述的时间是 1554 年,此报告最早在里斯本用西班牙文刊印的时间是 1555 年。这是我们目前所知的欧洲人关于长城的最早记述。

1563 年,葡萄牙历史学家巴洛斯(João de Barros)在他的《第三十年》中说,在一幅关于中国的"完整地图中绘有此城墙,据说此地图系中国人所作,上面形象地表示所有山河城镇,标出其中文名称。……而在我们获得此地图以前,我们也已得到一小卷宇宙志著作,附有一些标明地貌和注明旅程的地图。上面即使没有绘出此城墙,但我们已得知它的信息。而且我们原来从它们那里知道的是,此城墙不完全是连绵不绝的,仅仅是建在某些险峻山脉的关口。但我们现在已经看到他们如何将它绘成延绵的整体,在这一点上我们大为惊奇"②。巴洛斯还认为,中国的长城当在北纬 43 度到北纬 45 度之间,并指出中国人修筑长城的目的是为了防御鞑靼人的入侵③。

1570 年,克路士(Gaspar da Cruz)的《中国志》出版,作者曾在中国沿海活动过几个月。该书这样叙述长城:"一般肯定说,在中国人和鞑靼人之间有一道 100 里格长的墙,有人说它超过 100 里

---

① Juan Gonzalez de Mendoza, *The History of the Great and Mighty Kingdom of China and the Situation Thereof*, edited by Sir George T. Staunton, With an introduction by R. H. Major, London, printed for the Hakluyt Society, reprinted in Peking, 1940, pp. xliv—xlv.

② C. R. Boxer, *João de Barros, Portuguese Humanist and Historian of Asia*, New Delhi, 1981, pp. 106—107. 一般认为,巴洛斯是第一位记述长城的欧洲人,但我们发现上文提到的那位匿名传教士更早一些,可惜他的名字没有流传下来。

③ D. F. Lach, *Asia in the Making of Europe*, Vol. I, p. 739, Chicago and London, 1965.

格";"据说这道长城不是连续的,其间被一些山脉和山头隔断,一位波斯主人向我肯定说,波斯某些地区也有类似的工程,中间也隔着山头和山脉。"①

1575年,以传教士拉达(Martin de Rada)为首的一个西班牙使团来到中国,在福建逗留了两个月,并携带大量中文图书返回马尼拉。拉达后来将自己在中国的见闻写成报告,他这样描述:"〔中国〕北面是一道雄伟的边墙,那是世界上最著名的建筑工程之一。它必定有差不多700里格长,7㖞高,底部6㖞宽,顶部3㖞,而据他们说全盖上瓦。根据他们史书说,这道边墙是将近1800年前由秦始皇所建。"②

与巴洛斯、克路士等人相比,拉达明显地更了解中国的历史,更了解明长城的雄伟规模。但也正是从他开始,西方人将历史上记载的秦长城与实际上存在的明长城混为一谈。克路士和拉达的著作后来成为门多萨(Juan Gonzalez de Mendoza)《大中国史》的主要来源。门多萨的这部名著出版于1585年,他在书中这样记述长城:

> 在这个国家中有条防线或城墙,它有500里格长,始于Ochyoy城③,此城位于高山上,由西向东延伸。建造这道城墙的该国国王名叫Tzintzon④,建造此城墙的目的是为了防

---

① C.R.博克舍编注,何高济译:《十六世纪中国南部行纪》,第49、60页。
② C.R.博克舍编注,何高济译:《十六世纪中国南部行纪》,第187页。
③ 英译者注 Ochyoy 即陕西的 Ho-chow。明长城西起嘉峪关,当时隶陕西肃州。Ho-chow 的中文地名,吴孟雪作"河州",见其《明清欧人对中国舆地的研究(二)》,《文史知识》1994年第2期。但河州位于明长城以南,并不在长城线上,故 Ochyoy 所指何地,尚待考证。
④ 拉达的原著记长城为 Cincio 所筑。Tzintzon 与 Cincio 当指秦始皇,或即"秦始皇"的对音异写。

御鞑靼人，因为他与鞑靼人多次发生战争；这道城墙防卫着与鞑靼交界的所有边境线。但你要知道，这道城墙有400里格都是天然的岩石构成，这些岩石既高大又坚固，紧挨在一起；另100里格的城墙则跨越在这些岩石之间的空地上，这部分城墙是秦始皇命令人们用坚硬的石头筑成的，城墙的底部有7呼宽，高度也是7呼。它始于Canton省①的海边，经Paguia和Cansay，终于Susuan②。此国王为了完成这一伟大工程，在全国每三丁中抽征一人，每五丁中抽征二人。筑城的劳工们远行到各个不同的地方（尽管由最接近长城的各省提供大量的劳力），但他们后来几乎都死于筑城。

建造如此雄伟坚固的城墙，导致了整个国家都起来反对这个国王，在他统治四十年后，他被杀死了，他的一个名叫Agnitzi（二儿子？）的儿子也被杀死了。关于这个城墙的报道是千真万确的，因为所有来到菲律宾群岛、（中国）广州、澳门的中国人都这样说，因为他们亲眼见过它，所以他们说的是事实：由于它位于这个王国的最远处，所以至今为止我们中谁也没有到过那里。③

这样，在门多萨的著作中，秦长城与明长城被进一步混淆在一起，而且，由于门多萨的《大中国史》是"16世纪突出的一部'畅销'

---

① 在大航海以来的西文文献中，Canton一般指称广州，但此处的Canton当指"关东"。参见下揭门多萨书英译本，第28页注2。

② Paguia，当指北直隶，参见下揭门多萨书英译本，第22页注1。Cansay和Susuan，门多萨英译本和博克舍书均认为是江西和四川，但此处用以记述长城，显然不妥，有待继续研究。

③ J. G. de Mendoza, *The History Of the Great and Mighty Kingdom Of China and the Situation Thereof*, pp. 28—29.

书,……也许可以不夸张地说门多萨的书在17世纪初被大多数受过良好教育的欧洲人读过"①。所以,门多萨的这种混淆在欧洲人中间产生了广泛的影响。

从16世纪末的利玛窦开始,欧洲人终于直接进入到中国内地,并有可能亲眼目睹长城。但是那时他们所看到的长城只能是明长城。利玛窦曾两次提到长城。他说:"中国南部以北纬19度为界,终于他们所称的海南岛,这个字即南海的意思。由此伸展至北纬42度,直达北部长城,中国人修建长城作为与鞑靼的分界,并用以防御这些民族的入侵。"他又说:"著名的长城终止于中国西部边疆的北端。这里是一片大约200平方英里的开阔地面,被阻于长城脚下的鞑靼人惯于从这里侵袭中国。"在记述17世纪初鄂本笃从印度到中国的那次著名的陆上之旅时,他还写道:"离哈密以后九天,他们就到达中国著名的长城,进抵一个叫嘉峪关的地方。"②鉴于利玛窦的此项记述所依据的是鄂本笃的随从以撒凭鄂本笃一些手稿的回忆,我们在此难以分辨称嘉峪关一带为"中国著名的长城"的是利玛窦还是鄂本笃,但这里指称的是明长城则是毫无疑问的。

由于进入了中国内地,传教士们还得以确定长城的准确位置。与利玛窦同时代的传教士庞迪我在17世纪初出版的一部著作中"告诉欧洲的会友,经他用星盘实测,北京的正确位置应在北纬40度一带。中国北方的边境距北京两个纬度,赫赫有名的长城就横

---

① C.R.博克舍编注,何高济译:《十六世纪中国南部行纪》,第7页。
② 何高济、王遵仲、李申译:《利玛窦中国札记》,中华书局1983年版,第7、558、559页。

亘在北纬42度一带"①。正是由于从16世纪起传到欧洲的对长城的报道不断增多,并且为传教士亲眼目睹的经历所证实,长城日渐被欧洲人视作中国所特有的事物,甚至是它的重要特征。但与此同时,在他们的认识里,历史上的秦长城与现实中的明长城渐渐混为一谈,而且成了一种定式。

秦长城与明长城之间的混同也反映在欧洲的地图学上。长城出现在欧洲人绘制的地图上,可以追溯到1561年,当时梵勒霍(Bartholemeu Velho)根据欧洲所得到的关于中国的新知识,在中国与鞑靼之间标上了一道长城②。在16世纪及17世纪前期有关中国的新知识中,除了欧洲人自己所写的各类行纪、报告、书信等之外,还有一个很重要的部分,即流入欧洲的中文地图。不少欧洲人通过各种途径将一些当时中国所刻印的明朝地图带回欧洲③,欧洲人就是以这些中文地图为主要依据而绘制有关中国与东亚地图的,因此,在这些西文地图上所出现的长城自然就是明代的长城。例如普切斯(Samuel Purchas)所绘的中国地图就是完全以中文地图为蓝本的,他只是将图上的中文地名去掉,再根据耶稣会士提供的材料而填上西文的拼写,但图的顶端还保留着《皇明一统方舆备览》的中文字。后来在欧洲出版的中国地图上所标绘的长城也都是明长城。在1993年出版的拉赫名著《亚洲在欧洲形成中的

---

① 庞迪我:《一些耶稣会士进入中国纪实以及他们在这一国度看到的特殊情况与该国固有的引人注目的事物》,塞维利亚1605年版,第56页。转引自张铠:《16世纪欧洲的中国观——门多萨及其〈大中华帝国史〉》,黄时鉴主编:《东西文化交流论谭》,上海文艺出版社1998年版。

② D. F. Lach, *Asia in the Making of Europe*, Vol. I, book 1, p. 224; book 2, p. 817.

③ 李孝聪:《欧洲所藏部分中文古地图的调查与研究》,《国学研究》第三卷,北京大学出版社1995年版。

作用》第3卷第4册中,就附有一些这样的地图,如1652年巴黎出版的达贝维叶(Nicolas Sanson d'Abbeville)的亚洲地图、1662年阿姆斯特丹出版的布洛(Johan Blaeu)的亚洲地图、1655年卫匡国绘制的中国地图、1687年柏应理《中国哲学家孔子》一书所附的中国地图、1670年阿姆斯特丹出版的基旭尔(Athanasius Kircher)《中国图说》一书中的中国地图,以及1666年巴黎出版的纽霍芬(Johann Nieuhof)访华报告所附的中国地图,等等①。

16、17世纪的欧洲强国是西班牙、葡萄牙和荷兰等,英国还比较落后。当时英国关于中国的种种知识主要是从这些大陆国家获得的,其中包括那种将明长城与秦长城混为一谈的长城观。18世纪,英国兴起,成为世界上最强大的殖民帝国。也正是在这个时候,英国首次向中国派出了以马戛尔尼为首的外交使团,于是英国人第一次亲眼见到了中国长城。使团的主要成员回国后纷纷介绍自己所见到的长城,随行的一位画家亚历山大(W. Alexander)还画下了一幅长城的雕版画。马戛尔尼使团对英国公众进一步了解中国、了解中国的长城,起了极其重要的作用。这里且不说有关著作在英国的出版与流传,我们只要看看亚历山大那幅长城画的影响,就可以管窥到这一点。亚历山大的这幅画作于1793年,在将近半个世纪后的1841年,阿隆(T. Allom)所画的长城图,其总体背景竟然与它完全一样,只是将画面上作为陪衬的人物换了一下而已②。

但是,也正是这个马戛尔尼使团进一步混淆了明长城与秦汉

---

① D. F. Lach, *Asia in the Making of Europe*, Vol.Ⅲ, book 4, 图版 284—292。
② James Orange, *The Chater Collection*: *Pictures Relating to China*, Hong Kong, Macao, 1665—1860, London, 1924, SectionⅢ, No. 10; SectionⅪ, No. 4.

长城。安德逊在其《英使访华录》一书中写道:"一位官员告诉我,当我们一起在城墙上行走时说:根据他的国家的历史所载,长城是在二千年前建筑完成的;那就早在耶稣纪元前好几个世纪了。"①斯当东在《英使谒见乾隆纪实》中写得更多:"这条防线的最初建筑年代无从查考,但它的建成年代在历史上则是信而有征的。这个时候,相当于西历纪元前三百年代。从这个时候起,中华帝国历代相沿下来,当中没有任何空白。世界上任何其他国家没有中国那样注意历史材料,也没有中国学者那样认真地把历史当作一门专业来研究。……在这种情形下,我们没有理由怀疑到这个牵涉到千百万人所造的长城的历史年代的可靠性。"②初读起来,这样的报道似乎没有什么问题,但实际上它仍隐含着对读者的误导,使读者以为他们所描述的明长城就是秦汉长城的延存,有如前面已引述的拉达和门多萨的记述那样。现在我们发现,这种误导的影响是十分深远的,它似乎深深地扎根在一些人的心中。

在这里,我们也想说一说斯当东分析马可·波罗未提长城的事。当时的问题是,由于马可·波罗未提长城,一位意大利作家竟怀疑当马可·波罗来华时,"是否有这条长城"。斯当东论说,"这一事件绝不能抵消这么多证明它的存在的信而有征的文件"。同时,他指出,马可·波罗也可能"把长城遗漏掉"。他根据被发现的马可·波罗到中国的路线图,说明"他事实上并没有穿行长城线"③。可惜的是,斯当东所据的路线图本身并不可靠,因而他的

---

① 爱尼斯·安德逊著,费振东译:《英使访华录》,商务印书馆1963年版,第119页。

② 斯当东著,叶笃义译:《英使谒见乾隆纪实》,商务印书馆1963年版,第342—343页。

③ 同上书,第344页。

结论也就难以成立。事实上,情况要复杂得多;但斯当东想到用马可·波罗来华路线与长城的关系来探究他是否经过长城,这倒是一条值得称道的思路。有趣的是,现在的否定方向倒了过来,长城是无可置疑的了,但由于他没有提到长城,他是否到过中国就值得怀疑了。我们的答疑已如上述。现在我们颇想问问,坚持提出这种疑问的人是否实际上对中国长城建筑的历史还缺乏了解,同时是否受大航海以来从拉达、门多萨到安德逊、斯当东诸人的误导的影响实在太深了。在我们看来,吴芳思在其著作的附图上仍然画着明长城,正是这种影响的一个明证。

四

对于普通公众来说,要他们将实际上看到的明长城与历史上的秦汉长城区别开来,是一种苛刻的要求,即使是一般的中国人也并不是人人都清楚这种区别的。吴芳思就不同了,她是专门研究这一问题的,她理当通过自己的研究将这种区别告诉给读者。事实上,她对这种区别是有所了解的。她在书中写到,秦汉以后迄于元代,中国的统治者们并没有大规模地去修建长城;但她还是坚持说,"我的感觉是,尽管没有重大的建造或修缮长城的活动,在13世纪定会残留着许多夯土城墙;而如果从西部进入中国,就不大可能会对这些城墙不加注意"[①]。而且她正是凭着这种感觉来大谈马可·波罗关于长城的"漏写"问题。吴芳思的这种做法无疑会进一步误导读者。我们现在已经在她为其书中文版所作的跋文中读

---

① F. Wood, *Did Marco Co to China?* p. 101.

到,"英文版出版后读者的评论大都围绕马可·波罗的书有漏写这个问题"①。显而易见,如果人们在研究马可·波罗的时候竟将注意力集中在所谓"漏写"问题上,那么这项研究还能取得多少学术性进展呢?

关于吴芳思的这部《马可·波罗到过中国吗?》,正如它的中译者所说的那样,其"内容主要是一些持类似的学者的论点的综合,书中并没有作者本人很多独创的新见解"②。其实,通观国内外学术界的马可·波罗研究史,怀疑论者否定马可·波罗到过中国的主要论据也就是两点:一是在元代的中文文献中找不到一个名叫马可·波罗的欧洲人,二是马可·波罗漏写了若干中国所特有的事物。

怀疑论者的第一个论据实际上并没有什么说服力,因为一方面,并非所有来华的外国人都会被载入中文文献,例如吴芳思说中世纪"越过中亚"的传教士"多如牛毛"(nose to tail),但在中文史料中能找出几个人的姓名呢?另一方面,来华的外国人即使被载入某一中文文献,但随着历史的变迁它可能已经佚失。马可·波罗的名字不见于存世的中文文献,是否即可确证他并未到过中国?在这个问题提出来进行讨论的时候,某些学者的大前提是中文文献十分丰富,而且记载详细,马可·波罗这样一个有名的人物,一定会被记录下来,不会漏记。可是这个大前提是否可以成立呢?

诚然,中国的历史学非常发达,中文文献的丰富与连贯是无与伦比的。但这不等于说,中国的历史文献一定会记下任何事情和

---

① 《马可·波罗到过中国吗?》,第 202 页。
② 《马可·波罗到过中国吗?》,第 4 页。

人物,而且一个不漏地流传下来。蒙元时,入华的外国人很多,其中包括中亚、西亚、南亚、东南亚、东欧、西欧和北非的各国人士,但是在元代文献中,留下名字的实在是太少了,马可·波罗并不是一个特殊的例外情况。例如,吴芳思提到的鄂多立克,他的游记的确比马可·波罗多记了缠足与鸬鹚捕鱼,看来,吴氏是首肯他到过中国了;可是他的大名在中文文献中也是找不到的。还可以举出一批欧洲人士,他们元时来华在西文文献中可谓有据,但他们的名字同样在中文文献中查不出来。

我们都知道,元代的中文文献保存下来的实在很有限。例如,在明初编成《元史》以后,元代的历朝实录佚失无存,更不用说各种档案资料了。这样,即使马可·波罗的名字曾经被记载下来,在文献大量佚失的情况下,他的名字也可能消失。正是在其他学者从中文文献中确实找不到马可·波罗名字的时候,杨志玖教授发现了一条史料,据此可以证明马可·波罗真的到过中国[①]。但杨教授从"站赤"中发现的这条珍贵的史料,现在也已只见于明初编纂的《永乐大典》的残本之中,如果当年英法联军将《永乐大典》毁灭得更加彻底,那么,今天谁还能发现它呢?

为了说明这个研究方法上的问题,我们在这里再举一个中英关系史上的显例。1792—1793年间,英国马戛尔尼使团访华,这是双方都有文献记录的。但是如果单凭中文文献,使团中的一些扈从人员的名字便找不出来。例如,上文提到的亚历山大,他是一位画家,访华时绘了许多关于中国的画,其作品与声名一直流传至

[①] 杨志玖:《关于马可波罗离华的一段汉记载》,《文史杂志》第1卷第12期,1941年12月重庆。收入杨志玖:《元史三论》,人民出版社1985年版。

今。可是亚历山大这个名字，如今遍查有关的中文文献，包括大量档案资料，却无一见。不仅是这一位亚历山大，即使是其他一些使团成员的名字，如果没有迄今保存的军机处档案和内务府档案，单凭《清实录》和《东华录》，也不可能找到。《清实录》记有关马戛尔尼使团之事，共57处，但提到名字的只有两处，一处记"正使吗嘎咏呢、副使嘶嚓咏"，另一处记"使臣吗嘎咏呢等"。而《东华录》则只有一处提到"吗嘎咏呢"。《清史稿》也只有三处存下了"吗戛尔尼"的名字。如果上述清代档案和《清实录》不存，那么，连斯当东副使这样重要的使团成员在中文文献中也就找不到了①。这样的话，也许有的研究者同样会由于这种"漏记"而否定他到过中国了。

也许是由于怀疑论者多少意识到他们的第一个论据缺乏说服力，所以他们更喜欢在第二个论据上大加发挥，即吴芳思所说的"漏写"问题。对此，我们在《关于茶在北亚和西域的早期传播》一文中曾经说过："从研究方法而言，这样的论证是不能成立的。对于古代旅行家留下的游记，宜从总体上探讨它的真实性，特别需注意他与前人及同时代人相比，是否正面提供了可以印证的新资料。以这样的标尺来衡量，一个多世纪以来马可·波罗研究已经证明马可·波罗确实到过中国，他对中国的描述从总体上看是真实的。反之，如果只要指出某部游记没有记载某些内容，就否定它的真实性，那就几乎可以否定全部游记，但这只能是对历史的一种苛求，缺乏逻辑的说服力。"

怀疑论者因为在马可·波罗的著作中找不到一些中国特有的

---

① 上段与本段的文献资料，请参考中国第一历史档案馆编：《英使马戛尔尼访华档案史料汇编》，国际文化出版公司1996年版。

事物而否定他到过中国,如果根据这种逻辑进行推论,那么,人类的许多重大历史活动都可能被宣布是不存在的。正如玉尔早已指出的那样,在巴塞罗那的档案中找不到欢迎哥伦布入城的记载,在葡萄牙的档案中没有关于亚美利哥为国王而远航的文件①,我们难道可以据此而否定这两个人到过美洲吗?

当怀疑论者以上述逻辑否定马可·波罗到过中国时,他们似乎忘记了一个最重要的基本事实,这就是:马可·波罗固然"漏写"了一些中国的事物,但与这些事物相比,书中更多的则是对中国的正确描述。如果否定马可·波罗到过中国,那么,怀疑论者就必然会面临着这样一个难题:如何合理地解释马可·波罗著作中关于中国的大量记述的正确性,特别是那些具体细节的正确性。对此,怀疑论者很少有人给予正面讨论,只有福赫伯提出过《马可·波罗游记》可能是从某个波斯文导游手册中抄来的。但这里的关键是,迄今为止,谁也没有发现过这样一本导游手册。所以,福赫伯本人又回过来说,在确证马可·波罗书有关的章节是采自其他(可能是波斯的)资料以前,必须假定和推测他毕竟是在那里。我们感到,福赫伯是在认真地探讨有关的课题。

据说马可·波罗临死前,有人要他声明他在书中所说的都是些无稽之谈,但马可·波罗却回答:我所说出来的还不到我所见到的一半。长期以来,许多人都用马可·波罗的这句临终遗言来解释马可·波罗为什么没有提到那些所谓"漏写"的事物,也就是说,

---

① *The Book Of Ser Marco Polo*, translated and edited, with notes, by Colonel Sir Henry Yule, Revised by Henri Cordier, London, 1926, pp. 110—111.

马可·波罗还没有来得及将这一切说出来①。也许,就有些中国事物而言,马可·波罗确实看到了但没有来得及告诉世人。但是,另有一类中国事物,马可·波罗或者根本就看不到,或者即使看到了也不会留下特殊的印象。我们以为,怀疑论者所列举的那些"漏写"的事物,大都属于这一类。例如,关于茶的问题,我们早已说过,迄止13世纪70年代,并无资料证明蒙古人与回回人已普遍饮茶,即使到了90年代初,也很难说蒙古人与回回人已饮茶成风,长期生活在蒙古人与回回人中间的马可·波罗自然就不一定能得到茶的信息,或者将饮茶当做中国特有的重要事物。这样,他在书中没有记茶也可以说是合乎情理的。

我们认为,要说明为什么马可·波罗会"漏写"一些关于中国的事物,首先就必须考察这些事物在当时是否存在;如果存在的话,又是什么样子的;它们当时是不是已成为中国的重要标志,是不是必然会引起外来旅行者的特别注意。只有在进行这样的考察和研究之后,才能合理解决所谓"漏写"问题。

最后,我们再稍微谈一下怀疑论者颇感兴趣的另一个"漏写"的事物,即女子缠足。吴芳思说:"在这些争论中,最奇怪的一点是,马可·波罗没有记述缠足,因为这几乎是后来的旅行者首先看得入迷的习俗。"②由于篇幅的限制,本文不可能对此问题展开讨论。好在吴芳思自己的这句话已在一定程度上对这个问题作了回答,"后来的"这一定语正是问题的关键。也就是说,对于缠足,西方"后来的旅行者首先看得入迷",但马可·波罗是否就一定能见

---

① Nigel Cameron, *Barbarians and Mandarins*, Oxford University Press, 1989, pp. 63,65.
② 《马可·波罗到过中国吗?》,第99页。

到这种习俗呢？吴芳思不仅不能证明马可·波罗时代缠足已成为普遍流行的习俗，相反，她已经意识到"在波罗氏一行正在中国的蒙元时期，缠足之风没有广泛流行，外国旅行者有可能见不到那些不能走远路的缠足妇女"，"妇女居家不出户使马可·波罗看不到几个汉族上层妇女"①。遗憾的是，对于这样一个至关重要的问题，吴芳思并没有深究下去，而是将它轻易地回避过去了。

关于缠足，吴芳思在讨论杨志玖教授的论文时还说："他在论文中没有解答为什么书中漏写缠足问题，虽然他可以通过再次强调马可·波罗与汉人隔绝（而与长着两只大脚片的蒙古人接近）的办法给予回答。他没有把这个问题提出来无疑主要是因为当代中国人对这种古代的习俗极为反感，并把西方人对这种习俗的兴趣视为一种侮辱。"②确实，缠足是中国历史上的一种陋俗。但是，只要稍微了解一些中国近代妇女解放运动史的人，就会清楚地知道近代中国人对这种陋俗进行了何等坚决彻底的批判与否定。现在，吴芳思就一位中国学者未提缠足问题发表上述议论，所据又何在呢？在这里，至少吴芳思再一次表现出过于强烈的主观揣测。当代中国作家冯骥才前不久写过一部关于缠足的长篇小说《三寸金莲》，恰恰证明了吴芳思的揣测是没有道理的。

《马可·波罗行纪》自问世以来，引起了人们的种种争议。在各个时代，争议的内容以及造成争议的原因是不同的。中世纪的欧洲，对东方充满了种种荒诞的观念，由于关于东方的知识十分有限，人们对马可·波罗的许多说法都表示怀疑。但是，他所描述的

---

① 《马可·波罗到过中国吗?》，第 97 页。
② 同上书，第 183 页。

奇异的东方毕竟使欧洲人眼界大开，并促使他们去努力寻找。随着时间的推移，近代的学术研究使马可·波罗其人其书的真实性被逐渐认知；同时，人们也发现他的描述确有不少不实与夸张之处。也有人继续怀疑其书的真实性，甚至进而认为他没有到过中国。问题在于，认为马可·波罗没有到过中国的人，既不能否定可以说明马可·波罗确实到过中国的论说，又不能提出确立己说的真正有力的论据。我们认为，怀疑论者之所以如此，是因为他们在研究方法上存在着三大问题：一是他们的两个主要论据缺乏逻辑上的说服力；二是他们对其论说的中国事物缺乏历史的了解，对中文文献的掌握也尚欠深入；三是他们对中国的看法多少有一种定式，在不同程度上尚未摆脱大航海以来在欧洲逐渐形成的中国形象，尤其是在"中国特征"方面。凡此种种，我们进行了一些分析。本文旨在促进对马可·波罗其人其书的研究走向深入，不当之处，尚祈方家与读者指正。

附记：本文写毕，正拟寄出，恰好读到《历史研究》1997年第3期上刊出的杨志玖教授撰写的《马可·波罗到过中国——对〈马可·波罗到过中国吗?〉的回答》一文，见他已作全面的学术性的回答，十分钦佩。考虑到拙文的视角与杨先生的论文有所不同，且又着重讨论关于马可·波罗"漏写"长城的问题，故仍将它封函付邮。惟本文写于杨先生论文发表之前，已来不及参读该文进行修改，故请读者见谅。

欧洲人对宁波的最早
记述：文献与地图[*]

宁波位于东海之滨，是中国的一个重要对外贸易港口。自古代开始，宁波就已通过海上丝绸之路而与世界联系起来。那么，欧洲人是什么时候开始知道宁波这个城市的呢？本文就此问题作一探讨。

我们知道，中世纪欧洲最伟大的旅行家是意大利人马可·波罗(1254—1324)，他于1275年开始在中国侨居了17年。马可·波罗到过杭州，并把杭州（当时被称作"行在"）誉为"世界上最雄伟壮丽的城市"。[①] 马可·波罗的游记为中世纪的欧洲人"提供了关于东方的最广泛、最权威的报道"[②]。那么，马可·波罗有没有到过宁波呢？这个问题目前无法回答，因为在《马可·波罗游记》中并没有提到宁波。而且，从当时的交通路线来看，他很可能没有到过宁波，而是从杭州直接沿钱塘江而上，向西经浙江金华、衢州，

---

[*] 本文原为2003年12月在宁波召开的"明清浙东学术文化国际研讨会"论文。

[①] 《马可·波罗游记》的版本较多，目前最好的本子就是摩勒(A. C. Moule)和伯希和(P. Pelliot)整理的《寰宇记》(*Marco Polo the Description of the World*, London, 1938)。

[②] D. F. Lach, *Asia in the Making of Europe*, Vol. 1, book 1, p. 36, The University Of Chicago Press, 1965.

进入江西上饶，最后来到福建。①

就现有的资料而言，最早提到宁波的欧洲人应当是鄂多立克(Odoric of Pordenone)。

鄂多立克祖籍是波希米亚人，出生于意大利东北部弗留利(Friulu)地区的波代诺内镇(Pordenone)，此镇位于一条可通达亚德里亚海的河流边，直到19世纪末，它还是一个非常繁荣的沿河港口城镇，现在则以轻工为主。鄂多立克就出生在距这个小镇大约1.5英里的一个名叫诺瓦(Villa Nova)的小村子里。19世纪末20世纪初，村子里还有一所据说是鄂多立克出生地的二层小楼。鄂多立克的出生年代至今不清楚。根据1639年一位学者的研究，他的出生年代应是1286年，这也是多数人所接受的说法。但是，玉尔(C. H. Yule)早就对此提出过怀疑。② 现在还有人认为，鄂多立克出生于1265年左右。1280年左右，他成了天主教方济各会（中文又译作法兰西斯派）的一名修士，③此会主张清贫修道。鄂多立克经常赤脚步行，身着粗制薄毛衣，有时甚至身披铁甲。这种艰苦的生活磨炼，为他日后的长途旅行打下了基础。他潜心修道，甚至拒绝升迁，过着隐士的生活。

大约在1318年前后，鄂多立克离开了意大利的威尼斯，穿过达达尼尔海峡、马尔马拉海和博斯普鲁斯海峡，进入黑海，然后在现在土耳其境内的历史名城特拉布宗(Trebizond)上岸。他在中

---

① 鲍志成：《马可·波罗与天城杭州》，香港新风出版社2000年版，第393—409页。

② 以上内容可参阅 C. H. Yule, *Cathay and the way thither*, revised by H. Cordier, vol. II, pp. 1—8, London, 1913.

③ J. B. Friedman et al, *Trade, Travel and Exploration in the Middle Ages*, p. 457, New York and London, 2000.

东生活了几年,到过巴格达等地。大约在1321年左右,他从巴格达前往波斯湾口,搭船前往印度。他在印度的孟买附近搜集到了四个殉道的基督教徒遗骸,并决定把它们带往中国。大约在1323年到1324年左右,他从印度经海路到达中国的广州。根据鄂多立克自己的叙述,他于1325年来到北京,1328年离开北京,经山西、陕西等地,沿陆上丝绸之路西行,经中亚到达西亚,于1329年年底或1330年年初回到意大利的威尼斯。鄂多立克回国后,曾想去拜见教皇,以请求教皇派出更多的传教士远赴中国。但在途中,他得了重病,不得不返回家乡。1331年1月,鄂多立克在意大利的乌代内(Udine)去世。

鄂多立克去世后,据说曾出现了种种奇迹。他在当地一直被奉为圣人。1755年,罗马教皇为他宣福。他的遗体曾长期被安放在乌代内方济各教堂里的一具精美石棺中。1796年到1814年,拿破仑统治意大利期间,此石棺破碎。石棺的一些残块被用来建造了一个祭坛,里面安葬着鄂多立克的遗骸。1881年,人们在波代诺内镇为鄂多立克建立了一个半身雕像。

1330年5月,经过长途跋涉回国后的鄂多立克,在意大利的帕都亚(Padua)城向方济各会的其他神父讲述了自己在东方的见闻,一位名叫威廉(William of Solagna)的神父用拉丁文记载了他的叙述,这就是我们后来所说的《鄂多立克游记》。另一个名叫马彻西努斯(Marchesinus of Bassano)的神父后来也参与了鄂多立克游记的编辑工作,并且添加了一段关于鄂多立克的轶闻。

《鄂多立克游记》被人们译成不同的文字进行传抄。至今为止,共发现了70多部《鄂多立克游记》的手抄本,分别用拉丁文、意大利文、法文和德文抄写,最早的属于14世纪。而且,这些手稿的相互之间都有一些差别。根据玉尔的研究，现存的手稿可以分为四大类。其中第一类手稿为拉丁文，可能更接近鄂多立克口述的内容。从 16 世纪起，又出现了大量的印刷本。

鄂多立克明确说，他之所以要讲述自己的东方见闻，是为了宣扬基督教，是为了灵魂得救，因此书中有不少关于基督教圣徒奇迹的内容。与马可·波罗的游记一样，鄂多立克的游记也是由别人笔录而成的。但是，两者也有区别。就游记内容而言，鄂多立克的叙述具体描述较多，概括能力较差，而且结构比较松散。所以，近来有人这样写道，"马可·波罗的特点是概括、客观，但在视觉描述上有欠缺；鄂多立克的特点则是生动，他通过栩栩如生地描述自己的所见所闻而给人留下深刻的印象。"所以，马可·波罗的游记更像是一部地理教科书，而鄂多立克的游记则更像是一部旅行日记。① 此外，马可·波罗是在狱中讲述他的东方之旅的，鄂多立克则是在生命之火即将熄灭的时候口述自己的见闻，这样，可能是由于生病的缘故，鄂多立克的游记的内容显得有点混乱。况且马可·波罗的第一个听众是一个小小的作家，而鄂多立克的笔录者则是普通的修士。因此，与《马可·波罗游记》相比，《鄂多立克游记》在文学水平上要逊色些。

与马可·波罗一样，鄂多立克也把元代的中国南方称为"蛮子"(Manzi)，这是当时对曾经是南宋统治区的蔑称；把中国北方称为"Cathay"，此词源自曾在中国北方建立过辽朝的契丹族；把杭州称为行在(Cansay)，这是宋王朝南渡后对杭州的称呼；等等。但

---

① J. Larner, *Marco Polo and the Discovery of the World*, Yale University Press, 1999, p. 129.

是，在鄂多立克的著作中，也有一些内容是《马可·波罗游记》中所没有的。就中国部分而言，鄂多立克第一次向欧洲人介绍了用鸬鹚在钱塘江中捕鱼的方法、中国南方男子把指甲养得奇长以显示自己优越身份的陋俗、中国女子的缠足，等等。特别重要的是，鄂多立克提到了一个名叫 Menzu 的城市，这也是《马可·波罗游记》中所没有的。鄂多立克这样写道：

> 从杭州出发后六日，可达金陵府(Chilenfu)。离开金陵府后，有一条名为"Talay"的大江。顺江而行，便到了扬州城(Iamzai)。离开扬州，"在 Talay 江的出口处，有个名为 Menzu 的城市。此城中的船只，恐怕比世上任何其他城市的都要好、要多。船的外面被涂成白色，洁白如雪。船上有厅堂和卧室，还有种种生活设施，都非常美观整洁。此地船只如此之多，不仅你耳闻之后不太会相信，即使你亲眼目睹之后可能也会感到难以置信。"①

鄂多立克这里所说的"世界上最大的河流""Talay"无疑是指长江，这个名称应来自蒙古语对"大海"的称呼"dalai"，就如我们现在依然还在使用的"达赖"一词。这里所说的"Menzu"，在不同的抄本中还分别被写作"Mezu"、"Mency"、"Mensy"、"Mencu"、"Menchu"、"Montu"等。那么，这个城市到底是中国的哪个城市呢？一百年前，玉尔已经指出，它应当是"明州"之音译，即现在的宁波，因为在当时中国东南沿海一带找不到与此对音的其他港口

---

① C. H. Yule, *Cathay and the way thither*, revised by H. Cordier, vol. II, pp. 211—212, London, 1913. 中译文可参见何高济译：《海屯行纪、鄂多立克东游录、沙哈鲁遣使中国记》，中华书局 2000 年版，第 77—78 页。

城市。① 但宁波并非位于长江口，更不在扬州以北。不过，这比较容易解释。一种可能是，鄂多立克并没有到过明州，而只是听说此城。另一种可能是，当他在病中口述中国之行时，回忆有误。也许这两种可能夹杂在一起。而且，《鄂多立克游记》并不是完全客观的记载，其中有许多内容是不可信的，甚至荒唐的。例如他在游记中说，中国长江（Talay）边有个矮人国，女人五岁结婚，生出众多巴掌大的小矮人。我们显然不能据此到长江边去寻找这样一个国家。因此，鄂多立克把明州的方位记错了，也是完全可能的。

我们知道，公元738年，明州始置，因境内有四明山而得名。南宋绍熙五年（1194年），明州被升为庆元府。元朝改庆元府为庆元路。直到1367年，才改庆元路为明州府。1381年，明州府被改称为宁波府。也就是说，当鄂多立克来到中国时，宁波的正式名称应当是庆元，而不是明州。那么，鄂多立克所说的"Menzu"是不是即指明州呢？答案是肯定的。因为当明州被改名为庆元后，人们实际上依然在经常使用明州这个名称。我们只要随便翻检古籍，即可找到许多实例。

例如，在明州被改为庆元府半个多世纪后，南宋的《开庆四明续志》（1259年）卷一"城郭"一开头即说"明濒海为州"。② 在元代所修的《延祐四明志》（1320年）中，袁桷在序中说："暨宁四明，乃曰：明旧有志，今为帅大府，浙东七州，推明为首……"；③ 同书"本路儒学"中则有"开元二十六年，明始治州学"的句子。④ 在元代宁

---

① C. H. Yule, *Cathay and the way thither*, revised by H. Cordier, vol. II, pp. 211—212 脚注3, London, 1913.
② 《开庆四明续志》卷一《城郭》，宋元方志丛刊本，中华书局1990年版，第六册。
③ 《延祐四明志》序，宋元方志丛刊本。
④ 《延祐四明志》卷十三《本路儒学》。

波名人戴表元(1244—1310)的著作中,虽然可见到"庆元路奉化县学仁寿殿成"之类的文字,①但也能读到这样些表述:"赵君理墓志铭"说"君讳与茸,字君理,赵氏,明奉化人";"陈府君功父墓志铭"说"明奉化之陈有自闽来者,开族于海阴";"楼府君墓志铭"说"楼之籍,在明奉化忠义乡",②等等。以上可见,元代的宁波,虽然正式名字是庆元,但人们还是普通使用"四明"、"明"或"明州"之类名称。这可以说是"明州"这个地名的一个特点,因为在中国历史上,有许多地名一旦被更改后,旧地名就逐渐被人遗忘,最后彻底被废弃。

《鄂多立克游记》为欧洲人提供了关于东方的重要信息,被人们广为阅读。还有人把《鄂多立克游记》中的内容吸收到自己的作品中,其中最为有名的是所谓的《曼德维尔爵士游记》(*The Travels of Sir John Mandeville*)。

《曼德维尔爵士游记》最早于1356—1366年间开始在欧洲出现,原书用法文写成。此书作者自称是英国圣奥尔本(St. Albans)的一个爵士。他说自己从1322到1356年(有的抄本说是1357年)之间在海外长期旅行,经历了土耳其、波斯、埃及、巴勒斯坦、阿拉伯、埃塞俄比亚、印度、中国等地。他还说自己曾到过天堂附近,但没有进去。

14世纪,一个名叫杜特墨(Jean d'Outremeuse of Liege,1338—1400)的历史学家说,曼德维尔爵士于1372年在比利时的列日去世。从19世纪后期开始,人们就对此书作者进行大量的研

---

① 《剡源戴先生文集》卷一《仁寿殿记》,四部丛刊本。
② 以上可见《剡源戴先生文集》卷十六,四部丛刊本。

究,但至今没有形成一致的看法。有不少人认为所谓的"曼德维尔爵士"是个虚构出来的人物,此书的真正作者可能是法国人,而且很可能就是杜特墨本人。也有人说,此书可能出自列日的一个匿名作者之手。当然,还有学者想努力证明此书作者是个英国人,而且曼德维尔爵士可能确有其人。总之,至今为止,我们还不知道《曼德维尔爵士游记》的作者情况,而且,多数人认为此书应是欧洲大陆的某个作者撰写的,而不是英国人。①

此书的内容可分两部分。前半部分主要讲述前往基督教圣地耶路撒冷的经历,后半部分主要讲述自己在东方(包括中国)的旅行过程。现在可以证明的是,此书内容是根据其他人的著作编写而成,包括《圣经》、历史著作、宗教著作、百科全书等 30 来种著作。因此,《曼德维尔爵士游记》的内容实际并不是根据作者自己的亲身经历写出来的,而是根据别人的叙述想象出来的。现在一般认为,此书的作者最多可能到过耶路撒冷。至于中国,此书的作者绝对没有到过。

《曼德维尔爵士游记》问世后,在欧洲迅速流传。到了 1400 年左右,人们已把它译成欧洲各主要语言进行传抄。现在存世的稿本共有 300 种左右,而《马可·波罗游记》的现存抄本是 140 种左右,可见《曼德维尔爵士游记》在当时的影响。《曼德维尔爵士游记》的版本情况比较复杂,总的说来,可以分为两大类。一类称为"大陆本",主要在欧洲大陆流传。另一类被称为"岛国本",主要在英国流传。

---

① 上述内容可参见 I. M. Higgins, *Writing East: the "travels" of Sir John Mandeville* (University of Pennsylvania Press, 1997)中的相关内容,以及 *The Travels of Sir John Mandeville* (Penguin Books, 1983)中的导言。

《曼德维尔爵士游记》中国部分的内容主要来自《鄂多立克游记》。与当时其他欧洲人一样，《曼德维尔爵士游记》的作者把蒙古人称为"鞑靼"(Tartar)，把中国北方称为"契丹"(Cathay)，把中国南方称为"蛮子"(Mancy)。更有意思的是，由于《曼德维尔爵士游记》的作者不知道此时元朝早已统一了中国，还以为中国依然处于元与南宋的对峙之中，所以他对欧洲人说，当他来到中国时，正好赶上蒙古大汗与蛮子国王之间的战争，并且煞有介事地写道："要知道，在整整十六个月中，我一直作为大汗的战士参加了对蛮子国王的战斗。"①

　　与《鄂多立克游记》一样，《曼德维尔爵士游记》也讲到了Menk(明州)，而且两者的叙述顺序与内容基本相同。《曼德维尔爵士游记》说，从扬州出发，来到大江之口，有一城市，名为明州。"此城船舶众多，由于船只是用一种白色的木材建造的，所以船只洁白如雪。人们将船造成如住宅一般，有厅堂，有卧室，还有种种生活设施。"②我们可以非常容易地看出，这段文字，正是来自《鄂多立克游记》。

　　《曼德维尔爵士游记》的作者虽然并没有到过中国，而只是博采别人的著作编造出了自己的东方之旅，但此书作者不是简单地把其他人的著作汇总在一起，而是进行了精心的编辑加工。此书既具有游记的真实性，又有文学的虚构性。此书虽然不能当作历史资料，但却是一部文学佳作，有人甚至称之为"英国散文之父"。由于此书内容精彩，文笔优美，引人入胜，在欧洲有着非常广泛的

---

① *The Travels of Sir John Mandeville* p. 144, Penguin Books, 1983.
② *The Travels of Sir John Mandeville* pp. 140—141.

读者。哥伦布、莎士比亚、米尔顿、济慈、马克思等等这些在人类历史上产生过巨大影响的人物都曾阅读过这部著作。

大约在《曼德维尔爵士游记》出现前后，欧洲的制图学家们也开始努力把鄂多立克、马可·波罗等旅行家关于东方的记载在地图上反映出来。可惜的是，有些早期地图随着时间的流逝早已不复存在了。现在可以肯定的是，在14世纪欧洲绘制的世界地图上，已经出现"明州"这个地名。其中，最为著名的则是被通称为《1375年加泰罗尼亚地图》(*The Catalan Atlas of 1375*)的世界地图，这可能也是最早标有明州地名的欧洲地图。

"加泰罗尼亚"是现在西班牙东北部的一个区域。14世纪，统治这一地区的是地中海中的强国阿拉贡王国。虽然当时基督教世界与伊斯兰世界存在着严重的冲突，但是，阿拉贡王国却是一个东西交汇的海上商贸大国。来自埃及、中东、欧洲各地的商人纷至沓来，因此阿拉贡王国与东方的阿拉伯人有着密切的联系。阿拉贡王国不仅以贸易、航海闻名于世，而且还是一个制图中心，特别是航海图的制作。当时欧洲有两个航海图绘制中心，一个是意大利北部地区，另一个就是加泰罗尼亚地区。也正因为如此，当时的法国国王查理五世希望从阿拉贡国王那里获得一份最新的世界地图。于是，阿拉贡国王就委托一个名叫亚伯拉罕·克莱斯克（Abraham Cresques）的著名制图学家为法国国王绘制一幅世界地图。由于此图是在1375年左右在加泰罗尼亚地区绘制的，所以就被人称为《1375年加泰罗尼亚地图》。

《1375年加泰罗尼亚地图》绘在羊皮纸上，彩色，用金叶装饰。全图由12幅组成，每一幅250毫米×650毫米。此图一直珍藏在法国皇家图书馆中（后改名为法国国家图书馆），是法国的国宝。

此幅地图被誉为是"中世纪最好、最丰富完备的一幅世界地图"。

《1375年加泰罗尼亚地图》全景展示了从大西洋到太平洋的欧亚大陆广大地区,还包括非洲一部分。其作者亚伯拉罕·克莱斯克是个犹太人,十分了解阿拉伯人等亚洲民族的地理学知识,并把这些知识表达在地图上。而且,在这幅地图中,他还大量吸收了那些曾经到过东方的旅行家们的资料。其中关于东亚的资料主要来自鄂多立克及马可·波罗,关于非洲的一些内容则来自伊本·巴图泰。《1375年加泰罗尼亚地图》关于东亚部分的内容,比此前的任何一幅世界地图都要详尽、完全,这也是该地图的一个最大特点。由于有比较翔实的资料来源,所以,与其他地图相比,《1375年加泰罗尼亚地图》上那些出自神话传说的妖魔鬼怪也少了很多。

在《1375年加泰罗尼亚地图》上,有一条大河把印度与中国分开,并且一直流到孟加拉湾中。显然,作者把印度河与恒河混在一起了。图中还有注文说,东方极远处有岛国名叫"Kauli"(高丽),无疑是指朝鲜半岛,只不过作者不清楚它的真正地理位置。在地图上,还画着马可·波罗的骆驼队在穿越中亚。

在这幅地图上,中国被称为"契丹"(Cathay),并标明是"大汗之地"。中国西北,沙漠附近标有"甘州"(Cansio),"北京"(被称做"汗八里")则正确地被标在中国北方。在中国的西南边陲,则正确地标有"永昌"(Vociam)和"金齿"(Zardandan)。这些资料都是从马可·波罗著作中获得的。另一些资料则来自鄂多立克,其中最主要的证据就是"明州",因为在马可·波罗的游记中并没有提到这个地名。

在《1375年加泰罗尼亚地图》上,明州被写作"Mingio",是中国的一个滨海城市。在《鄂多立克游记》中,明州被错误地说成是在行在(杭州)之北。不过在《1375年加泰罗尼亚地图》上,虽然其作者并没有到过中国,但不知为什么,反而把明州正确地置于刺桐(泉州)与杭州之间。

总结全文,可以知道,早在公元14世纪,欧洲人即已知道宁波。根据现有的资料,最早记述宁波的欧洲人是鄂多立克,最早标出宁波的欧洲地图是《1375年加泰罗尼亚地图》。这也可以说是宁波与欧洲历史关系的起点。

近年来 Liampo、双屿研究述评*

1498年,达·伽马绕过好望角来到印度洋地区,1510年葡萄牙人占领印度的果阿,1511年,葡萄牙人攻占马六甲,1513年,葡萄牙人欧维斯(Jorge Álvares)来到广州珠江口外,成了有史可查的第一个来华葡萄牙人。从此开始,来到广州一带活动的葡萄牙人不断增多。1522年,明朝军队在新会县西草湾大败葡萄牙人,并将其从广东沿海逐出。葡萄牙人于是沿中国海岸线北上,在福建、浙江沿海活动,并且在浙江沿海建立了一个被欧洲人称做"Liampo"的据点。

在16世纪的葡萄牙人中,有两个人较为详细地记叙了Liampo,一是克路士(Gaspat da Cruz),另一个是平托(Fernão Mendes Pinto)。

克路士是多明我会的修士,1548年赴印度传教,1556年曾到过广州。他写过一部题为《中国志》的著作,于1569—1570年出版。他在书中说,Liampo位于浙江沿海的一个贫穷之地,没有城墙之类的建筑;葡萄牙人在此与中国人暗中进行贸易,并且通过行贿得到了当地官员的默许;随着贸易的增多,葡萄牙人开始在这里越冬,并且居留下来;他们在这里是"如此之自由,以致除了绞架和

---

* 本文原载《中国史研究动态》2004年第4期,署名:龚缨晏、杨靖。

市标外一无所缺"；后来，一些葡萄牙人与中国海盗一起，在附近大肆劫掠，引起公愤，最后，明朝军队开到这里，打败了这些葡萄牙人。①

平托（中译又作品托、品笃等）于1537年离开欧洲前往印度，1558年才回到葡萄牙。他游历了亚洲的不少地方，并于1555年到过澳门，他于该年11月20日在澳门所写的一封信一直保存至今。②

平托曾写过一部十分有名的著作《远游记》，书中多次提到Liampo：它是个港口，并且有"两个相对的岛屿"，岛上有穿过密林的淡水溪流；葡萄牙人在这里建立了一个殖民地，它"比印度任何一个葡萄牙人的居留地都更加壮观富裕。在整个亚洲其规模也是最大的"；这里有上千所房屋，有3000多居民，其中葡萄牙人有1200人；葡萄牙人还设立了政府，包括城防司令、法官、市议员等；这里还建有教堂、医院等；1542年，中国派出了一支由300艘大帆船和80艘双桅帆船组成的大军前来攻打，结果杀死了12000名基督徒，其中葡萄牙人有800人，并焚毁了所有房子；平托还说他自己亲身经历了这个事件。③

那么，16世纪的葡萄牙人是否真的在中国东南沿海建立过这

---

① C. R. 博克舍编注，何高济译：《十六世纪中国南部行纪》，第64、133页。关于克路士生平及著作的介绍，可见该书第33—40页。

② Fernão Mendes Pinto, *The Travels of Mendes Pinto*, Edited and Translated by Rebecca D. Catz, p. XV, The University of Chicago Press, 1989. 平托此信的中译文可见金国平：《中葡关系史地考证》（题为"一五五五年亚马港来信"），澳门基金会，2000年。

③ 费尔南·门德斯·平托著，金国平译：《远游记》，葡萄牙航海大发现纪念澳门地区委员会、澳门基金会、澳门文化司署、东方葡萄牙学会，1999年，第192—194、699—701页。

样一个大规模的殖民地呢？这个名为 Liampo 的殖民地究竟在什么地方呢？早在 17 世纪，欧洲来华传教士何大化（Antoine de Gouvea）等人就已经把 Liampo 考定为浙江的著名港口宁波。19 世纪中期，在浙东沿海活动过的不少新教传教士也都持类似的看法，只不过对具体位置有不同的说法，有的认为是在宁波城里，有的认为是在宁波与镇海之间的某个地方。到了 19 世纪，裴化行等人另创新说，认为 Liampo 并非在浙江沿海，而是在广东沿海。①

1937 年，方豪先生开始发表关于 Liampo 问题的文章，此文后来几经修改，最后定名为《十六世纪浙江国际贸易港 Liampo 考》。除了这篇文章外，方豪在其《中西交通史》中也有概述。② 在这篇著名的长文中，方豪广征博引，以丰富的文献资料论证了葡萄牙人所说的 Liampo 就是宁波，而葡萄牙人的贸易地则是中国文献所说的双屿港。方豪指出，首先，中国文献明确指出，中国海盗曾"勾引佛郎机国夷人"到双屿贸易，所谓的佛郎机，是中国人对葡萄牙人的称呼；其次，中文文献记载，嘉靖二十七年（1548 年），朱纨派遣军队渡海捣毁了双屿港的走私基地，并且令人用木石填塞了双屿港；其三，平托说葡萄牙人的这个贸易基地有两个相对的小岛，而中文之"双屿"，顾名思义，正是"两小岛"之意；其四，双屿紧邻宁波，当时属宁波府，《明史·朱纨传》说"宁波之双屿"，因此葡萄牙人用 Liampo 这一较有名的大地名来指称双屿也是合理的；其五，

---

① 方豪：《十六世纪浙江国际贸易港 Liampo 考》，《方豪六十自定稿》，学生书局 1969 年；施存龙：《葡萄牙人与 Liampo 考证》，《文化杂志》2002 年春季刊。

② 除了这篇文章外，方豪在其《中西交通史》（下册），岳麓书社 1987 年版，第 668—677 页中也有概述。此外，在方豪的上述文章及书中，各有一处误将 1548 年印作嘉靖二十六年。

明代多种航海著作及地图上都有"双屿港"的记载。基于上述理由,方豪断言:"双屿之为16世纪中叶(明嘉靖间)我国对日葡二国之非法贸易港,与 Liampo 之为宁波,可谓已成铁案矣。"并进一步指出,双屿的具体位置应"在今佛肚山与六横之间,为定山、象山间航路所必经"。① 在《中西交通史》中,方豪还对 Liampo 的不同含义作了明确的区分:"盖葡人称 Liampo 有三义:一指浙江省,犹葡人亦以南京称江苏省也;一指宁波;一指浙江沿海若干葡人贸易地,而其中最著者为双屿。"②

方豪的最大贡献在于,有力地证明了16世纪欧洲人在中国东南沿海的贸易地 Liampo 就是浙江宁波沿海的双屿,位于佛肚山(今作佛渡岛)与六横岛之间。自此之后,方豪的这一观点为学术界所普遍接受,几成定论。③ 但遗憾的是,由于条件的限制,方豪仅仅是根据文献记载进行了研究,他本人并没有到实地考察过。实际上,佛渡岛与六横岛之间的岛屿情况并非如此简单。

佛渡岛与六横岛之间的航道被称为双屿港,又称双屿门。这条航道呈南北走向,东西宽约1.4—2公里,南北长7.6公里,港域面积约13平方公里,航道水最深处90米。④ 这是浙江沿海的一个主要航道,可通万吨轮。此航道之所以被称为双屿港,是因为航

---

① 方豪此外所说的"定山"可能是舟山"定海"之误。定山是象山县的一个乡镇。
② 方豪:《中西交通史》(下册),第675页。
③ 近年来的相关论著主要有林仁川:《明末清初私人海上贸易》,华东师范大学出版社1987年版;汤开建:《平托〈游记〉Liampo 纪事考实》,《澳门开埠初期史研究》,中华书局1999年版;李金明:《1548—1549年葡萄牙人在浙闽沿海的通商冲突》,《文化杂志》(澳门)2002年春季刊;张廷茂:《对〈澳门开埠初期史研究〉中若干问题的质疑》,《文化杂志》(澳门)2000年春、夏季刊;万明:《中国融入世界的步履》,社会科学文献出版社2000年版;万明:《中葡早期关系史》,社会科学文献出版社2001年版;等等。
④ 蒋文波主编:《六横志》,上海书店1996年版,第63页。

道中间有两个相对的小岛,民国《定海县志》标明这里称作双屿,新中国成立后被改称为双峙,偏东的小岛现在被称作上双峙或上双屿(岛屿号1351),偏西的小岛被称做下双峙或下双屿(岛屿号1356)。方豪虽然明确地指明了双屿就在"今佛肚山与六横之间",但他没有说明那两个被称为"双屿"的岛屿是指佛渡岛和六横岛,还是指上、下双屿岛。那些因袭方豪之观点的人,也很少对此作过探究。

在欧洲文献中,平托虽然讲到了Liampo有两个小岛,但没有具体举出这两个小岛的名称。在中国方面,朱纨于1548年派兵捣毁作为葡萄牙人贸易据点的双屿后,曾亲自来到这里视察。他在给明廷的奏章中说,"臣自霩衢所亲渡大海,入双屿港,登陆洪山";双屿"去定海县不六十余里,虽系国家驱遗弃地,久无人烟住集,然访其形势,东西两山对峙,南北俱有水口相通,亦有小山如门障蔽,中间空阔约二十余里,藏风聚气,巢穴颇宽";"双屿既破,臣五月十七日渡海达观。入港登山,凡逾三岭,直见东洋中有宽平古路四十余日(里),寸草不生。贼徒占据之久,人货往来之多,不言可见"。① 这些文字,成了人们确定双屿位置的重要线索。

有人曾认为,所谓的"双屿",就是指佛渡岛与六横岛,"因为佛渡和六横岛是悬于东海之滨的两座较大的对峙岛屿,所以朱纨、品笃统称它们为'双屿',也是完全正确的"。② 但这种说法是不能成立的。因为首先,中文"屿"字,是指小岛。而六横岛是舟山群岛中

---

① 朱纨:《双屿填港完事疏》,《明经世文编》第三册,第205卷,中华书局1962年版,第2164—2165页。
② 徐明德:《论十六世纪浙江双屿港国际贸易市场》,《海交史研究》1987年第1期。

仅次于舟山本岛的第二大岛,面积90多平方公里,佛渡岛的面积也超过7平方公里。① 这样的两个大岛,显然不能被称为"屿"。其次,明代的嘉靖《定海县志》把佛渡、六横与双屿并称,说明双屿不是指佛渡岛和六横岛。②

就地名上来说,真正的双屿,应当是指岛屿号分别为1351(上双屿)和1356(下双屿)的两座小岛,人们至今依然将此二岛合称为双峙或双屿。但是,此二岛虽然与中文古文献中所说的"双屿"名称相符,却无法居住。其中上双屿岛海岸线长375米,最高点海拔23米;下双屿岛海岸线长526米,最高点海拔16米。③ 如此狭小的荒岛,从来无人居住,既无平托所说的穿过密林的溪流,又无朱纨所说的"宽平古路四十余里",更不需要"入港登山,凡逾三岭",根本不可能成为葡萄牙人的贸易点。

这样,1991年出版的《普陀县志》根据实地调查,对方豪以后一直流行的观点提出了疑问,主要理由有这样几条:

1. "六横与佛渡之间港域两岸大多为泥涂,无任何口岸设施,水流湍急,……在古代木帆船时期,船只无法锚泊,不可能形成停泊众多船只的港口。港西侧岸佛渡岛,东侧岸六横岛涨起港,都是百米左右低矮小山,且无开阔平地,不可能容纳如此多人员和建筑物。"

2. "双屿港宽约2千米,可通3000吨级大轮,又水深流急,在当时历史条件下绝无法堵塞,就是现代也难办到。朱纨用木石筑

---

① 周航:《浙江海岛志》,高等教育出版社1998年版,第295、298页。
② 如嘉靖《定海县志》第七卷说:"双屿、双塘、六横等山为上界";"由东南而哨,……六横、双屿、青龙洋"云云。
③ 周航:《浙江海岛志》,第303页。

塞双屿港实属可疑。"

3."从朱纨堵塞双屿港至今 400 余年,地形无重大变化,但当地群众在筑塘、建房、挖土、掘地时,未发现任何遗存物。岛民内迁后不久有陆续回归的,可对此事一无所知,亦无民间流传。岸崖、山间、平地经查看也无任何痕迹。"①

因此,把佛渡岛与六横岛之间的航道视作朱纨所填的双屿港,虽然在文献上没有什么问题,但是,从地理实况及考古遗存上来看,无法得到确证。而且,这条航道并没有被填塞(实际上也不可能填塞),直到今天依然是个畅通无阻的海上交通要道。

也许是由于上述疑点的存在,1996 年出版的《六横志》虽然认为"双屿港的确切位置,根据众多史料记载和实地勘察,当在今六横岛与佛渡岛之间及两岸港湾河浦一带",但实际上已把"六横岛与佛渡"之间的航道与"两岸港湾河浦一带"作了区分。该书认为,朱纨所说的"东西两山对峙",即指六横岛与佛渡岛,"南北俱有水口相通",即指佛渡岛与六横岛之间的航道双屿门。由于双屿门"水深流急,水面开阔,航道优良",所以不可能是人们的居留之地。当时停泊船只的贸易地,也就是朱纨所说的"有小山如门障蔽,中间空阔约二十余里"的巢穴,应在此航道东北岸的六横岛上,具体地说,就是"今六横岛西北部、北部龙山一带,该区域从东浪咀至西浪咀长约 5 公里,中有蟑螂山为天然屏障,区域内从半掘浦到西浪咀三面环山,有大片宽阔地,足够容纳上万人活动,有两条水平开阔的大浦从山麓直通入海,旧时可泊木帆船 2000—3000 余艘,避

---

① 普陀县志编纂委员会:《普陀县志》,浙江人民出版社 1991 年版,第 1089—1094 页。

风性能良好,与大陆仅隔一佛渡水道,交通方便,地势隐蔽,易守难攻,确是'最宜泊舟'之处"。① 不过,此书并没有明确说明被朱纨填塞的那个港口应在何处。

解放后曾在六横岛任下庄乡首任乡长的毛德传则认为,朱纨当年到双屿时所登临的"陆洪山",即六横山之异写(《筹海图编》作"陆奥山");朱纨所说的"东西两山对峙",既不是指佛渡岛与六横岛,也不是指上屿与下屿,而是指六横岛上的上庄与下庄这两座山;上庄、下庄原为独立的小岛,中隔一港,大约在1848年,由于人工筑堤,使两岛相连,并随着海塘的延伸而最终与六横岛连成一片;朱纨所说的"南北俱有水口相通",应指位于上庄与下庄之间的港湾;朱纨命人用木石填塞的,就是上庄和下庄之间的这个港湾。② 应当说,毛德传的观点是很有启发性的,并且较好地说明了朱纨所填港口的具体位置问题。但也有一个明显的缺陷,即朱纨明确地说双屿"东西两山对峙,南北俱有水口相通",而上庄与下庄并非东西对峙,这里的水道也非南北走向。

几乎与此同时,宁波大学历史系的王慕民也提出了类似的观点。他说,朱纨视察双屿时所翻越的三座山岭应是现六横岛上的大麦岭、棕榈岭和涨起港岭,作为葡萄牙人贸易地的双屿港,即在这些小岭下面,今"六横岛西部大麦坑和涨起港之间"。明代由南北两港组成,朱纨填塞后开始淤塞,最终从地图上消失。王慕民最后指出,尽管平托本人"说不定……还亲身去过双屿",但他的游记显然是"一部以某些史实作为基础而又加以创作的小说",我们可

---

① 蒋文波主编:《六横志》,第72—73页。
② 毛德传:《"双屿"考略》,《中国方域》1997年第2期。

以把他的这部游记"作为研究的参考,但绝不能将它当作史料而随意引用,否则,就会将研究引入歧路,从而得出与事实相违的结论"。①

1999年,为了迎接澳门回归,舟山市把历史上的双屿港作为重点课题进行研究。课题组成员在考察调研的基础上,得出以下结论:1."朱纨所说的'双屿港'就是现在的佛渡水道和双屿门水道的总称,现在的双屿门,就是明时'双屿港'的一部分";2.但作为水道的双屿港与作为贸易地的双屿港是两个不同的概念,"被朱纨捣毁、堵塞的不是可通万吨轮的双屿门水道,而是指在其航道旁的锚泊地、交易地";3.作为锚泊地和交易地的双屿港,"应该在如今的六横岛的西部和西北部海岸线一带",更具体地说,"当年一度繁华的海上贸易基地就在六横的龙山、涨起港和佛渡岛一带";4."从龙山东南面的双顶山、仰天岗诸山上汇聚起来的溪流,终年不涸,……汇入了与大海相通的'大浦河'。这条长达数里的溪坑与平托描述的'小溪'是何等的相似。"5.朱纨所登的陆洪山,就是现在的六横山,而现在的大沙浦岭、涨起港岭等山岭,可能就是朱纨当年所翻越的几道山岭;6.葡萄牙人不可能在这里建立过一个大规模的殖民地,更不可能有10000多名基督徒被害。②

稍后,对中国沿海港口相当熟悉的原交通部研究人员施存龙进行了更进一步的探讨。他提出,被朱纨所破的葡萄牙人居留地双屿,其具体位置应在六横岛西岸的涨起港一带。主要理由是:

---

① 王慕民:《十六、十七世纪葡萄牙与宁波之关系》,《澳门研究》第10期,澳门基金会出版,1999年。
② 舟山市史志办公室、舟山市普陀区史志办公室、舟山市新四军历史研究会编,包江雁主编:《葡萄牙人在舟山双屿港活动考》,《双屿港研究》,北京文津出版社2001年版。

1. 该港湾之口有两个对峙的小岛，一称上峙山，另一称下峙山。这与朱纨所说的"两小山如门障蔽"及平托所说的有"两个相对的岛屿"相符合；2. 有一条小溪流从六横岛的山上流入该港湾，这与平托所说的溪流相符；3. 朱纨当年所填塞的港口，即在此地；也正是由于朱纨把港湾的口门填塞了，因而导致了港湾内自然淤积（俗称"涨起"，涨起港之名来源于此），最终成为陆地。① 而陈炎在其新近的论著中，则明确地说双屿就是"今六横岛"。②

这样，越来越多的人开始把六横岛上的涨起港一带视作是当年葡萄牙人贸易的双屿港。但是蒋文波不同意这种观点。在他看来，首先，"双屿港及两岸涨起港、佛渡岛等地不具备作明双屿港国际走私贸易基地的条件"；其次，"至今没有一件出土文物和遗迹可以印证双屿港是明国际走私贸易基地"。他另辟新论，主张明代国际走私贸易基地的双屿港"当在今六横岛北部龙山一带"。③

总之，就目前而言，我们尚不能完全确定双屿的具体位置。尽管如此，经过当地研究者的考察调查，有一点却是可以肯定的，即平托关于双屿的记载并不可靠，不能用作史料。平托说，葡萄牙人在双屿建起了亚洲最大的殖民地，还说中国军队在这里杀死了10000多名基督徒。但无论是中文记载还是实地遗存，都不能证明这一点。

---

① 施存龙：《葡人私据浙东沿海 Liampo——双屿港古今地望考实》，《中国边疆史地研究》2001 年第 2 期；施存龙：《葡萄牙人与 Liampo 考证》，《文化杂志》2002 年春季刊。

② 陈炎：《海上丝绸之路与中外文化交流》（增订本），北京大学出版社 2002 年版，第 361 页。

③ 蒋文波：《明"双屿港国际走私贸易基地"遗址质疑》，原文载《普陀史志》2000 年第 2 期，摘要收入包江雁主编：《双屿港研究》。

最后，我们想借此机会澄清一些仍有影响的错误说法。

在中国东南沿海，名为双屿的小岛不少。例如，浙江临海有双屿，浙江温岭也有双屿。① 葡萄牙人并没有把他们在浙江沿海的贸易地称为双屿，而是称作"Liampo"。因此，目前有些译著把欧洲文献中的"Liampo"径译作"双屿"，并不妥当，容易使人误以为双屿是欧洲人本来的称呼。只是通过研究中文文献，我们才得以确定葡萄牙人所说的"Liampo"就是朱纨所剿灭的走私基地双屿港。而且，根据中文史料，这个双屿港就位于今浙江舟山双屿港一带。中国沿海其他地方的双屿与此无涉。有的论著说双屿港位于"今浙江象山港外"，②显然不对。还有不少工具书称双屿在"今浙江鄞县东南海中"，③也是不确切的，因为朱纨所攻占的那个双屿现属浙江省舟山地区（今为舟山市），而鄞县（今称鄞州区）属浙江省宁波地区。

2000年，有人还提出，六横岛南部积峙山深水咀以北的"捕厂湾"是"葡萄牙商人进入双屿港时最早的登陆设摊聚居地之一"。此文作者还擅自把现在的地名"捕厂湾"与"捕南村"的"捕"改作"葡"，用来指葡萄牙人，并且说："佛渡岛东南的葡厂湾与葡南村是传说中聚居三四百葡萄牙商人的村落。"④但是，此文作者并没有说明葡萄牙人曾在捕厂湾一带登陆的资料来源，所以我们无法确

---

① 浙江省地名委员会：《浙江省海域地名录》（非公开出版物），1988年，第88、98页。

② 周一良等：《中国历史通览》，东方出版中心1994年版，第739页；范中义：《筹海图编浅说》，解放军出版社1987年版，第226页地图，第232页注3。

③ 如《中国历史大辞典》（明史分册），上海辞书出版社1995年版，第91页；魏嵩山：《中国历史地名大辞典》，广东教育出版社1995年版，第198页。

④ 徐明德：《葡萄牙人在中国的最早居留地》，原文载《情系中华》2000年第2期，收入包江雁主编：《双屿港研究》。

定这种说法是古已有之,还是近年来才出现的。从中文记载来看,此文的观点是完全不能成立的。我们知道,16世纪葡萄牙人来到中国时,中国人根据当时伊斯兰教徒对欧洲人的称呼而把他们称作"佛朗机人"。后来葡萄牙人对中国人自称"蒲都丽家"("葡萄牙"之异译),但中国人反而认为这是伪称,不予承认(《明史·佛朗机传》)。19世纪新教传教士郭实猎所办的《东西洋考每月统记传》开始使用"葡萄牙"、"葡萄雅"之类的中文译法,①不过此种写法流传不广,直到1887年的中葡条约中,葡萄牙还是被称作"大西洋国"。从清末民初起,"葡萄牙"这种写法才流行起来。因此,明代即使有葡萄牙人来到六横岛一带,中国人也不可能称其为"葡萄牙人",更不可能出现"葡厂湾"之类的地名。还应当指出的是,根据某种误传,对一个固定的地名进行擅自改动(如把"捕厂湾"改作"葡厂湾"),这是很不科学的,因为这会对后人产生危险的误导作用。

在港台地区,对于双屿港也有一些不正确的说法。例如20世纪80年代,时在台湾中国文化大学攻读硕士学位的张增信对葡萄牙人在中国东南沿海的早期活动进行了专题研究。1988年,他出版了《明季东南中国的海上活动》(上编)。他在这部书中认为:"双屿应为今'盘峙'与'长峙'二岛,在舟山岛之西南湾内,彼此左右对峙,形成大门。"②这种说法是根本无法成立的。从地名上说,并没有人把盘峙与长峙合称为双屿。从史料上说,中文各种文献明确

---

① 可参见《东西洋考每月统记传》(黄时鉴整理,中华书局1997年版)中的相关内容。

② 张增信:《明季东南中国的海上活动》(上编),东吴大学、中国学术著作奖励委员会,1988年,第237页注18。

说双屿在六横岛一带。奇怪的是，在张增信所开列的参考书目中，居然没有方豪的文章《十六世纪浙江国际贸易港 Liampo 考》，而只有方豪的《中西交通史》，并且书中也没有提到方豪在《中西交通史》中有关双屿的论述。

　　Liampo 或双屿是 16 世纪葡萄牙人在中国沿海的一个重要贸易点，但现有资料表明当时葡萄牙人并没有像平托所说的那样在此建立过一个大规模的殖民地。由于没有找到相应的遗存遗迹，所以目前尚无法确定双屿港的具体位置。或者说，要想最终确定双屿港的位置，除了需要对中外文献作进一步的研究外，更主要的是需要进行考古学的调查发掘。

"牛皮得地"故事的流传[*]

地理大发现后,欧人东来,中国与欧洲有了直接的接触,中西文化交流无论在哪个方面都发展到了一个全新的阶段。但是,许多史实我们尚不清楚,有待继续研究。本文试以一个故事的流传过程为实例,从另一个角度认识大航海后东西方的交往。

一

公元前264年到前146年,意大利半岛上新兴的罗马共和国与位于北非沿海的迦太基人进行了长达一个多世纪的战争,这就是世界史上著名的"布匿战争"。[①] 最后,迦太基人被彻底打败,罗马人则通过这场战争而称霸地中海西部,布匿战争的胜利为后来罗马的进一步扩张奠定了坚实的基础。

关于迦太基的建立,罗马人曾流传着这样一个故事:大约在公元前814年,有个名叫皮格马林(Pygmalion)的暴君统治着地中海东部的腓尼基人城市推罗,这个暴君杀死了一个名叫斯奇(Sychaeus)的贵族。斯奇的妻子爱丽莎(Elissa 或 Ellisar,又称

---

[*] 本文原载《东西交流论谭》第二辑(黄时鉴主编),上海文艺出版社2001年版。
[①] 罗马人将迦太基人称为"布匿"(Poeni 或 Punici),此词有不同的解释。有的说"布匿"意为"红人"或者"商人",也有的说此词意为"紫色染料之国"。

Dido)带着财产以及一些随从乘船逃离了推罗,最后来到非洲北部海岸。爱丽莎他们上岸后,请求当地的酋长卖给他们一块仅仅为一张牛皮所能覆盖的土地,以供居住。当地的酋长觉得这个要求实在是太微不足道了,于是慨然允诺。聪明的爱丽莎就将一张牛皮裁成许多根细细的皮条,然后将这些皮条连接成一根长长的牛皮绳,再用这根牛皮绳把一座小山坡围了起来,并且在里面定居了下来。迦太基城最早就是这样建立起来的。这个被牛皮围起来的小山坡后来成了迦太基的卫城,人们称之为"毕尔萨卫城(Byrsa)","毕尔萨"就是"牛皮"的意思。

上述故事可以称作"牛皮得地"故事。古代罗马诗人维吉尔(Virgil,公元前70—前19年)的名作《埃涅阿斯纪》(*Aeneid*,又译作《伊尼阿特》、《伊尼德》等)中就有关于这个故事的诗句。① 在古代罗马的历史学家中,特罗古斯(Trogus,公元前1世纪末—公元1世纪初)在其洋洋46卷的《腓力史》(*Libri Historiarum Philippicarum*)中,也记载了类似的故事。大约3世纪,有个名叫查士丁(Justin)的拉丁作家将《腓力史》中的精彩部分摘录出来,汇成一部缩写本。后来,特罗古斯的巨著佚失掉了,我们现在只能在查士丁的缩写本中读到迦太基人"牛皮得地"的故事。②

迦太基被罗马人夷为平地后1700多年,在欧亚大陆东端的中国,也出现了类似"牛皮得地"的文献记载。最早记叙这个故事的当推福建漳州张燮(1574—1640)所著的《东西洋考》第五卷:"吕宋

---

① 中译文参见杨周翰译:《埃涅阿斯纪》,人民文学出版社1984年版,第13页:"他们买了这片土地,根据买地的办法,命名为毕尔萨,即面积用一张牛皮能圈起的土地。"

② 查士丁缩写本中关于"牛皮得地故事"的中译文,可参见《世界古代史史料选辑》(下),北京师范大学出版社1959年版,第512—513页,该中译文系从俄文转译。

在东海中,初为小国,而后寖大。(《吾学编》曰:产黄金,以故亦富厚。人质朴,不喜争讼。)永乐三年,国王遣其臣隔察老来朝,并贡方物。其地去漳为近,故贾舶多往。有佛朗机者,自称干系蜡国,从大西来,亦与吕宋互市。酋私相语曰:'彼可取而代也。'因上黄金为吕宋王寿,乞地如牛皮大,盖屋。王信而许之。佛朗机乃取牛皮剪而相续之,以为四围,乞地称是。王难之,然重失信远夷,竟予地,月征税如所部法。佛朗机既得地,筑城营室,列铳置刀盾甚具。久之,围吕宋,杀其王,逐其民入山,而吕宋遂为佛朗机有矣。"①

与张燮同时代的另一个福建人何乔远(1558—1631年)在其《名山藏》中也写道:"吕宋,海中小国也。其国王以永乐三年遣其臣隔察老朝贡,而今亦为佛朗机所有。名曰吕宋,实佛郎机也。初,吕宋王有兄弟二人,武而有信。佛郎机互市其国,利其为西洋诸番通货之会,奉黄金为吕宋王,从王乞地,地如牛皮许大,许之。佛朗机归而截牛皮,缝长之,方四围。吕宋王有难意,业许之,不得辞,归地于佛朗机。佛朗机有吕宋地,筑城屋,列兵器。久之,杀王兄弟,逐吕宋民入山中。"②

张燮的《东西洋考》最后完成于明万历四十四年(1616年),1617年刊印。何乔远的《名山藏》是在天启年间(1621—1627年)才基本成稿的。③ 而且,何乔远与张燮还是朋友。何乔远在其另一部名作《闽书》(完成时间与《东西洋考》基本相同)中说:"燮举乡荐,有文名,与予善。"④因此,何乔远一定读过张燮的《东西洋考》。

---

① 张燮著,谢方点校:《东西洋考》,中华书局1981年版,第89页。
② 何乔远:《名山藏》,第八册,江苏广陵古籍刻印社1993年版,第6226—6227页。
③ 许仲凯:《何乔远所著〈名山藏〉》,《名山藏》,第一册。
④ 何乔远:《闽书》,第一一八卷,四库全书存目丛书本,齐鲁书社1996年版。

但从《名山藏》中"吕宋王有兄弟二人,武而有信"等不同于《东西洋考》的文字来看,何乔远的《名山藏》应当还有其他信息来源。

佛朗机人在吕宋"牛皮得地"的故事也传播到中国其他地区。浙江归安(今吴兴)人茅瑞徵是万历二十九年(1601年)的进士,当过泗水知县,天启元年(1621年)擢兵部职方主事,升郎中。在任兵部职方主事期间,茅瑞徵"按历代史牒及耳目近事,稍为增定",写成了《皇明象胥录》八卷,此书于崇祯己巳年(1629年)刊印。《皇明象胥录》第五卷"吕宋"条写道:"初,佛朗机从大西来,自称干系腊国,与吕宋互市。因上黄金为王寿,求地如牛皮大盖屋。王许之。佛朗机乃剪牛皮相续为四围,求地称是。王重失信,竟予地,月征税。因筑城营室,列铳置刀盾。久之围吕宋,杀其王,而地并于佛朗机矣。"①茅瑞徵的这段文字与《东西洋考》相差无几,当采自《东西洋考》。

崇祯戊寅年(1638年),温陵(泉州)人黄廷师撰写了《驱夷直言》,他说:"此种出于东北隅,为佛狼机,亦为猫儿眼,其国系千丝腊,而米索果其镇头也。原距吕宋不远,所谓数万里者,伪耳。……嘉靖初年,此番潜入吕宋,与酋长阿牛胜诡借一地,托名贸易,渐诱吕宋土番各从其教,遂吞吕宋。皆天主之说摇惑而并之也。"②这篇文章被收入了那部著名的反传教士论文集《破邪集》

---

① 茅瑞徵:《皇明象胥录》卷五,北京图书馆善本丛书第一集。
② 黄廷师:《驱夷直言》,《圣朝破邪集》第三卷,日本安政乙卯翻刻本。关于"猫儿眼",清初的江日升曾说:荷兰人屡到中国贸易,"回则停舟海中,一人坐在桅斗上,持千里镜四望遥观。有船则将所佩小船五六只放下,海船坐六七人,俟船将到,围拢,如我伸头御敌,他将鸟铳吹打,一枪一个而无虚发,是以海上最畏遇他。明季所谓防'猫儿眼',即此。"见《台湾外志》第三卷,上海古籍出版社1986年版,第43页。江日升的《台湾外志》,又作《台湾外记》,方豪先生曾著《〈台湾外志〉两抄本和〈台湾外记〉若干版本的研究》,对此书的版本流传有过详细的研究,见《方豪六十自定稿》上册,学生书局1969年版。

中。文中所说的"米索果",又作"米粟果",在现在印度尼西亚的摩鹿加(Moluccas)。① 黄廷师原来是想通过此文来揭露利玛窦、艾儒略等西方传教士的"夷种原繇"从而打击传教士的,但他实际上将葡萄牙、西班牙和荷兰混淆了起来,并且认为这些国家就在印度尼西亚。文中所说的"此番潜入吕宋,与酋长阿牛胜诡借一地",当是指"牛皮得地"。

明清之际,欧洲人在吕宋"牛皮得地"的故事逐渐成为信史。查继佐(1601—1676)就将此传说载入他的《罪惟录》中,②文字多与《名山藏》相同。清朝前期,御用的学者们则将此故事载入《明史》中,③"牛皮得地"俨然成了正史文字。

我们知道,上述中文文献中所说的吕宋是指现在的菲律宾,"佛朗机"则是中国人对葡萄牙人和西班牙人的统称。④ 侵占菲律宾的实际上是西班牙人,因此这里所说的佛朗机就是指西班牙人。西班牙人又自称"Castilian",⑤中国人将此词译作"干丝腊"或"干系腊"。

那么,西班牙人是不是通过"牛皮得地"而开始征服菲律宾的呢?事实并非如此。

1564年,在墨西哥的西班牙总督派遣累加斯皮(Legaspi)远

---

① 张维华:《〈明史〉欧洲四国传注释》,上海古籍出版社1982年版,第85页。
② 查继佐:《罪惟录》,传三六,四部丛刊本。
③ 《明史》卷三百二十三,《吕宋传》。
④ 于化民:《"佛郎机"名号源流考略》,《文史》第27辑。
⑤ Castile(卡斯蒂利亚)是古代西班牙一个王国的名称,中世纪的欧洲人往往将它与西班牙等同起来。16世纪初,随着卡斯蒂利亚的扩张,形成了近代西班牙,卡斯蒂利亚语是西班牙的书面语。参见 Encyclopaedia Britannica, vol, 4, p, 989, 14thEdition,1929;《简明不列颠百科全书》第4卷,中国大百科全书出版社1985年版,第569页。

征菲律宾。他们于1565年到达目的地。在菲律宾的宿务岛,"在炮火的掩护之下,累加斯皮的军队登陆。血战就在海滩上进行"。①其结果是土著居民被打败,西班牙人建立起了第一个殖民地。此后,西班牙人凭借武力逐渐征服菲律宾其他地方,累加斯皮也成了西班牙人在菲律宾的第一任总督。西班牙人踏上菲律宾土地,所依靠的是枪炮,而不是一张牛皮。

这样,中国文献中所说的西班牙人"牛皮得地"占领菲律宾的传说是怎样来的呢?我认为,这个故事是地理大发现后随着欧洲人的东来而从欧洲流传过来的。主要理由是:1. 在西班牙人征服菲律宾之前,中国典籍中并没有"牛皮得地"的故事;"牛皮得地"的故事是欧洲人东来后才出现在中国文献中的。明代的郑晓(1499—1566)在其嘉靖甲子(1564年)完成的《皇明四夷考》中在写到吕宋时,只有寥寥数语:"吕宋,在海中,其国甚小,顾产黄金,以故亦富厚。人颇质朴,不喜争讼。永乐三年,国王遣隔察老来朝贡。"②《大明一统志》、《明会典》、《国朝献征录》、《咸宾录》在讲到吕宋时也无多少文字。张燮在其《东西洋考》中引用过郑晓的话,茅瑞徵则觉得郑晓的《皇明四夷考》过分简单,所以才广泛搜集资料写成《皇明象胥录》的(《皇明象胥录》自序)。茅瑞徵在关于吕宋的记载中,所增加的主要是"牛皮得地"故事。2. 在中国,"牛皮得地"最先流行于沿海地区,是从海路传入中国的;故事的主角正是东来的欧洲人——西班牙人。因此,这个故事与地理大发现后远航而来的欧洲人紧紧地联系在一起。3. 这个故事不可能是由某个

---

① 赛义德:《菲律宾共和国》上册,商务印书馆1979年版,第135页。
② 郑晓:《皇明四夷考》卷下,民国二十二年重印,国学文库第一编,第126页。

东方民族独立创造出来的。季羡林先生曾说过:"创造一个真正动人的故事,同在自然科学上发现一条定律一样困难。两个隔着几万里的民族哪能竟会创造出同样一个故事来呢?"①我倒觉得,相隔几万里的不同民族在自然科学上独自发现同一条定律是完全可能的,因为自然规律是客观存在的,生活在不同时空中的人们在生产与生活实践中完全有可能去探究同一种自然现象,从而发现同一条科学定律。但是,一个故事是完全通过想象而凭空创造出来的,不同时空中的民族独自想象出同一个精彩的故事情节,这种可能性实在是太小了。所以,不同的民族要独立创造出同一个动人的故事,这比发现同一条科学定律不知要困难多少倍。在"牛皮得地"故事中,其最关键的情节是故事主角将牛皮切成细条连成长绳,然后围占一块土地。我认为,生活在不同时空中的东西方不同民族竟然独自都想象出这样一个共同的故事情节,这实在是件不可能的事情。所以,这个故事出现在中国,只能是文化传播的结果。

下面,我想进一步探索"牛皮得地"故事是怎样从欧洲传播到中国的。

我们知道,中世纪欧洲的通用语言是拉丁语。维吉尔等古罗马著名作家用拉丁语所写的著作自然是当时人们所熟知的。就是查士丁的那本记载有迦太基人"牛皮得地"故事的《腓力史》缩写本,在中世纪的欧洲也一版再版,迄止16世纪的主要版本有:1470年威尼斯版,1470年或1471年罗马版,1490年、1497年和1507年威尼斯版,1522年威尼斯版,1581年巴黎版,②故此书"在中世

---

① 季羡林:《比较文学与民间文学》,北京大学出版社1991年版,第45页。
② *Encyclopaedia Britannica*, vol. 13, p. 791, Nineth editon.

纪欧洲流传很广"。① 这样，中世纪欧洲人对于古罗马时代迦太基人的"牛皮得地"故事是不会陌生的。当西班牙人征服菲律宾后，随着大批航海者、商人、传教士、士兵以及其他各色人等从欧洲涌到菲律宾，在欧洲流传已久的"牛皮得地"故事也就被带到了东方。"菲律宾既无香料，也没有金银，要使这个殖民地不致借债度日，就必须和中国、日本进行贸易。"②为了维持同中国的贸易，西班牙殖民者只得从美洲运来大量的白银，因为白银正是明代中国人所急需的。③ 所以明末中国与吕宋的贸易非常发达，中国人"每以贱恶什物贸其银钱，满载而归，往往致富；而又有以彼为乐土而久留者"。④ "是时，漳、泉民贩吕宋者，或折阅破产及犯压冬禁不得归，流寓夷土，筑庐舍，操佣贾杂作为生活；或娶妇长子孙者有之，人口以数万计。"⑤福建沿海居民与吕宋往来如此密切，完全有可能在菲律宾听到那个由欧洲人带来的关于迦太基人"牛皮得地"的故事，然后又将此故事传回中国。只不过在口头相传的过程中，这个故事也逐渐发生了演变：故事的发生地不再是在时空上遥远莫测的古代迦太基，而是中国人已颇熟悉的吕宋；故事的主角也由中国人一无所知的迦太基人变换成了刚刚出现在中国沿海的欧洲人。只有当一个故事的内容与这个故事的听众有点关系时，这个故事才会变得更加精彩，更加引人入胜。但是，这个故事的核心并没有发生变化，其关键依然是一张牛皮被人机智地裁成了细条。当中

---

① *Encyclopaedia Britannica*, vcc. V, p. 644, 1980.
② 霍尔：《东南亚史》上册，商务印书馆1982年版，第313页。
③ 全汉升：《明清经济史研究》第二讲，联经出版事业公司1987年版。
④ 李廷机：《报徐石楼》，《明经世文编》卷四百六十，中华书局1962年版。
⑤ 顾炎武：《天下郡国利病书》，原编第十六册，《福建备录》，四部丛刊本，第102页。

国人在传诵这个故事时,心中所表现出来的并不是对西班牙人殖民侵略的肯定,而是对人类智慧的赞赏,同时也隐含着对欧洲殖民者贪婪狡诈本性的警觉与担忧。

二

正当西班牙人在菲律宾建立殖民统治的同时,另一个欧洲国家荷兰也在积极地向东方扩张。1601年,荷兰人首次来到中国沿海活动。由于"其人须发皆赤",故"人呼之为红毛鬼"。① "红毛鬼"又写作"红毛夷"、"红毛"、"红夷"等。明代的官方文件以及民间著述一般都将荷兰写作"和兰",②进入清代,官方文献将此国译写作"荷兰"。③ 在民间著述中则还有其他写法,如屈大均的《广东新语》作"贺兰",④王大海的《海岛逸志》作"和兰"。⑤

明万历三十二年(1604年)七月,荷兰人在麻韦郎(Wybrand van Warwick,又作"韦麻郎")的率领下来到澎湖,要求互市。福建官员不知所措,或曰驱之,或曰剿之,并将其通事关入狱中。这时,有个叫沈有容的军官提出:"彼来求市,非为寇也,奈何剿之?"于是驾舟前往澎湖,劝说麻韦郎离开此地。这就是当时人们所传诵的沈将军"舌退红夷韦麻郎"。麻韦郎也因通商无望而于该年

---

① 王临亨:《粤剑编》第三卷,中华书局1987年版,第92页。
② 如李光缙:《却西番记》,《闽海赠言》第二卷,近代中国史料丛刊,文海出版社;《明实录》卷四百四十,万历三十五年十一月;《明清史料》,戊编,上册,中华书局1987年版,第67页。
③ 《清实录》,第十三卷,康熙三年十月,中华书局1986年版。
④ 屈大均:《广东新语》卷十八,中华书局1985年版,第481页。
⑤ 王大海:《海岛逸志》卷三,嘉庆丙寅刻本。

12月离开澎湖,转赴台湾。最后因在台湾找不到适合的港口而驶向大泥(今泰国北大年一带)。① 麻韦郎离开后,人们还立碑铭记此事,碑上书"沈有容谕退红毛韦麻郎等",此碑高192公分,宽28公分,现存澎湖县马公镇天后宫。②

明天启二年(1622年),驻巴达维亚的荷兰总督派遣雷尔生(Cornelis Reyerson)攻打澳门,失败后于同年7月转抵澎湖,并在澎湖修筑城堡。中国官员则坚决要求荷兰人离开,为此双方还发生了武力冲突。1623年,福建巡抚商周祚派员去巴达维亚,与荷兰总督谈判。荷兰人在占据澎湖期间,对台湾进行了多次勘测。这一年的10月,荷兰人开始在台湾建造城堡,由于当地居民的反对而不得不作罢,回到澎湖。1624年,中国军队开始包围在澎湖的荷兰人。在此情况下,荷兰人于该年秋天撤出澎湖,退往台湾。荷兰人到达台湾后,在1623年所筑的城堡废址上建造起了一座新的城堡,命名为"奥伦治城",此城位于现在的安平。1627年,奥伦治城改名为热兰遮。1652年,台湾爆发郭怀一领导的反荷起义。这场起义被镇压后,荷兰人为了防止"中国移民的抗暴,并防止不怀好意土人的攻击,遂于1653年,在台湾岛热兰遮城海湾对岸的赤嵌地方,以砖石建造新城",此即现在的赤嵌楼。这就是荷兰人开始占据台湾的基本情况。③

荷兰人窃据台湾,明朝官员当然是清楚的。崇祯八年(1635

---

① 关于麻韦郎入据澎湖之事,参阅沈有容自己所辑的《闽海赠言》;廖汉臣:《韦麻郎入据澎湖考》,《台湾文献》,创刊号。
② 《石刻史料新编》,第三辑,第18册,新文丰出版公司,第182页。
③ 包乐诗:《明末澎湖史事探讨》,《台湾文献》第24卷第3期;村上直次郎:《热兰遮城筑城始末》,《台湾文献》第26卷第3期;福建师大历史系:《郑成功史料选编》,福建教育出版社1982年版,第207—208页。

年),给事中何楷奏陈靖海之策,他说:"台湾在澎湖岛外,距漳、泉止两日夜程。……近则红毛筑城其中,与奸民互市,屹然一大部落。"①崇祯十二年(1639年),另一个叫傅元初的给事中也在一份奏章中说道:"海滨之民惟利是视,走死地如鹜;往往至岛外区脱之地曰台湾者,与红毛蕃为市。红毛业据之以为窟穴。"②

1662年,郑成功收复台湾,荷兰驻台湾总督揆一(F. Coyett)投降。郑氏统治台湾时期,人们认为台湾本是郑芝龙的活动基地,后来被荷兰人占据。郑成功三次北伐失败后,曾于顺治十七年(1660年)招部将商议,以寻找一个进可攻退可守的地方,这时他手下的一个将领就说:"台湾前乃旷野,故太师曾寄迹其间(太师指芝龙)。今为红毛所踞,现筑城二座,一在赤嵌,一在鲲身。"③郑成功本人在收复台湾后所作的《复台(即东部)》诗亦云:"开辟荆榛逐荷夷,十年始克复先基(太师会兵积粮于此,出仕后为红毛荷兰夷酋弟揆一王窃据);田横尚有三千客,茹苦间关不忍离。"④

荷兰人是怎样占领台湾的呢?江日升在《台湾外志》中有比较详细的记述:荷兰人滋扰中国,被郑芝龙烧掉五艘船后退回。于是,其国王之弟揆一率兵前来报仇。他们在洋面上见到台湾岛时,揆一"传么子(么子有总兵职,权甚大)、同兰(有守备之官衔)带好汉一百名,每人长铳一、短铳三,腰各悬剑,驾小船巡看,侦问是何国。么子随即带人上岸,见鲲身有些旧址,却无乡村,仍下船过江,登岸行里许,方见有人蓬头跣足,赤身箍肚,佩弓负箭。么子令人

---

① 《明史》卷三百二十三,中华书局点校本。
② 顾炎武:《天下郡国利病书》,原编第十六册,《福建备录》,第33页。
③ 江日升:《台湾外志》卷十一,第184页。
④ 福建师大历史系:《郑成功史料选编》,第283页。

招他,他亦就来,语言不谙,徒以手相比画,引到社。适通事何斌同李英在澎湖被李魁奇追赶,船只走到鹿耳门打破,两船人咸被淹死,仅存何斌与一二水手,被水漂至大线头救起,身被海石蚝壳伤坏,调养才好,而又染病在此社里。随出来与么子相见。么子问何斌:'此处是何处?'斌曰:'名台湾。'么子曰:'有国王无?'曰:'无,悉是散居。'么子闻言大悦,就邀斌同往船中,见揆一王,把始终陈说。王喜,厚待何斌,用为通事,事无大小,悉以咨之。又问斌:'此离中国多远?'斌曰:'此处到澎湖四更,到厦门七更,共十一更。'王曰:'如此甚妙。此处既无统属,我今就安顿在此。'朝夕与斌踏看地理,起筑城池,为永远计。"①

江日升的父亲江美鳌曾在台湾郑氏集团中任军官,对于郑氏政权的始末"靡不周知"。康熙十六年(1677年),江美鳌投降清朝,改授文职,任广东连平州知州。江日升是他的幼子,"最所钟爱,晨夕左右不离",故将郑氏故事"口传耳授"。江日升正是根据大量的资料,"又就当日所猎闻,事之亲身目睹者,广为搜集而辑成"《台湾外志》一书,所以此书具有很高的史料价值。②《台湾外志》这段记述,完全可以看成是郑氏集团统治台湾期间人们关于荷兰人占据台湾的普遍看法。

清康熙二十二年(1683年),施琅率清军进入台湾,实现了台湾的统一。台湾刚平时,流传着多种关于荷兰人占据台湾的说法。施琅在其那篇著名的奏章中说道:"台湾一地,原属化外,土番杂处,未入版图也。然其时中国之民,潜至生聚于其间者,已不下万

---

① 江日升:《台湾外志》卷四,第47页。
② 参见《台湾外志》的"凡例"、吴德铎为《台湾外志》所写的"前言"以及其他人为该书所写的序言。

人。郑芝龙为海寇时,以为巢穴。及崇祯元年,郑芝龙就抚,将此地税与红毛为互市之所。红毛遂联络土番,招纳内地人民,成一海外之国,渐作边患。"①康熙年间,这种说法流传颇广,例如刘献廷在其《广阳杂记》中写道:"揭昭仪曾客交趾,余问以其地之风土。……又曰:'台湾地向有大肚、礼嘉二种番人。郑芝龙始开其地,后红毛国假于郑氏以开市。'"②而台湾平定后即奉康熙之命"往闽、粤相度展界"③的杜臻则听到过这样一种说法:不是郑芝龙将土地借给荷兰人,而是郑成功向荷兰人借地。他说,台湾在明朝时"阻于海寇,不得相通,不知何时为夷所得。海逆郑成功之败遁于京口也,乘大雾,袭杀红夷守者,而据其地。筑城以守,伪号东宁国。或言岁以十万缗归红夷,而假其地以居。为日久矣,卒莫知其然否"。④还有一种说法,认为荷兰人是从日本人手中借得台湾之地的。康熙二十六年(1687年)调任台湾府学的福建长乐人林谦光在其《台湾纪略》中说:"先是,北线尾日本番来此搭寮经商,盗贼出没于其间,为沿海之患。后红毛(乃荷兰种)由咖嚼吧来,假其地于日本,逐为己有。筑平安、赤嵌二城。"⑤

进入清代,人们传说荷兰人通过"借地"而占据台湾的,而"牛皮得地"正是一个关于借地的精彩故事,这样,人们逐渐将"牛皮得地"故事的背景从吕宋移植到台湾,荷兰人成了这个故事的主角。

---

① 施琅:《陈台湾弃留利害疏》,《清经世文编》,下册,卷八十四,中华书局1992年版,第2080页。

② 刘献廷:《广阳杂记》卷四,中华书局1957年版,第221页。后来赵翼的《平定台湾述略》和汤彝的《台湾内附考》等著述也都因沿此说。

③ 钱仪吉:《碑传集》,第二册,卷十八,中华书局1993年版,第565页。

④ 杜臻:《澎湖台湾纪略》,台湾文献史料丛刊,大通书局。

⑤ 林谦光:《台湾纪略》,台湾文献史料丛刊。

康熙二十三年(1684年)到二十七年(1688年),蒋毓英出任台湾首任知府,主持编修了第一部《台湾府志》,简称"蒋志"。在这部台湾府志中,首次出现了关于荷兰人在台湾"牛皮得地"的记载:"台湾古荒裔之地,……天启元年,又有汉人颜思齐为东洋日本甲螺引倭彝屯聚于台,郑芝龙附之。未几,红彝荷兰人由西洋而来,愿借倭彝之地暂为栖止,诱约一牛皮地即可。倭彝许之。红彝将牛皮剪如绳缕,周围圈匝,已有十数丈地。久假不归,日繁月炽,无何而鹊巢鸠居矣。寻与倭约:若舍此地,每年愿贡鹿皮三万张。倭乃以地悉归荷兰。"①

远在西洋的荷兰人是怎么会到台湾的呢?为什么荷兰人要想得到台湾这块土地呢?为了使"牛皮得地"故事能够更加自圆其说、更加吸引人,就必须要回答这些问题。于是,在康熙三十三年(1694年)开始修纂的《台湾府志》(高拱乾等修,简称"高志")中,这个故事就演变成这个样子:"既而,荷兰人舟遭飓风,飘此。甫登岸,爱其地,借居于倭,倭不可。荷兰人给之曰:'只得地大如牛皮,多金不惜。'倭许之。红彝将牛皮剪如绳缕,周围圈匝,已有数十丈地。久假不归,日繁月炽,无何而鹊巢鸠居矣。寻与倭约:而全与台地,岁愿贡鹿皮三万张。倭嗜利,从其约。"②这里,说明了荷兰人到此的原因是因为遭到风暴而飘来的,说明了荷兰人是因为"爱其地"所以才想占有台湾,还增加了倭人不愿借地的内容,从而使整个故事变得更加完整,更加合理,更加富有戏剧性。

荷兰人在台湾"牛皮得地"的故事后来流传得越来越广。后来

---

① 蒋毓英:《台湾府志》卷一,《台湾府志三种》,中华书局1985年版。
② 高拱乾:《台湾府志》卷一,《台湾府志三种》。

所编的各种台湾府志都记有此事。在民间著述中,从康熙年间吴桭臣的《闽游偶记》,到雍正、乾隆年间陈云程的《闽中摭闻》,再到龚柴的《台湾小志》,也都记有这个故事。① 不过,在此故事的流传过程中,故事的内容也略有变化,如后来的一些人认为,荷兰人不是向倭人借地,而是向"土番"借地。② 到了近代,著名的爱国学人连横(雅堂)先生在其《台湾通史》中也因袭了荷兰人通过"牛皮得地"占领台湾的旧说。

充满睿智的"牛皮得地"故事自然很容易激起文人墨客的文思诗情,不少人就此写过诗句。高拱乾在其《台湾赋》中就有"一自地借牛皮,谋成鬼伎"之句。③ 康熙、雍正年间,福建侯官人陈昂曾作咏郑氏遗事诗四首,其第一首是讲郑成功收复台湾的:"战舯旋师返北辕,转教航海辟乾坤。金多旧借牛皮地,水涨新通鹿耳门。赤嵌城孤遗旧业,红彝援绝竟移屯。何缘自比虬髯客,岂昧几先让太原。"乾隆年间曾在台湾生活过的朱仕玠在咏赤嵌城时有这样的句子:"诸番昔陆居,渔海厌腥食。红夷诓牛皮,筑城诛茅塞。"有个名叫钱玙沙的巡台御史也写过一首咏赤嵌楼的诗:"旧是红彝地,今成勾漏天。螺旋盘曲磴,树古抱寒烟。日脚浮云外,潮头落槛前。牛皮一席地,芳草自年年。"④乾隆二十八年(1763年)所修的《重修凤山县志》收有当地人卓肇昌的"台湾形胜赋",内有"荷兰一皮,曾

---

① 吴桭臣的《闽游偶记》可见诸《小方壶斋舆地丛钞》续编第九帙,龚柴的《台湾小志》可见诸《小方壶斋舆地丛钞》第九帙,陈云程的《闽中摭闻》可见诸台湾史料文献丛刊第二一六种《台湾舆地汇钞》。
② 范咸:《重修台湾府志》卷一,《台湾府志三种》。
③ 高拱乾:《台湾赋》,《台湾府志》卷十。
④ 连横:《台湾诗乘》,近代中国史料丛刊,文海出版社,第20、58、76页。

挥金而请假"之句。①

不过,在清代,并不是所有人都相信荷兰人是通过"牛皮得地"而占领台湾的。例如,乾隆三十一年(1766年)出任澎湖通判的胡建伟在其任内所编的《澎湖纪略》中就曾说:"崇祯元年九月,郑芝龙率所部降于督师熊文灿,然犹迁延海上;迨国朝顺治三年丙戌秋八月平闽,郑芝龙乃就抚归降,将澎、台之地税与红夷。此红夷有澎、台之所自也。旧云红夷借居,给得一牛皮地者,非也。"②当然,胡建伟说郑芝龙将澎、台租给荷兰人,这同样是没有根据的。

三

"牛皮得地"故事源于古罗马时代的地中海西部地区,进入16世纪后随着西班牙人的东来而传到菲律宾,再由往来于中菲之间的华人带回到中国。在欧洲人眼中,这个故事的发生地是北非的迦太基,故事主角是来自腓尼基的难民。在明代中国人心目中,这个故事的发生地是在太平洋中的菲律宾,西班牙人是这个故事的主角。到了清代,这个故事又被套用在另一个欧洲人——荷兰人身上,台湾成了这个故事的发生地,荷兰人是这个故事的主角。在这个故事的流传轨迹中,也反映出近代欧洲的扩张过程。

就"牛皮得地"故事的流传过程而言,我们还可以看到民间故事传播的一个特点:如果一个故事的内容对于听众来说在时空上完全陌生的话,这个故事会失去吸引力;如果一个故事的内容对于

---

① 王瑛曾:《重修凤山县志》卷十二,台湾史料文献丛刊。
② 胡建伟:《澎湖纪略》卷二,台湾史料文献丛刊。

听众来说过分熟悉的话,故事中那些虚构出来的精彩情节就容易被戳穿,故事本身也会因此而失去吸引力;只有当一个故事发生在听众有点知道却又不太了解的地方、只有当一个故事的主角对于听众来说既陌生又新奇的时候,听众的好奇心就最容易被激发出来,这样的故事也就最能吸引听众。所以,人们总是喜欢将一个故事的场景从完全陌生的地方转移到有点熟悉的地方,总喜欢让那些令人新奇的陌生人充当一个精彩故事的主角。

当然,研究故事的流传,更应当属于比较文学的专业范围。目前,"比较文学已经成为世界显学,在中国也正是方兴未艾"。[①] 但现在的比较文学也存在着滥比的现象。正如季羡林先生所说的:"试问中国的屈原、杜甫、李白等同欧洲的荷马、但丁、莎士比亚、歌德等有什么共同的基础呢?有是有的:他们同样是人,同样有人的思想感情。但是,根据这样的基础能比出什么东西来呢?"[②]事实上,只有采用历史学的研究方法,在历史学的基础上进行比较,此类比较研究才能获得坚实的基础。对此,陈寅恪早在1933年即已说得很明白:"即以今日中国文学系之中外文学比较一类之课程言,亦只能就白乐天等在中国及日本之文学上,或佛教故事在印度及中国文学上之影响及演变等问题,互相比较研究,方符合比较研究之真谛。盖此种比较研究方法,必须具有历史演变及系统异同之观念。否则古今中外,人天龙鬼,无一不可取以相与比较。荷马可比屈原,孔子可比哥德,穿凿附会,怪诞百出,莫可追诘,更无所谓研究可言矣。"[③]本文即从历史学的角度出发,对"牛皮得地"故

---

① 季羡林:《比较文学与民间文学》,第372页。
② 季羡林:《比较文学与民间文学》,第376页。
③ 陈寅恪:《金明馆丛稿二编》,上海古籍出版社1980年版,第223—224页。

事的流传过程作一探讨,同时也希望此种探讨有助于比较文学的研究。

附记:本文考察了"牛皮得地"故事通过海路流传到中国沿海的过程。拙文递交到1998年在杭州召开的"中西文化交流史(1500—1840)国际学术研讨会"后,得到了不少先生的指点。华涛博士特地相告,早在公元10世纪(最迟在公元11世纪),随着伊斯兰教的传播,"牛皮得地"故事即已通过陆路传播到了我国西北的天山地区。后来华涛博士又寄来他的相关论文《萨图克布格拉汗与天山地区伊斯兰化的开始》(《世界宗教研究》1991年第3期)。特此致谢。

明末记述澳门的浙江人[*]

16世纪中期,葡萄牙人入据澳门。[①] 从此,澳门成了东西方文化的交汇地。明代,内地许多人曾因各种原因到过澳门。其中有的是因公视察;有的是一般的游览,较为著名的有文学家汤显祖。[②] 更多的人则是前来经商谋利。在这些到过澳门的内地人中,就有浙江人。例如,明万历四十年(1613年),时任广东巡视海道佥事的浙江嵊县人喻安性就曾到澳门清查葡萄牙人所蓄养的倭奴,并将这些倭奴驱逐回国。喻安性是早期巡视澳门的重要官员,他代表中国政府对澳门行使了主权。[③] 但对于绝大多数到过澳门的人来说,他们在历史上却没有留下任何痕迹。正因为如此,当我们在浩如烟海的历史文献中发现一鳞半爪的有关史料时,就显得十分珍贵了。近日翻检史书,偶然发现明代也有普通的浙江人到过澳门并且写过著作。在此澳门回归之际,特撰此短文,以志庆贺。

---

[*] 本文原载《浙江学刊》2000年第2期。
① 关于葡萄牙人开始入据澳门的年代,国内外学术界尚有不同的说法,西方学者一般认为是在1557年,中国学者多认为是在1553年。近来有学者认为是在1554年。参见汤开建:《澳门开埠时间考》,《暨南大学学报》1998年第2期。
② 关于明代游历过澳门的主要人物,可参见汤开建:《明清士大夫与澳门》,澳门基金会1998年出版。
③ 章文钦:《明清时代中国高级官员对澳门的巡视》,《澳门与中华历史文化》,澳门基金会1995年版。

明代浙人游澳，还应从利玛窦说起。

澳门开埠后，很快就成了天主教在中国乃至远东的传教中心。1582年，意大利人利玛窦来到澳门，第二年进入内地传教，先后到过南京、北京等地。利玛窦是明末天主教在中国传播的奠基者。继利玛窦之后，庞迪我、艾儒略等传教士纷纷来到中国内地传教，杭州则是明末天主教的一个重要活动中心。①

西方传教士在中国传播天主教的同时，也介绍了西方的一些科学技术知识。他们所宣传的所有这一切，被当时的中国人统称为"西学"。西学传到中国后，遭到了一些士大夫以及僧人的反对，其中不少是浙江人。②他们将西学称为"邪说"，并写出了许多文章来"破邪"。1637年，福建人黄贞将闽浙士子僧人的反西学文章汇编成《破邪集》，1639年交至浙江的"佛门同志"，并于这年冬天刊行，取名为《圣朝破邪集》，共八卷。③

在《圣朝破邪集》中，水平较高的是浙江德清人许大受所著的《圣朝佐辟》十篇。许大受的这些"破邪"文章，在当时颇受好评，时人曾这样说："独《圣朝佐辟》一书，颇足令邪党结舌。"④

许大受是个普通的士人，但他的父亲许孚远却相当著名。德清县志说："许孚远，字孟远，号敬庵，世家乌山。"⑤许孚远曾任广东佥事、福建巡抚等职，但他更主要的还是一个学者，写过许多著

---

① 夏瑰琦：《明末天主教杭州开教与活动考述》，《世界宗教研究》1994年第3期。
② 近来国内外都有人对西学与中国文化的冲突问题进行了相当深入的研究，可参见谢和耐：《中国和基督教》，上海古籍出版社1991年版；孙尚扬：《基督教与明末儒学》，东方出版社1994年版。
③ 本文所依据的《圣朝破邪集》，是夏瑰琦的校注本，香港建道神学院1996年出版。
④ 释大朗：《刻辟邪集序》，《天主教东传文献续编》（二），学生书局1986年版。
⑤ 《德清县志》卷七，康熙十二年抄本，成文出版社。

作。《康熙德清县志》卷八收有他的《敬和堂集》等书目,《昭代丛书》中有他的《九谛解疏》。《明史》将他列入《儒林传》中,并说他"笃信良知,而恶夫援良知而入佛者"。① 我们还可以在《明儒学案》中读到同样的话。② 许大受虽然不如其父出名,但无疑深受儒学熏陶。

许大受是坚决反对西方传教士的,他在自序中解释《圣朝佐辟》一名的由来时劈头就说:"辟者何?辟近年私入夷人利玛窦之邪说也。"当时,利玛窦等传教士都自称来自大西洋,经90000里(或80000里)的航程才到中国。③ 许大受对于西方传教士的这种说法,根本就不相信。《圣朝佐辟》第一篇《辟诳世》就是反驳传教士关于大西洋国的说法的,许大受提出的第一个根据是,中国古书中从来就没有提到过大西国:"彼诡言有大西洋国,彼从彼来,涉九万里而后达此。按汉张骞通西域,或传穷河源抵月宫,况是人间有不到者?《山海经》、《搜神记》、《咸宾录》、《西域志》、《太平广记》等书,何无一字纪及彼国者?"许大受的另一个根据是,传教士所说的大西国,可能是他们到中国后看到中国一些小说而编造出来的:"彼特窃此谐谈,以诳张为幻而已,万万无大西等说,岂待智者而后知哉!"许大受的第三个根据是:"吾乡有余生士恢,负四方之志,亲履其地,归而刻书名《藜藿亟言》,云彼特广东界外香山岙人,极陈其凶逆孔棘状。"

许大受否定大西洋之存在的说法当然是错误的。但他在这里

---

① 《明史》卷二百八十三,中华书局点校本。
② 黄宗羲:《明儒学案》卷四十一,中华书局1985年版。
③ 传教士自称的大西洋距中国之航程,可见张维华:《明史欧洲四国传注释》,上海古籍出版社1982年版,第133页。

明确无误地说,他有个名叫余士恢的德清老乡曾亲自到过"广东界外香山嶴",即澳门,并且写过《藜藿卮言》一书。余士恢是目前所知最早到过澳门并且写有游记的浙江人。可惜我们在方志或其他材料中找不到关于余士恢的记载,也找不到有关《藜藿卮言》的记载。这样我们就不知道余士恢是什么时候到澳门的,更不知道《藜藿卮言》对澳门有多少记载,实在令人遗憾。只是通过许大受的《圣朝佐辟》,我们才了解到《藜藿卮言》的一些内容。

欧洲传教士将以基督教为核心的西方文化介绍到中国后,自然与中国文化发生了冲突。例如,基督教认为教徒只能信奉上帝,而中国的那些圣人如尧、舜、孔子等都是魔鬼;再如,基督教主张一夫一妻制,传教士认为中国的文王等圣人都因违背了这一原则而进入了地狱。对此,中国的士大夫感到莫大的愤慨。许大受在《圣朝佐辟》第四篇《辟贬儒》中义愤填膺地写道:"若我仲尼,祖述宪章,上律下袭,凡有血气,莫不尊亲,彼乃谓其与羲皇、尧舜诸圣同在地狱。据《藜藿卮言》所载,彼处夷人直名孔圣为'魔鬼',岂具人貌者之所宜出口耶?时余面聆此语,不觉痛心而作色焉。"当时,在澳门的传教士确实将尧、舜、孔子等中国圣人说成是魔鬼",[①]可见《藜藿卮言》的记载不假。从许大受的这段文字中还可以知道,许大受曾经"面聆此语",这就表明余士恢与许大受是同时代人。根据这个线索,可以推断余士恢大约是在17世纪前期到澳门的,他的著作也完成于17世纪前期。

欧洲殖民者来到中国沿海后,经常有野蛮的侵略行为。对此,中国人十分痛恨。中国人甚至传言,这些远来的侵略者还有劫掠

---

① 谢和耐:《中国和基督教》,第257页。

儿童为食的恶习。《月山丛谈》对此有详细的描述：①

"嘉靖初，佛朗机国遣使来贡，初至行者皆金钱，后乃觉之。其人好食小儿，云其国惟国王得食之，臣僚以下皆不能得也。至是潜市十余岁小儿食之。每一儿市金钱百文。广之恶少，掠小儿竞趋途，所食无算。其法以巨镬煎滚滚汤，以铁笼盛小儿置之镬上蒸之，出汗尽乃取出，用铁刷刷去苦皮，其儿犹活，乃杀而剖其腹，去肠胃蒸食之，居二三年，儿被掠益众，远近患之。"

但在许大受看来，外国人拐卖、杀害中国儿童的目的，并不是为要满足口腹之乐，而是与他们的基督教信仰有关。因为传教士向中国人宣传说，凡是笃信基督教的人死后将进入天堂，而不信基督教的人死后则进入地狱。地狱共分四层，其中第三层是孩童地狱。为什么孩童死后也是进入地狱的呢？因为"孩童未尝为善，不直上天堂受福；亦尚未为恶，不宜下深狱受苦。第以元祖亚当，遗有原罪，故处之此所，虽无福乐，亦无苦刑"。② 许大受在《圣朝佐辟》第七篇《辟窃佛诃佛种种罪过》中，对传教士所宣扬的这种观点进行了驳斥：

"问彼（按：指传教士）'孩童狱之义何居？答曰：'天主以孩童之无知为可取，故以此薄炼其原罪，罪毕出世，身量永不长大，而自在快乐，靡有穷期。'若孩童生前，曾遇彼徒灌圣水者，其乐更倍。于是簧鼓蚩氓，幸其子之天亡，而悼其不曾灌圣水也。余恨其簧鼓，诘曰：'所谓孩童，以几岁限？'彼曰：'视

---

① 顾炎武：《天下郡国利病书》卷一百一十九《海外诸番》，光绪二十六年广雅书局刊本。
② 谢和耐：《中国和基督教》，第259页。

點痴。點者既孩准长,痴者稍长准孩。'若是,别人家生子,祝天又祝痴,而耆颐明哲,反不如殇悼蔽蒙矣,有是理手?且按《藜藿亟言》中言,彼夷残甚,数掠十岁以下小儿烹食之,率一口金钱百文,恶少缘以为市,广人咸惴惴莫必其命。史丘道隆、何鳌,皆疏其残逆异状等语。此固其诱婴孩以速死之本意,而可令其易种于我仁寿之域乎?"

在这里,许大受认为,外国人残杀儿童只是出于其宗教信仰,为了让这些儿童早日摆脱人间罪恶和痛苦;这种残酷的做法,正说明了基督教信仰的野蛮、愚昧与荒唐。由此还可知道,余士恢的《藜藿亟言》也有关于欧洲殖民者在中国拐掠小儿的内容。

在《圣朝佐辟》第十篇《辟行私历攘瑞应谋不轨为千古未闻之大逆》中,许大受又一次引用了余士恢的著作:

"且读《藜藿亟言》云:愚以为黔中之续,则粤中之岙门是也。嘉靖间岙门诸夷,不过渐运木石驾屋,若聚落尔,久之为舶薮。今且高筑城垣,以为三窟。且分遣间谍,峨冠博带,闯入各省直地方,互相交结。即中国之缙绅章缝,折节相从。数千里外,问候不绝,得其馈遗者甚多。频年结交吕宋、日本,以为应援。凡我山川厄塞去处,靡不图之于室。居恒指画某地兵民强弱、帑藏多寡,洞如观火。实阴有觊觎之心,时时炼兵器、积火药,适且鼓铸大铳无虚日,意欲何为?此岂非窥伺中国,睥睨神器之显状耶。"

从语气上来看,"愚以为黔中之续,则粤中之岙门是也"应当是《藜藿亟言》的原文。其余的文字,似为许大受所补充的。引文中的"岙门"就是澳门,"黔中之续"则颇为费解。夏瑰琦将"续"当作地名,但我们找不到以此为名的重要地点。另一种可能是,"续"是

"继续"之续,"黔中"是指16世纪末17世纪初在四川贵州等地爆发的杨应龙或安邦彦等人的兵乱。如是,则此句之意可理解为"我认为粤中的香门将会成为继黔中之后的另一个动乱之地"。不知这样理解是否妥当。许大受的这段话,不仅说明了澳门的迅速发展已为浙江人所了解,而且也说明浙人对西方殖民者的侵略本质有了比较深刻的认识。

通观《圣朝佐辟》,可以看出许大受对外部世界所知甚少,许多观点还是十分愚昧、错误的。例如,当时有人认为,西方的基督教信仰固然是荒唐的,但西方的科技还是比较有用的:"彼理虽未必妙,人虽未必贤,而制器步天可济民用,子又何以辟之?"对此,许大受在《圣朝佐辟》第九篇《辟夷技不足尚夷货不足贪夷占不足信》中断然答道:西方科技"纵巧何益于身心?"许大受的这种观念当然是十分迂腐有害的。但幸赖许大受的《圣朝佐辟》,我们才知道早在17世纪前期就有个浙江人曾远游澳门并且写下了一本题为《藜藿亟言》的著作,也可以说这是一部由浙江人所写的关于早期澳门史的重要著作。如果有一天我们有幸发现此书的话,那么,我们一定会读到许多鲜为人知的精彩情节,我们对澳门的历史一定会有更加深刻的认识。

关于鸦片在中国早期传播的若干问题[*]

鸦片对于中华民族来说具有十分特殊的意义,因为多灾多难的中国近代历史就是被一场以"鸦片"命名的战争揭开的;在近现代,鸦片流毒全国,成为严重的社会问题。但是,对于鸦片在中国的早期传播问题,至今还有许多混乱的说法。本文根据自己的管窥所及,就若干问题作些探讨。

一

鸦片是由罂粟(Papaver somniferum)蒴果的汁液干燥而成的。以前人们曾普遍认为罂粟的原生地在地中海东部地区,但新的研究表明地中海西部才是罂粟的原生地。罂粟的栽培最早发生在西欧与中欧,其时代可以上溯到新石器时代的线纹陶文化时期(约公元前5000年中期至前4000年代前半期)。[①] 人们种植罂粟的目的主要是为了获取食物及食物调料,如用它的籽榨油、将罂粟籽加在食物中以增加香味等。

进入文明时代,人们已经知道从罂粟中提取鸦片作为药品。

---

[*] 本文原载《文史》2000年第1辑(总第50辑)。
[①] D. Zohary *et al*, *Domestication of Plants in the Old World*, p. 130, Clarendon Press, 1994.

在古代埃及的著名医学文献"埃伯斯纸草"(其抄写的年代约为公元前 1550 年,成书年代则更早)中,就有鸦片。[1] 古希腊人对鸦片也非常熟悉,其最早的文学作品《荷马史诗》(形成于公元前 9—前 8 世纪)已经提到了罂粟和鸦片。[2] 根据希腊神话,谷物女神得墨忒耳(Demeter)曾因吃了鸦片而忘却痛苦,所以在希腊罗马的雕塑中,她的手中常握有罂粟。[3] 也正是古希腊人将鸦片称作"οπιον"(来源于"汁液"一词),用拉丁文表示就是"opium",欧洲语言中表示鸦片的词汇就是由此派生出来的。[4] 1 世纪,古罗马医生迪奥斯科里德(Diosorides)详细地描述了鸦片的提取方法,这种方法与现代割取鸦片的方法基本上相同。[5]

8 世纪,阿拉伯帝国兴起。阿拉伯人将希腊文的鸦片一词(οπιον)读作"Afyun",在波斯文中,"Afyun"又被写作"Apyun"或"Abyun"。[6] 阿拉伯人更加广泛地将鸦片用作药品。如名医侯乃伊(Hunayn)把罂粟与鸦片当成医治眼科疾病的重要药物;塔百里(al-Tabari)则提醒说,鸦片不可多用,否则会致人昏睡或死亡。[7]

---

[1] J. Mayer *et al*, *Never To Die*, p. 79, The Virking Press, 1938. 苏智良:《中国毒品史》(上海人民出版社 1997 年版)第 22—23 页误将同一部埃伯斯纸草书当作了两种不同的著作。

[2] 荷马:《伊利亚特》,人民文学出版社 1958 年版,第 146 页。

[3] 图可见 P. Grimalm, *The Dictionary of Classical Mythology*, p. 132, Oxford University Press, 1996.

[4] J. Edkins, *Opiun: Historical Note*, p. 4, American Presbyterian Mission Press, 1898. 此书由詹天祥先生从国外代为觅得,特此致谢。

[5] *E. J. Brill's First Encyclopaedia of Islam*(1913—1936), vol. 1, p. 179, E. J. Brill, 1987.

[6] J. Edkins, *Opium: Historical Note*, p. 5.

[7] M. A. Anees ed., *Health Seience in Early Islam*, vol. 2, p. 75, Noor Foundation and Zahra Publications, 1984.

阿拉伯最著名的医学家阿维森纳称鸦片为"功效最强的麻醉剂"。①

8世纪初,阿拉伯军队入侵印度,同时也带来了罂粟与鸦片。鸦片在印地语中被称作"afim",在梵语中被称作"apaynum"等,这些称呼都来自阿拉伯语的"afyun"。② 到了14世纪早期,在梵语医学文献中首次出现了关于鸦片等一些外来药物的记载。③

罂粟在古代中国有很多名称,除了"罂粟"这个常见名称外,还有"罂子粟"、"米囊子"、"象谷"、"御米"、"莺粟"等。④ 这些中文名称是怎么来的呢?对此,明代李时珍在《本草纲目》中说得很清楚:"其实状如罂子,其米如粟,乃象乎谷,而可以供御,故有诸名。"⑤ "罂(甖)",是中国古代的一种小口大腹容器。⑥ 由于罂粟蒴果的形状很像这种称为"罂"的容器,而它的籽又像粟米,所以在中文中,这一植物通常就被称作"罂粟",在中医文献中,它也因此而被归入米谷部,这一植物的其他中文名字或多或少地也都与"其米如粟"这一特征有关。

直到现在为止,还有不少人认为鸦片初传中国始自唐乾封二年(667年),因为《旧唐书》卷一九八《拂林传》记载说这一年拂林国(东罗马)"遣使献底也迦"。其实,在659年开始编修的我国第

---

① R. E. McGrew, *Encyclopedia of Medical History*, p. 14, MacMillan Press, 1985.
② E. Balfour, *Encyclopaedia Asiatica*, pp. 28—29, Cosmo Publications, 1976.
③ W. F. Bynum et al, *Companion Encyclopedia of the History of Medicine*, p. 760, Routledge, 1993.
④ 厉荃:《事物异名录》卷三十一"罂粟"条、卷四十"米囊子"条,乾隆四十一年刊本。
⑤ 李时珍:《本草纲目》卷二十三,中国书店1988年版。
⑥ 王充:《论衡·谴告》:"酿酒于罂,烹肉于鼎。"

一部国家药典《新修本草》中就已经有关于底野迦(底也迦)的记载了。① 此外,在明代朝鲜金礼蒙等人所编的《医方类聚》中曾引用过《五藏论》的一段话:"神方千卷,药名八百,中黄丸能瘥千痾,底野迦善治万病",②而《五藏论》一书又见录于《隋书》卷三四的《经籍志》,所以有人推测底也迦在"隋前已传入我国"。③

但是,底也迦(底野迦)与鸦片并非一回事。底也迦是古代西方的一种解毒药,由许多药物配合而成,④其中常含有少量鸦片。但也有不含鸦片的。⑤ 在古代中国,底也迦被归在兽部,可见在人们的心目中,它与任何来自植物的药剂(包括鸦片)没有多少关系。因此,底也迦并非鸦片。就我们目前所知的材料而言,还没有证据能证明纯粹的鸦片在隋唐时期已进入中国。

唐代义净在其所译的《根本说一切有部毗奈耶杂事律》中,叙述过一个关于吸烟治咳的故事。⑥ 从清代俞正燮的《癸巳类稿》(卷十四)开始直到现在,许多人认为这里所说的"烟"就是指鸦片烟。其实,这种说法并不对。因为这部佛经是公元前后的作品,⑦当时的印度还没有鸦片。如前所述,鸦片是在中世纪随着阿拉伯帝国的扩张才传入印度的。而且,吸烟并不等于吸食鸦片,我国古

---

① 《新修本草残十一卷》,丛书集成续编本,新文丰出版公司。
② 此段标点据丹波元简:《医賸》卷下,世界书局1935年版,第12页。
③ 张慰丰:《早期西洋医学传入史略》,《中华医史杂志》1984年第2期。
④ 据古罗马的普林尼说,其成分可达600多种。参见夏德:《大秦国全录》,商务印书馆1964年版,第122页;李约瑟:《中国科学技术史》,第一卷,第二分册,科学出版社1975年版,第452—453页。
⑤ John Scarborough, The Opium Poppy in Hellenistic and Roman Medicine, in Drugs and Narcotics in History, edited by R. Porter and M. Teich, Cambridge University Press, 1995.
⑥ 义净:《根本说一切有部毗奈耶杂事律》,《大藏经》,寒字第一册。
⑦ 方长:《再谈龙涎及我国吸食鸦片始于何时》,《文史》第25辑。

代很早就用吸食草药的方法来治疗疾病。在唐代的重要医学文献《外台秘要》中就有好几个吸烟治咳的药方,特别是"崔氏疗久咳不差熏法"中所说的一种方法,则与《根本说一切有部毗奈耶杂事律》中所说的吸烟疗法几乎没有什么区别,但这里所吸的是款冬花。①此后各代,都有这类吸烟治病的记载。如元代《御药院方》中"治年深日近咳嗽"的"款冬花散";②明代名医张介宾"治舌肿喉痹"所用的"蓖麻子",③等等。因此,古代中国的吸烟记载,并不能说明烟草(淡巴姑,tobacco)起源于中国,更不能说明唐时中国已有吸食鸦片。这部佛经中所说的烟当然也不可能是烟草,因为烟草是在1508年才传入印度的。④ 佛经中的这种烟只能是当时印度所产的某种草药,很可能就是指大麻(cannabis),因为印度种植大麻的历史可以上溯到公元前,古代印度曾将大麻用作吸食。⑤

虽然没有史料能够证明鸦片在唐代已传入中国,但是,作为鸦片来源的罂粟已经开始在中国种植则是肯定无疑的。

唐开元二十七年(739年)陈藏器所著的《本草拾遗》中有关于罂粟的记载:"嵩阳子云:罂粟花有四叶,红白色,上有浅红晕子,其囊形如髇头箭,中有细米"。⑥ 有人曾认为,这是中文文献中对罂粟的"首次明确的记述",⑦此说影响不小。实际上,在此之前,唐

---

① 王焘:《外台秘要》卷九,文渊阁四库全书本。
② 许国祯:《御药院方》卷五,人民卫生出版社 1992 年版。
③ 张介宾:《景岳全书》卷四十八,文渊阁四库全书本。
④ K. C. Majumdar, *The History and Culture of the Indian People*, vol. 1, the Vedic Age, p. 112, Ceoge Allen & Uniwin, 1952.
⑤ R. O'Brien, *The Encyclopedia of Drug Abuse*, p. XI, Facts On File and Greenspring, 1992.
⑥ 李时珍:《本草纲目》卷二十三。
⑦ J. Edkins, *Opium: Historical Note*, p. 7. 又可参见陈新谦:《阿片史略》,《中华医史杂志》1986 年第 4 期。

代诗人郭震(656—713)就写过一首"咏米囊诗":"开花空道胜于草,结实何曾济得民。却笑野田禾与黍,不闻弦管过青春。"①根据陈藏器的引述,中国最初引进的罂粟应当是产于小亚细亚的光罂粟(P. somniferum var. glabrum),因为只有这种罂粟才开白花与红花。这种罂粟一定是经陆路传入我国的,最早栽种这一植物的是中国北方地区。

唐代诗人雍陶(805—?)的诗句"行过险栈出褒斜,历尽平川似到家;万里(一作"无限")客愁今日散,马前初见米囊花"②已被人们广为引用。在《全唐诗》中,还有一首由李贞白所写的"咏罂粟子"。③ 唐代后期,人们又用"罂"的同音字将罂粟写作"莺粟",《全唐诗》中就收有吴仁璧的"题莺粟花"残句:"蒲草薄裁连蒂白,胭脂深染半葩红。"④此外,唐代的著名民间园艺家郭橐驼在其《种树书》中也介绍过罂粟的种植方法:"莺粟九月九日及中秋夜种之,花必大,子必满。"⑤我们知道,郭橐驼是柳宗元的同时代人,柳宗元在805年曾为他写过传,即名作《种树郭橐驼传》,文中有"其乡曰丰乐,在长安西"之句,说明唐代长安周围即种有罂粟。

上面这些材料同时也表明,在唐代,罂粟种植的时间不长,种植的范围有限。陈藏器在《本草拾遗》中要引用嵩阳子的话,说明陈藏器自己对罂粟并不怎么了解;郭橐驼要专门介绍罂粟的栽培

---

① 《全唐诗》卷六十六,中华书局1960年版,第759页。
② 《全唐诗》卷五百一十八,第5923页。苏智良:《中国毒品史》第33页说:"雍陶所言的'初见',又表明罂粟的种植尚不普遍。"这种理解有误。雍陶此诗中的"初见"绝对不是"很少见到"的意思,而是"一见到"、"刚刚见到"的意思,表示远游归来的喜悦心情。
③ 《全唐诗》卷八百七十,第9873页。
④ 《全唐诗》卷六百九十,第7923页。
⑤ 《古今图书集成·博物汇编·草木典卷一百二十二·莺粟部》,中华书局、巴蜀书社1985年版。

方法,可见人们对罂粟种植技术还处于认识之中,并没有完全掌握。而且,唐代种植罂粟的目的只是为了观赏其花卉,所以郭橐驼在他的《种树书》中所强调与关心的是它的花与籽,而不是别的;郭震的那首诗"咏米囊诗"则更清楚地证明了罂粟在当时并无什么实用价值。

　　五代十国时期,人们开始逐渐认识到罂粟的药用价值。南唐(937—975 年)的《食医方》中有"疗反胃不下饮食罂粟粥法",罂粟籽被用作健胃药品。①

　　从宋代起,罂粟在中国广为种植。宋朝苏颂编撰的《本草图经》(1061 年)说:"罂子粟,旧不著所出州土,今处处有之,人家园庭中多莳以为饰。"②随着罂粟种植的普遍,从宋代起罂粟花被收入到各类花谱中。1256 年成书的"中国现存最早、包含花木最多"③的花卉著作《全芳备祖》即收录有罂粟花。④ 宋代还有一些人则根据封建纲常来排列花卉的等级,如丘璿的《牡丹荣辱志》将罂粟花列为"花戚里",⑤张翊的《花经》则将罂粟花列为"七品三命"。⑥ 明代的主要花卉著作如《遵生八笺》、《学圃杂疏》、《汝南圃史》、《花史左编》、《花历》、《瓶史月表》以及清代的《花镜》、《倦圃莳植记》、《北墅抱瓮录》、《名花谱》等著作中都有关于罂粟花的记叙。但是,在古代中国,人们也常将罂粟花与罂粟属中的另一种植物虞

---

① 唐慎微:《证类本草》卷二十六。
② 同上。
③ 陈俊愉等:《中国花经》,上海文化出版社 1990 年版,第 634 页。
④ 陈景沂:《全芳备祖》,前集,卷二十七,农业出版社 1982 年版,第 727—728 页。
⑤ 丘璿:《牡丹荣辱志》,《说郛三种》,上海古籍出版社 1988 年版。
⑥ 张翊:《花经》,丛书集成续编本。

美人(Papaver rhoeas)混淆在一起,有的说丽春花是"罂粟别种也",①有的说丽春花是"罂粟类也",②这样,在古代作品中,"丽春花"名称既指称虞美人,有时也用来表示罂粟花。

罂粟花姿色艳丽,所以又获得了"赛牡丹"、"锦被花"之类的美名,③各个时代都有文人写过咏吟罂粟花的诗作。宋代主要有苏辙的"种药苗诗"、④谢迈的"罂粟诗"、⑤杨万里的"米囊诗"。⑥明代,吴幼培的"罂粟花"是较为有名的诗作,⑦程本立的二首罂粟诗也很精彩,今录其一:"二月昆明花满川,丽春别种最芳妍;青黄未著罂中粟,红白都开地上莲。逐客形容嗟老矣,美人颜色笑嫣然;马头初见情多感,吟得诗成莫浪传。"⑧清初,方文在1668年写过"城南罂粟园看花"三首,其中一首为:"争夸红紫艳,谁解白芙蓉;意态神仙立,肌肤冰雪重;与梅同素性,惟藕并高踪;莫道栽培易,涵濡秋复冬。"⑨清代还有不少人借吟罂粟来描述清贫的生活,蒋士铨的"厨烟"写道:"罂粟充粮薜叠钱,欣看鼋突袅炊烟;治生策岂能操券? 求富心终贱执鞭;手散万金多感慨,家无百亩尚迁延;竹花凋后桐花老,鸡鹜纷纷亦可怜。"⑩道光初,蔡家琬在其"罂粟花"中吟道:"小罂贮粟饱朝饥,此法遥传今试之;更把决明间松竹,令

---

① 如汪灏:《广群芳谱》卷四十六,文渊阁四库全书本。
② 黄凤池:《草本花诗谱》,上海文海书局1893年版。
③ 陈淏子:《花镜》卷六,农业出版社1979年版,第322页。
④ 《苏辙集》,第三册,中华书局1990年版,第1203页。
⑤ 汪灏:《广群芳谱》卷四十六。
⑥ 《宋诗钞》,第三册,中华书局1986年,第2114页。
⑦ 《古今图书集成·博物汇编·草木典卷一百二十二·莺粟部》。
⑧ 程本立:《巽隐集》卷二,文渊阁四库全书本。
⑨ 方文:《嵞山续集》卷三,上海古籍出版社1979年版。
⑩ 蒋士铨:《忠雅堂诗集》卷十四,嘉庆刊本。

人长忆颖川畦。"①

罂粟除了其花卉供人观赏外,也被用作食补及食物。宋代的医学名著《开宝本草》(973年)说:"罂子粟……和竹沥煮作粥食之极美。"②明代的李时珍说:罂粟"嫩苗作蔬食甚佳。……中有白米极细,可煮粥和饭食;水研滤浆,同绿豆粉作腐食尤佳;亦可取油。"③罂粟籽的别名"御米"最早出现在《开宝本草》中,说明宋时已将罂粟籽列作贡品,由此可知罂粟籽在当时是比较珍贵的,同时说明宫廷中有食用罂粟籽的做法。罂粟还被修道者所食用,寇宗奭在其《本草衍义》中说:"研子以水煎,仍加蜜为罂粟汤,服石人甚宜饮。"④苏东坡的诗句"道人劝饮鸡苏水,童子能煎莺粟汤"⑤表明饮用这种罂粟汤在道人中间是较流行的,这一点还可以由谢迈的另两首罂粟诗来证实。⑥ 此外,罂粟还有其他食用方法,如宋代的林洪就具体介绍过一种名为"罂乳鱼"的制作方法。⑦

不过,在古代中国,罂粟的最大用途是作为药物。从宋代开始,罂粟越来越多地被医家所利用。在宋朝的国家药典《开宝本草》中,正式将罂粟作为药物收入。《开宝本草》"罂子罂"条的末尾处加有"今附"两字的注文,证明宋代之前罂粟的药用并不普遍。

---

① 蔡家琬:《百花吟》,收入《拜梅山房几上书》,道光六年刊本。
② 唐慎微:《证类本草》卷二十六。
③ 李时珍:《本草纲目》卷二十三。
④ 寇宗奭:《本草衍义》卷二十,丛书集成初编本。
⑤ 《苏轼诗集》,第四册,中华书局1982年版,第1347页。
⑥ 谢迈:《竹友集》卷五,文渊阁四库全书本。
⑦ 林洪:《山家清供》卷下。曾在旧中国海关担任遇税务司的美国学者马士在其名著 The Trade and Administration of China (《中朝制度考》)及《中华帝国对外关系史》中都曾引用到林洪所说的"罂乳鱼"。《中华帝国对外关系史》中译本(第一卷,生活·读书·新知三联书店1957年版,第195页)在把"罂乳鱼"的英文写法译成中文时,译作"鱼饼"。有人据此而说"此后,'鱼饼'一词,一再被宋元明代的医生所引用"(《中国毒品史》,第34页)。

罂粟在宋代主要用作治痢，方勺的《泊宅编》中就有罂粟治痢方："治痢以樱粟，古方未闻。今人所用，虽其法小异，而皆有奇功。"①罂粟也被用作治疗肉痿，如《全生指迷方》中说："肉痿，罂粟汤主之"。② 罂粟还可用来治疗痔疮。谢采伯曾记道："罂粟红白二种，痔下者随色用之，即愈。辛稼轩患此已殆甚，一异僧以陈罂粟汤煎全料人参败毒散，吞下感通丸十余粒，即愈。"③在12到13世纪，人们还发现了罂粟的止咳作用。金朝刘完素的《宣明方论》中就有不少用罂粟止咳的方剂。④ 明代的李时珍在《本草纲目》中将罂粟壳的主治功能概括为："止泻痢，固脱肛，治遗精、久咳，敛肺涩肠，止心腹筋骨诸痛。"⑤比起前代来，李时珍所说的罂粟壳的治疗范围要广泛多了。清代的医家还曾用这样的诗句来描述罂粟："罂粟功劳何处明？壳多酸濇米和平。行痰润燥皆宜子，皮敛先须邪滞清。"⑥

二

可能含有鸦片成分的药物（底也迦）至少在唐代已传入中国，作为鸦片来源的罂粟也从唐代开始在中国种植。那么，纯粹的鸦片是从什么时候开始传入中国的呢？

近来有人说："自唐代到明成化年间，史籍浩繁，目前还没有发

---

① 方勺：《泊宅编》卷八，中华书局1983年版，第47页。
② 王贶：《全生指迷方》卷二，文渊阁四库全书本。
③ 谢采伯：《密斋续笔记》，文渊阁四库全书本。
④ 刘完素：《宣明方论》卷九，文渊阁四库全书本。
⑤ 李时珍：《本草纲目》卷二十三。
⑥ 王如鉴：《本草约编》卷八，清代稿本八种，文海出版社。

现鸦片向中国输入的正式记载,……查阅唐、宋、辽、金、元数百年间的重要医药书籍,从民间配方到宫廷医案,并未提及鸦片的临床应用。"①这一说法就过于武断了。因为在《回回药方》中就有关于鸦片的大量记载。②

《回回药方》原书共36卷,现仅存4卷抄本,即《目录下》、第十二卷、第三十卷和第三十四卷。"据研究,《回回药方》译自波斯文,但它的原本可能是阿拉伯文。……《回回药方》的波斯文本在元代传入中国自无疑问,但何时译成汉文今有两说,一说元末,一说明初,总之,不会晚于14世纪末"。③

在《回回药方》,罂粟被写成"樱粟"或"御米"。在残存的《目录下》中,有11个药方是以罂粟(樱粟)为名的。在第十二卷、三十卷、三十四卷中,至少有5个药方用到罂粟。这些药方主治瘫痪、中风、咳嗽、泻痢等症,其服用方法有内服,也有外敷。

在《回回药方》中,鸦片被写作"阿夫荣"或"阿肥荣",这些名称与后来的"合甫融"以及"阿芙蓉"等一样,都是阿拉伯—波斯语词汇"Afyun"的音译,指的就是鸦片。由于《回回药方》译自波斯文,再加上元代中国与波斯的特殊关系,因此鸦片的最早中文译名"阿夫蓉"、"阿肥荣"应当直接来自波斯语,而不是阿拉伯语。

在《回回药方》中,每当出现"阿夫荣"或"阿肥荣"时,就加有这样一个注"即是黑御米子熬的膏子,味有毒,修合后半年者方可服",明确表明它是从罂粟中提取而来的。我们可以以卷三十中的

---

① 吴志斌、王宏斌:《中国鸦片源流考》,《河南大学学报》1995年第5期。
② 由于黄时鉴师的真诚帮助,本人得以利用《回回药方》的全部残本,特此致以衷心的感谢。
③ 黄时鉴:《解说插图中西关系史年表》,浙江人民出版社1994年版,第300页。

一个药方为例:

答洼兀里其卜黎提方(即加番栀子花蕊木香没药胡椒的膏子药方):凡白痰根源、黑血根源证,日久发热,身颤气窄,从胸膈吐出浓白痰根源嗽虫证,脾经疼,用之皆得济;又能推腰子或尿胞内有沙子出;又能开小便;又凡所伤药等,如阿肥荣(即黑御米子熬的膏子,咮有毒,修合后半年者方可服)、少可阑鲁法黑根等,用此能解其毒;又凡为蝎子、鲁他亦刺等所伤,用此亦能解其毒也。

　　黄硫黄　　白天仙子　　吉而的马挚　　米阿(即苏合油湿者)

　　没药(净者八钱)　　撒答卜(即薄荷)　　木香(苦者各一两)

阿肥荣(即黑御米子熬的膏子,味有毒,修合后半年者方可服)

　　咱法阑(即番栀子花蕊,各二钱)　　牡丹皮(一两二钱)　　白胡椒(二两)

　　以上捣罗为末,与制过净蜜相和,每服一钱至一钱二分。

据初步统计,在《回回药方》第十二卷、第三十卷及第三十四卷中,配有鸦片的药方共有38个,其中第十二卷中有6方,第三十卷中有31方,第三十四卷有1方。另外,在《目录下》中,有两个药方是以鸦片命名的。

研究表明,这些含鸦片的药方名称都是从阿拉伯—伊斯兰医药文献中直接翻译过来的,有些药方的内容甚至来自古代希腊罗马。[1]

---

[1] 廖果:《元代中外医学交流初探》,《中华医史杂志》1988年第4期;宋岘:《波斯医学在古代中国》,载叶奕良主编:《伊朗学在中国论文集》,北京大学出版社1993年版;宋岘、陈连生、江润祥:《〈回回药方〉与阿拉伯医学主流的亲缘关系》,V. C. Kong and D. S, Chen, Elucidation of Islamic Drugs in Hui Hui Yao Fang,均载《〈回回药方〉及有关论文书影集》(非卖品),香港中国编译印务有限公司,1996年。

《回回药方》中配有鸦片的药物应用范围很广,它的服用方式也是多种多样的。最常见的是和其他药物一起做成称为"马竹尼"或"马准"的糖剂内服;也可做成滴鼻水,还可外敷。《回回药方》对鸦片的副作用也有一定的认识。如卷三十有一含鸦片的药方说此药"于脑经上,并善记的力微有伤,故不可常服"。

13世纪初,蒙古族兴起,通过一系列的征服战争建立起了一个地跨欧亚两大洲的庞大帝国,从而为中西关系的发展创造了极其有利的条件。在这种历史背景下,元代中国与阿拉伯—伊斯兰世界的关系空前密切,这其中就包括医学交流的发展。随着阿拉伯—伊斯兰医生的入华,外来医学著作与药物的传入,鸦片被介绍到了中国也是很自然的。但在元代,鸦片这一药物的应用范围一定十分有限,很可能仅仅为回回医生所使用,所以在《回回药方》中,每讲到"阿夫荣"或"阿肥荣"时,都要不厌其烦地加上"即是黑御米子熬的膏子,味有毒,修合后半年者方可服"的注。也正是由于此药的应用范围不广,因此在元代现存文献中,除了《回回药方》外,找不到其他关于鸦片的记载。

元朝灭亡后,鸦片的药用继续扩大,它逐渐开始被汉族医生所认识,并被吸收到中医的药物学著作中。明初编成的《普济方》中有一个"定痛消肿去翳"的"白定眼药",内配"阿飞勇"一钱。[①] 这里所说的"阿飞勇",如同"阿肥荣"等名称一样,都是阿拉伯—波斯语 Afyun 的音译,就是指鸦片。

中文"鸦片"一词最早是什么时候出现的呢?对此,各种说法颇多。

---

① 《普济方》卷七十六,文渊阁四库全书本。

不少人认为,"鸦片"一词始见于明代将领王玺所著的《医林类证集要》(1488年)。① 其实,《医林类证集要》(作者在自序中又称之为《医林集要》)只是说"阿芙蓉,天方国传,专治久痢不止,及一切冷证,"②书中并无"鸦片"一词。"阿芙蓉"无疑是阿拉伯—波斯词汇"Afyun"的音译。

又有人认为,"鸦片"二字始见于李梴的《医学入门》(1575年);③还有不少学者认为,16世纪欧洲人来到远东之后,提到了"opium"一名,中国人将此词音译为"鸦片",所以中文"鸦片"一词来自西欧词汇,甚至是英语;④最近有人则提出"阿芙蓉"、"阿片"和"鸦片"这些词汇是在1505年到1552年之间的某个时候由葡萄牙人直接传入中国的;⑤在国外,劳费尔曾提出,中文的"鸦片"一词来自印度语言。⑥ 其实,这些说法都是错误的。

早在清末,就有人指出,中文里最早出现"鸦片"一词的应当是明代徐伯龄所著的《蟫精隽》,书中的"合甫融"条明确写道:"海外诸国并西域产有一药,名合甫融,中国又名鸦片"⑦徐伯龄生活在天顺至成化年间(1457—1487年),而欧洲人是在16世纪初才来到中国沿海活动的。所以,"鸦片"一词出现的时间要早于欧洲人

---

① 如朱庆葆等:《鸦片与近代中国》,江苏教育出版社1995年版;苏智良:《中国毒品史》,第37页。
② 王玺:《医林类证集要》卷二《痢》,成化十八年刊本,南京图书馆藏。
③ 李圭:《鸦片事略》卷上,近代中国史料丛刊。
④ 如Wen-Tsao Wu, *The Chinese Opium Question in British Opinion and Action*, p. 8, The Academy Press, 1928;萧一山:《清史》,(台湾)中国文化学院,1980年,第89页;姚薇元:《鸦片战争史实考》,人民出版社1984年版,第9页;《汉语外来词词典》,上海辞书出版社1984年版,第379页,等等。
⑤ 罗其精:《鸦片传入我国前后:兼谈"鸦片"一词的来历》,《词库建设通讯》(香港中国语言学会主办)1997年5月。
⑥ B. Laufer, Loan—words in Tibetan, *T'oung Pao*, 1916.
⑦ 徐伯龄:《蟫精隽》卷十,文渊阁四库全书本。

的东来,它不可能来自欧洲语言。本文认为,"鸦片"一词也当是阿拉伯—波斯语言"Afyun"的音译,而且更可能是波斯语"Abyun"或"Apyun"的音译,只不过在中译名的用字上更加简略、形象。

明代,鸦片名称的中文译法不少。在王玺的著作中只有"阿芙蓉"一词,在徐伯龄的著作中,却没有"阿芙蓉"的写法,只有"合甫融"和"鸦片"这两个词汇;而且,徐伯龄大概并不知道鸦片是由罂粟蒴果的汁液制成的。进入16世纪后,人们才逐渐比较一致地采用"阿芙蓉"和"鸦片"这两种写法。不过,在明代,更多的是使用"阿芙蓉"一词,从清代起,"鸦片"这种写法才变得流行起来。

早期鸦片的中文译名很多,人们很容易以为这些不同的名称代表着不同的药物。李时珍在《本草纲目》"金石部"的附录中引用了《普济方》中治眼疾的两个方子,但又说药方内的"阿飞勇"等药"皆不知何物也"。① 其实,这里的"阿飞勇"就是李时珍同一著作中所说的"阿芙蓉"、"鸦片"。

鸦片在明代常被写作"阿芙蓉",明代戏曲家汤显祖则写过"大鱼春涨吐芙蓉"的诗句,有的学者因此认为汤显祖这里所说的"芙蓉"是指鸦片,另外的学者则不同意此说,由此引发了一些讨论。②本文以为,汤显祖诗中的"芙蓉"与"阿芙蓉"并无关系。顾炎武曾记载说:"龙涎香出苏门答剌国,西有龙涎屿峙,南巫里大洋之中,群龙交戏其上,遗涎焉。……涎沫有三品:曰汎水,曰渗沙,曰鱼食。汎水则轻浮水面,善水者伺龙出取之;渗沙则凝积年久,气渗

---

① 李时珍:《本草纲目》卷十二。
② 徐朔方:《汤显祖与利玛窦》,《文史》第12辑;《鸦片输入中国之始及其他》,《文史》第25辑。方长:《龙涎·鸦片·红丸》,《文史》第18辑;《再谈龙涎及我国吸食鸦片始于何时》,《文史》第25辑。

沙中；鱼食则化粪于沙碛。惟汎水者可入香用。又言，鱼食亦有二种：海旁有花，若木芙蓉，春夏间盛开，花落海，大鱼吞之，若腹肠中先食龙涎，花咽入，久即胀闷，昂头向上吐沫，干枯可用；惟粪者不佳。"①这段文字不正是对"大鱼春涨吐芙蓉"最好的注解吗？因此造句诗实际上描述的是龙涎香的一种产生过程，句中的"芙蓉"既不是指真正的芙蓉花，也不是指阿芙蓉（鸦片），而是指那种"若木芙蓉"的"海旁之花"。此外，由于明代还没有传入吸食鸦片的方法，所以，汤显祖写这首小诗的目的不可能是为了委婉地讽刺明代皇帝吸食鸦片烟。

鸦片在明代用作药物。张时彻在1523年完成的《摄生众妙方》就有用"木香、黄连、白尤、鸦片"做成药丸的"治痢疾良方"；②《本草纲目》说，鸦片主治"泻痢、脱肛不止，能涩丈夫精气"。《神农本草经疏》说："阿芙蓉，其气味与粟谷相同，而此则止痢之功尤胜。故小儿痘疮行浆时泄泻不止，用五厘至一分，未有不愈，他药莫逮也"③。鸦片的服用方法也很多，可以直接吞服，也可以做成"一粒金丹"之类的药丸。《本草纲目》还详细介绍了"一粒金丹"的制作方法，此药在当时的北京有售，据说它能"通治百病"。④

明代对鸦片的提取方法也有一定的认识。王玺的《医林集要》是最早介绍西方鸦片提取方法的著作。但在16世纪，中国可能还没有人从罂粟中提取鸦片，即使有的话也是极少的，因为像李时珍这样博学的人也只是从王玺的著作中听说过国外的鸦片提取方

---

① 顾炎武：《天下郡国利病书》，第十九册，广东（下），四部丛刊本。
② 张时彻：《摄生众妙方》卷五，四库全书存目全书本，子部第四十三册，齐鲁书社1995年版。
③ 缪希雍：《神农本草经疏》卷三十，文渊阁四库全书本。
④ 李时珍：《本草纲目》卷二十三。

法,没有亲眼见过,所以他说鸦片"云是罂粟花之津液也"。他在引述了王玺所介绍的鸦片提取方法后,还发出了这样的疑问:"案:此花(指罂粟花)五月实枯,安得七八月后尚有青皮?或方土不同乎?"①

元代的鸦片无疑都是从国外进口的。明代虽然从西方得知了鸦片的提取方法,但中国自己所产的鸦片如果有的话也是极其有限的。所以明代皇帝要"令中贵出海南、闽浙、川陕、近西域诸处收买之"。② 当时中国所需的鸦片基本上是从海外进口的,1589 年明政府规定鸦片"每十斤税银二钱",1615 年又改为"每十斤税银一钱七分三厘"。③

李时珍在写到鸦片时说:"俗人房中术用之。"但在明代,这种"俗人"是不会很多的。在明代那部以性描述而著称的小说《金瓶梅》中,就没有关于鸦片的记载。④ 这一方面说明这部小说成书时,鸦片的使用并不十分普遍,另一方面也反映了鸦片价格的昂贵,"其价与黄金等",⑤并非一般人所能消费得起的。鸦片的消费者既少,成瘾者自然就更少了。这样,明代如果有鸦片成瘾者的话,其人数也是非常有限的,不可能构成什么社会问题,更没有引起人们的注意,在医学文献中也没有什么服鸦片成瘾之类的记载。

---

① 李时珍:《本草纲目》卷二十三。
② 徐伯龄:《蟫精隽》卷十。
③ 张燮:《东西洋考》卷七,中华书局 1981 年版。
④ 罗尔纲:《史载吸鸦片始自中国人考谬》,《现代学报》1947 年第 9、10 合刊。
⑤ 徐伯龄:《蟫精隽》卷十。

三

鸦片从药物转变为毒品,其关键的一步是由于鸦片食用方法的变化,即鸦片吸食方法的产生。

在中国,流传着一些关于鸦片吸食产生的传说。其中较为著名的是说,乾隆时代的一个尼姑发明了吸食鸦片。[①] 这一传说当然"等诸途说,未可据为信史也"。[②] 因为它得不到任何史料的证明,而且,鸦片吸食方法的产生,要大大早于乾隆时代。

另一个较为流行的说法是,认为元世祖忽必烈远征印度时带回了吸食鸦片之法。如果说"吸鸦片始于尼"只是一种传说的话,那么,元军从印度带回吸食之法则被有的人当作信史。[③] 19世纪末,西方有人据此而说:"中国人将吸食鸦片之罪恶归之于外国人,看来这是对的,但可以肯定的是,要对这一恶习负责的外国人不是欧洲人,而是蒙古人",[④]希望以此来减轻欧洲人对中国毒品泛滥所负的责任。

实际上,认为元军从印度带回吸食鸦片的方法,也是一种无稽之谈,因为没有一条史料可以证明这一点。而且,直到近代为止,印度人食用鸦片的方法是放在饮料中,或者直接吞服,而不是吸食。[⑤] 在元代中国,更没有什么吸食鸦片的记载。《回回药方》有

---

① 徐珂:《清稗类钞》,第十册,中华书局1984年版,第4861页。
② 曹炳章:《鸦片烟瘾戒除法》卷上,上海中医书局1930年版,第4页。
③ 雷瑨:《榕城闲话》一,中国史学会编:《鸦片战争》第一册,神州国光社1954年版。
④ H. Sultzberger, *All About Opium*, p. 171, Werthrimer, Lea and Co., 1884.
⑤ D. E. Owen, *British Opium Policy in China and India*, p. 4, Yale University Press, 1934.

一含鸦片药方,其治疗方法为:"或将此药盛炉内,覆之以盖,盖顶一窍,插管窍中,下用火烧药,令气自管中出,对子宫而薰之。"在这里,人们即使已知道将配有鸦片的药物放在火上薰,但也没有想到去吸食它。

鸦片吸食方法的产生,是与地理大发现后欧洲人之东来分不开的。

进入16世纪,欧洲人通过海上航线纷纷来到东方。同时,欧洲人将美洲所产的烟草扩散到整个世界。烟草传到世界其他地区后,出现了三种不同的利用烟草的方式:用鼻子嗅闻、吸烟、咬嚼。① 在亚洲的早期葡萄牙人主要用第一种方式利用烟草,而荷兰人则用吸烟的方式。② 这样,在荷兰人统治下的印度尼西亚就很自然地出现了将鸦片拌和在烟草里一起吸食的方法。

早在1617年,就有欧洲人在雅加达看到当地人把鸦片加在烟草中吸食。1671年,在巴达维亚也有华人将鸦片与烟草混合在一起吸食。③ 对早期鸦片吸食情况报道得最为详细的当推德国医生凯普福(Engelbert Kaempfer),他于1689年到达印尼的爪哇,见到当地居民除了吞食鸦片外,还有另外一种方法:将鸦片放入水中化开,然后与烟草拌在一起吸食;人们用这种方法待客,同时在巴达维亚也开有专门出售这种混有鸦片的烟草的商店。④

美国的马士说,在荷兰人占领台湾时期(1624—1662年),这

---

① 费尔南·布罗代尔:《15至18世纪的物质文明、经济和资本主义》第一卷,生活·读书·新知三联书店1992年版,第309页。
② A. Coates, *Macao and the British*, p. 65, Oxford University Press, 1966.
③ J. Spence, Opium Smoking in Ch'ing China, in *Conflict and Control in Late Imperial China*, ed. by F. J. Wakeman, University of California Press, 1975.
④ J. Edkins, *Opium: Historical Note*, pp. 29—30.

种吸食鸦片的方法从印尼传到了台湾。[①] 我国早期的文献也证实了这一点。曾在康熙六十年(1721年)奉使出巡台湾的黄叔璥在《台海使槎录》(1736年成书)中说:“鸦片土出咬𠺕吧。”[②]乾隆癸未年(1763年)开始调到台湾凤山学署任职的朱仕玠在1765年成书的《小琉球漫志》卷六《海东剩语》“鸦片”条中写道:“鸦片出外洋咬𠺕吧、吕宋诸国,为渡海禁物。”[③]1773年,曾在台湾为官多年的朱景英回到北京,并出示了自己所作的《海东劄记》一书,书中同样说“鸦片产外洋咬𠺕吧、吕宋诸国”。[④] 这里所说的“咬𠺕吧”,即印尼的巴达维亚,吕宋则指菲律宾。

明末清初,“自台湾两日夜可至漳、泉内港”,“海滨之民惟利是视,走死地如骛,往往至岛外区脱之地曰台湾者,与红毛番为市”,[⑤]吸食鸦片的方法大概就是通过这种往来从台湾传播到福建及广东沿海的。

台湾朱一贯起义于1722年被镇压后,随清军入台的蓝鼎元曾写道:“鸦片烟,不知始自何来,煮以铜锅,烟筒如短棍,无赖恶少群聚夜饮,遂成风俗。……传入中国已十余年,厦门多有,而台湾特甚,殊可哀也。”[⑥]后来的金学诗在1791年完成的著作中也说:“鸦片产于西洋,康熙年间始来自泉州之厦门海口。”[⑦]由此可见,吸食鸦片的方法从台湾传到大陆当在18世纪初期。

---

① 马士:《中朝制度考》(*the Trade and Administration of China*),第十一章;《中华帝国对外关系史》,第一卷,第197页。

② 黄叔璥:《台海使槎录》卷二,近代中国史料丛刊续编。

③ 朱仕玠:《小琉球漫志》卷六,中国方志丛书。

④ 朱景英:《海东劄记》,乾隆三十八年刊本。

⑤ 顾炎武:《天下郡国利病书》,第十六册,《福建》。

⑥ 蓝鼎元:《鹿洲初集》卷二,文渊阁四库全书本。

⑦ 金学诗:《无所用心斋琐语》卷一,乾隆六十年刻本。

对于当时的鸦片吸食方法,黄叔璥在《台海使槎录》中说得比较具体:"鸦片烟,用麻葛同鸦土切丝于铜铛内,煮成鸦片拌烟,另用竹箦实以棕丝,群聚吸之,索值数倍于常烟。专治此者,名开鸦片馆。"①这里所说的鸦片实际上是一种粗鸦片,在印度被称为"马达克"(madak),它是在纯鸦片中掺入假阿拉伯胶树(Acacia Arabica)叶子的灰烬而做成的。② 其吸食过程是先将粗鸦片溶化在水中,煮沸后过滤,然后将它熬成像糖浆一样的稠状物,再将它与切成丝的烟草(或者是槟榔叶、麻葛之类的)拌在一起吸食。③ 直到近代,南亚的有些地区还用此种方法吸食鸦片。④ 国内,萧一山早就指出,我国早期的鸦片"辄混合烟草而并用"。⑤ 近来,有人再次指出了这一点。⑥

吸食鸦片之方法是在康熙年间才从南洋传到我国台湾及福建、广东沿海的,在中国其他地区则还没有出现。但雷瑨在其《榕城闲话》中却说:

> 读《曾羽王日记》有记鸦片烟一则云:"余幼时闻有鸦片烟之名,然未见有吸之者,止福建人吸之。余年三十六而遭鼎革,始于青村王继维把总衙内,见有人吸此,以为目所未睹也。

---

① 黄叔璥:《台海使槎录》卷二。吴志斌、王宏斌在其《中国鸦片源流考》中将这段话引作"专制此者,名开鸦片烟馆",从而强调了"鸦片烟"与"鸦片"的严格区别。但本人查阅了各种版本后,都作"鸦片馆",没有"烟"字。
② Encyclopaedia Britannica, 1964, vcc.16, p.815.
③ J. Spence, Qpium Smoking in Ch'ing China
④ P. W. Fay, The Opiun War, p.7—8, University of North Carolina Press, 1975.
⑤ 萧一山:《清代通史》卷中,中华书局1986年版,第908页。
⑥ 王宏斌:《鸦片史事考三则》,《近代史研究》1993年第5期;吴志斌、王宏斌:《中国鸦片源流考》;杨国桢:《林则徐传》,人民出版社1995年版,第18页;苏智良:《中国毒品史》,第43页。

自李成栋破郡城,官兵无有不吸之者,由是沿及士民。二十年以来,吸之者十分中几居六七。"①

《曾羽王日记》所说的这段话因收录在"中国近代史资料丛刊"《鸦片战争》第一册中,所以影响不小。有人据此说,曾羽王"36岁那年,他遭明清两朝鼎革之变,亲眼目睹清军有人吸食,1645年李成栋攻占郡城,官兵吸食'鸦片烟'的恶习迅速蔓延。20年后,大约是康熙初年,上海附近士民吸食'鸦片烟'的已'十分中几居六七'。这则笔记作为第一手资料,有力地说明了'鸦片烟'初传中国的时间和情况"。②实际上,这则日记所说的情况与其他史料关于吸食鸦片只是在康熙年间才传到中国、只局限于台湾及闽粤沿海的记载是相矛盾的。笔者通过查找,发现所谓"曾羽王日记"的原文应当是这样的:

> 曾羽王曰:"余年三十六而遭鼎革,前此无吃烟者,止福建人用之。曾于青村王继维把总衙内,见其吃烟,以为目所未睹。自李都督破城,官兵无不用烟,由是沿及士民。二十年来,十分之八。"③

因此,曾羽王所说的实际上是吸食烟草在上海一带的流传情况,这与其他史料关于烟草传播的记载也是相一致的。《榕城闲话》将"烟"改作"鸦片烟",于是造成了诸多错误。

---

① 雷瑨:《榕城闲话》三十八。
② 吴志斌等:《中国鸦片源流考》。
③ 曾羽王:《乙酉笔记》,上海史料丛编,1961年,第3页,上海图书馆藏。上海市文物保管委员会在编后记中说:"嗣检光绪奉贤志,羽王之著作仅止《乙酉笔记》一种,松江府续志亦作同样著作,则此书固为《乙酉笔记》而非日记也。又府县志均称笔记共四卷,而钞本篇幅不多,且不分卷,恐尚非全帙耳,此书向无刻本,抗日战争前尝部分披载于小说丛报,条目颇多增损,字句并经窜改,与原本有别。"

康熙时期，吸食鸦片刚刚出现，还没有成为一个社会问题，人们也未予注意。清初的医家仍将鸦片视作药物。例如，陈淏子在1688年完成的"我国最早的、最宝贵的一部园艺专著"[①]《花镜》中，只是说鸦片"入药用以濇精"，[②]这与后来的人们在谈到鸦片时所表露出来的悲愤心情形成了鲜明的对照。张璐于1705年所著的《本经逢源》在写到鸦片时说："今世服饵少用，惟房中术外用之。诚为濇精助火之首列也。"对鸦片并无微词。该书还说："土鸦片亦能濇精止泻，但力薄少效。"[③]可见当时中国已能自制鸦片，不过质量不高。这是目前所知的最早明确记载中国自产鸦片的史料。1711年成书的《佩文韵府》中没有"鸦片"，但1720年所编的《〈佩文韵府〉拾遗》则收录了"鸦片"一词，[④]说明鸦片已开始为人们所熟悉。在清代重臣年希尧于1724年所序的《集验良方》中，许多方剂也配鸦片，如"万应丹"、"毓真膏"等。[⑤]清朝还将鸦片作为药材进口，"每斤征税银三分"。[⑥]

到了雍正时期，由于台湾及闽粤的鸦片吸食者增多，引起了清政府的重视。雍正七年(1729年)，清朝颁布了世界上第一道禁烟令。[⑦]同年，福建漳州查获一个名叫陈远的鸦片贩，决定对他作出"枷号充军"的处置。但陈远不服，坚称鸦片只是一种药材，"与害人之鸦片烟并非同物"。此案上奏朝廷后，雍正皇帝认为这是件错案，下令将鸦片归还陈远。这就是后来人们引作笑谈的"雍正朝不

---

① 伊钦恒：《校注〈花镜〉引言》，《花镜》，农业出版社1979年版。
② 陈淏子：《花镜》卷六，第323页。
③ 张璐：《本经逢源》卷三，四库全书存目全书本，子部第51册。
④ 《佩文韵府》，第6册，商务印书馆1937年版，第4645页。
⑤ 年希尧：《集验良方》卷一、卷二，乾隆十四年刊本。
⑥ 李圭：《鸦片事略》卷一。
⑦ 《清会典事例》，刑部五十三《兵律关津》，中华书局1991年版。

识鸦片烟"。① 其实,在当时,"鸦片"与"鸦片烟"确实是不同的。鸦片是一种药物,只有当它加在烟草中一起吸食时,才是违禁的毒品。这个案例也说明,当时鸦片吸食还不太普遍,人们对此并不甚了解。在这种情况下,清政府自然也不可能非常认真地去执行禁烟令。

进入乾隆年间,吸食鸦片之风最为盛行的是台湾。蒋士铨在1758年所写的《台湾赏番图为李西华(友棠)黄门作》中有"手持蟒甲吸鸦片,弄潮不畏天吴颠"之句(诗中注曰:蟒甲是"独木舟名",鸦片是"烟名"),②这里,吸食鸦片简直被看成是台湾的一个特征。1788年,福康安镇压了台湾天地会首领林爽文等后,重申了"禁止贩买鸦片等事"。③

在大陆地区,吸食鸦片的现象主要在福建广东沿海蔓延。1745年,金溶在任福建漳州知府时,就曾查捕过"设局诱少年子弟入其中吃鸦片烟"的罪犯。④ 成书于1751年的《澳门纪略》说:"鸦片烟:初如泥,炮制之为烟,有禁勿市",并说鸦片的另一个读音为"亚荣"。⑤ 黄元御在1754年所著的《玉楸药解》"鸦片烟"条中写

---

① 此事记述甚多,如陈其元:《庸闲斋笔记》,中华书局1989年版,202—203页;雷瑨:《榕城闲话》,第四条、第二十四条,等。

② 蒋士铨:《忠雅堂诗集》卷六,嘉庆刊本。关于"赏番",董天工在《台海见闻录》卷二中说:"官长至社,番妇数十人,身着鲜衣,项挂玛瑙珠曰'衣堵'、螺钱曰'眉找喇',挽手合围,踢地而歌,逐队跳舞,官赏之酒,连醼不醉。"

③ 《明清史料》戊编,上册,中华书局1987年版,第673页。

④ 钱仪吉:《碑传集》卷八五。

⑤ 印光任、张汝霖:《澳门纪略》卷下,广东高等教育出版社1988年版。史景迁在其名作Opium Smoking in Ch'ing China中认为《澳门纪略》中的这段话"是我所找到的最早提到鸦片也可以吸食的中文材料",并说张汝霖卒于1626年。对于张汝霖去世的年代,史景迁所依据的是恒慕义(A. W. Hummel)所编的《清代名人传略》(Eminent Chinese of The Ch'ing Period)第一卷第53页上的说法。实际上,这一年代是错误的。据《国朝耆献类证》卷二五三记载,张汝霖是乾隆三十四年(1769年)去世的。因此《澳门纪略》并不是最早提到鸦片可以吸食的中文文献。

道:"今洋船贩卖关中,无赖之徒以及不肖子弟、官宦、长随、优娼等,以为服之添筋力,长精神,御淫女,抱娈童,十倍于常,但不永年耳。断宜戒之!"①

在闽粤以外的其他地区,鸦片的吸食尚不多见。陆燿在其所著的《烟谱》中说:"闽广间又有曰鸦片烟者,能壮阳,道嗜之不已,不出三年,其人必死。呜呼,可畏也哉!"②作者为吴江人,曾任湖南巡抚,卒于1785年。③ 可见,在他生活的地区并无吸食鸦片的现象。金学诗在讲到鸦片的流传时说:"予所识闽粤中搢绅,多溺于此,甚有谒选都门因所携鸦片将近借道南还者。忘身殉欲,不久便登鬼录,而踏辙者接踵也。"不过,他所发出的感叹也只是"可怪哉"而已。④ 其他材料同样说明到乾隆中期为止,鸦片的吸食并不是一个十分普遍的现象。例如,自明末至乾隆时代,在来华的西方传教士的著述中,也没有什么关于鸦片吸食的报道。⑤ 再如,从输入中国的鸦片数量来看,1767年之前,每年进口的鸦片不过100—200箱,此后,鸦片的年进口量约为1000箱,到了18世纪80—90年代,每年进口的鸦片增加到4000—5000箱。⑥

18世纪中期,原先将鸦片和烟草混合起来吸食的方法演变成了单纯的吸食鸦片。朱仕玠在1765年成书的《小琉球漫志》卷六"鸦片"条中这样描述台湾的吸食者:"众偓坐席上,中燃一灯以食,

---

① 黄元御:《玉楸药解》卷八,四库全书存目全书本,子部第54册。
② 陆燿:《烟谱》,"生产第一",丛书集成续编本。
③ 钱仪吉:《碑传集》卷七十三。
④ 金学诗:《无所用心斋琐语》卷一。
⑤ S. W. Williams, *The Middle Kingdom*, vol. 2, p. 385, Wiley and Putnam, 1848.
⑥ E. H. Pritchard, *Anglo-Chinese Relations During the Seventeenth and Eighteenth Centuries*, p. 160, Octgon Books, 1970.

百余口至数百口为率。烟筒以竹为管,大约八九分,中实棕丝头发,两头用银镶,头侧开一孔,如小指大,以黄泥做成壶芦,空其中,以火煅之,嵌入头间小孔上。置鸦片烟于壶芦首,烟止少许,吸之一口立尽,格格有声。"①类似的叙述也出现在后来朱景英的《海东箚记》中,而《海东箚记》的这段文字又为赵学敏的《本草纲目拾遗》所引用。②

从朱仕玠等人的描述中可以看到,此时人们不再将鸦片混合在烟草中吸食,而是吸食纯鸦片。因此,单纯吸食鸦片的方法最早还是产生于台湾。18世纪末19世纪初,随着单纯吸食法的流行,人们对鸦片所造成的危害也更为清楚。俞蛟在1801年刊行的《梦厂杂著》"鸦片"条中这样写道:"鸦片出海外诸国,大约以草根花蕊合制而成,或曰即是米囊花子,亦无从辨也。彝人入关贸易,携之愚中国,获厚利,而闽粤两省土人视为至宝。其物如马粪,色微绿,以水浸之,凡三宿,三易水,去渣存汁,以先后出者,递为高下;微火炼之成膏,如医家所用以敷人疮毒者,分之丸如粟粒,置灯檠于床,持竹筒若洞箫者,横卧而吸其烟。必两人并卧,传筒互吸,则兴致倍加。"③这里所描写的吸食方法与后来中国人的吸食方法已完全一样了。

由于混合在烟草中吸食的粗鸦片(马达克)只产生出0.2％的吗啡,而单纯吸食的纯鸦片却可以产生出9％—10％的吗啡,所以,单纯吸食的方法出现之后,许多人都放弃了原先的混合吸食方

---

① 朱仕玠:《小琉球漫志》卷六,中国方志丛书。
② 赵学敏:《本草纲目拾遗》卷二,光绪十一年刊本。
③ 俞蛟:《梦厂杂著》卷四,嘉庆六年刊本。

法而采取更为刺激的单纯吸食法。① 当然,单纯吸食方法出现之后,将鸦片与烟草拌合吸食的方法并没有完全消失,1793 年与 1816 年的英国使团两次访华时,他们在中国北方都看到有人将鸦片加入到烟草中吸食。②

鸦片吸食之风的迅速蔓延,逐渐成为一个社会问题。1818 年编成的一部书中,有人惟妙惟肖地模仿了唐代文学家刘禹锡的名作《陋室铭》,以充满诙谐幽默的口吻写成一篇《烟室铭》,形象地刻画了鸦片吸食者的丑态与心理,全文如下:

量不在高,有引(瘾)则名,交不在深,有钱则灵。斯是烟室,惟吾类馨。横陈半面黑,斜卧一灯青。谈笑有瘾仙,往来无壮丁。可以枕瑶琴,论茶经。无忘言之逆耳,无正事之劳形。常登严武床,如在醉翁亭。鬼子曰:"何戒之有!"③

文中的"鬼子"既指吸食鸦片成瘾的"鸦片鬼",又指向中国贩卖鸦片的外国人,寓义深长。

鸦片本身"色黑、味苦辣、臭恶可憎",④难以入口。一直以来,人们只是由于医学上的需要而吞服鸦片。如果没有鸦片服用方法的变化,鸦片就很难成为一种普遍流行的奢侈品,因此也就不可能成为一种严重危害社会的毒品。将鸦片与烟草混合起来吸食,是鸦片从药物转为毒品的关键,它使鸦片"臭恶可憎"的特点不再成为人们服用的一个感官障碍。从此,鸦片的应用突破了医学的范围,越来越多的人使用鸦片不再是"出于医疗或营养的需要,而是

---

① J. Spence, Opium Smoking in Ch'ing China.
② 斯当东:《英使谒见乾隆纪实》,上海书店 1997 年版,第 292 页;J. Rowntree, *The Imperial Drug Trade*, pp. 13—14, Methuen & Co, 1906。
③ 缪莲仙辑,赵古晨纂:《文章游戏三编》卷一,嘉庆二十三年刊本。
④ 曹炳章:《鸦片瘾戒除法》卷上,第 39 页。

为了满足嗜好,为了获得用药后的特殊心理体验,和/或为了避免因停药所引起的不舒适躯体反应",①这样,鸦片也就从药物而转化成了一种可以大规模流行的毒品。单纯吸食法的出现,使这一毒品向更为广泛的阶层和区域迅速渗透,渐成社会公害。也正是由于吸食鸦片风习的流行,鸦片日益与"烟"联系在一起,成了"烟"的一种,鸦片因此又被称作"乌烟"、"药烟"、"洋药烟"、"公烟"、"菰烟"等。②"烟"简直成了"鸦片"的代名词。而在17世纪鸦片吸食方法出现之前,"鸦片"与"烟"则是没有关系的。

在古代中国,鸦片一直用作药物,进入18世纪,它成了毒害个人与社会的毒品。一种药物怎么会成为毒品呢？清代人对此感到非常困惑不解。于是,从18世纪后期开始,逐渐形成了这样一种观念:古代用作药物的鸦片与当时吸食的鸦片是两种完全不同的东西,吸食的鸦片只不过假借、盗用了用作药物的鸦片之名。

成书于1832年的《厦门志》收录了厦门同知许原清的《戒食鸦片烟告示十条》,其中就说:"鸦片始自西洋荷兰及咬嚼吧等国,原系毒草及腐尸败草煎煮而成。"③后来的王先琨在《拘墟私语》中说:"又见王氏《医林集要》、《物理小识》,治泄痢有效,未闻大害。此古方贡药材之鸦片也。今广、福鸦片则西洋红毛荷兰人制,其载《澳门纪略》、《台海使槎录》者,乃是害人之鸦片。"④当然,对上述

---

① 《中国大百科全书·现代医学》第二卷,中国大百科全书出版社1993年版,第1650页。毒品与药品是相对的概念,毒品是药品的一种。现在国际上对于毒品尚无统一的定义,但本文认为,区分毒品与药品的关键,在于它是否用于医疗或营养的目的,所以本文认为,《中国大百科全书·现代医学》所下的这个定义是十分贴切的。
② 徐珂:《清稗类钞》,第十三册,第6359页。
③ 《道光厦门志》卷十五,道光十二年刊本。
④ 王先琨:《拘墟私语》卷一,光绪二十六年刊本。

观点说得最详细的当推自题为"鄱阳杏云老人"的章穆,他在1813年完成的著作中说:

> 又有一种鸦片烟(鸦片本名哑芙蓉,后讹"哑"为"鸦",又作"阿",乃罂粟壳上之津液结凝而成,本肾家涩精兴阳补药,为房中术所必用。此烟实非鸦片所造,假名耳),倡自闽粤,功令本有严禁,彼处凶顽泯不畏也。或三五人十余人群聚而吃,誓同生死,易室宣淫,发觉到官则逞凶拒捕,被获则骈首就戮。彼乃云此烟一吸,其乐愈于登仙,虽死不悔也。近乃渐及各省,亦尚止衙门、长随、娼优等类。所幸者,其价甚昂,且一吃不能复止(不吃则死),计每日所需非五七百文不足,将来此风纵如水烟之盛,必不能人人皆吃。一不足虑也。又吃此烟者,初则壮健非常,三数年渐渐鳖瘦,不久即髓竭精枯而死,坐拥厚赀而求快乐,讵知乃以求死。二不足虑,翻足快也。且一罹法网,则刑典随之。三不足虑,尤足快也。世传此烟乃远年冢墓棺底土淋汁所造,藉人之精气以补人,故其效大而且速。此语殊不可信。闽粤售者甚多,彼处坟茔岂尽任人刨挖?其子孙绝不管照、官府全无觉察?且棺底土有何精气?纵有,亦是死气。何能如此之补?①

在这里,章穆认为,作为毒品的鸦片只是盗用了作为药物的鸦片之名称而已。不过,章穆自己对于人们所吸食的鸦片的真正来源实际上并不清楚。而且,在他看来,吸食鸦片并不是一个十分可怕的问题,其危害甚至还不如水烟严重。这从另一个侧面反映了直到嘉庆年间,中国内地吸食鸦片的现象并不是十分严重。

---

① 章穆:《调疾饮食辨》卷一,下,道光三年刊本。

进入道光年间,人们再也不能像章穆那样冷眼观鸦片了。因为,道光时期吸食鸦片在全国泛滥成灾,正如黄爵滋在那份著名的奏章中所说的那样,"道光三年之前,每岁漏银数百万两。其初不过纨绔子弟,习为浮靡,尚知敛戢。嗣后上自官府缙绅,下至工商优吏,以及妇女僧尼道士,随在吸食,置买烟具,为市日中。盛京等处,为我朝根本重地,近亦渐染成风"。① 从鸦片进口量来看,19世纪初每年进口量为4000多箱,道光年间的进口量则高达10000—20000箱。② 面对着日益严重的鸦片问题,清政府不得不进行禁烟,最终导致了1840年的鸦片战争,中国历史的进程由此而发生彻底的改变。

鸦片之毒在中国的流布,无疑与中国特有的社会环境、历史传统及文化心理有关。但当我们探讨鸦片在中国蔓延的内在原因时,也不要忘记一位外国学者早就说过的话:"尽管远东地区早已使用鸦片,但正是欧洲人将它组织成一个大规模的产业。如前所述,欧洲人与鸦片输入东方无关,但是,正是欧洲人的组织才能才使它成为一个世界性的问题。"③ 不过,这已超出了本文的范围,当容另文再论。

---

① 齐思和整理:《黄爵滋、许乃济奏议合刊》,中华书局1959年版,第69页。
② 龚缨晏:《1840年前输入中国的鸦片数量》,《浙江大学学报》1999年第4期。
③ D. E. Owen, *British Opium Policy In China And India*, p. 18.

1840年前输入中国的鸦片数量*

许多学者指出,1840年前的统计数据都不是完全可靠的①。对于鸦片来说,更是如此,这是由多种原因造成的。

就中国方面而言,鸦片贸易是一种违法的走私贸易,中国政府不可能有关于这种贸易的统计资料。相比之下,倒是那些生活在中国的外国人为我们保存了一些可贵资料,例如英国东印度公司驻广州管理委员会的报告、在中国出版的英文报纸、一些外国人的著作,等等。但是,由于鸦片贸易的秘密性质以及鸦片贩子们之间的商业竞争,这些资料是不完整的,而且经常是相互矛盾的。此外,由于外国鸦片除了通过澳门、广州这两个主渠道输入中国外,还以零汀洋为基地转运到沿海各地进入中国,而要对如此分散的地下走私贸易进行统计,则更困难。所以,即使当年那些与鸦片贸易有密切关系的人也不能完全清楚到底有多少鸦片运入中国。我们可以以1833—1834年贸易年度为例。长期在澳门与广州活动的马礼逊之子马儒翰在1834年出版的《中国商业指南》中说,在1833—1834年贸易年度,英国运来的孟加拉鸦片为7511箱,葡萄牙人贩运的孟加拉鸦片为1000箱,输入中国的孟加拉鸦片共计

---

* 本文原载《浙江大学学报》1999年第4期。
① Tan Chun, The British-China-India Trade Triangle (1771—1840), *Indian Economic and Social History Review*,1974, XI (4):411—431.

8511箱；英国人输入中国的麻尔洼鸦片共计10112.5箱，葡萄牙人运来的麻尔洼鸦片共计1600箱；输入中国的麻尔洼鸦片共计11712.5箱①。而当时最大的鸦片贩子马地臣在他于1836年出版的一部著名论集中则说，该年度英国人输入广州的麻尔洼鸦片为10102.5箱②。在广州的英国东印度公司大班们的统计数据与此相近，为10103箱③。关于该年英国输入中国的麻尔洼鸦片数，马儒翰的数字与马地臣的数字两者相差10箱，大致相近。英国东印度公司的上述报告还列出了在澳门、零汀洋以及中国沿海的鸦片走私数，还有美国运来的土耳其鸦片963箱，由此可见，该报告中所说的印度运来的鸦片数量，应当是指进口到中国的全部数量，而不是指仅仅运到广州的鸦片数量。也就是说，根据马儒翰、马地臣以及英国东印度公司大班们的说法，这一年从印度输入中国的鸦片总数为20223.5箱或者20214箱。但是，另一长期从事鸦片走私的外国人则说，这个年度输入中国的孟加拉鸦片共9535箱，麻尔洼鸦片共11715箱，两者相加总计21250箱④。这些都是鸦片战争前与鸦片贸易有密切关系的人所提供的资料，他们的说法差别很大，使后人很难适从。

由于中国方面无法提供关于鸦片进口的可靠数据，所以人们往往根据印度方面的资料来确定输入中国的鸦片数量。确实，在

---

① J. B. Morrison, *Chinese Commercial Guide*, Canton: Printed at the Albion Press and Sold at the Canton Register Office, 1834, p. 110.

② J. Matheson, *The Present Position and Prospects of the British Trade With China*, London: Smith, Elder and co, 1836. pp. 136、140.

③ 马士：《东印度公司对华贸易编年史》第四、第五卷，中山大学出版社1991年版，第383页。

④ *Documents Relating to Opium*, Republished from the Chinese Repository, 1837, p. 93.

印度的英国东印度公司保存了比较详细的鸦片出口统计资料,但是,这些资料本身并不完整,而且统计方法也不一样。此外,有些鸦片在起运前曾打算运到中国,后来却由于种种原因并没有运达中国,或者,有些鸦片在起运前虽然不打算运到中国,但几经辗转后实际上却运到了中国。这些因素都影响了有关统计资料的完整性和可靠性。再加上一些鸦片船在离开印度时就隐瞒了船上所载的鸦片,这就给官方的统计带来了很大困难。例如,1828年,有三艘船从加尔各答开往中国,这些船的执照上都注明船上所装的只有硝石,"另无他物"。但实际上,这三艘船上所装的主要是鸦片,其中一艘船上连一点硝石都没有①。还有,印度西部所生产麻尔洼鸦片并非全部经由英国人统治的孟买出口的,有些是通过葡萄牙人所控制的果阿等港口运到中国的。因此,英国人的统计资料不可能将这些鸦片统统准确地包括进去。由于上述种种原因,使得印度方面的统计资料具有不一致性。在不同的统计资料中,输入中国的鸦片数往往是不同的。我们还是以1833—1834年贸易年度为例。根据一些鸦片贩子所引述的印度方面的统计资料,该年输入中国的孟加拉鸦片为7598箱②。根据其他材料,该年仅仅运到广州的孟加拉鸦片就有8672箱,麻尔洼鸦片为11114箱,共计19786箱③。而一份题为《关于1795年到1835年加尔各答出口到中国、印度群岛各口岸及欧洲的鸦片数量的报告》(以上简称《报告》)的权威资料则表明,这一年运到中国的孟加拉鸦片有7808

---

① 谭中:《英国—中国—印度三角贸易》,《中外关系史译丛》(第二辑),上海译文出版社。
② 中国史学会:《鸦片战争》(第二册),神州国光社1954年版,第377、529页。
③ 张馨保:《林钦差与鸦片战争》,福建人民出版社1989年版,第219页。

箱,麻尔洼鸦片为 11715 箱①。这个数字被马士与格林堡所采纳②。如果将这份《报告》与一份题为《第 65 号财税报告》中的数据进行比较的话,则可发现,两者的差别是很大的③。印度方面的统计材料除了本身有很大出入外,与中国方面的统计数据也是常相矛盾的,我们只要将中印双方关于 1833—1834 年贸易年度鸦片的数据加以对比,就可以清楚这一点。这样,印度方面的统计资料也不可能完全真实地反映输入中国的鸦片数量。

最后,在鸦片战争前,从事鸦片贸易的除了英国人外,还有葡萄牙人、美国人、法国人等等,但经他们之手贩入中国的鸦片数量却很少为人所知。米尔本在他的有关对华贸易的名著中说,每年经澳门输入中国的鸦片大约为 100 箱到 175 箱,不过具体数字不清楚④。再如,根据英法两国于 1815 年签订的协议,法国人每年都可以从英国东印度公司那儿平价得到不超过 300 箱的印度鸦片或者价值相等的货币⑤。但是,由于法国人更愿从英国人那儿获得货币而不是鸦片,所以我们不知道法国人每年到底得到了多少箱鸦片,更不知道他们将其中的多少鸦片运往中国。⑥

---

① *Documents Relating to Opium*, Republished from the *Chinese Repository*, 1837, p. 78.

② 马士:《中华帝国对外关系史》(第一卷),生活·读书·新知三联书店 1957 年版,第 239 页;格林堡:《鸦片战争前中英通商史》,商务印书馆 1961 年版,第 201 页。

③ F. S. Turner, *British Opium Policy and its Results to India and China*, London: Sampson Low, Marston, Searle, & Rivington, 1876, p. 305.

④ W. Milburn, *Oriental Commerce*, London: Printed for Kingsbury, Parbury, and Allen, 1825, p. 452.

⑤ 马士:《中华帝国对外关系史》(第一卷),第 199 页;*Documents Relating to Opium*, p. 79.

⑥ 刘鉴唐在其《鸦片战争前四十年间鸦片输入与白银外流数字的考察》(《南开史学》1984 年第 1 期)中认为,法国人在 1815 年以后每年向中国输入了 300 箱鸦片,这是不对的。同时,该文将货币单位西班牙元都说成是美元,这更是不对了。

由于上面所说的这些原因,所以,我们不可能得到关于对华鸦片贸易的"绝对可靠的数字"。① 正如张馨保所说的,关于对华鸦片贸易的"完整的表格是无从编制出来的"②。尽管如此,对华鸦片贸易的总体发展情况及其基本事实还是很清楚的。在所有关于鸦片贸易的统计表中,马士在《中华帝国对外关系史》第238到239页上的附表(以下简称《关系史》)最为详细,被国内外学者利用得也最多。但是,只要将《关系史》与上述《报告》中的统计表进行比较的话,就可以发现,《关系史》主要依据就是这份《报告》。而且,在许多年份中,《关系史》有不少错误,现说明如下:

一、在《关系史》中,从1821—1822年贸易年度开始,直到1827—1828年贸易年度为止,输入中国的孟加拉鸦片分别为3298箱、3918箱、3360箱、5960箱、3810箱、6750箱和6650箱,而《报告》关于这7年中输入中国的孟加拉鸦片数据则为1936箱、3207箱、3923箱、5365箱、4627箱、5861箱和7341箱,两者对比,相去甚远。原因何在呢?我们只要将《关系史》与《中国丛报》上发表的《1798—1799年到1836—1837年东印度公司在加尔各答出口的鸦片报告》③相比较,就可以清楚地知道,《关系史》中的数据,实际上是孟加拉每年出口的鸦片总数,《关系史》误将它当成了输往中国的数额。

二、在《关系史》中,从1835—1836年贸易年度开始到1838—1839年,每年的鸦片进口额高达30000多箱,最多的达40000箱。这个数字为国内的近代史著作所普遍引用。有人曾提出这些数字

---

① 格林堡:《鸦片战争前中英通商史》,第199页。
② 张馨保:《林钦差与鸦片战争》,第217页。
③ *Documents Relating to Opium*, p. 77.

偏高,但可惜只是根据马士著作本身来讨论这个问题①。其实,如果将《关系史》与麦都思1855年的报告进行对比的话②,则可发现,《关系史》又误将印度(包括孟加拉与孟买)出口的鸦片总额当成了输入中国的鸦片数量。也许马士自己也感到这些数字偏高,所以,他紧接着又增加了"1835—1839年估计到达中国数"一栏,认为这几年平均到达中国的鸦片数为30743箱。

那么,1835—1836年贸易年度到1838—1839年贸易年度输入中国的鸦片数究竟应为多少呢?对此,并无可靠的统计资料。我们估计大约平均每年25000万箱。主要依据如下:

一、根据上述《报告》,1835年输入中国的麻尔洼鸦片为12933箱,1836年输入中国的麻尔洼鸦片为11724箱。根据鸦片战争前夕外国鸦片贩子所引述的印度方面的材料,这两年输入中国的孟加拉鸦片则分别为9485箱、13094箱③。将麻尔洼鸦片与孟加拉鸦片相加,则1835年的总进口额为22418箱,1836年的总进口额为24818箱。

二、根据一个鸦片贩子的估计,1835—1836年运进中国的孟加拉鸦片为11016箱,麻尔洼鸦为15002箱,两者相加共26018箱(价值17106903西班牙元)。1836—1837年输入中国的孟加拉鸦片共8075箱,麻尔洼鸦片为13430箱,两者相加总计21505箱(价值14454193西班牙元)④。

---

① 李柏祥等:《关于十九世纪三十年代鸦片进口和白银外流的数量》,《历史研究》1980年第5期。
② 姚贤镐:《中国近代对外贸易史资料》(第一册),中华书局1962年版,第439页。
③ 中国史学会:《鸦片战争》(第二册),第377、529页。
④ *Documents Relating to Opium*, p.93.

三、根据加尔各答海关的统计，1835—1836 年年度运往中国的孟加拉鸦片为 13094 箱，1836—1837 年年度为 10393 箱，1837—1838 年年度为 16297 箱①。这些数字都是鸦片船离开加尔各答时向海关申报的数字，而不是实际运抵中国的数量。即使我们设定所有申报的鸦片全都运到了中国，再加上麻尔洼鸦片，平均每年也不会超过 25000 万箱。

四、根据"东印度与中国协会"的统计，1834—1835 年年度的鸦片进口值为 9654970 西班牙元，1835—1836 年年度的进口值为 17388622 西班牙元，1836—1837 年年度的进口值为 19292826 西班牙元，1837—1838 年年度的进口值为 13504630 西班牙元②。根据货值来确定进口的鸦片箱数是比较困难的，因为麻尔洼鸦片与孟加拉鸦片的价格是不一样的，同一种鸦片还以高低不等的价格卖出。例如，1833 年孟加拉鸦片每箱的最高价为 765 西班牙元，最低价为 545 西班牙元；麻尔洼鸦片每箱的最高价为 780 西班牙元，最低价为 585 西班牙元③。但是，根据我们的复算，鸦片战争前几年每箱鸦片的平均价格总是在 650 西班牙元上下波动。所以，根据"东印度与中国协会"的统计，输入中国鸦片最多的一年应当是 1836—1837 年度，可能达 30000 箱（其他的资料甚至说该年

---

① 严中平：《英国鸦片贩子策划鸦片战争的幕后活动》，《近代史资料》1958 年第 4 期。

② W. S. Fry, *Facts and Evidence Relating to the Opium Trade with China*, London: Pelham Richardson, 1840, pp. 50—51. 英国驻华商务总监督义律 1837 年 2 月给英国政府的信中报告说："去年我们的商人输入的鸦片总共将近一千八百万元"，与"东印度与中国协会"的统计相近（参见胡滨：《英国档案有关鸦片战争资料选译》上册，中华书局 1993 年版，第 152 页）。

③ 马士：《东印度公司对华贸易编年史》（第四、第五卷），第 383 页。

度输入中国的鸦片为24000万箱①)。无论如何,我们估计1835年到鸦片战争前年平均鸦片进口量为25000万箱,这与实际情况不会相差太多。

这里还需要指出的是,"东印度与中国协会"的这份资料认为,1836—1837年年度进口到中国的鸦片数量最多,这是很有道理的。我们知道,1836年6月,太常寺少卿许乃济向道光皇帝递上了那份著名的奏章,主张鸦片弛禁。这使外国鸦片贩子们"雀跃欢呼,兴高采烈"②,他们以为鸦片贸易很快就会就成一种合法的贸易。其最直接的后果是刺激了印度的罂粟种植和鸦片生产,并使更多的鸦片运到中国。加尔各答的鸦片涨到10年来的最高价位③。相比之下,目前普遍认为鸦片进口量最多的一年是1838—1839年,这是没有依据的,因为中国从1836年年底起就开始进行新一轮的禁烟运动,到1837年,鸦片价格大跌,鸦片贩子已经在感叹鸦片生意"一天不如一天"④,在这种情况下,他们不可能冒着巨大的商业风险将大量鸦片运到中国。人们之所以认为1838—1839年鸦片进口量最多,其依据是马士《关系史》中的附表,而如前所述,马士附表中关于这一年度的数据实际上是错误的,它将这一年度印度鸦片的总出口额当成了输往中国的数额。

五、关于1838—1839年年度的进口鸦片数,主要有以下这些材料:根据1840年澳门报纸公布的数字,1839年1月至6月售出

---

① 中国史学会:《鸦片战争》(第二册),第543页。
② 张馨保:《林钦差与鸦片战争》,第86页。
③ Tan Chung, *China and the Brave New World*, New Delhi: Allied Publishers Private Limited, 1978, p. 183.
④ 格林堡:《鸦片战争前中英通商史》,第182页;张馨保:《林钦差与鸦片战争》,第103页。

的孟加拉鸦片为 11365 箱,麻尔洼鸦片 7567 箱,两者共计 18932 箱①。我们知道,一个贸易季度一般从 10 月份开始到第二年 3 月份为止②。到了 1838 年,广东政府禁烟运动越来越严厉。1839 年 1 月 30 日,英国商务监督义律报告说:"四个月以来,各地鸦片贸易的停滞可以说是完全而又彻底。"1839 年春,"鸦片价格下跌了百分之十,财运在几个小时内化为乌有。市场上到处充斥着鸦片,从中国返回的每一艘快船都在散布着关于中国形势的最令人担忧的消息"③,美国旗昌洋行甚至退出鸦片贸易,不再订购印度鸦片。在这样的形势下,输入中国的鸦片当然不会很多。1843 年的英文报纸《中国丛报》估计,1838—1839 年输入中国的孟加拉鸦片共为 14642 箱,如果再加上麻尔洼鸦片等,该年度进口的鸦片无论如何也不可能超过 25000 箱。由于林则徐的禁烟,1839—1840 年年度,输入中国的孟加拉鸦片大减,为 4780 箱,1840—1841 年年度为 5852 箱,随着中国在鸦片战争中的失败,输入中国的鸦片也在增加,1841—1842 年年度进口的孟加拉鸦片为 11378 箱④。

总而言之,我们认为,从 1835 到 1839 年,平均每年输入中国的鸦片约 25000 万箱。根据各种资料,我们认为鸦片战争前每年输入中国的鸦片数量大致如下:

---

① 中国史学会:《鸦片战争》(第二册),第 426 页。
② 张馨保:《林钦差与鸦片战争》,第 6 页;亨特:《广州"番鬼"录》,广东人民出版社 1993 年版,第 38、40 页;马士:《东印度公司对华贸易编年史》(第一、第二卷),中山大学出版社 1991 年版,第 7—8 页。
③ B. Lubbock, *The Opium Clippers*, Glasgow: Brown, son, & Ferguson, 1933, p.144.
④ 姚贤镐:《中国近代对外贸易史资料》(第一册),第 341 页。

表1 鸦片战争前输入中国的鸦片数量

年　代	孟加拉鸦片(箱)	麻尔洼鸦片(箱)	土耳其鸦片(箱)	总　计(箱)
1795—1796	1070			
1796—1797	2387			
1797—1798	1985			
1798—1799	1718			
1799—1800	1867			
5年总计	9027	约2320箱		11347
1800—1801	3224	1346		4570
1801—1802	1744	2203		3947
1802—1803	2033	1259		3292
1803—1804	2116	724		2840
1804—1805	2322	837		3159
5年总计及每年平均	11439÷5=2288	6369÷5=1274		17808÷5=3562
1805—1806	2131	1705	102	3938
1806—1807	2607	1519	180	4306
1807—1808	3084	1124	150	4358
1808—1809	3223	985		4208
1809—1810	3074	1487	32	4593
5年总计及每年平均	14119÷5=2824	6820÷5=1364	464÷5=93	21403÷5=4281
1810—1811	3592	1376		4968
1811—1812	2788	2103	200	5091
1812—1813	3328	1638	100	5066
1813—1814	3213	1556		4769
1814—1815	2999	674		3673
5年总计及每年平均	15920÷5=3184	7347÷5=1469	300÷5=60	23567÷5=4713
1815—1816	2723	1507	80	4310
1816—1817	3376	1242	488	5106
1817—1818	2435	1300	448	4183
1818—1819	3178	1800	807	5785
1819—1820	2400	1200	180	3780
5年总计及每年平均	14112÷5=2822	7049÷5=1410	2003÷5=401	23164÷5=4633
1820—1821	3615	2291		5906
1821—1822	3210	2518	512	6240
1822—1823	1874	3924	170	5968
1823—1824	3050	4650	140	7840
1824—1825	1231	5032	1651	7914
	12980÷5=2496	18415÷5=3683	2473÷5=495	33868÷5=6774
1825—1826	4500	5500	403	10403
1826—1827	2590	5620	805	9015
1827—1828	6359	4752	1000	12111
1828—1829	4317	7092	1256	12665

续表

1829—1830	7671	7972	700	16343
5年总计及每年平均	25437÷5=5087	30936÷5=6187	4164÷5=833	60537÷5=12108
1830—1831	7477	12631	1671	21779
1831—1832	6612	9211	402	16225
1832—1833	7885	13397	380	21662
1833—1834	8511	11703	963	21177
1834—1835	10207	11678	?	21885
5年总计及每年平均	40692÷5=8138	58620÷2=11724	3416÷5=683	102728÷5=20546
1835—1836年度至1838—1839年度年平均				25000

表1中，1816—1817年年度之前印度输往中国的鸦片数量（孟加拉鸦片与麻尔洼鸦片），依据的是《报告》和马士的《关系史》。关于1817—1818年年度输入中国的麻尔洼鸦片数量，《报告》及《关系史》都说781箱，但《东印度公司对华贸易编年史》说，这一年仅输到澳门的麻尔洼鸦片就是1200担，此外还有一些输到黄埔，因此，我们定为1300担①。从1818—1819年年度开始，到1833—1834年年度，根据的是《编年史》第三、第四卷中每年的年度报告。1834—1835年年度依据的是《报告》（其中孟加拉鸦片进口数与《关系史》相同）②。关于1835年以后的鸦片进口数，我们前面已经讨论过了，大约为平均每年25000万箱。

关于输入中国的土耳其鸦片数量，表1自1805—1806年贸易年度起到1820—1821年年度为止，根据的是《东印度公司对华贸易编年史》所附《美国船只输入广州货物表》③。由于《美国船只输入广州货物表》所依据的资料来自英国东印度公司驻广州大班们

---

① 马士：《东印度公司对华贸易编年史》（第三卷），中山大学出版社1991年版，第321页。
② *Documents Relating to Opium*, pp. 78—79.
③ 马士：《东印度公司对华贸易编年史》（第四、第五卷），第403页。

的报告,而这些大班们又不一定完全掌握美国人的贸易情况,所以,表中的数据是不完整的。另一方面,将土耳其鸦片运到中国的固然以美国人为主,但其他国家的商人也从事这种毒品贸易(尽管数量不多)。所以,实际上输入中国的土耳其鸦片一定超过本表所列的数字。根据《东印度公司对华编年史》中的年度报告,在1821—1822年年度,美国人运来土耳其鸦片437箱,英国人运来土耳其鸦片15箱,葡萄牙人运来土耳其鸦片60箱,共512箱。1822—1823年年度以及1823—1824年年度运到中国的土耳其鸦片数量,也是依据《东印度公司对华贸易编年史》中的年度报告[1]。1824—1825年年度、1825—1826年年度以及1826—1827年年度,依据的是美国驻士麦拿领事馆的报告[2]。从1827—1828年年度开始历年输入中国的土耳其鸦片数,依据的是《东印度公司对华贸易编年史》中每年的年度报告[3]。

　　表1中各种鸦片的总和近40万箱,再加上那些没有统计进去的鸦片数量,可以大概确定1840年前输入中国的鸦片总共约40多万箱。对于不同种类的鸦片来说,一箱的重量是不一样的。孟加拉鸦片每箱重约120斤,麻尔洼鸦片和土耳其鸦片每箱的重量为一担(100斤)[4]。不同种类的鸦片在中国的售价是不同的,同一

---

[1] 马士:《东印度公司对华贸易编年史》(第四、第五卷),第23、70、88、171页。

[2] C. C. Stelle, *Americans and the China Opium trade in the Nineteenth Century*, New York: Amo Press, 1981, p. 49.

[3] 参见马士《东印度公司对华贸易编年史》(第四、第五卷),第171、195、211、262、353、383页。其中1831—1832年年度中译本遗漏,英文版在第四卷第273页。

[4] D. E. Owen, *British Opium Policy in China and India*, New Haven: Yale University Press, 1934, p. 69; H. B. Morse, H. F. MacNair, *Far Eastern International Relations*, Boston: The Riverside Press, 1931, p. 94; C. C. Stelle, *Americans and the China Opium Trade in the Nineteenth Century*, p. 19.

种鸦片在不同的时代售价也不相同,就是同一种鸦片在同一年份中也有高低不同的价格(参见表 2)。这样,要根据输入中国的鸦片数量来确定其价格,有一定的困难。好在自 1817 年起,我们可以找到历年的鸦片进口价值(参见表 3)。当然,这也不可能是完整的),我们可以据此而基本上了解这些鸦片的大概价值。

表 2 鸦片价格 (单位:西班牙元)

年 度	孟加拉鸦片		麻尔洼鸦片		土耳其鸦片	
	最高价	最低价	最高价	最低价	最高价	最低价
1780—1789	600	200				
1790—1799	600	290				
1800—1809		1200				
1810—1819	1300	840	680	400		
1820—1829	2340	750	1450	590	1250	450
1830—1839	1060	600	800	400	738	550

资料来源:Tan Chung, *China and the Brave New World*, p. 170;马士:《东印度公司对华贸易编年史》第三、第四卷每年的报告。

表 3 输入中国的鸦片价值 (单位:西班牙元)

年 度	价 值	年 度	价 值
1817—1818	4180100	1830—1831	14960695
1818—1819	4939339	1831—1832	13022703
1819—1820	4564000	1832—1833	14109600
1820—1821	10486000	1833—1834	12118716
1821—1822	4581400	1834—1835	9654970
1822—1823	9399000	1835—1836	17388622
1823—1824	7421600	1836—1837	19292826
1824—1825	5737700	1837—1838	13504630
1825—1826	9782500		
1826—1827	9299326		
1827—1828	12043496		
1828—1829	11725577		
1829—1830	14079694		

				续表
总 计	108239732	总 计		114052762

资料来源：1817—1818 年年度到 1833—1834 年年度，据《东印度公司对华贸易编年史》第三、第四卷每年的报告；1834—1835 年年度以后的资料，据 W. S. Fry, *Fads and Evidence Relating to the Opium Trade with China*, pp. 50—51.

由表 3 可知，自 1817 年起，输入中国的鸦片价值 2.223 亿西班牙元，按每个西班牙元等于 0.72 两换算，则为 1.6 多亿两银子。而 1817 年之前输入中国的鸦片大约值 5500 万西班牙元，约合 4000 万两白银。上述两者共计约 2 亿两白银。也就是说，在鸦片战争爆发前，中国人为了购买鸦片这一毒品，支付了约 2 亿两的白银[1]。但是，这 2 亿两白银并非全部以现银的形式运出国外，而是被用在以下几个方面：首先，这些白银中的一大部分通过一套资金汇划制度而转化为英国东印度公司在中国的投资，用来购买茶叶等运回英国的货物；其次，它被用来购买那些运回到印度的货物；第三，它被美国商人用来购买运到美国及其他地方的中国商品；第四，它以高利贷的形式借给了中国行商（鸦片战争后的《南京条约》规定中国赔偿商欠 300 万元）；最后，还有多余的部分则以现银的形式运出中国[2]。

关于鸦片战争前中国白银（其中包括一点黄金）的外流数量，有不同的说法。有的人认为鸦片战争前十年每年外流的白银为 1000 万两，有人甚至认为每年外流量为 3000 万两[3]。这些说法都

---

[1] 刘鉴唐在《鸦片战争前四十年间鸦片输入与白银外流数字的考察》中认为，鸦片战争前四十年里进口的鸦片总值 6 亿两白银，这个估计显然过高了。同时，该文将购买鸦片的金银等于白银的外流也是不对的。

[2] Tan Chung, *China and the Brave New World*, p. 171.

[3] 李柏祥等：《关于十九世纪三十年代鸦片进口和白银外流的数量》，《历史研究》1980 年第 5 期。

过高了。早在鸦片战争前的 1836 年,程恩泽曾写道:"岁出洋银,或云千万。仪真相公(按:即阮元)云:过甚其辞也。不过五六百万;然洋钱亦自外而入,乘除之,尚不至二三百万。然不可久,久则中国之储竭矣!"①那么,鸦片战争前到底有多少白银外流呢?根据谭中的统计,从 1829 到 1840 年,中国流向印度的中国纹银为 25548205 元,外国银元为 26618815 元,黄金为 3616956 元,共计 55783976 西班牙元,平均每年为 465 万元,约合白银 335 万两②。其他资料也表明,鸦片战争前中国输往印度的白银,最多的为平均每年 428 万两多点③。当时中国的白银外流,主要是流向印度,这是由于印度的对华鸦片贸易而引起的。此外,还有一些白银流向英国等地,不过数量不多④。因此,无论如何,鸦片战争前白银外流的数量不可能达到平均每年 1000 万两。前几年有人认为,鸦片战争前外流的白银,最多为平均每年 500 到 600 万两⑤,笔者认为,这个数字是比较符合事实的。

最后,我们要讨论一下鸦片战争前鸦片吸食者的人数问题,这是一个十分棘手的问题。

由于中国方面没有关于鸦片吸食者的统计资料,一个比较可靠的办法,就是根据鸦片的进口量来推算吸食者的人数。但是,这

---

① 沈云龙:《包世臣与中国鸦片之役》,《中国近现代史论集》(第一编),台北商务印书馆 1986 年版。
② Tan Chung, *China and the Brave New World*, p. 172.
③ 严中平:《中国近代经济史统计资料选辑》,科学出版社 1955 年版,第 28、34 页。
④ 例如,1830 年到 1832 年,运往伦敦及欧洲的白银分别为 191 万元、117 万元和 135 万元,(参见《东印度公司对华贸易编年史》第四、第五卷,第 235、266、336 页)。
⑤ 李柏祥等:《关于十九世纪三十年代鸦片进口和白银外流的数量》,《历史研究》1980 第 5 期。

样做是有很大困难的。首先是很难确定什么人是鸦片吸食者。因为有的人偶一为之,有的人烟瘾很大;有的人吸食了一段时间后最后戒掉了,有的人则与鸦片相伴终身。我们这里先设定,所谓的鸦片吸食者,应当是指那些经常吸食的人,至少是几乎每天都要吸食的人。其次,由于经济条件的不同以及烟瘾程度的不同,不同的人每天的鸦片消费量是不同的;此外,不同地区、不同时代的鸦片价格也不相同,这都使得推算出来的结果很难具有绝对的可靠性。因此,这里所说的鸦片吸食者人数,只能是个大概的估计。

如前所述,一箱孟加拉鸦片重 120 斤,一箱麻尔洼鸦片重 100 斤。这些鸦片运到中国后,必须熬成烟膏,才能吸食。根据印度当局的资料,1 斤孟加拉鸦片可以熬出 7 两烟膏,1 斤麻尔洼鸦片则可熬出 12 两烟膏[1]。也就是说,一箱孟加拉鸦片可熬出 840 两烟膏,一箱麻尔洼鸦片可熬出 1200 两烟膏。那么,一个鸦片吸食者一天要消费多少烟膏呢?包世臣有句名言:"鸦片之价较银四倍,牵算每人每日至少需银一钱。"[2]林则徐也说过,"吸鸦片者,每日除衣食外,至少亦须另费银一钱"[3]。他们的这些话便成了后人推算鸦片吸食者总数的基本依据。据此,鸦片吸食者每天至少要花 1 钱银子去吸食鸦片,这 1 钱银子所购得的鸦片重量为 1/4 钱("鸦片之价较银四倍"),也即 0.025 两重。这些重量为 0.025 两的鸦片,应当是指直接用作吸食的鸦片烟膏,而不是未经煎熬的生鸦片(因为 0.025 两的生鸦片只能熬出微乎其微的烟膏,根本无法供人吸食一天)。所以,我们可以说,一个鸦片吸食者每天至少要

---

[1] Tan Chung, *China and the Brave New World*, pp. 144—145.
[2] 中国史学会:《鸦片战争》(第一册),神州国光社 1954 年版,第 537 页。
[3] 林则徐:《林文忠公政书》,中国书店 1991 年版,第 103 页。

吸 0.025 两的烟膏。这样,我们可以用以下公式来根据孟加拉鸦片的进口量推算吸食孟加拉鸦片者的数量:

一年的孟加拉鸦片吸食者人数＝(一年进口的孟加拉鸦片箱数÷365 天)×840 两烟膏÷0.025 两

我们同样可以用以下公式来根据麻尔洼鸦片的进口量推算吸食麻尔洼鸦片者的人数:

一年的麻尔洼鸦片吸食者人数＝(一年进口的麻尔洼鸦片箱数÷365 天)×1200 两烟膏÷0.025 两

根据上述公式,可以推算出鸦片战争前鸦片吸食者的人数:

表 4　鸦片战争前吸食鸦片的人数

年　代	每年平均吸食孟加拉鸦片的人数	每年平均吸食麻尔洼鸦片的人数	每年吸食鸦片的总人数
1801—1809	235000	173000	408000
1810—1819	276000	188000	464000
1820—1829	353000	650000	1003000
1830—1839	927000	1620000	2547000

从表 4 可知,鸦片战争前,中国每年吸食鸦片的人数约 250 多万。谭中推算出来的人数与此相近,为 280 多万人①。不过,谭中的数字可能偏高,因为在有些年份中,他将印度出口的鸦片总额当成了输往中国的鸦片数。1840 年前一个长期从事对华鸦片贸易的外国人也曾估计当时吸食鸦片的中国人为 200 多万②。总之,如果一定要对鸦片战争前吸食鸦片者的人数进行估算的话,笔者

---

① Tan Chung, *China and the Brave New World*, p. 145.
② *Documents Relating to Opium*, p. 93.

认为 250 万人可能比较接近实际。当时全国的总人口是 4 亿①，吸食鸦片者在总人口中所占的比例大概为 0.6%—0.7% 之间，不到 1%。有人说鸦片战争前吸食者上千万，甚至达 4000 万②，这个数字显然过高了。即使在鸦片贸易合法化的 19 世纪末，吸食鸦片者也只占总人数的 10%，而"过量"吸食的人占总人数的 3%—5%，也就是说，1890 年前后，中国的瘾君子为 1500 万③。我们不要忘记，这个时候，每年进口的鸦片达 60000—70000 箱以上，中国本地所产的鸦片每年达 30 万—40 万担④。

---

① 《清史稿·食货志》（一），中华书局点校本。
② 刘明清：《林则徐禁烟说与鸦片战争前夕全国吸毒人数的考察》，《南天史学》1985 年第 2 期。
③ 费正清：《剑桥中国晚清史》（上册），中国社会科学出版社 1993 年版，第 183 页。
④ 苏智良：《中国毒品史》，上海人民出版社 1997 年版，第 547 页；H. B. Morse, *The Trade and Administration of China*（中朝制度考），London：Longmans, Green & Co, 1913, pp. 350—360.

鸦片战争前中国人对英国的认识[*]

对于中国人来说,英国是一个具有特别意义的国家,古老的中华帝国的大门最早是被英帝国的大炮轰开的,中华民族历史上最为屈辱、最为苦难、最为悲壮的一页首先是被英国殖民者掀动的。所以,鸦片战争后中国知识界最先进的代表人物魏源在他的那部放眼看世界的名著中写道,认识欧洲的目的就是为了认识英国:"志西洋,正所以志英吉利也","故今志于英夷特详"[①]。在中国人民争取民族独立的岁月中,有人这样说:"中国国民革命最紧要的工作,是要打倒帝国主义。帝国主义之侵略,尤以英国为烈。所以要打倒帝国主义,必须研究中英关系。"[②]也正是从鸦片战争开始,中国被迫踏上了近代化的道路,今天,当我们还在为现代化而苦苦奋斗的时候,150多年前那场由英国人发动的战争对于我们来说依然具有十分沉重的现实意义。那么,中国人是怎样开始认识英国的呢?鸦片战争之前,中国人对于英国知道多少呢?本文试就这些问题作些探讨。

---

[*] 本文原载《东西交流论谭》(黄时鉴主编),上海文艺出版社1998年版。
[①] 魏源:《大西洋欧罗巴洲各国总说》,《海国图志》卷三十七,光绪二年平庆泾固道署重刊。
[②] 陈其鹿:《英国对华商业》,商务印书馆1930年版,第1页。

一、"谙厄利亚"

清人在叙述英国时,往往说它"自古不通中国",这确是事实。在英国人已经知道中国 300 多年之后,中国人对英国还是闻所未闻,这也是事实①。而且,最早将英国介绍给中国人的不是别人,而是来自欧洲的西方传教士。

1601 年,一位"紫髯碧眼"的人来到明朝的首都北京②,他自称是大西洋人,中文名字叫利玛窦。明朝礼部尚书朱文恪在给神宗皇帝的奏章中说:在《大明会典》中只有"西洋国"与"西洋琐里国",而没有什么"大西洋",因此"其真伪不可知"③。这份奏章反映了当时中国人的世界地理知识。

在利玛窦献给神宗皇帝的礼物中,有一部名为《万国图志》的世界地图,它是利玛窦到中国后所编绘的多种世界地图中的一种,可惜《万国图志》早已失传。④ 1602 年,利玛窦在北京又绘制了一种世界地图,即《坤舆万国全图》,此图后来多次印行,并保存至今⑤。

---

① 1231 年,蒙古大军侵入俄罗斯。第二年,叙利亚的亦思马因人(Ismailians)派出使者"第一次将关于蒙古人的可靠消息"通报给英法两国国王。参见 P. Sykes:*The Quest For Cathay*,p. 87,London,1936.

② 褚人获:《大西国三主》,《坚瓠秘集》卷四,《笔记小说大观》。

③ 《明实录》卷三百五十六。

④ 这个说法现在看来有误。根据我们后来的研究,利玛窦献给神宗皇帝的《万国图志》,实际上是欧洲原版的奥特里乌斯(Abraham Ortelius)世界地图集《地球大观》(*Theatrum Orbis Terrarum*)。参见黄时鉴、龚缨晏:《利玛窦世界地图研究》,上海古籍出版社 2004 年版。——2004 年补注。

⑤ 洪煨莲:《考利玛窦的世界地图》,《洪业论学集》,中华书局 1981 年版;曹婉如等:《中国现存利玛窦世界地图的研究》,《文物》1983 年第 12 期。

在《坤舆万国全图》中,利玛窦将苏格兰(Scotia)翻译成"思可齐亚",将英格兰(Anglia)翻译成"谙厄利亚",并有一段文字说明:"谙厄利亚无毒蛇等虫,虽别处携去者,到其地,即无毒性。"①"谙厄利亚"就是英国的最早中文译名。

1623年艾儒略的《职方外纪》在杭州刊印,这是第一部用汉文撰写的世界地理学著作。在《职方外纪》卷首的附图中,艾儒略按照利玛窦的译法,把英格兰、苏格兰分别译为谙厄利亚、思可齐亚。《职方外纪》第二卷有"西北海诸岛"一节,主要是介绍不列颠诸岛的:"欧逻巴西海迤北一带至冰海,海岛极大者曰谙厄利亚、曰意而兰大②,其外小岛不下千百。……谙厄利亚,经度五十至六十,纬度三度半至十三。气候融和,地方广大,分为三道,共学二所,共三十院。"这里的"三道",应当是指大不列颠岛的英格兰、苏格兰、威尔士三部分,而不可能是指英国的地方行政单位"郡"(County),因为自1536年起,仅仅英格兰就被划分为40个郡③。这里的共学(大学),则显然是指剑桥大学与牛津大学。

1644年,明朝灭亡,清帝定都北京。在清朝前期的传教士中,南怀仁是最为重要的一个。他在康熙年间绘制了一份世界地图《坤舆全图》,并编写了文字说明《坤舆图说》。《坤舆全图》将英格兰又写作"昂利亚",苏格兰和爱尔兰则被分别写作"斯可齐亚"与

---

① 《利玛窦坤舆万国全图》第16张,禹贡学会1936年影印。
② "意而兰大"是爱尔兰(Ireland)的音译。但据禹贡学会1936年影印《坤舆万国全图》和北京图书馆1933年翻照北京历史博物馆藏《坤舆万国全图》,利玛窦将爱尔兰译作"喜百尼亚",《职方外纪》卷首附图也将爱尔兰写作"喜百尼亚"。《职方外纪》,文渊阁四库全书本。
③ C. Cook & J. Wroughton, *English Historical Facts* (1603—1688), p.90, The Macmillan Pr., 1980.

"意而兰大"①。不过在《坤舆图说》中,英国还是译作"谙厄利亚"②。《坤舆图说》虽然晚于《职方外纪》半个世纪,但内容与《职方外纪》大多相同,对于英国的描述更是几乎完全一样,半个世纪来在欧洲发生的重大事件在此书中很少反映。

无论利玛窦的世界地图,还是《职方外纪》、《坤舆图说》,对英国的叙述都很简略,而且都将英国放在十分次要的位置,这客观上反映了英国在当时欧洲的现实地位,因为17世纪欧洲的主要大国是西班牙、法国、荷兰等大陆国家,英国是在18世纪工业革命后才日益强大起来的。

由于英国在当时的欧洲还不是一个主要强国,所以传教士们对它的介绍远远没有像西班牙等国那样详细,至于英国的社会政治更是几乎没有论及。利玛窦在讲述欧洲各国时曾写道:"俗敦实,重五伦。物汇甚盛,君臣康富。"艾儒略在《职方外纪》的"欧逻巴总说"中也以同样的笔调写道:"欧逻巴州内大小诸国,自国王以及庶民皆奉天主耶稣正教,纤毫异学不容窜入;国主互为婚姻,世相和好,财用百物,有无相通,不私封殖。"③《坤舆图说》则再一次重复了这些溢美之词。南怀仁在和其他传教士合著的另一本介绍欧洲的著作中说欧洲人的"性情"是"尚直重信,不敢用诈欺人。以爱人如己为道",等等④。在这些传教士写给中国人看的著作中,欧洲简直被描写成了人间乐园。而实际上,16、17世纪的欧洲正是资本主义兴起的动荡时代,社会内部结构急剧变迁,各国之间战

---

① 南怀仁:《坤舆全图》第二十八,天津工商大学翻照康熙十三年刻本。
② 南怀仁:《坤舆图说》卷下,文渊阁四库全书本。
③ 艾儒略:《欧逻巴总说》,《职方外纪》卷二。
④ 利类思、安文思、南怀仁:《性情》,《西方要纪》,丛书集成初编本。

争不断，宗教改革、殖民国家的争霸、三十年战争等都发生在这一时期。所有这一切，在传教士的著作中都无法看到。所以，我们认为，如果说西方传教士在向欧洲介绍中国时是有所选择的话，那么，他们在向中国介绍欧洲时，也是有所选择的。因为这些传教士不远万里来到中国的根本目的是为了宣传福音、是为了使中华帝国的臣民归化天主，从这一目的出发，他们只能美化他们的故乡欧洲，否则，如果告诉异教徒们说"在那些信奉天主的国度里同样充满了灾难和战乱"，那么谁还会去皈依天主呢？

为了使中国人信奉天主教，传教士们在他们的中文著作中还有意识地用大量的篇幅描述一些奇闻异事，以激发读者的好奇心，吸引读者。利玛窦对英国的介绍是"无毒蛇等虫，虽别处携去者，到其地，即无毒性"。对英国介绍得最为详细的传教士著作当为《职方外纪》，共300多字，但这些文字所叙述的大多也为此类怪异之事，例如"有小岛无根，因风移动，人弗敢居，而草木极茂，孳息牛羊豕类极多"，"傍有海窖，潮盛时，窖吸其水而永不盈，潮退，即喷水如山高。当吸水时，人立其侧，衣一沾水，人即随水吸入窖中，如不沾水，虽近立亦无害"，等等。

利玛窦向中国人介绍世界地理知识后，有人说：利玛窦"所著《舆地全图》，及洸洋宕渺，直欺以其目之所不能见，足之所不能至，无可按验耳，真所谓画工之画鬼魅也"。① 《四库全书》的编者们在评论《职方外纪》时说："所述多奇异，不可究诘，似不免多所夸

---

① 魏濬：《利说荒唐惑世》，《破邪集》卷三，安政乙卯冬翻刻本。此书承蒙杭州大学哲学系陈村富教授慷慨借阅，特此深表感谢。张维华：《〈明史〉欧洲四国传注释》（上海古籍出版社1982年版）第130页误将"按验"印作"按听。"

饰"①;对于《坤舆图说》,则怀疑它是剽窃了中国古书而编造出来的:"疑其东来以后,得见中国古书,因依仿而变幻其说,不必皆有实迹"②。明清时代对于传教士著作的这种半信半疑,甚至完全排斥的态度,固然反映了当时中国人对世界的无知和一些顽固者的愚昧,但是,传教士们在将世界介绍给中国时所采取的那种美化欧洲、广搜奇闻的做法,是不是也构成了导致中国人不相信他们学说的一个重要原因呢?在过去的一个时期中,我们的学术界曾对传教士的作用一笔抹杀,这种做法无疑是完全错误的,但是,如果从一个极端走到另一个极端,过分夸大传教士的作用,这也是错误的。我们只有通过对历史事实进行全面认真的研究,才能真正认识传教士的地位与作用。而要做到这一点,需要我们的学者们付出极其巨大的劳动。

二、"红毛番"

从15世纪末开始,随着新航路的开辟,欧洲人纷纷绕过非洲、南美,涌向亚洲太平洋地区。1517年,葡萄牙人最先来到中国,中国人根据阿拉伯人对欧洲人的称呼而将这些"长身高鼻、猫睛鹰嘴、卷发赤须"的陌生人称作"佛郎机"。③ 从1601年起,荷兰人多次来到中国,当时中国人不知道他们从何而来④,于是就根据他们

---

① 《〈职方外纪〉提要》,文渊阁四库全书本。
② 《〈坤舆图说〉提要》,文渊阁四库全书本。
③ 《明史》卷三二五《佛郎机传》。
④ 张燮:《东西洋考》卷六引《广东通志》:"红毛鬼,不知何国"(中华书局1981年版,第127页)。

"毛发皆赤"的体质特征而将他们称为"红毛番"。① "红毛番"有时又作"红毛夷",简称"红番"、"红夷"。

英国是继葡萄牙、西班牙、荷兰之后兴起的一个海上强国。早在 1497 年,一个意大利出生的英国人卡波特(John Cabot)就企图寻找一条由西北通往中国与印度的航路,可是没有成功。整个 16 世纪,英国人一直想找到这样一条从西北到达中国的航路,但都以失败而告终。从 1582 年起,英国人开始寻找绕过非洲到东方去的航路②。1596 年,一支由三艘船组成的英国船队驶往中国,船队还带有一封伊莉莎白女皇致中国皇帝的信件,不过这支船队后来下落不明③。

1635 年,英国商船"伦敦号"在葡萄牙人的许可下从印度出发开往澳门经商,条件是返回时替葡萄牙人将货物从澳门运回到印度的果阿。"由于葡萄牙人(而不是中国人)的敌意",④伦敦号到达中国澳门后并没有做成什么生意。伦敦号是最早来到中国的英国船只。

---

① 《东西洋考》卷六《红毛番》:"红毛番自称和兰国,……其人深目长鼻,毛发皆赤,故呼红毛番云。"

② Ramkrishna Mukherjee, *The Rise And Fall of The East India Company*, p. 61, Berlin, 1958.

③ 关于这支船队的去向有两种不同的说法。有些人说它向西航行,最后因受到西班牙人的攻击而覆没,见 W. E. Soothill: *China And West*, p. 65, London, 1974; William W. Appleton: *A Cycle of Cathay*, pp. 12—13, New York, 1979; Earl H. Pritchard: *Anglo-Chinese Relations During The Seventeenth And Eighteenth Centuries*, p. 46. 张轶东的《中英两国最早的接触》(《历史研究》1958 年第 5 期)是关于早期中英关系的一篇最重要的中文论文,此文根据西文文献,认为这支船只不是向西而是向东航行,结果,一艘船在好望角附近沉没,另两艘在经过与葡萄牙舰队的战斗后也相继沉没。此说较之前者更为可信。但有些书将这两种不同的说法混在一起,参见刘鉴唐等:《中英关系史系年要录》第一卷,四川省社会科学院出版社 1989 年版,第 69 页。

④ Earl H. Pritehard: *Anglo-Chinese Relations During The Seventeenth And Eighteenth Centuries*, p. 55, New York, 1970.

最早直接从英国开到中国的英船是威德尔船队,它由4艘船只组成,于1636年4月离开英国,1637年6月到达澳门。由于居住在澳门的葡萄牙人不让英国人进港,威德尔船队直驶广州,并且攻下了一个中国炮台。后来英国人与中国方面又多次发生冲突,几经周折后,英国船队于11月底离开广州。威德尔船队上的一个英国商人芒迪(Peter Mundy)在日记中写道:"完全可以说,我们是在火与剑的驱逐下离开这个城市、离开这个国度的。"①

威德尔他们与中国通商的努力失败了,这支船队最后也未能回到英国②。但是,他们留下了两份关于这次航行的文献,一件是上述的芒迪日记,另一份则是类似于航海志的一个文献③。英国人通过这次航行加深了对中国的认识。相反,在中国方面,明朝官员一直不知道这些与自己面对面交往了6个月,并多次发生武装冲突的外国人从何而来,更不知道他们的国家。中国人只是根据这些英国人的外表特征而将他们与荷兰人混淆在一起,以为他们也是荷兰人,所以自然而然地将他们称作"红毛番"。清代的学者也不知道1637年侵扰广州的是英国人而不是荷兰人,因此就将此事写入了《明史·和兰传》:"(崇祯)十年,驾四舶,由虎跳门薄广州,声言求市"④。此后,印光任的《澳门纪略》、梁廷枏的《粤

---

① Austin Coates,*Macao And The British*,p.25,Oxford Univ. Pr.,1966.

② 威德尔他们离开广州后,船员间的矛盾越来越多,内讧不绝。这支船队到了苏门答腊北部的亚齐就散伙了,船员们各奔东西,所有的船只再也没有回到英国,这些船大概都沉没在阿拉伯海的某个地方。芒迪在换了两次船后到达了多佛。参见 Ausfin Coates,*Macao And The British*,p.25.

③ James Bromley Eames,*The English In China*,p.13,Curzon Pr.,1974. 当然,由于芒迪初对中国对中国缺乏了解,所以他的日记中也有一些不正确的记载,其中有些已被章文钦先生所指出,见马士著,中国海关研究中心组译:《东印度公司对华贸易编年史》第一、二卷,中山大学出版社1991年版,第25页章注。

④ 《明史》卷三二五《和兰传》。

海关志》等都因袭此说,直到鸦片战争后,夏燮通过对照西文著作,才澄清《明史》所载崇祯十年(1637年)之红毛"乃英吉利,非荷兰也"①。

明清交替之际,由于来华贸易的英国商人逐渐增多②,人们对英国人开始有所了解,中国人将英国称为"英圭黎",例如《闽海纪要》康熙十四年(1675年)六月记载道:"英圭黎及暹罗贡物于郑经,乞互市,许之"③;或者译作"暎咭唎"④。也就在明清之际,人们逐渐弄清了英国人是与荷兰人不同的另一种"红毛番",所以年轻时曾因贫困而"贾海上,屡濒死往来东西洋,尽识其风潮土俗、地形险易"⑤的广东碣石镇总兵官陈昂在康熙五十六年(1717年)这样奏道:"臣遍观海外诸国,皆奉正朔,惟红毛一种,奸宄莫测;其中查有英圭黎诸国,种族虽分,声气则一,请饬督抚关部诸臣,设法防范。"⑥

到了雍正年间,中国人对英国的认识更为加深,陈昂的儿子陈伦炯根据自己的所见所闻而写的《海国闻见录》充分说明了这一点。这部著作涉及英国的文字很少,但已经明确了英国的地理位置:"红毛者,西北诸番之总名","荷兰……西北隔海对峙英机黎……。咎因……西南隔海与英机黎对峙。……英机黎一国,悬三

---

① 夏燮:《中西纪事》,岳麓书社1988年版,第14页。
② 清初海禁期间,英国人的贸易对象主要为台湾的郑氏政权,参见赖永祥:《台湾郑氏与英国的通商关系史》,《台湾文献》第十六卷第2期;松浦章:《清代前期中英海运贸易研究》,《中外关系史译丛》第三辑,上海译文出版社。
③ 夏琳:《闽海纪要》,台湾诗荟发行,雅堂丛刊之四。
④ 中国第一历史档案馆编:《康熙朝汉文硃批奏摺汇编》,第六册,第439页;第七册,第253、331、1148页;第八册,第548、588页,文物出版社1985年版。
⑤ 《碑传集》卷十五,光绪十四年刻本。
⑥ 《海国图志》卷五十二;夏燮:《中西纪事》,第14、40页。

岛于吝因、黄祁、荷兰、佛兰西四国之西北海"。①《海国闻见录》不仅指出英国是个岛国，孤悬于佛兰西（法国）、荷兰、黄祁（德国）、吝因（丹麦）之西北海中②，而且还说明了它的特产："惟英机黎一国产生银、哆啰呢、羽毛缎、哔吱、玻璃等类"。同时，这一著作对于英国在印度洋地区的殖民侵略也有所认识："民呀人黑……，英机黎、荷兰、佛兰西聚此贸易。……戈什塔东之沿海地名有三：曰网礁腊，系英机黎埠头；曰房低者里，系佛兰西埠头；曰呢颜八达，系荷兰埠头。西之沿海地名有二：曰苏喇，曰网买，皆英机黎埠头。"

曾任广州知府、与陈伦炯同一时代的蓝鼎元对英国殖民者的侵略性质也有一定的认识，他说："极西则红毛、西洋为强悍莫敌之国，非诸番比矣。红毛，乃西岛番统名，其中有英圭黎、干丝腊、佛兰西、荷兰、大西洋、小西洋诸国，皆凶悍异常。其舟坚固，不畏飓风，炮火军械精于中土，性情阴险叵测，到处窥觎，图谋人国。统计天下海岛诸番，惟红毛、西洋、日本三者可虑耳。"③后来的中国历史证明，蓝鼎元的这一见地是相当正确的。但是，直到鸦片战争前，对外部世界有如此深刻认识的中国人是极少的。

"红毛"一词，本来专指荷兰，英国人初来中国时，也被称为"红毛"。清初，人们已经明确知道英国是与荷兰不同的另一种"红毛"。那么，荷兰与英国这两种"红毛"之间的关系如何呢？在很长

---

① 陈伦炯：《大西洋记》,《海国闻见录》卷上，文渊阁四库全书本。
② 徐继畬在《瀛环志略》卷四中说，"啴国"又可作啴马、领墨、吝因、丁抹、大尼、丹麻尔。魏源在《海国图志》卷五十八中写道：(丹麦)"或作丁抹国，即领墨之音转，或作啴国，即领字、丁字之音转"。黄祁，是匈牙利（Hungary）的音译，根据(海国闻见录)所附地图，实际上是指当时匈牙利所属的神圣罗马帝国(德国)。
③ 蓝鼎元：《论南洋事宜书》,《鹿洲初集》卷三，文渊阁四库全书本。

一段时期内,人们对此问题一直十分模糊。就连多次处理过英国人事务、被乾隆誉为"驭远人深得大体"①的第一任广州府海防同知(澳门海防同知)印光任也以为英国是从荷兰分离出来的,他在与后任张汝霖合作的《澳门纪略》中写道:"贺兰:名曰和兰,又名红毛蕃。……今又拆其名曰'英吉利'、曰'瑞'、曰'琏'"②。乾隆年间编的《皇清职贡图》说:"英吉利,亦荷兰属国",但这本著作中的"英吉利国夷人"、"英吉利国夷妇"两幅插图则十分形象逼真③。就是到了鸦片战争之后的光绪末年,汪文泰在《红毛番英吉利考略》中还这样说:"红毛番英吉利居西北方,……故荷兰属国也。"④

17世纪后期,荷兰在英国的打击下一蹶不振,丧失了海上霸主的地位,在国际舞台上逐渐退居到次要地位,而英国则日益强大,到了18世纪成为世界上最大的殖民强国,同中国交往也最为密切。这样,"红毛"一词也就越来越多地指英国人,有时甚至特指英国,而将荷兰从"红毛"中排斥出去。如王大海《海岛逸志》"红毛"条说:"膺吃黎氏,华人呼为红毛;居于西北海之隅,与荷兰相邻"。同书"和兰"条说:和兰(荷兰)"与红毛、和兰西(法国)三国鼎峙"。⑤ 这里的"红毛"就是专指英国。

自从中国人知道英国这个国家之存在后,一直都将它称为"英

---

① 印光任、张汝霖:《澳门纪略》卷首引《香山县志》中的《广西太平府知府印公传》,《笔记小说大观》。

② 印光任、张汝霖:《澳门纪略》下卷。琏,或嗹,即丹麦,见前注。瑞,即瑞典,徐继畬说:"瑞国"又名"瑞典,苏以天,瑞丁"等,见《瀛环志略》卷四。

③ 《皇清职贡图》卷一,文渊阁四库全书本。

④ 汪文泰:《红毛番英吉利考略》,《近代中国对西方及列强认识资料汇编》第一辑,乙编,1972年。

⑤ 王大海:《海岛逸志》卷三,嘉庆丙寅年刊本。《小方壶斋舆地丛钞》本将"膺吃黎氏"改作"英圭黎",《舟车所至》本则作"暎咭唎"。

吉利"、"嘆咭唎"、"英机黎"、"英圭黎"等,甚至还有"英鸡黎"的①,其实,这些都是对"英国人"(English)这一名称的音译,人们误将表示人民的称呼当作了表示国家的称呼。这一时期的中国人都没有采用传教士的译法称英国为"谙厄利亚",就是1712年起程出使俄国的图里琛在回国后所写的《异域录》中也没有采用"谙厄利亚"的译名,而是将英国译为"昂假尔斯奇"②。也就是说,虽然传教士们将欧洲介绍给了中国,但中国人并没有完全接受它。就英国而言,中国人是通过自己与英国人的实际交往,而不是通过传教士的著作,才渐渐知道英国之存在的。即使那些读过传教士著作的翰林学士们,如《四库全书》的编修者,也并没有将传教士的著作与中国人所知道的世界对照起来加以印证。这一事实说明了什么呢?当我们讨论明清之际传教士对中国的影响时,这个事实是不是应当引起我们的注意?大概到了18世纪与19世纪相交时期,人们通过对照地图,才慢慢地弄清了传教士所说的"谙厄利亚"与中国人所说的"英吉利"是同一个国家,都是指英国。例如江藩在《舟车闻见录》中说:"《职方外纪》之'谙厄利',《海国闻见录》之'英机黎',以舆图核之,即英吉利。"③

三、"化外蛮夷"

从18世纪60年代开始,英国进入了工业革命时代,整个社会

---

① 《澳门纪略》下卷《储蕃篇》引"僧迹删英鸡黎画诗"。
② 图里琛:《俄罗斯国之西北诸国名目》,《异域录》卷下,文渊阁四库全书本。
③ 江藩:《舟车闻见录》,转引自梁廷枏《粤道贡国说》卷五,《海国四说》,中华书局1993年版。按:《舟车闻见录》原有十卷,但多所佚失,《炳烛斋杂著》所收《舟车闻见录》仅存四卷,没有这段文字。

发生巨变。在海外,英国继打败荷兰后,又通过七年战争(1756—1763年)打败了法国,从而成为西方最大的殖民强国。1792年,英国国王派出了一个包括水手在内约700人的庞大使团,以给中国皇帝祝寿为名出使中国,希望通过外交途径获取商业与外交利益,使团的首领是马戛尔尼勋爵。那么,这时的中国对英国了解多少呢?

就在马戛尔尼来华不久前的1784年,乾隆皇帝下令撰修的清朝第二部《大清一统志》完成。这部一统志关于欧洲的记述基本上因袭明末清初传教士的说法,认为欧洲的大国是西班牙、法国、意大利等国,根本没有提到英国的名字,可见清朝政府对于世界局势的变化简直一无所知。这部一统志甚至连当时中国人自己所总结出来的较为先进的世界地理知识(如陈伦炯的《海国闻见录》)都没有加以吸收,所以书中有许多错误的说法,例如说荷兰"在西南海中"、佛郎机(葡萄牙)"在西南海中,……奉佛教",等等①。当时清朝政府对于世界的基本看法是:"大地东西七万二千里,南北如之。中土居大地之中,瀛海四环。其缘边滨海而居者,是谓之裔,海外诸国亦谓之裔。裔之为言边也。"②

也就在乾隆年间,出现了一部名为《皇清四裔考》的著作,这部著作对于英国的描述较为详细,也较为正确:"英吉利,一名英圭黎,国居西北方海中,南近荷兰,红毛番种也,距广东界计程五万余里。国中有一山,名间允,产黑铅,输税入官。国左有那村,右有加厘皮申村,皆设立炮台;二村中皆有海港,通大船,海边多产火石。

---

① 《大清一统志》卷四百二十三《荷兰》、卷四百二十四《佛郎机》,文渊阁四库全书本。

② 《清朝文献通考》卷二百九十三《四裔》一,浙江古籍出版社1988年影印。

王所居名兰仑,有城,距村各百余里。王世系近者为弗氏京亚治,传子昔斤京亚治,传孙非立京亚治,即今王也。"①杨宪益先生认为,这里所说的"间允"显然是指英国北方湖区 Keswick 附近的 Borrowdale,当时这里的产铅量为欧洲第一,这里的"那村"与"加厘皮申村"则可能分别为 Lancashire 和 Hampshire;这里的三个国王名字则是 First King George(乔治一世)、Second King George(乔治二世)和 Third King George(乔治三世)的音译;这部著作应当是一位到过英国北方的"广东水手所述"②。

1785—1786 年完成的《清朝通典》和《清朝文献通考》都吸收了《皇清四裔考》的内容,但《清朝文献通考》将"二村中皆有海港,通大船"误抄为"二村中皆有大海,驾船往来"。此外,《清朝文献通考》还加入了一些关于英国社会风俗的记载,如"其俗信奉天主",男女"以相悦而成婚姻,或者以媒合者","不置妾媵","男戴三角帽","女则施裙而已","相见脱帽握手为礼",等③。

《大清一统志》、《清朝通典》和《清朝文献通考》这三部清朝官方文献反映了清政府对于欧洲与英国的认识程度。正是由于当时清朝对于英国的认识只是停留在这样一个水平上,所以,他们根本不知道马戛尔尼使团来华的背景与目的。当清政府在 1792 年 10 月收到英国东印度公司董事长巴林通报马戛尔尼使团即将来华的信件后,即让在北京的欧洲传教士翻译,通过传教士的翻译而弄清

---

① 《皇清四裔考》,《海国图志》卷五十二。
② 杨宪益:《十八世纪关于英国的中国记载》,《译余偶拾》,生活·读书·新知三联书店 1983 年版。
③ 《清朝通典》卷九十八《边防》二,浙江古籍出版社 1988 年影印;《清朝文献通考》卷二百九十八《四裔》六。

了"该国即系红毛国,在西洋之北,在天朝之西北"①。

马戛尔尼使团的目的是"为了使整个东方向英国开放贸易,并使英中关系建立在条约的基础上"。②但清朝却从传统的夷夏关系出发,认为这只不过是又一个蛮夷之邦因为仰慕中华文明而特地"航海远来,倾心向化",前来朝贡。清朝皇帝给英国国王的敕谕清楚地说明了这一点:"尔嘆咭唎世居西澥,地隔重瀛,名不隶于职方,事罕征乎史册,因向风而慕义,始献赆以趋廷……"。因此,当乾隆皇帝看到英国使团所进呈的礼物贡单中将马戛尔尼称作"钦差"后,特意下令将"钦差"统统改作"贡差"、"敬差",因为他认为"钦差"是对中国使臣的称呼,如果将外国的使臣也称作"钦差","流传日久,几以嘆咭唎与天朝均敌,于体制殊有关系"。

当马戛尔尼来华之时,中英在贸易管理等问题上存在着一些纠纷,本来清政府完全可以抓住英使来访这一有利时机进行外交谈判。但由于清朝政府昧于世界形势,将英国使团仅仅看作是一次对天朝上国的朝贡活动,所以根本没有意识到这一点,而将主要精力倾注于如何用最适当的礼节来接待他们。乾隆皇帝在6月25日谕令中说:"盖欵接远人之道,固不可稍事苟简,致阻向化之诚;然加之体恤则可,若过为优待,隆其礼节,转使外夷不知天朝体统尊严,为其轻忽,……此为最要。"到了6月29日,乾隆再一次强调:"接待外夷之道,全在斟酌适中,不卑不亢;该国遣使航海远来,固不可稍存苟慢,致阻向化之诚;然加之体恤则可,若过为优礼,夷性贪得便宜,待之逾厚,则其心益骄,转使外夷不知天朝体统尊严,

---

① 故宫博物院掌故部:《掌故丛编》,中华书局1990年版,第616页。
② Earl H. Pritchard, *The Crucial Years of Early Anglo—Chinese Relations*, p. 308, New York, 1970.

为所轻忽,关系甚重。"①清朝政府如此纠缠于繁文缛节,错过了一次通过外交途径解决中英两国之间问题的良机。②清朝把马戛尔尼他们看成是朝贡者,所以自然要求他们按照中国传统向中国皇帝行三跪九叩之礼,但英国使节认为这种礼节意味着英国是中国的附属国,所以予以拒绝,于是发生了著名的礼仪争执。这时,在中国朝廷中竟流行着这样一种说法:"西洋人用布扎腿,跪拜不便,是其国俗,不知叩首之礼",中国官方对英国的认识由此可见一斑。

为了展示英国工业革命的成就,马戛尔尼使团带来了大批科学仪器作为礼物,希望以此引起清朝的重视。但清政府却将这些先进的科技成就一概视为"奇巧淫技",并认为"天朝德威远被,万国来王,种种贵重之物,梯航毕集,无所不有,……从不贵奇巧,并无更需尔国制办物件"。而且,清朝政府对于英国人将各类专家的名字放在使团官员前面而感到大惑不解:"此项人等,既称官员,何以名列在天文、医生之后?"③

马戛尔尼使团虽然没有完成他们的使命,但它却将大量的关于中国的情报带回了英国,"这个使团最为重要的收获,大概就在于它导致了有关中国知识的激增","从这个意义上来说,它明确地标志着英中关系的一个新时代的开始"④。但是,对于中国来说,马戛尔尼使团的到来并没有产生什么影响,更没有这种"划时代"的意义,它的最为重大的后果只不过是:在天朝的朝贡国名单中多

---

① 上述引文分别见《掌故丛编》,第 713、756、662、642、651 页。
② 张之毅:《清代闭关自守问题辨析》,《历史研究》1988 年第 5 期。
③ 上述引文分别见《掌故丛编》,第 671 页、第 647—648 页、第 667 页。
④ Earl H. Pritchard, *Anglo—Chinese Relations During The Seventeenth And Eighteenth Centuries*, p. 184; Earl H. Pritchard, *The Crucial Years of Early Anglo—Chinese Relations*, p. 359.

了一个名叫"嘆咭唎"的海外番国。① 于是,在嘉庆十六年(1811年)开始重修的清代第三部一统志中就增加了"嘆咭唎"一条。②

1796年,乾隆皇帝禅位,嘉庆皇帝登位。这时,中国人已经明确地认识到英国是西方的主要大国。1799年,两广总督吉庆奏道:"各外夷来粤贸易船只,惟嘆咭唎船大货多。"此后,在清朝官方文书中不断出现"嘆咭唎在诸夷中最为强悍"之类的字句。1809年,两广总督百龄在奏章中写道:"嘆咭唎国素性强横奸诈,闻近年来惟哒吔哂夷国足与相抗,其余嚸哒、单鹰等国多被并吞,大小西洋及吕宋、咪唎啌诸夷人均受其欺凌抢劫,无不含恨,未敢与争"。到了1814年,当时的两广总督蒋攸铦这样上奏:"自嘉庆七年以后,各国船只稀少,惟嘆咭唎国祖家船港脚船、咪唎啌国船为多","南洋诸夷,以嘆咭唎为最强"。同一位总督在1816年向皇帝报告说:粤海关"每年统计约收税银一百二三十万,嘆咭唎一国约收税银九十余万两,实居各国税银十之七八"。

不仅如此,也正是在嘉庆年间,中国人对英国的看法发生了根本的变化。

嘉庆初期,清政府还认为英国是一个"素称恭顺"的外国番邦,在地方官员的奏章中,有不少对英国的美言,即使对于英国军舰闯入中国海域之事,也为其作些辩护:"本年(1804年)该国(英国)亦有护送货物兵船四只来广,随即护送货船回国,并无丝毫滋事。且贸易夷船,嘆咭唎国货物最细,较别国买卖殷厚,该夷目夷商均称恭顺";甚至连朝廷也认为英国军舰来广固然要引起重视,但"近

---

① James Bramley Eames, *The English in China*, p. 127.
② 《嘉庆重修一统志》卷五百五十六,四部丛刊续编本。

闻外洋货船到粤,各国均有兵船护送,亦不独嘆咭唎国为然"。

1802年,英国军舰准备以保护澳门免受法国人侵略为名占领澳门,驻澳门的葡萄牙总督十分惊恐,请求中国政府给予保护。但两广总督吉庆并未将此事报告北京。来自欧洲的葡萄牙人由于恐惧,同时也由于对英国这个他们的欧洲邻国有着比较深刻的认识,所以他们通过在北京的传教士给清政府写了这样一份报告:"讵外洋到广交易诸国中,有嘆咭唎者,其在西洋素号谲诈;近数十年来,常怀蚕食之志,往往外假经商之名,遂其私计。向因到船不多,且仰赖国家德威远震、怀柔有方,未萌异念。前于乾隆五十八年曾遣巨舶进贡,多所求假,不惟便其通商,且求海屿一所作久留计,幸蒙高宗纯皇帝洞其隐曲,未遂其私,怅怅而去。渠因未得所求之故,终不撒手,每有窥伺之意。……然其设法欲遂前求,固非一日。"如今"嘆咭唎人在船犹然觊觎进境,不肯旋师,其心甚属叵测。嘆咭唎之凶狡,在西无人不知。伊前于小西洋假买卖为由,已曾图灭一大国,名曰蒙告尔。初亦借一小地存驻,后渐人众船多,于嘉庆三年竟将此国吞噬。此系后藏邻近之地,中国所能知也。其在他处以此而得计者,不止一方。若容此辈在迩,殊非久安之策"。应当说,这份报告对英国的认识是相当正确的,言辞也是相当恳切的。但清政府却认为:"嘆咭唎国夷人向来装载洋货来粤交易,尚为安静",甚至怀疑葡萄牙人因为与英国人有仇而故意夸大其词,耸人听闻。后来,英国军舰因为英法两国签订了初步的和约而退走,但中国方面却听信了英国军舰是因护货而来澳门的说法,认定英军欲占澳门是葡萄牙人的"讹传"。

从1808年开始,中国人对英国的看法发生急剧变化。这一年的9月,英国军队非法入侵澳门,英国军舰还闯入黄埔。两广总督玩忽职守,一再拖延不报,致使嘉庆帝大怒。12月,英国军队才从澳门撤走。通过这一事件,中国政府对英国殖民者的侵略本性开始有了认识。同时,随着中英贸易的迅速发展,英国成为中国最大的贸易国,中英两国的商业纠纷也不断增多,特别是鸦片走私问题、商欠问题,都使清朝政府感到极为头痛,嘉庆帝说:"近年以来,暎咭唎货船到粤,专与乏商交易,积欠夷账不少。该夷人所以愿将货物付与无力洋商者,利其多算价值,辗转取偿,因而夷欠愈积愈多。"正是由于对英国的殖民活动与经济侵略有了越来越深刻的感受,所以,从1808年起,清朝皇帝及官员在讲到英国时,越来越多地使用这样一些词句:"向于诸番中最为桀骜"、"于西洋诸国中最为狡黠,负强鲸窟,肆侮邻夷"、"狡险叵测"、"向称狡诈"、"桀骜不恭"、"贪狡牟利"、"生性狡黠"、"夷情狡诈"、"该国夷情贪诈,……大率恃其船坚炮利,货重税多,夸耀于在粤贸易之各国"、"素性强横奸诈"、"贪狡多疑"等等。

由于马戛尔尼使团没有达到什么结果,所以英国政府于1816年向中国再次派出了一个外交使团,这就是阿美士德使团。但此时的清朝皇帝对于中英实际交往中所发生的矛盾已经有所体验,所以没有陶醉于那些精于奉承的官员所说的英国国王是因为"仰慕中国德威"而特地"遣官输诚纳款、航海远来"的阿谀之词中。英国使节尚未到达天津,嘉庆皇帝就已向直隶总督指出:"暎咭唎国遣使纳贡来禀所称仰慕中国德威,系外夷表贡常语。其实该国遣使远涉重洋以纳贡为名,恐尚有干求事件"。阿美士德进入北京之前,两广总督蒋攸铦上奏说:"至暎咭唎贪狡性成,而与中土不通;其进贡为求贸易,本欲效法西洋人所为(按:指葡萄牙人占领澳门),以图垄断网利",嘉庆帝在这句话的旁边写下了"是其本心"的批语。阿美士德使团在天津登陆后,坚持不肯按中国礼仪向皇帝行三跪九叩首之礼,而且偷偷地将船只从天津开走,更激起嘉庆帝的愤怒,他在大臣的奏章上写满了"支吾可恶"、"所言甚属欺诳"、"可恶极矣"、"实在可恶"、"奸诈欺罔"、"可恨"之类的批语①。最后,嘉庆皇帝抓住了觐见礼仪问题而将阿美士德赶出了北京。

近代以来,西方人普遍认为中国是一个排外的民族:"总的说来,中国人一直以来都在反对外国人。"②如前所述,这种观点是完全错误的,因为直至嘉庆前期,中国人对英国人还不存在着多少反感,甚至有时还为他们的无理行为作些辩护。只是到了嘉庆中期,清朝才开始讨厌起英国人,而且,产生这种讨厌情绪的原因也不是由于中国人有什么天生的仇外心理,而是在于英国人自己,这正如一位曾担任过驻华总领事的英国外交官早已指出的那样:"(英国人)两次试图占领澳门所显示的西方人的侵略使中国人日益感受到中国的衰弱和西方国家的强大,中国人的这种不安情绪,再加上由于鸦片走私贸易迅速增长而带来的越来越多的违法与暴力行为,所有这一切导致了中国官员对外国人的态度不断恶化。"③

阿美士德无功而返,英国政府此后放弃了通过外交途径解决中英矛盾的努力,逐渐走上了诉诸武力迫使中国开放的道路④。而清朝政府则依然陶醉在"中国为天下共主"的幻觉中,虽然已经

---

① 上述引文分别见故宫博物院:《清代外交史料》嘉庆朝第一册,第1、4、12—14、19、22页;第二册,第24、27、36、43、48页;第三册,第3、6、11页;第四册,第22—23、25页;第五册,第3、6、36—38、43页;第六册,第2、3、11、13、23页。

② 转引自 Earl H. Pritchard, *Anglo-Chinese Relations During The Seventeenth And Eighteenth Centuries*, p. 92.

③ John T. Pratt, *War and Politics In China*, p. 49, London, 1943.

④ S. Wells Williams, *The Middle Kingdom*, Vol. II, p. 464, New York & London, 1848.

开始感受到迅速发展的英国资本主义对中国的冲击,但清朝官员对英国的基本看法是:"唉咭唎举国君民专藉与内地贸易为生","其货物不到内地亦别无销售之处。且呢羽钟表中华尽可不需,茶叶土丝彼国断不可少,是其不能不仰给于贸易者",因此英国绝对不可能对华发动侵略战争自绝生路。面对着英国殖民势力对中国日益猛烈的冲击,清朝政府不是积极地睁开眼睛去观察急剧变化的世界,更不愿学习世界,而是消极地竭力试图将国门关得越紧越好、与外国的交往越少越好,嘉庆帝在颁给英国国王的敕谕中就是这样说的:"嗣后毋庸遣使远来,徒烦跋涉;但能倾心效顺,不必岁时来朝,始称向化也。俾尔永遵。"①

狂妄自大的清朝官员不愿正视那个已经来到中华帝国门口的日益强大的英国,更不可能跑到"蛮夷之地"去对这个"化外之邦"进行一番考察。与清朝朝廷中的官员相反,在中国民间,一些水手却因种种原因到过英国,亲身感受了这个当时世界上最为强大的资本主义国家的社会生活。就在马戛尔尼使团出使中国的时候,一个名叫谢清高的广东水手也远航到了欧洲。他后来在澳门定居,1820年,他的同乡根据他的口述写成了《海录》一书。英国是谢清高所游历过的欧洲国家之一,所以《海录》对英国的描述也较为详细。②谢清高说,英国是一个富裕的岛国,同时也是一个势力一直扩展到印度洋地区的海上殖民强国:"唉咭唎国,即红毛番,……海中独峙,周围数千里,人民稀少,而多豪富,房屋皆重楼

---

① 上述引文分别见《清代外交史料》嘉庆朝第五册,第57页;第四册,第23页;第六册,第11、13、25页;第五册,第60页。
② 谢清高口述、杨炳南笔受、冯承均注释:《〈海录〉注》,中华书局1955年版,第73—74页。

叠阁;急功尚利,以海舶商贾为生涯,海中有利之区,咸欲争之,贸易者遍海内,以明呀喇、曼达喇萨、孟买为外府。"《海录》将英国首都伦敦译作"论伦",并说它是"国中一大市镇也,楼阁连绵,林木葱郁,居人富庶,……其禁令甚严,无敢盗取者,亦海外奇观也"。谢清高还具体地介绍了伦敦泰晤士河上的大桥、城市自来水设施、男女衣饰等。此外,《海录》还写道:"军法亦以五人为伍,伍各有长,二十人则为一队;号令严肃,无敢退缩,然唯以连环枪为主,无他技能也。其海艘出海贸易,遇覆舟必放三板拯救,得人则供其饮食,资以盘费,俾得各返其国,否则有罚,此其善政也。"

《海录》是根据中国人在外国的亲身经历而写成的一部珍贵文献,对于人们认识欧洲与世界具有十分重要的意义,遗憾的是,当时的中国学人们热衷于"只向纸上与古人争训诂形声",[1]他们对古人的热情远远超过了认识世界的热情,所以这部著作并没有引起人们多大的注意,流传不广。与此相反,英国人却在一直探究中国,经过200年的努力,"到了19世纪初,在英国形成了真正的中国学",[2]从此,英国人逐渐在科学的基础上用科学的方法来认识中国。

四、"犬羊之性"

1820年,道光皇帝从他父亲手中继承了一个危机四伏的帝国。进入道光时期,中英两国的冲突更加剧烈,特别是日益猖獗的

---

[1] 方东树:《汉学商兑》卷中之上,江绪庚子浙江书局刻本。
[2] William W. Appleton, *A Cycle of Cathay*, p.173.

鸦片走私越来越引起中国朝野的关注,迫使一些先进的中国人努力去认识英国。另一方面,这一时期的基督教新教传教士用中文出版了许多关于英国与世界的书刊,为中国人提供了一个重要的知识来源。这样,从1820年起,有关英国的著述也就不断地增多,其中较为重要的有:颜斯综的《海防余论》和《南洋蠡测》,萧令裕的《英吉利记》(又作《记英吉利》)和《粤东市舶论》,叶钟进的《英吉利国夷情纪略》,汤彝的《英吉利兵船记》和《绝英吉利互市论》,何大庚的《英夷说》,息力的《英国论略》,梁廷枏的《粤海关志》等。这些著述的内容主要包括:

1. 对于英国本土的介绍

首先是关于英国的历史与地理,这方面较为详尽的是一篇署名"息力"的《英国论略》:"英吉利国乃海中二方屿也,其南大岛曰伦墩国,北岛曰苏各兰国,两国共名英吉利,又有小岛称为倚耳兰,鼎足环峙。南及英海峡,隔佛兰西国,北及大北海,西至大西洋海,东距荷兰国不远。英岛延袤二十六万一千方里,户千有五百万口。倚尔兰岛延袤九万六千方里,户七百万口。……当中国汉朝时,英民犹未向化,游猎林中,值罗马国兵来侵,降服大半,东国野族蜂起攻击,土人逃匿山木,英地尽为各国所据,渐奉耶稣教,始知风化。宋朝年间,有邻部那耳曼者渡海力据英境,强役土民。不及两百年,两族合成一国,勤劳速兴。当明之季,英百姓尽崇正教,通文字,自弃旧俗,权势益增,民人敢作敢为,兵船出巡四海,屡拒退外国之兵,且文艺大兴。"①关于英国的首都,叶钟进这样写道:"其酋

---

① 息力:《英国论略》,《小方壶斋舆地丛钞》再补编第十一帙,杭州古籍书店1985年影印。

所居,城名兰墩(按:即伦敦),跨海汊造桥,上行车马,下过舟航,富贵家皆有苑圃……夜则街巷遍悬油灯,行者无庸烛,其费出仁会。亦有诙谐杂剧,夜始演作,昼有禁,恐妨工作也。"①

其次是关于英国的资本主义政治制度与经济制度。19世纪初的英国是世界上最为强大的资本主义国家,而中国还是一个落后的封建专制国家,因此,对于中国人来说,较为先进的资本主义政治制度与经济制度就显得十分新奇了。对于英国的议会制度,《英国论略》写道:"设有大事会议,各抒己见,其国中尊贵者曰五爵,如中国之公侯伯子男,为会议之主;且城邑居民各选忠义之士一二赴京会议。国主若欲征税纳饷,则必绅士允从,倘绅士不允,即不得令国民纳钱粮。若绅士执私见,则暂散其会而别择贤士;如有按时变通之事,则庶民择其要者敬禀五乡爵绅之会,大众可则可之,大众否则否之。"

关于英国的资本主义经济制度,也有一些记述。例如,对于英国的东印度公司,萧令裕说:"凡他国互市,皆船商自主,独英吉利统于大班,名曰公司,其国中殷富,咸入赀居货,虽王亦然,岁终会计收其余羡"②;叶钟进说:"公司者,国中富人合本银设公司,立二十四头人理事。……各港所征税,公司得收三十年,期满,始归其国王。"关于英国的专利制度,叶钟进说:"能出一奇物,得专利三十年,他人学作有禁。"③还有人介绍了英国的保险制度:"虞船货之存失不定,则又约人担保之设,使其船平安抵岸,每银百两,给保价三四圆,即如担保一船二万银,则预出银八百圆,船不(按:"不"当

---

① 叶钟进:《英吉利国夷情纪略》,《海国图志》卷五十二。
② 萧令裕:《英吉利记》,《海国图志》卷五十三。
③ 叶钟进:《英吉利国夷情纪略》。

为"若"或"如"之误)沉沦,则保人给赏船主银二万两。"①

其三是关于英国的科学技术和文化教育。道光皇帝登位的时候,在英国,工业革命已进入尾声,传统的手工劳动正被大机器生产所取代。当时在中国也有人对英国先进的科学技术作了一点叙述,息力的《英国论略》在谈到英国的机器纺织以及轮船火车时说:"机房织造不用手足,其机动以火烟,可代人力,以羊毛与棉花纺成洋布大呢羽毛,皆自然敏速。……有火轮船航河驶海,不待风水;又造辘轳路,用火车往来,一时可行百有八十里。"也就是在道光年间,英国的轮船开始出现在中国的洋面上,当时人们称它为"烟船"、"火轮船"、"车轮船"等。② 目睹者记述说:"火轮船者,中立铜柱,空其内烧煤,上设机关,火焰上,即自运动。两旁悉以车轮自转以行,每一昼夜可行千里,……斯一奇也。"③在《记英吉利》中,萧令裕说:"夷性沉鸷,多巧思,所制钟表仪器,中土所重,而船炮犹至精利。……登桅照千里镜,见远舟如豆,则不及,若大如拇指,即续长其桅而楔之,益左右帆而迫之,数百里之遥,一时许达矣。"他还写道,英国的大炮在发射时"以铳尺量之,测远近度之,无不奇中"。

此外,有的著作还记述了英国的文化教育制度。叶钟进说,英国"国立大学,郡中学,乡小学,延师以教读"。萧令裕在《记英吉利》中说:"英吉利字体傍行斜上,……用二十六字母,谐声比附以成,谓之拉丁字。"息力《英国论略》说:"学者无不通习文艺,如国史、天文、地理、算法不晓者,则不齿于人。"这些叙述,对于改变将英国视作野蛮落后的"化外蛮夷"的观念,具有一定的影响。

---

① 息力:《英国论略》。
② 关天培:《筹海初集》卷三,道光十六年刻本。
③ 叶钟进:《英吉利国夷情纪略》。

其四是关于英国的社会风俗。萧令裕在《记英吉利》中说英国"婚嫁听女自择,女主赀财,夫无妾媵,自国王以下,莫不重女而轻男。相见率免冠为礼,至敬则以手加额,虽见王亦植立不跪"。叶钟进则说得更为详细:"男女七日一礼拜,无跪拜仪,以除帽为大礼。礼拜日停工作,许嬉游;……贵女贱男,自王至民,率一夫一妇,无妾媵,不分内外,妇亦与人往还。大约男以三十岁后,女以二十岁后,自相择偶,临时议婚。王则与邻国世互婚嫁。生子女成立后,即分以业,俾自治生,故配合多以财产较,亦有终身不嫁不娶者,听。凡交游,至问其妻,不及父母;知俯育不知仰事。交易铸银为钱,大小不等,以便市鬻,死时须记赀财于薄,或施入仁会,或分交游亲戚,子女咸无争竞。三日除服,不知祭祀。乡国以仁会赀立贫院、幼院、病院,举公正之人董事,故通州无鬻子女者,亦禁蓄奴婢。"

2. 对英国殖民侵略的认识以及由此而引起的忧患意识

从 18 世纪中期开始,英国不断地在南亚与东南亚地区进行殖民扩张,但英国殖民者的侵略活动一直没有引起中国方面的重视。进入 19 世纪之后,由于英国的殖民侵略日益迫近中华帝国的大门,由于中国的许多周邻地区被沦为英国的殖民地,使中国人对英国殖民者的侵略性质有了越来越多的认识。颜斯综说:"其俗谋夺人地,非必出自国主之意,……三五富人群居谘议,欲占据某国之某地,告知国主,许往凑合钱粮,即抽拨各处之兵船,令往攻取。若战胜得地,其地利益,国主与出资之人均分,自有章程"。① 叶钟进在《英吉利国夷情纪略》中说:英国人"遇有可乘隙,即用大炮兵舶

---

① 颜斯综:《海防余论》,《小方壶斋舆地丛钞》再补编第十一帙。

占据海口,设夷目为监督,以收出入税。先后得有孟剌甲、新埠及新加坡等处,即葛剌巴本荷兰在前明所踞者,英夷亦曾夺之,近始仍归荷兰"。萧令裕则说得更加详细:英国"国俗急功尚利,以海贾为生,凡海口埔头有利之地,咸欲争之,于是精修船炮,所向加兵。其极西之墨利加边地,与佛兰西争战屡年始得。又若西南洋之印度,及南洋滨海诸市埠,与南海中岛屿,向为西洋各国所据者,英夷皆以兵争之而分其利。乾隆末已雄海外,嘉庆中益强大。凡所夺之地曰彻第缸、曰茫咕噜,曰唵门、曰旧柔佛、曰麻六甲,此二地今为新嘉坡,此皆南洋濒海之市埠也。曰新埠、曰亚英、曰旧港国之文都、曰苏门达腊、曰彼古达里、曰美洛居、曰葛留巴,此皆海中岛屿也。曰孟呀喇、曰孟买、曰曼达喇萨、曰马喇他、曰盏几里、曰即肚,此皆印度之地也。分兵镇守,岁收其贡税"。①

英国在中华帝国眼皮底下所进行的不断加剧的殖民侵略,引起了一些中国人的警惕,有人甚至开始为自己民族的未来命运而隐隐地感到忧虑,特别是在1824年英国占领新加坡之后,这种忧虑更加增长了。何大庚在《英夷说》中这样写道:"英吉利者,昔以其国在西北数万里外,距粤海极远,仅非中国切肤之患,今则骎骎而南,凡南洋濒海各国远若明呀剌、曼达喇萨、孟买等国,近若吉兰丹、丁加罗、柔佛、乌土国,以及海中三佛齐、葛留巴、娑罗诸岛,皆为其所胁服而供其赋税。其势日南,其心日移,岂有厌足之日哉?近粤洋海岛有名新埠者,距大屿山仅十日程,沃野三百里,闽粤人在彼种植以尽地利者不啻数万,阡陌田园一岁再熟,即粤人所谓洋米是也,英夷以强力据之,拨叙跋兵二千驻防其地,与新嘉坡相犄

---

① 萧令裕:《英吉利记》。

角,居然又一大镇矣。"①

颜斯综在谈到英国占领星忌利坡(新加坡)时说:英国"虽隔数万里之遥,今则无异邻境。……其志盖欲扼此东西要津,独擅中华之利,而制诸国之咽喉。古今以兵力行商贾,以割据为垄断,未有如英夷之甚者。"②

萧令裕在给他的朋友包世臣的信中曾说:"十年之后,患必中于江浙,恐前明倭祸复见今日。"③而包世臣在给他的另一个友人的信中也以同样忧患的笔调写道:"然英夷去国五六万里,与中华争,势难相及。而新埔则近在肘腋,易为进退,况内地既有谋主,沿海复多协从,英夷亦难保其不生歹心。……又江浙各省,市易皆以洋钱起算,至压宝银加水;凡物之精好贵重者,皆加洋称。江淮之间,见祸事将起,辄云要闹西洋。凡此兆朕,大为可虑。"④

3. 对于英国的一些错误观念

根据中国封建社会的传统观念,中国是"天朝上国",是世界文明的中心,中国皇帝就是"天下共主",而周边其他国家则都是落后的"蛮夷之邦",这种自我满足的优越感导致了人们缺乏主动认识其他国家的热情。同样,中国人对英国的认识也不是主动的,而是被动的:中国人并不是因为想要了解英国所以才去研究英国的,而是由于英国人来到中国并给中国社会带来了许多问题,才迫使中国人不得不去认识英国的。因此,在英国殖民者用大炮轰击中国的国门之前,英国对中国的危胁并没有明显地暴露出来,除了少数

---

① 何大庚:《英夷说》,《小方壶斋舆地丛钞》再补编第十一帙。
② 颜斯综:《南洋蠡测》,《小方壶斋舆地丛钞》再补编第十帙。
③ 包世臣:《答萧枚生书》,《安吴四种》卷三十五,《齐民四术》卷十一,光绪十四年重校本。
④ 包世臣:《致广东按察姚中丞书》,《安吴四种》卷三十五,《齐民四术》卷十一。

一些人之外,大多数人对于英国是无所知晓的。而且,即使对于那些开始去认识英国的少数人来说,他们对于英国也还存在着不少错误的观念。例如,曾任两广总督的阮元在他主修的《广东通志》中引述说:英国就是《明史》中所说的"丁机宜",①后来的梁廷枏在他的《粤海关志》中也这样引征。② 其实,丁机宜并不是远在欧洲的英国,而是在南洋,《明史》明确地说:"丁机宜,爪哇属国也,幅员甚狭,仅千余家。"③阮元、梁廷枏都生活在当时中国对外交往的最前沿地区,他们的认识尚且如此,其他人则可想而知。但是,这类基本事实的混淆不清并不是致命的,鸦片战争前中国人对于英国的最为主要的错误观念在于:

首先,将英国等同于中国历史上普遍存在的周边落后国家,将英国仅仅视作是又一个蛮夷之国,而不知道这是一个在性质上完全不同于以往任何一个周边国家的新兴的资本主义强国。萧令裕在《粤东市舶论》中曾把《汉书》中所记载的西域国家与英国作了一番对比,他得出的结论是:"西域之于西洋,地虽相辽,俗不甚远也。"④他在《英吉利记》中也有类似的说法:"顾其人素贪,无远略,所并海外诸国,遣官镇守,取其货税而已,非有纲纪制度,唯保世滋大之计。《汉书》谓:匈奴贪,尚乐关市,嗜汉财物。英吉利正其伦比,诚如汉之庙略,通关市不绝以中之,则驽马恋豆栈,即穹庐贤于

---

① 阮元:《广东通志》卷三百三十,列传六十三附"外蕃",同治三年重刻本。此外,这部《广东通志》还有其他一些错误,如陈伦炯的《海国闻见录》已清楚地标明了德国与丹麦的正确位置,但在《广东通志》第三百三十卷中却反而将丹麦与德国混为同一个国家。

② 梁廷枏:《粤海关志》卷二十三,《贡舶》三,近代中国史料丛刊。

③ 《明史》卷三百二十五。又参见陈佳荣等:《古代南海地名汇释》,中华书局1986年版,第107—108页。

④ 萧令裕:《粤东市舶论》,《小方壶斋舆地丛钞》第九帙。

城郭,氊罽美于章绂。古所云,匈奴安于所习,心不乐汉,是以无窥中国者,英夷亦殆有然也。然必中国驭以诚信,无相侵渔,番舶交易,斯百年无虞诈。若关市讥征,例外求索,或以细故,与为计较,蛮夷桀骛,挺险易动,不可知也。"在这里,资本主义的殖民剥削制度被看成是一种"无远略"的陋制。正因为将英国当作是一个普通的蛮夷之国,所以人们就自然而然地照搬历史上中原王朝对付周边国家的传统方法来对付英国:"玩则惩之,服则舍之,使畏且怀,制夷之道也。"①可惜的是,英国并不是一个中国人所熟知的那种化外番邦,而是一个令中国人感到完全陌生的全新的强国,中国只是在饱尝了血与火的教训之后,才彻底意识到这套"制夷之道"早已过时了,不过,到了这个时候,大清王朝的丧钟也已经敲响了。

其次,错误地理解中英之间的贸易关系。长期以来,中国的封建统治者一直认为,作为天下文明中心的中国地大物博,物产丰富,根本不需要与外国进行贸易,外贸被当成是中国皇帝对其他国家的一种恩赐。清政府正是抱着这种态度来对待中英贸易的,道光十一年(1831年)的一份奏章很能说明这一点:"汉夷交易,系属天朝丕冒海隅,以中原之货殖,拯彼国之人民,非利其区区赋税也。"②大约在道光十五年(1835年),汤彝用类似的口吻写道:"夫番土百货非中国不可缺,而中国之茶药则为番土所必须"。③ 因此,人们认为,如果外夷不服天朝体制管制进行捣乱闹事的话,那么,只要中止与他们的贸易,就可以使他们就范:"中国之御四裔

---

① 汤彝:《喋咕唎兵船记》,《近代中国对西方及列强认识资料汇编》第一辑,乙编。
② 《清代外交史料》道光朝四,第43—44页。
③ 汤彝:《市舶考》,《盾墨》,《鸦片战争》第一册,中国史学会"中国近代史资料丛刊"第一种,神州国光社1954年版。

也,来则抚之,贰则绝之,此不易之道也"①,外贸成了驾驭外夷的一种政治手段。

大约在1650年,中国茶开始传入英国,此后饮茶在英国日益流行,从18世纪中叶起,"英国饮茶的习俗已上下蔚然成风"。②英国从中国进口的茶叶数量急剧增加,使人们普遍产生了这样一种错误的观念:"番人性嗜乳酪,胶结肠腹,唯大黄茶叶荡涤称神,一不得食,立致困病。"③这种看法在中国是如此的盛行,当时处于与外界交往最前沿地区的香山县竟将此载入县志:"嘆咕唎……地无田,人不耕,惟贸易及劫掠。贸易以粤东为大,尤重中国茶,数日无茶即瞽。"④1838年,清朝大臣在奏折中还这样说道:"查外夷于内地茶叶、大黄,数月不食,有瞽目塞肠之患,甚至不能聊生。"⑤就连给外国商人的告示也这样写道:"该国贩来呢羽钟表,在内地不甚足重,而内地茶叶大黄等物,为该夷通国养命所必需"⑥,所以"茶叶大黄,实彼生命攸关"⑦。于是,茶叶就被当成是可以用来对付英国人的杀手锏,邓廷桢在鸦片战争爆发前夕所写的《通谕各国夷商稿》中就是这样对外商说的:"内地茶叶大黄二项,为尔外夷必需之物,生死所关,尔等岂不自知?"⑧

最后,也是最为重要的一点是,当时的人们基本上认为英国不

---

① 汤彝:《绝嘆咕唎互市论》,《近代中国对西方及列强认识资料汇编》第一辑,乙编。
② 黄时鉴:《茶传入欧洲及其欧文称谓》,《学术集林》卷五。
③ 萧令裕:《粤东市舶论》。
④ 祝淮主修:《香山县志》卷四《海防》,道光十年刻本。
⑤ 《道光朝筹办夷务始末》卷二,第10页。
⑥ 佐佐木正哉:《鸦片战争前中英交涉文书》,第一部第十件,近代中国史料丛刊。
⑦ 叶钟进:《英吉利国夷情纪略》。
⑧ 《道光朝筹办夷务始末》卷五,第25—26页。

可能对中国发动侵略战争,即使中英爆发战争,英国也绝不是中华帝国的对手。

颜斯综在他的《海防余论》中提出"驭夷者,必先得其情,而后有以消其桀骜之气",但他在分析了英国殖民者的侵略行为后却认为,英国在世界其他地区的这种侵略行为是不可能在中国重演的:"彼之伎俩,专务震动挟制,桅上悬炮,登岸放火,占据各处地方,多用此法。然未敢尝试于大国之边疆,恐停贸易,则彼国之匹头,港脚之棉花,何处销售?茶叶等货,何处购买?彼之国计民生,岂不大有关系?"①即使英国人自不量力,胆敢挑起边衅,那么,它也绝不是中国的对手,因为当时的皇帝与大臣众口一辞地认为:"该夷人除炮火以外,一无长技",而中国"内洋水浅,礁石林立,该夷船施放炮火,亦不能得力"②。所以,汤彝在《绝嘆咭唎互市论》中列举了英国人的种种挑衅行为后说:"揆度今日夷情,非战无以服之。"文字中充满了必胜的信心。道光皇帝在1834年也曾怀着同样的信心说道:"倘该夷人自恃船坚炮利,阴蓄诡谋,不听约束,犬羊之性,急则反噬,则驱逐出省,不能不示以兵威。"③

这些错误观念是如此的根深蒂固,就连奉旨在广州查禁鸦片的林则徐也未能摆脱它。很久以来,许多中国人以为"夷以布缚两胯,曲身不便,所曳革履,犹窒于步,夷登陆则技穷"。萧令裕在道光十二年(1832年)所著的《英吉利记》中曾根据自己的亲眼所见驳斥了这种错误之见:"然广州商胡出游,登山亦殊矫捷,涉浅水则

---

① 颜斯综:《海防余论》。
② 中国第一历史档案馆:《鸦片战争档案史料》第一册,上海人民出版社1987年版,第147—149页;梁廷枏《粤海关志》卷二十七。
③ 《近代中国对西方及列强认识资料汇编》第一辑,甲编,第5页。

一纵即过,此所目验也。"但林则徐在道光十九年(1839年)八月夹片中还这样写道:"夷兵除枪炮之外,击刺步伐,俱非所娴,而其腿足缠束紧密,屈伸皆所不便,若至岸上,更无能为。"这时,英国已经决心对中国发动侵略战争了,而林则徐却十分自信地说:"臣等细察夷情,略窥底蕴,知彼万不敢以侵凌他国之术窥伺中华。"①近来有学者为此而深深地感慨说:"战争到来了!前方主帅没有发出战争警报!林则徐犯下了他一生最大的错误。"②

其实,犯下"一生最大错误"的岂止是林则徐一人。

终于,英国侵略军的炮火惊醒了"天朝上国"的迷梦,中国人所面临的一个主要任务,"就是不得不像学校里的小孩子那样去学习西方地理,学习每个国家的国名、位置、物产和幅员大小"③。在后来的岁月中,一个墨守成规、狂妄自大的国家竟然会因为自己对世界的无知而付出如此惨重的代价,直至今日,我们的民族还在"振兴中华"的旗帜下而奋起直追,努力走向世界。

---

① 《道光朝筹办夷务始末》卷八,第6—9页。
② 茅海建:《天朝的崩溃》,生活・读书・新知三联书店1995年版,第116页。
③ Ssu-yu Teng & J. K. Fairbank:*China's Response To The West*,p.21,Harvard Univ. Pr.,1979.

哥德堡号沉船与18世纪中西关系史研究*

——读《对华贸易的黄金时代》

一、一艘沉船

在浙江杭州的中国茶叶博物馆里陈列着一包由瑞典驻华使馆特地赠送的茶叶,它是从一艘250多年前失事的沉船上打捞起来的,这艘沉船名叫"哥德堡号"(Gotheborg)。

哥德堡号是以瑞典名城哥德堡而命名的,它是瑞典东印度公司最大的船只之一,排水量约为833吨①。1743年3月14日,它从瑞典启锚开始了它的第三次广州之行(前两次分别为1739年1月—1740年6月,1741年2月—1742年7月)。哥德堡号的这次航行似乎出师不利,没走几天,就在挪威附近遭到了风暴。几经周折后,它于4月17日到达西班牙的加的斯(Cadiz)。按照惯例,它将所载货物在加的斯售出,然后装载着现银前往广州购货。1744年1月,哥德堡号终于抵达现在印度尼西亚的爪哇,为了等待季风,它在这里一直待了5个月。1744年9月,它到达了目的地广州。1745年1月11日左右,哥德堡号从广州启程回国,船上装有

---

* 本文原载《东西交流论谭》(黄时鉴主编),上海文艺出版社1998年版。
① 本文所有引文,凡是没有注明出处的,均引自 *The Golden Age of China Trade*, edited by Bengt Johansson, Hong Kong, 1992。

大约 700 吨货物,这些货物包括茶叶(约 370 吨)、瓷器(约 100 吨,共 50—70 万件)、丝绸、藤器、珍珠母等。这批货物如果运到哥德堡市场上拍卖的话,价值西班牙银元约 200 到 250 万元。同年 6 月,它在大西洋的阿森松岛(Ascension)加水并补充给养。同年 9 月 6 日,它驶进了英国多佛港,稍事休整后,匆匆回国。1745 年 9 月 12 日,哥德堡号在离故乡哥德堡不到 1 公里的地方撞上了一块很著名的水下暗礁,礁石击穿船首,船只沉没。

哥德堡号沉没后,船员全部获救,同时人们努力打捞船上的货物。1745 年 11 月 28 日,人们将打捞起来的 30 吨茶叶和 80 匹丝绸以及大量的瓷器在市场上拍卖。在 1746 到 1747 年的两年里,人们从沉船里打捞起 1180 匹丝绸、一部分瓷器以及船上所载 8% 的茶叶。但是,还是约 2/3 的货物依然留在沉船里。

从 19 世纪起,不断地有人对哥德堡号沉船进行打捞,其中较为主要的有:19 世纪 60 年代克耶尔勃(J. Kjellberg)打捞起一些瓷器;19 世纪 70 年代伦巴(Lampa)等人又在这里进行了打捞;1906—1907 年,小开勒(J. Keiller the Younger)从水下沉船里获得 4300 多件瓷器。从此以后,人们认为哥德堡号里已经没有什么有价值的东西了,所以也就无人再去进行打捞,这条沉船渐渐地被人们淡忘了。

1984 年底,哥德堡水下考古学会决定运用现代考古技术对哥德堡号进行全面的考古发掘。1985 年,他们选用声纳等仪器对水下沉船作了初步的调查。1986 年,东印度公司哥德堡号基金会成立,为发掘筹措资金。同年,瑞典国家文物委员会批准了进行发掘的报告。十来家公司为发掘提供了资金和设备,瑞典海军也为考古研究提供了场地。有一百多名业余潜水员义务参加发掘工作,据说这些义务参加发掘的人,"年龄由 15 岁至 75 岁,有瑞典人,也有欧美、日本和一位美籍华人"①。

发掘哥德堡号是瑞典最大的水下考古项目之一,从 1986 年起,每年夏天都在进行。到 1997 年,所发掘出的瓷器碎片共约 9 吨,此外还有 400 件左右完整的瓷器。根据研究,这些瓷器的纹饰共可分为 15 种。1991 年,B. 威斯费尔(Berit Wastfelt)等人编辑出版了《东印度公司哥德堡号所出瓷器》(*Porcelain from the East Indiaman Gotheborg*)一书,较为详细地记述了 1990 年之前从这条船上发现的瓷器。

精致洁白的瓷器是古代中国的一个伟大发明,它是中华民族智慧的结晶。瓷器一传入欧洲,就深受人们的喜爱,因此,它成了 17、18 世纪东西方贸易的一种主要商品②,"陶瓷之路"一直是中外学者所关心的一个重要课题。哥德堡号沉船中发现的瓷器为研究 18 世纪中国与欧洲的贸易以及中西关系提供了重要的实物材料,有报道说:"这些瓷器不仅有些过去在欧洲从未发现过,就是在中国也被视为珍品。"③例如在上海展出的"一件斗鸡瓷器,中间是雅加达的斗鸡图案,四周是中国传统的花纹,盘子的形制却是欧式的,一盘综合三种文化,很是特别"④。这些瓷器的发现,对于研究中国的陶瓷史也具有很重要的意义,比如,"按瓷器专家的研究,那个时期景德镇只有 10 至 15 个设计花样,可是沉船的重现推翻了这一定论,仅以蓝白花设计的样式,就有 20 类 115 种以上,它标志

---

① 转引自 1991 年 3 月 25 日香港《明报》,此报由上海博物馆提供。
② 朱杰勤:《17、18 世纪华瓷入欧洲的经过及其相互影响》,《中国史研究》1980 年第 4 期。
③ 黄琤:《沉船重现中国古陶瓷风采》,《解放日报》1992 年 10 月 3 日。
④ 端木复:《250 年前的中华瑰宝》,《解放日报》1992 年 8 月 31 日。

着将修改18世纪的瓷史"①。

从哥德堡号沉船中人们还打捞出了300多吨的茶叶,这些茶叶可以分为三种不同的类型②。由于这些茶叶在制造加工过程中经过紧压处理和密封包装,再加上当地海水的含盐量较低,茶叶沉到海中后又由于海底泥沙的覆盖而没有受到氧化,所以在这些200多年前的茶叶中,有一部分依然还可以饮用。一些茶叶在新加坡展出时,新闻及艺术部兼教育部政务部长柯新治博士和瑞典文化部长吉特·弗雷耶布夫人"受邀品尝了'陈茶',两人喝过后均表示还有淡淡甘香,但带一丝儿咸味。两人也嗅了沉埋已久的茶叶,柯博士说味道与一般的茶叶相同,弗雷耶布夫人则表示在仔细嗅过后,可嗅出一丝的姜味"③。

二、一部文集

哥德堡号的发掘引起了瑞典上下的重视,每年都有大量的志愿者来到这里参加发掘,社会公众通过参与而培养了对水下考古与历史研究的兴趣。人们还将水下出土的瓷器小狗做成复制品,送给那些资助发掘的人,而第一个得到这种复制品的人就是瑞典国王。

哥德堡号的发现也引起了世界其他地区的注意。1991年3月至6月,哥德堡号的部分出土文物在香港茶具文物馆展出,约有10万人参观了展览。1992年4月至7月,部分文物在新加坡的国

---

① 端木复:《250年前的中华瑰宝》,《解放日报》1992年8月31日。
② 上述报道以及上海博物馆新闻稿。
③ 《250年前茶叶留余香,400件珍贵遗物值得看》,新加坡《联合早报》1992年4月26日。此报由上海博物馆提供。

家博物馆展出。1992年9月,上海市人民政府外事办公室、上海博物馆、瑞典东印度公司"哥德堡号"基金会、哥德堡海洋博物馆、哥德堡历史博物馆在上海博物馆联合举办了题为《沉船重现——瑞典东印度公司船只"哥德堡号"》的展览,瑞典司法大臣及哥德堡市市长也前来参加了开幕式[①]。

哥德堡号的发掘,促进了学术界对瑞典东印度公司及18世纪中外关系进行更为深入的研究,1992年香港出版了一部题为《对华贸易的黄金时代》的论文集,就集中地反映了这一研究的主要成果。

《对华贸易的黄金时代》是一部著作,副标题是:"18世纪东印度公司对华贸易及瑞典东印度公司船只哥德堡号论文集"。

曾任瑞典驻华使馆公使、当时任瑞典驻香港总领事馆领事的约翰逊(Bengt Johansson)撰写了全书的前言。在这篇前言中,他对书中的每篇文章都作了简要的介绍。约翰逊不仅是位外交官,他在经济史领域中也很有研究。本文集还收录了他的一篇题为《科林·凯贝尔的日记》的文章。科林·凯贝尔(Colin Campbell)是个苏格兰人,曾在印度为英国东印度公司干过几年,后因卷入"南海骗局"丑闻[②]而离开。18世纪20年代,他作为新建立的奥地

[①] 《文汇报》1992年8月31日。

[②] 南海骗局是"1720年使大批英格兰投资家破产的一次投机狂热。南海骗局以南海公司为主角。这个公司成立于1711年,向美洲贩卖奴隶。股息保证6%,所以股票销得很快。1717年初次航行收获不大。1718年由国王乔治一世担任董事长,公司信用大著。不久以后付出100%的股息。1720年南海公司承诺接收全部国债,使股票的行市大涨,获利甚厚。1720年1月股票价格为128.5元,8月达1000元。9月疲软,12月跌至124元。许多投资者倾家荡产。经下院调查发现至少有3名大臣受贿和从事投机。公司的许多董事名誉扫地。1750年把大部分权益卖给西班牙政府。公司本身维持到1853年"(《简明不列颠百科全书》中译本,第6卷,中国大百科全书出版社1986年版,第178页)。

利东印度公司的大班而参加了几次到中国广州的远航。不久,由于英国等国的反对,奥地利皇帝中止了这个公司的东方贸易,凯贝尔又应邀来到瑞典,成为瑞典东印度公司的主要创始人之一。1732—1733年,他以首席大班的身份领导了到中国广州的首次远航。在这次航行中,他逐日记载所发生的事情,以便公司能更好地组织以后的对华贸易。1733年1月,凯贝尔的船只在从广州回国的途中经过现在的印度尼西亚时,被荷兰人扣住,凯贝尔因为担心他的日记被荷兰人没收而将它烧掉。这样,人们一直以为凯贝尔的日记已不复存在了。但到了1987年,美国纽约的文物市场上出现了一部凯贝尔日记的手稿,这时人们才知道,原来凯贝尔后来又重写了他的日记。这份日记是一个当事人的亲身经历,它具体地记载了欧洲到中国的航程、欧洲各国商人之间的竞争、广州贸易的实际过程等,所以对于研究18世纪的中西关系史及中国经济史有着十分重要的意义。Bengt Johansson 的这篇文章就是介绍这份日记的,他将此日记誉为"世界上最早的对华贸易手册"。

哥德堡博物馆馆长威布尔(Jorgen Weibull)在他的《瑞典东印度公司和东印度公司哥德堡号船》一文中除了对哥德堡号作了介绍外,还概括而全面地叙述了瑞典东印度公司创立的背景、创办人和创办过程、公司的管理机构和经营方式、瑞典东印度公司不同于欧洲其他国家东印度公司的特点、对华贸易概况、瑞典东印度公司的衰退等。

香港大学的张荣洋(W. E. Cheong)为这本论文集撰写了两篇较为重要的论文。其中的一篇文章是《哥德堡号与18世纪对华贸易》,此文主要从中西比较的角度出发讨论了18世纪欧洲的对华贸易。他首先回顾了西方学术界对此问题的研究过程和主要研究著作,接着讨论了中文史料的不足和西文文献的特征。全文的重点则是研究18世纪中国与欧洲社会差异。这篇文章指出,从雍正朝开始,天主教的传教活动被禁止了,清政府也不想同欧洲国家建立正式的外交关系,这样,商业贸易就成了维系中西关系的主要活动。但随着工业革命的开展,欧洲社会发生了根本的变化,外贸理论和外贸实践都发生了剧变,而在中国这一边则不存在着这种变化,于是,中西之间的文化差异也就不断地增大了。18世纪欧洲的对华贸易,集中地反映了欧洲人的贸易理论、贸易实践和贸易方法,而哥德堡号正是欧洲对华贸易这一巨幅历史图景中的吉光片羽。

张荣洋的另一篇论文《东印度公司与18世纪旧的对华贸易》则着重研究欧洲各国东印度公司与对华贸易的关系。他指出,"18世纪欧洲的对华贸易,主要是各国东印度公司在远东的历史",而欧洲各国的东印度公司本身又可以分成三种不同的类型。文章进而讨论了欧洲对华贸易的发展对清朝外贸管理体制所造成的影响、欧洲在东亚地区贸易发展对当地帆船贸易衰落所造成的影响。最后,作者在分析了东西方对于商业与商人的不同观念之后,再一次强调了他在前面这篇文章中所提出的观点:从18世纪末开始,欧洲的对华贸易发生了重大变化,而清政府的管理体制则还是依旧如故,这样东西方之间的矛盾不断加剧,终于导致了鸦片战争的爆发。

哥德堡大学库斯(Jan Kuuse)的《从18世纪到现在瑞典与远东的贸易》主要从企业史的角度探讨东西贸易。这篇文章的内容包括从18到20世纪瑞典的对华贸易,特别是外贸企业的发展史与演变过程。

瑞典博物馆学家吉伦斯瓦德（Bo Gyllensvard）所写的论文《中瑞关系千年史》虽然不长，但提供了许多基本的事实。例如，他说，位于斯德哥尔摩以西不远处的毕尔克（Birka）在 900 年左右是个繁荣的贸易中心，在这里出土的一些丝绸残片，是瑞典所发现的最早的中国丝绸；1400 年以后，中国丝绸还被一些教堂所珍藏。从 17 世纪开始，瑞典国王以及许多贵族、富人都将中国瓷器视作珍宝而加以收藏。1667 年，瑞典出版了第一本关于中国的书籍，它是两位曾到过中国的瑞典海员所写的。他还从历史文物的角度特别详细地介绍了瑞典的"中国风"；最后，他还提到一个对中国近代考古学作出巨大贡献的瑞典人，他就是地质学家安特生，他发现了仰韶文化，并调查了北京周口店的化石地点。

这本论文集还收入了两位参加哥德堡号发掘的考古学家的论文，其中一篇是 A. 威斯费尔（Anders Wastfelt）撰写的《东印度公司哥德堡号水下考古发掘记》，另一篇是 B. 威斯费尔撰写的《瑞典东印度公司哥德堡号所载瓷器》。这两篇文章对沉船的发掘情况及船上货物的打捞情况作了比较全面的介绍。据最近的消息报道，威斯费尔夫妇正致力于一项更为艰巨的工作，即按哥德堡号的原样再造一艘新的帆船，预计在公元 2000 年时乘该船抵达中国港口。①

这本文集的大部分作者都是从经济史的角度探讨 18 世纪中国与瑞典的关系，但瑞典的博劳森（Hedvig Brorsson）则另辟蹊

---

① 据新近报道，哥德堡号仿古船已于 2003 年 6 月 6 日在哥德堡下水，瑞典国王出席了下水仪式。中国外交部长李肇星于 2004 年 4 月 16 日在瑞典参观了这条仿古船。该仿古船计划于 2005 年夏末航行到广州，并驶往上海。可参见中华人民共和国外交部网页：http://mfa.gov.cn。——2004 年本文修改时加注。

径,从文化的角度研究了东印度公司在介绍与传播中国文化中所起的作用,因此,他的这篇《东印度贸易对瑞典文化与社会思想的影响》在整个文集中就显得很有特色。博劳森在文章中说,瑞典东印度公司从成立之日起,瑞典政府就规定,公司的船只必须准许搭载那些从事研究考察的科学家和学者;另一方面,瑞典科学院也将瑞典东印度公司中的一些活跃人物吸收为成员。所以,瑞典东印度公司与瑞典的科学文化发展有着极其密切的联系。这篇论文考察了欧洲掀起的"中国风"及其对瑞典的影响、瑞典的"中国风"及其对瑞典文化发展的影响,同时还附有一份受东印度贸易影响的欧洲学者名单。

中山大学蔡鸿生教授所写的《清代中文史料对瑞典及瑞典东印度公司在广州贸易的记述》是本论文集中的又一篇重要文章。这篇文章列举了清代有关瑞典的主要中文文献史料:图理琛的《异域录》、《清朝文献通考》、《皇清职贡图》、谢清高的《海录》、斌椿的《乘槎笔记》、张德彝的《航海述奇》、志刚的《初使泰西记》、王之春的《国朝柔远记》、洪勋的《游历瑞典那威闻见录》和《清史稿》等。这篇文章接着讨论了瑞典东印度公司在广州的贸易活动以及瑞典对华贸易的特点。蔡鸿生教授还根据洪勋《游历瑞典那威闻见录》的记载指出,早在乾隆五十四年(1789年),就有一个信仰路德教的福建人来到了瑞典,他应当是最早游历瑞典的中国人。

广东省社科院杨仁飞撰写了《鸦片战争前瑞典人在华活动》一文,该文的主要依据是西文资料,特别是两个瑞典人所写的著述。其中一个人名叫奥斯贝克(Pehr Osbeck),他在1750—1751年作为瑞典东印度公司的随船牧师而来到广州,他将自己的所见所闻记录了下来。后来,他的这些记述被发表在1832年创刊的《中国丛报》(Chinese Repository)第一卷上。另一个是龙思泰(Andrew Ljungstedt),他从 1798 到 1835 年在广州与澳门生活了 30 多年,他的名著《葡萄牙在华居留地史纲》(A Historical Sketch of the Portuguese Settlements in China and of the Roman Catholic Church and Mission in China)根据大量的史实论证了澳门是中国的领土。

在这本论文集中,还有另外两位大陆学者的论文,一篇是广东师范大学的林康裕的《广州与古代海上丝绸之路》,另一篇是中山大学章文钦的《18 世纪欧洲东印度公司在广州的贸易》。这两篇从不同的角度叙述了广州在古代中国对外关系中的重要地位。

此文集不仅精选了一些用英语、瑞典语以及其他语言出版的重要研究著作作为文献目录附在书后,而且还附有瑞典东印度公司船只来华的所有航次表、瑞典商馆在广州的位置图。这些附录对于其他研究者来说都具有一定的参考价值。

三、一段历史

从 16 世纪起,资本主义在欧洲迅速发展,但与欧洲其他国家相比,位于欧洲北部的瑞典则一直比较落后。到了 17 世纪后期,瑞典在重商主义理论的指导下,积极发展对外贸易,努力扩大出口。从 17 世纪开始,在瑞典不断有人试图建立东印度公司以便与东方进行贸易,但这些努力都因战争、资金等原因而未能实现。到了 18 世纪上半期,经过瑞典人科尼格(Henrik Konig)和沙尔格伦(Niclas Sahlgren)、苏格兰人科林·凯贝尔的多方活动,瑞典东印度公司终于在 1731 年建立。

瑞典东印度公司成立后,即致力于对华贸易。1732年,瑞典东印度公司的船只首次到达中国广州。此后,每年都有瑞典货船来华,少则1—2条,多则3—4艘。从1731到1806年的75年中,瑞典东印度公司共进行了130个航次的航行,除了3个航次外,其余的都驶到中国的广州。在这些航行中,瑞典东印度公司所用船只共为37条①。总之,瑞典东印度公司的主要贸易对象就是中国,所以有人说将这家公司称为"瑞典对华公司"可能更为恰当。

18世纪的欧洲对华贸易史实际上是欧洲各国东印度公司的对华贸易史,与当时的欧洲强国相比,瑞典东印度公司是比较弱小的。例如,荷兰东印度公司1752年的工资单表明它有雇员36000人,不包括土著工人与仆人,拥有船只200多艘。而瑞典东印度公司的雇员通常是在400到800人之间,从1731年到1746年,公司总共才拥有过12条船。那么,瑞典东印度公司在与其他国家强大的东印度公司进行的竞争中,是如何得以立足并发展的呢?它的优势何在呢?一些学者在此进行了认真的分析。他们指出,18世纪瑞典的主要出口产品是铁,占总出口额的75%,其次是鲱鱼及鲱鱼油,占总额的10%—15%,余下的则为木材、铜等。这些出口产品的购买者是欧洲其他国家,例如英国与西班牙需要瑞典的铁与木材来建造并维持它们庞大的船队,伦敦与巴黎的路灯都需要鲱鱼油来照明。瑞典的这些出口产品在中国是没有销路的,中国所需要的是银子。所以,瑞典商船通常先将本国产品运到西班牙

---

① 这些数据引自《对华贸易的黄金时代》第13页。这与夏鼐先生在《瑞典所藏的中国外销瓷器》(《文物》1981年第5期)中的说法略有出入,该文说:瑞典东印度公司在"它存在的七十五年间,一共派遣过三十五艘海船赴中国,共进行过一百三十二次航次"。

的加的斯。当时西班牙从美洲殖民地掠夺了大量的白银,而加的斯又是连接西班牙与其殖民地的主要港口,所以,加的斯的金银价格是欧洲最低的。这样,瑞典的货物在加的斯就可换取较多的白银。然后,瑞典商船再次将这些白银运到广州购买货物。

瑞典商船在广州购买的最主要的商品是茶叶。张荣洋在《对华贸易的黄金时代》一书中甚至这样说:如果根据主要商品来区分东西方之间的贸易的话,那么,16世纪可以说是"香料的世纪",17世纪是"胡椒的世纪",而18世纪则是"茶叶的世纪"。1700年,欧洲从中国进口的茶叶约为90000磅,到了1800年,欧洲的茶叶进口量超过了4500万磅,增加了500倍。瑞典从中国进口的其他主要商品是瓷器与丝绸,有人估计,瑞典东印度公司从中国进口了大约3000万件瓷器。

瑞典东印度公司的船只将这些货物从中国运回哥德堡后,就在市场上公开拍卖。但这些货物并没有留在瑞典国内,而是又被转运到英国、荷兰等国。在1746年之前,被转运他国的货物占被拍卖货物的90％。瑞典东印度公司在对华贸易中所获得的利润也是相当丰厚的,在1786年之前,公司的纯利润是毛收入的30％—80％。

瑞典东印度公司为瑞典的发展获得了必需的资金,对于18世纪的"瑞典奇迹"作出了极其重要的贡献,"那些登录在这个公司花名册上的董事、大班以及其他相关人员,就包括了在18世纪瑞典的商业、制造业和其他产业中唱主角的那些人物"。同时,瑞典东印度公司还促进了瑞典文化的发展:"在瑞典东印度公司活跃的年代里,关于亚洲的学术著作和文学作品繁荣起来了。这对于瑞典文化的发展十分重要,其中一个例子就是中国艺术对于罗可可风格的巨大影响。中国风是那个时代的一个特征。"

瑞典东印度公司的商船来到中国后,中国人将瑞典称为"瑞国"、"喘国"、"苏以天"、"瑞丁"、"绥亦古"、"西费耶斯科"、"里都亚尼亚"等,又根据它们船只所挂旗帜的颜色而称其国为"蓝旗"[①]。瑞典在广州的商馆则被称为"瑞行"。中国官方文书记载说:"明世诸番互市,无喘国名。本朝雍正十年后,通市不绝。乾隆二十七年,特旨准外洋各国配买丝。喘国夷商以该国不谙织作,久乏绸缎,呈恳准带绸缎成匹者二千斤,以济服用。边臣据情入奏,上准所请,以示优恤。其国夷商载货来广贸易,由虎门入口,至初冬回国。"[②]

18世纪中期,对华贸易占瑞典外贸总额的10%—15%,而在近几年的瑞典对外贸易中,对华贸易只占0.6%。因此,18世纪的瑞典对华贸易是瑞中关系史中的重要一页,也是整个18世纪欧洲对华贸易的一个不可缺少的组成部分。研究瑞典东印度公司,对于全面深入地认识18世纪中西关系史具有重要的意义。

四、一点感想

有人说,18世纪的中西贸易,乃是两种垄断组织间的交往:在欧洲,这种垄断组织就是各国的东印度公司,在中国,则是广州的公行[③]。所不同的是,欧洲东印度公司是资本主义性质的,而中国

[①] 徐继畬:《瀛环志略》卷四。
[②] 《嘉庆重修一统志》卷五百五十七,四部丛刊续编本。
[③] Louis Dermigny, *La Chine et L' occident : La commerce A Canton Au X VII Siecle* (1719—1833), tome 1, p. 83, Paris, 1964.

的公行则是一个落后的封建帝国为了适应对外贸易的需要而不得不创设起来的机构。在欧洲各国的东印度公司中，瑞典东印度公司是十分重要的一个，因此，要全面地认识18世纪中西关系史的全貌，就必须研究瑞典东印度公司的对华贸易史。

瑞典东印度公司与中国进行了长达70多年的贸易往来，但在清代文献中，有关瑞典的史料很少，而且，从乾隆年间编修的《清朝文献通考》到《嘉庆重修一统志表》再到道光年间的《粤海关志》，关于瑞典的记述几乎没有什么增加。近现代及建国后的学术界对瑞典与中国的历史关系也很少论及。所以，《对华贸易的黄金时代》的出版，大大地增加了我们关于18世纪瑞典对华贸易的认识，有助于我们更进一步地研究18世纪的中西关系史。

《对华贸易的黄金时代》不仅反映了近年来历史学和经济史关于18世纪瑞典对华贸易的研究成果，而且还总结了瑞典水下考古学的发掘与研究概况。在这部体现跨学科研究成果的论文集中，我们管窥到国外学术发展的动态与进展，从而扩大了我们的视野，丰富了我们的知识，同时，这一文集还为我们提供了不同学科交叉研究的方法论借鉴。

迅速发展的现代科学技术正在使我们的世界成为一个"地球村"，各国之间的交往与合作日益增多，这种交往与合作又促进了世界的进步与发展。在这种历史趋势下，学术研究的国际合作也就成为不可避免的了。特别是中外关系史研究，它所特有的研究内容决定了它必然成为中外学者所共同关心的一个学科，因此，加强国际合作对于这个学科发展来说是至为重要的。《对华贸易的黄金时代》正是中外学者共同劳动的产物。

中国与世界的交往很早，地理大发现后中国与世界的往来则更加频繁。但是,通读完《对华贸易的黄金时代》一书后,一个明显的感觉是,与外文文献相比,中国方面关于中西关系的史料实在太少了,而且也还没有被加以充分而深入的利用。在这种条件下,对于中国学术界来说,在积极开掘中文史料的同时,还必须努力了解国外研究成果,把握国际学术发展动态,利用海外文献,吸收其他学科成就,加强国际合作。《对华贸易的黄金时代》是这些努力的一个结果;同时代表了这些努力的方向,这也正是这部论文集的主要意义之所在。

附记:本文在写作过程中得到了上海博物馆、章文钦先生、徐文堪先生的真诚帮助,特此致谢。

中西交流的物证[*]
——读《贸易与发现》

地理大发现后,中国与西方开始了直接的交往。这种交往是多方面、多层次的,既表现为思想观念的传播,又表现在物质财富的流通。但是,由于种种原因,人们对东西方在思想观念上的碰撞与融合研究得较多,而对物质层面的交流则关注得少些。实际上,地理大发现后东西方在物质财富上的交流不仅种类繁多、规模庞大,而且还深刻地改变了人们的日常生活。例如玉米等农产品之传入中国、茶叶等中国产品之输往欧洲,都深刻地影响了整个社会生活。此外,人们在研究大航海后的东西关系史时,都十分重视文献材料,而对考古资料较少注意。实际上,传世的与出土的各种文物,正是东西方交往的有力见证。有鉴于此,1992年11月,大英博物馆组织召开了一个专门从文物的角度来探讨地理大发现后世界各地互相交往的专题研讨会,以纪念哥伦布首航美洲500周年,此研讨会的名称是"贸易与发现:对中世纪之后欧洲及其他地区人工制品的学科研究"(Trade and Discovery: The Scientific Study of Artifacts from Post-Medieval Europe and Beyond)。参加此会

---

[*] 本文原载《东西交流论谭》第二辑(黄时鉴主编),上海文艺出版社2001年版。

的除了考古学家外，还有许多自然科学家。两个不同学科的学者共聚一堂，其目的就是为了促进这两个学科的结合，以推动对大航海以来各种文物的科学研究。后来，大英博物馆科研部以此会的名称为标题出版了一部论文集《贸易与发现：对中世纪之后欧洲及其他地区人工制品的科学研究》，里面所收的文章也都来自此次研讨会。这部论文集作为大英博物馆的第109号不定期集刊，由大英博物馆科研部的霍克（Duncan R. Hook）和大英博物馆中世纪及晚古文物部的盖姆斯特（David R. M. Gaimster）共同主编，于1995年出版。

《贸易与发现：对中世纪之后欧洲及其他地区人工制品的科学研究》共收论文24篇，分为6个专题：与北美的交往、陶瓷研究、玻璃器研究、贵金属研究、铜合金研究、其他金属研究。与中国有关的主要有"铜合金研究"部分中的两篇文章，一篇是比利时皇家艺术与历史博物馆的戴吕埃泰（Monique de Ruette）所写的"From conterfei and speauter to zinc"，这里的conterfei和speauter是16世纪起欧洲人对锌的称呼。另一篇文章是《白铜：中国对欧洲的镍铜锌合金贸易》，由皇家兵器馆的吉尔墨（Brian Gilmour）和利物浦博物馆的沃拉尔（Eldon Worrall）共同撰写。这两篇文章根据实物探讨了地理大发现后来自中国的锌与白铜对欧洲的影响。①

先谈谈黄铜。

黄铜（brass），是一种铜与锌的合金（其中铜为60%—90%，锌为40—10%）。在古代中国，黄铜被称为"鍮石"，此物最初来自波斯，唐以后主要来自印度及克什米尔等地。据研究，"鍮石"一词始

---

① 为节省篇幅，本文凡来自这两篇论文的内容，恕不一一注出其出处。

见于公元 3 世纪初的《埤苍》一书,①而不是像以前人们所说的那样"最早出现在公元四世纪的著作《拾遗记》"中。② 在中国,15 世纪已经开始用锌来铸币,16 世纪大规模生产金属锌。③

古代欧洲人很早就用黄铜来制造器皿,但由于对锌一无所知,所以直到中世纪,依然不知道黄铜实际上是一种合金。欧洲人冶炼黄铜的方法是将一些含锌矿石(如菱锌矿)添加到红铜中,这种冶炼黄铜的方法至少可以上溯到公元前 1 世纪。④

新航路开辟之后,葡萄牙人于 16 世纪最先将中国的金属锌运回欧洲。进入 17 世纪,除了葡萄牙人外,将金属锌运回到欧洲的还有新兴的荷兰人。对于从事东西方贸易的欧洲商人来说:"东方的锌成了一种真正的贸易商品。"在运到欧洲的金属锌及锌制造品中,有些来自中国,也有的来自印度。18 世纪,自中国输往欧洲的金属锌数量很多。据英国东印度公司的贸易记录,从 1760 到 1790 年,运到伦敦的锌达 40 吨。考古发掘也说明曾有大量的锌被运到欧洲。1745 年 9 月,瑞典东印度公司最大的船只之一"哥德堡号"运载着大批货从广州回到欧洲,但不幸的是,此船在离故乡哥德堡不到 1 公里的地方触礁沉没。⑤ 在这艘船上,除了茶叶、瓷器等中国物产外,还有 6052 块金属锌。近年来,有许多锌块被打捞出来,经测定,每块重 27.5 公斤。这样,仅哥德堡号沉船上所

---

① 林梅村:《输石入华考》,《考古与文物》1999 年第 2 期。
② 北京钢铁学院《中国古代冶金》编写组:《中国古代冶金》,文物出版社 1978 年版,第 69 页。
③ 《中国大百科全书·化学》,第 1009 页。
④ 《简明不列颠百科全书》,第 4 卷,中国大百科全书出版社 1985 年版,第 66 页。
⑤ 龚缨晏:《哥德堡号沉船与 18 世纪中西关系史研究》,黄时鉴主编:《东西交流论谭》,上海文艺出版社 1998 年版。

装的金属锌就多达100多吨。中国及东方其他地区的金属锌被运到欧洲后,欧洲人一般称之为"tutenague"或"speauter"。

正当东方的锌输入欧洲时,16世纪,欧洲人在冶炼黄铜的过程中也发现了锌,当时这种新发现的物质一般被称为"zinc"或"conterfei"。但16世纪的人们将锌普遍看成是一种矿物,而不是一种金属。17世纪,随着对锌的认识的加深,欧洲语言中出现了十多个表示含锌矿石的词汇,而表示从这些矿石中提取出来的金属锌的词汇多达20多个。17世纪中期,出生于巴伐利亚的著名化学家格劳贝尔(J. R. Glauber)"可能第一个注意到加入锌后红铜变成黄铜"。在17世纪欧洲人的心目中,锌矿石及从中提炼出来的金属锌具有"一种能使铜染上色彩的神奇力量"。也就在17世纪中期,欧洲人逐渐认识到,他们自己提炼出来的zinc(或conterfei)与来自东方的speauter(或tutenague)是同一种金属,都是锌。进入18世纪,人们已经清楚地知道锌是黄铜中的"另一半合金","菱锌矿是锌的矿石"。18世纪30年代,英国开始炼锌。欧洲大陆最早的炼锌工厂于1807年出现在比利时的列日。① 因此,"在欧洲人对于黄铜冶炼的认识过程中,在我们实际科学知识的形成过程中,东方锌锭的输入同样是一个重要的因素。"

下面再谈谈白铜。

白铜是镍铜锌合金的一种早期形式,其中镍为5%—20%,铜为40%—65%,锌为20%—50%。在18世纪以及更早的白铜制品中,还杂有铁、银等物质。中国何时开始冶炼白铜现在还不清楚。公元前2世纪,大夏(巴克特里亚)已经铸造镍币。"化学分析

---

① *Encyclopedia Britannica*, Vol. 23, p. 950, 14 th. Edition, 1929.

已证明大夏镍币的成分与中国白铜相差无几,因而几乎可以肯定其来源于中国";具体地说,"考虑到大夏缺乏自然资源以及制造的传统,其镍合金几乎可以肯定是来自云南。"① 从 4 世纪的《华阳国志》开始,中国的古代文献都说明,云南盛产白铜,而且质量最好。②

16 世纪,葡萄牙人最早将中国的白铜运回到欧洲。1599 年,利巴维(Andreas Libavius)在其《金属特性》(*De Natura Metallorum*)中所说的"一种来自东印度的新金属",很可能就是指白铜。1688 年,勒克莱克(Le Clerc)报道说,在中国"有一种白色的铜,比黄铜要贵"。他这里所说的大概是浙江的白铜。与锌相比,输入欧洲的白铜数量可能不多。就英国而言,我们知道,1834 年之前,英国与中国的贸易是由英国东印度公司所垄断的。英国对华贸易实际上可以分为两部分,一部分是东印度公司本身经营的业务;另一部分则是公司船员利用公司船只所从事的贸易活动,一般称为"个人贸易",其业务规模很小③。在中英贸易中,锌是英国东印度公司经营的货物,它的职员不得贩运。如前所述,1760 到 1790 年运到伦敦的锌有 40 吨,而 1760 年运到伦敦的白铜却只有 50 公斤。

中国的白铜除出口到欧洲外,还被运到北美。例如,1774 年 6 月 6 日《南卡罗来纳报》(*South Carolina Gazette*)上面的一则广告中,就列有白铜做的火炉配件。美国建国后,立即开展与中国的贸易,并于 1784 年向中国派出"中国皇后号",此船在从中国返回时,

---

① 童恩正:《古代中国南方与印度交流的考古学研究》,《考古》1999 年第 4 期。
② 夏汀蓉等:《中国古代矿业开发史》,地质出版社 1980 年版,第 272—273 页。
③ E. H. Pritchard, *The Crucial Years of Anglo-Chinese Relations*, p. 142, Octagon Books, Reprinted, 1970.

就载有白铜制品。

欧洲人不仅将白铜运回本国,而且还将表示白铜的汉语称呼带回到了欧洲。欧洲语言中关于白铜的词汇"paktong"或"petong"等,就源自粤语,这是因为当时的中外贸易主要集中在广州。在欧洲人的著作中,最早明确描述白铜的当推杜赫德,他在1735年出版的《中华帝国全志》中这样写道:"最为特殊的铜被称作'petong'或'白铜',当它从矿中被挖出来时,呈白色;它的里面比外表更白。在北京进行的一系列试验表明,它之所以有此等色泽,是由于它没有杂质。杂质只会损害它的美。如果制作得法,它酷似白铜;要是它既具有韧性、不易断裂,又在冶炼的过程中不加入锌或锌之类的物质,那么这样的白铜就更是上等的了,而此种上等白铜除了在中国之外,可能任何地方都没有;即使在中国,也只有云南省才有。"①

在欧洲,最早对白铜进行科学研究的是瑞典冶金专家冯·恩格斯顿(Von Engestrom),1776年,他对来自广州的白铜进行了分析。1793年,随同马戛尔尼使团访华的吉拉姆(Hugh Gillam)详细地报告了中国的白铜制造方法。1769年,在伦敦的"鼓励艺术、制造人及商业学会"(即后来的"皇家艺术学会")提出要以100英镑或一块金牌来奖励那些能在英国国内制造出白铜的人。1772年,有一个人声称自己已经制造出了白铜,但没有通过学会的鉴定。1773年,有三个人向学会申请获奖。经鉴定,学会最后认为希金斯(Brian Higgins)确实已制造了白铜,并给了他一块金牌。

---

① Du Halde, *Description of the Empire of China And Chinese-Tartar*, together with the Kingdoms of Korea and Tibet, vol. I. P. 16. London, T. Gardner, 1873.

但希金斯后来并没有继续自己的研究。不过,在英国及欧洲大陆,还有一些人在不断地探索生产白铜的方法。到了18与19世纪相交之际,英国可能已有人生产出了少量的白铜。

在欧洲的博物馆以及个人收藏中,有不少白铜制品,如烛台、茶具、餐具、枪支甚至鸦片烟具等。这些白铜制品绝大多数属于18—19世纪,只有一只中国式酒壶大约是17世纪晚期的。当然,欧洲可能还有一些17世纪或者更早时候的白铜制品,只是目前尚不为人所知。

在欧洲所藏的18—19世纪白铜制品中,有许多器皿(特别是生活用器),是中国工匠打造的,而且有的还是专为出口到欧洲市场而生产的。例如,利物浦博物馆所藏一个烛台,原来是想仿造欧洲的科林斯式柱头,但柱头上的植物叶片形状已经变形,而且还画蛇添足地多加上了很多小圆点。该博物馆中的一只白铜托盘,显然是模仿欧洲银器而打造的,只是比例不对。这个博物馆中还有一只鼻烟盒,上面所刻的西式纹饰同样"不伦不类",例如欧洲式盾片是变形了的。在维多利亚和阿尔贝博物馆(Victoria and Albert Museum)中,有一只烛台的柱头上所刻的植物叶形状虽然清楚可辨,但叶饰图案却失去了欧洲风味。这些"仿欧洲风格"的白铜器皿,正好说明它们并非出自欧洲工匠之手,而是中国工人为了迎合欧洲人口味而制造出来的。更有意思的是,有些中国人为了表示这些产自中国的白铜制品是"地地道道"的欧洲货,还故意打上一些伪造的欧洲式印记,此类印记大多出现在茶具上。例如,在利物浦博物馆中,有一只茶壶的底部被打上了五个印记。其中有一个可能模仿英国银币上的印记,另一个可能是蹩脚地模仿一个英国制银商的产品标记,还有一个由两个大写字母构成的印记则意义不明，因为当时英国没有一个制造商使用这个印记。余下的两个印记完全相同，可能是英国谢菲尔德（Sheffield）这个地方使用的产地标志。这些伪造的欧洲式印记，反倒成了证明其并非欧洲所产的有力证据，同时，这类印记也成了中西关系史的一种特殊而有趣的物证。当然，也有的白铜器皿上刻有中国式的符号。例如，维多利亚和阿尔贝博物馆所藏的那只烛台，底座上面刻着中文数字22（两个"十"字加上两竖）。在利物浦博物馆中，有一只18世纪中期制造的烛台，其底座上并排刻着两个"王"字，很可能是工匠的姓，遗憾的是我们不知道这位工匠的名字。对上述这些"仿欧洲风格"纹饰及中国式符号有兴趣的读者，可参阅《贸易与发现》一书所附的图版。

在欧洲现存的18—19世纪白铜制品中，也有一些是欧洲人自己制造的，此类制品大多为枪的部件。在伦敦的皇家兵器馆中，就藏有好几支以白铜为部件的长枪与短枪，如伦敦著名造枪商诺克（Henry Nock）于1780—1790年所造的燧发枪。

吉尔墨和沃拉尔对欧洲博物馆及个人所藏的60多件18—19世纪白铜制品进行了分析测定，结果表明，在18世纪的白铜制品中，铜与锌的含量大致相等，各约占40%—50%，而镍的比例约不到10%；在19世纪的白铜制品中，锌的比例下降，铜锌之比约为2∶1或3∶1，而镍的比例则上升，约10%—15%。

中国的锌与白铜自16世纪起被不断地运往欧洲，由于欧洲人对这两种金属认识不清，所以导致了语言上的一些混乱。如前所述，欧洲人一般将锌称为"tutenague"或"speauter"，将白铜音译为"pe-tong"或"paktong"。但这种名称上的区分并不是非常明确、严格的，在欧洲语言中，"tutenag"一词也常用来表示白铜。例如，

1780年,米德尔顿(Theodore Middleton)说中国出产各种矿物,其中有"白色的'铜'或'tutenag',中国人称之为'白铜'"。1822年,英国冶金学家费夫(Andrew Fyfe)所发表的那篇著名论文的标题就是《tutenag(中国白铜)之分析》。吉尔墨和沃拉尔在其论文中说,这类语言上的混乱还出现在1922年出版的《英语标准词典》(Standard English Dictionary)等工具书中。实际上,在1946年出版的《新英语标准词典》(New Standard Dictionary of the English Language)中,依然说"tutenag"一词既是指锌,又是指白铜。① 这样,至少在18世纪晚期的英国,大多数白铜都是在"tutenag"的名义下出售。欧洲语言中"tutenag"一词的混用,也反映在一些英语字典中。例如,1948年上海商务印书馆出版的《增订综合英汉大辞典》就说"tutenag"一词表示锌与中国白铜(第1367页)。在近来出版的一些英汉词典中,有些继续采用这种定义,如梁实秋主编的《远东英汉大辞典》(台北远东图书公司1977年版)、《英汉大词典》(商务印书馆1984年版)、《英汉科技大词库》(黑龙江人民出版社1987年版)、《现代英汉综合大辞典》(上海科学技术文献出版社1990年版),等等。这里应当指出的是,这些辞典的此类定义,对于历史研究来说都有一定的意义,因为历史文献中"tutenag"一词既可指锌,也可指白铜,甚至还表示锡,如1699年戴皮安(Dampier)就说"tutenag"是锡的一种。② 但在现代文献中,"tutenag"只表示锌。

地理大发现后,中国的锌及白铜远销欧洲,对欧洲的化学及冶

---

① *New Standard Dictionary of the English Language*,Funk & Wagnall's Company,1946.

② 参见 *Oxford English Dictionary*,1970年重印本该词例句。

金产生了重大的影响。这些金属同时成为中西关系史的物证。《贸易与发现》一书使我们从自然科学的角度对这些物证有了较深的了解。我们期待着科技界与考古学界进一步加强合作(特别是中外研究者之间的合作),对大航海以来有关中外关系史的文物进行更多的研究,从而使我们能够更加全面地认识地理大发现后东西方交往对世界历史的影响。

"西学东渐"时代的东学西传[*]

——评《中国科学技术的西传及其影响》

16世纪欧洲人来中国沿海活动，东西方之间的文化交流进入了一个全新的时代，并对后世产生巨大的影响。正因为如此，国内外学术界都十分重视地理大发现以后东西方文化交流史的研究，并且取得了累累硕果。但就国内学术界而言，研究者大多着眼于西方文化对中国的影响，而对中国文化在欧洲的传播问题则研究得较少；就具体的论题而言，对于哲学艺术等问题研究得较多些，对于自然科学问题研究得较少些。究其原因，可能有三条：(1)中国学者极难找到散布在欧洲各国的原始史料；(2)研究中国科学对欧洲的影响，需要相当丰富的科学技术知识；(3)有些人认为由于近代中国科学落后于西方，所以不可能对西方科技产生多少影响。其实，文化的交流从来就是双向的，当欧洲文化传向中国的时候，中国文化也在以各种方式传向西方，"西学东渐"与"东学西传"是同时发生的。在东西方文化交流中，科学技术的交流是一个非常重要的内容。特别是在16、17世纪，当时欧洲的近代科学也才刚刚起步，所以他们对中国科学表现出了浓厚的兴趣。因此，对于中

---

[*] 本文原载《自然科学史研究》2001年第2期，署名：龚缨晏、赵晖。

国学术界来说,在"西学东渐"研究不断深入的同时,加强对"东学西传"的研究就显得非常必要了。在这种背景下,韩琦的《中国科学技术的西传及其影响》(以下简称《西传》,本文正文所注页码,皆指此书)于 1999 年出版后,很快受到了多方关注。

《西传》主要研究 17、18 世纪中国科学技术对欧洲的影响,此书虽然只有 18 万字,但作者对此论题已作了十多年苦心探索。作者曾多次前往国外图书馆与档案馆查阅有关文献,并得到了国际上此领域中许多著名学者的帮助。该书是在作者掌握大量文献的基础上写成的,仅书中所列的西文参考文献就有 160 种左右,语种包括英文、法文和德文等。其征引的西文文献数量之多、史料价值之高,在我国学者所撰写的著作中是不多见的。《西传》在以下几个方面具有显著的特点:

1. 珍贵史料的披露

在《西传》中,作者公布了自己在欧洲找到的许多珍贵的中文文献史料。例如,1687 年,由法国国王派出的洪若翰(J. de Fontaney)等 5 名法国传教士来到中国,揭开了中法文化交流的序幕。国内外对这些"国王数学家"虽已有较多的研究,但从未提及一部题为《柔远特典》的中文文献。韩琦在法国巴黎国立图书馆找到这本藏书号为 Courant1327 的文献,里面收录了中国官员关于接待这批法国传教士的奏章,从而使我们更加真切地了解到历史的细节(第 19 页)。

在这些法国传教士中,白晋(J. Bouvet)是比较重要的一个。白晋曾将李时珍的巨著《本草纲目》送给法国国王路易十四,此书现藏巴黎国立图书馆(第 130 页)。白晋还曾向法国国王写过一份主要关于康熙皇帝的报告,这份报告的法文、英文本流传甚广,也有几种中译本。这份报告谈到了康熙皇帝仿照法国皇家科学院在清宫中建立了一个科学院。那么,清宫中到底有没有出现过这样的机构呢?如果有的话,白晋用什么中文词汇来翻译西方的"Académie"(科学院、研究院)呢?国内曾就这类问题进行过讨论,有人将这类问题称为"清宫'科学院'之谜"[①]。《西传》的作者在罗马找到了一份白晋写给康熙皇帝的中文报告,报告中将法国皇家科学院和巴黎皇家天文台等科学机构写作"学宫",从而解开了"清宫'科学院'之谜";同时,韩琦认为,康熙皇帝模仿欧洲科学院建立起来的机构应当是畅春园中的蒙养斋(第27页)。

韩琦通过自己的艰辛劳动,还发现了不少关于中西文化交流的西文资料,在《西传》中经常可以读到这类新资料。我们在此仅举一例。

17世纪,有一些中国人也曾到过欧洲,其中之一就是南京人沈福宗。但关于这个早期赴欧中国人的情况,人们所知甚少。费赖之(L. Pfister)在其《在华耶稣会士列传及书目》中仅录其中文的姓以及西文名字。[②] 荣振华(J. Dehergne)根据新材料对费赖之的著作进行了补充,说沈福宗曾拜见过法国国王和罗马教皇,在法国与英国藏有沈福宗的画像。[③] 我国学者方豪也对沈福宗有过研究,指出沈福宗曾到过英国牛津大学,会晤了东方学家海德(Hyde)。[④] 但方豪深感资料之缺乏,他写道:"对于这样一位三百

[①] 樊洪业:《耶稣会士与中国科学》,中国人民大学出版社1992年版,第177—178页。

[②] 费赖之:《在华耶稣会士列传及书目》,上册,中华书局1995年版,第480页。

[③] 荣振华:《在华耶稣会士列传及书目补编》,上册,中华书局1995年版,第14—15页。

[④] 方豪:《方豪六十自定稿》,上册,学生书局1969年版,第14、388页。

年前远赴欧洲求学的青年,我们似应多征求他的资料,加以表扬,读者中如有能供给文献的,我们将万分感激。"① 后来,曾敬民在近代化学的奠基人之一波义耳(R. Boyle)的著作中找到了一封海德写给波义耳的信,海德在此信中将沈福宗介绍给了波义耳。② 韩琦则在大英图书馆中找到了海德与沈福宗之间书信往来和谈话记录的原件(第 48 页),从而弥补了一项重要的学术空缺。顺便说一下,《西传》的作者在牛津大学图书馆还找到了南明时的《大明中兴永历二十五年大统历》,上面有波义耳的签名(第 47 页)。这一发现说明了波义耳对中国的兴趣,同时也为研究当时中国与欧洲复杂的历史关系提供了实物依据(波义耳于 1671 年得到此书,当时台湾还在郑氏统治下)。

2. 历史事实的揭示

《西传》根据新的历史资料,揭示了许多以前没有被人注意过的历史事实。这里仅举几例。

人们在研究 17、18 世纪中国文化西传时,大多集中在欧洲大陆,对英国很少涉及。《西传》的作者则通过研究英国皇家学会与在华耶稣会士之间的科学联系,有力地说明了中国科学对英国的影响。作者查阅了英国皇家学会图书馆中保存的自 1661 年起至 18 世纪 70 年代为止的有关中国的档案,发现英国皇家学会与在华耶稣会士有着十分密切的联系。在华耶稣会士曾将大量天文记录、地图、书籍寄给英国皇家学会,其中包括《历象考成后编》,此外还有中国的纸币、植物种子等。英国皇家学会的档案还透露了一

---

① 方豪:《中国天主教史人物传》,中册,中华书局 1988 年版,第 202 页。
② 曾敬民:《波义耳与中国》,《中国科技史料》1990 年第 3 期。

些鲜为人知的历史内容,例如清代重臣年希尧经常出入教堂,对基督教教义十分熟悉,而以前人们只知道年希尧曾与意大利传教士合作完成《视学》一书,而对他与基督教的关系所知甚少(第52—53页)。韩琦还详细查阅了英国皇家学会的会刊《哲学汇刊》,发现自1666年到1774年,上面共有关于中国的文章书评等共计34篇,内容包括中国的史地、天文资料等(第55—57页),这些文章本身就是中西文化交流的产物。

以前国内外在研究中国天文学西传史时,往往从1723年到达北京的宋君荣(A. Gaubil)讲起。①《西传》的作者通过查阅法国科学院所藏的皇家科学院档案,说明早在1689年,天文学家卡西尼(G. D. Cassini)就已经在法国皇家科学院宣读了关于中国天文学的研究报告,而且,卡西尼对中国古史纪年基本上是表示怀疑的(第72—73页)。即使对于人们比较熟悉的宋君荣,《西传》中也有不少新材料。例如宋君荣与欧洲学者的通信表明,他通过研究中国古史以及在中国进行圭影观察,参加到了当时欧洲天文学家正在进行的关于黄赤交角变化问题的讨论之中(第78—80页)。这从一个侧面说明了中国天文资料对近代欧洲天文学的贡献。

国内学者已经注意到,17、18世纪欧洲传教士来华是有多重目的的。首先是为了弘扬基督教;其次是为自己的国家和国王服务;最后是为了开展科学研究。② 对于最后一个目的,国内的研究甚少。《西传》指出,随着近代科学的兴起,欧洲人需要在全球范围内进行科学考察,搜集科学资料。于是,来华传教士就成了最佳人

---

① 李约瑟:《中国科学技术史》,第四卷(天文学)第一分册,科学出版社1975年版,第28页。
② 许明龙:《欧洲18世纪"中国热"》,山西教育出版社1999年版,第41页。

选。传教士在中国的科学研究,甚至康熙年间所进行的大规模的大地测量活动,实际上都是欧洲人全球科学研究的组成部分(第一章)。可以说,来华传教士的科学活动,是欧洲科学发展的内在需要。这就为研究传教士在中西科技交流史中的地位提供了一个新的视角。

古代中国曾经取得了辉煌的科技成就,但是,这些成就为什么未能导致近代科学的产生呢?造成中国科学停滞不前的原因何在呢?从20世纪40年代开始,李约瑟(J. Needham)博士对这些问题进行了全面的探索,并引起了全世界学术界的关注。《西传》告诉我们,早在18世纪前期,法国科学家德梅朗(D. de Mairan)、巴多明(P. Dominique)等人就已经在讨论这类问题了。巴多明在1730年致德梅朗的信中认为,阻碍中国科学进步的原因主要有两个,一个是科学家得不到重视,另一个是缺乏国外的竞争以及中国社会内部的竞争。他写道:在中国,"研究天文学绝不是走向富贵荣华之路。走向高官厚爵的康庄大道,就是读经、读史、学律、学礼,就是要学会怎样做文章,尤其是要对题发挥,咬文嚼字,措辞得当,无懈可击。走这条路,一旦考中进士,安富尊荣,随之而来,为官进爵,指日可待"(第182页)。巴多明的这种说法,是很有见地的。《西传》关于17、18世纪欧洲人对中国科学看法的内容,为我们揭示了"李约瑟问题"的源流,开拓了研究这个问题的视野。

3.模糊问题的澄清

《西传》的作者通过查阅有关文献,对一些国内外已经有所知道但又不甚清楚的问题作了明确的叙述,澄清了一些模糊的说法。

康熙是一个对西方科学有着浓厚兴趣的中国皇帝,他曾命白晋、巴多明讲授西方解剖学。后两人用满文编译了一部解剖学著作。对于这部著作的中文名称以及后来的流传情况,国内有种种说法,①还有学者以"至今我们也未见到当时的译本"为憾。②《西传》的作者在欧洲查阅了这部满文译著,并说明此书共有八卷,其中文书名应为《康熙硃批脏腑图考释》,法国自然史博物馆、法国国立图书馆和丹麦皇家图书馆都有收藏(第24页)。

当康熙皇帝学习西方医学的时候,欧洲人也在探究中医的奥秘。在中国传统医学中,脉学是一个基本内容。1682年,法兰克福出版的拉丁文著作《中医示例》是早期介绍中医脉学的一部重要著作。关于此书尚有一些不同的看法。③ 就其来源来说,一般认为它是"中国古代医学家王叔和所著《脉诀》的译文"。④《西传》则指出,《中医示例》所依据的"实际上是后世《脉诀》的某个版本(最早是高阳生的版本)",书中有的插图"取自明代医家张介宾1624年出版的《类经》"(第106页)。此外,《西传》中关于英国人费洛耶(J. Floyer)研究中医脉学的内容,也是很少为人所注意的(第107—110页)。

18世纪,性病治疗依然是欧洲人的一项医学难题。国内外已有人注意当时欧洲的医生委托巴多明等来华传教士打听中国的性病医疗方法,但详细情况不是太清楚。⑤ 韩琦则通过查阅原始文

---

① 赵璞珊:《西洋医学在中国的传播》,《历史研究》1980年第3期。马伯英等:《中外医学文化交流史》,文汇出版社1993年版,第312—314页。樊洪业:《耶稣会士与中国科学》,第159页。
② 闻性真:《康熙的医学与养生之道》,《故宫博物院院刊》1981年第3期。
③ 沙不烈:《卜弥格传》;伯希和:《卜弥格传补正》。以上两文均载冯承均《西域南海史地考证译丛》,第三卷,商务印书馆1999年版。方豪:《中国天主教史人物传》,上册。
④ 许明龙:《中西文化交流先驱》,东方出版社1993年版,第173页。
⑤ 曹增友:《传教士与中国科学》,宗教文化出版社1999年版,第380—381页。

献,找到了巴多明寄回欧洲的药方,并通过与中医文献的对照,发现巴多明所寄药方主要采自明代陈实功的《外科正宗》。传教士将中国治疗性病的知识介绍到欧洲后,为欧洲医学界所接受,这主要反映在法国国王的御医阿斯特吕克(J. Astruc)所撰的《性病论》中。韩琦通过对照不同文种、不同版本的《性病论》,说明了中国医学对欧洲医学的影响。在1736年出版的《性病论》第一版(六卷本)中,并没有关于中医的性病知识。过了四年,在九卷本的《性病论》中,加入了中医治疗性病的内容,还附上了来华传教士的有关信件(第127—129页)。

在中医西传的过程中,巴多明是一个十分重要的人物。他曾在一封信中提到一部中医著作 kan-tchou—king。法国学者罗莎在其《入华耶稣会士与中草药的西传》一文中曾写道:"我未能考证出这究竟是一部什么著作。这里既可能是指《内经》,又可能是指《难经》。"①《西传》的作者查阅了原信后,指出这部 kan-tchou—king 就是《绀珠经》(第126页)。18世纪,中国的法医学知识也传到了西方,主要介绍者是法国传教士韩国英(Pierre—Martial Cibot)。一般认为,韩国英"翻译注释了中国古代法医学专著、宋代宋慈著的《洗冤集录》"。②《西传》指出,韩国英依据的是一种八卷本的中文"洗冤"著作,他并没有标明中文原名。而在现存的中国古代法医学著作中,八卷本的只有1687年陈芳先所著的《洗冤集说》。因此,韩国英所直接依据的应当是《洗冤集说》,而不是《洗冤集录》(第132页)。此外,方豪先生在研究中国植物西传时,曾说

---

① 安田朴等:《明清间入华耶稣会士和中西文化交流》,巴蜀书社1993年版,第284页。
② 曹增友:《传教士与中国科学》,第375页。

传教士将许多中国植物的种子寄往欧洲,其中"最著者如日本之Sopra(华名不详),中国之枣树、长刺"等。①《西传》指出,所谓"日本之Sopra",实际上就是北京常见的槐树(学名为 *Sophora Japonica*),而与日本无关(第98页)。

对来华传教士的研究中,开拓性、前沿性的研究一直是以欧洲学者为主的。如前所述,其中的一个重要原因,就是中国学者没有条件得到散布在欧洲的档案史料。《西传》的学术创新固然令人感到高兴,但更加令人欣喜的是,我们看到中国的年轻学者也能够在欧洲的土地上自由地从事严肃的学术研究。由于篇幅的限制,《西传》没有将所发现的全部珍贵资料都详尽公布,但书中注明了众多文献资料的珍藏地点以及编号,这就为其他学者今后的研究提供了宝贵的线索。

最后,我们必须指出《西传》中的印刷错误。第18至19页上的浙江巡抚"金釰",应当全部改作"金鋐"。第52页第8行的"Mor"应当是中文"莫蒂默";同一页脚注①的"90"为衍文。第98页倒数第2行括号内的"植物院"应为"植物园"。第179页第9行的"法律和习惯极为也欣赏",应为"法律和习惯也极为欣赏"。如果此书能够再版,希望能够更正这些错误。我们更希望《西传》的作者能够在此基础上写出更加精彩的著作。

---

① 方豪:《中西交通史》,下册,岳麓书社1987年版,第795页。

欧洲传教士对中国地理学的影响：地图学的证据[*]

在过去的一个世纪中，关于明清之际来华传教士对中国地理学的影响问题，国内外已有不少研究，但多以文字资料为依据，而较少涉及地图学资料本身，其主要原因在于这些资料较难找到。本文以保存在中国古代文献中的一些地图摹本为依据，对此论题作进一步的探讨。

一、明末耶稣会士绘制的中文世界地图

最早在中国绘制世界地图的是利玛窦（Matteo Ricci, 1552—1610年）。根据我们的研究，他在中国期间（1582—1610年）先后绘制过以下这些世界地图：[①]

1. 1584年，在肇庆绘制的第一幅世界地图。原图已佚，也见不到摹本。时任应天巡抚的赵可怀曾将此图刻在苏州姑苏驿的一

---

[*] 本文原为呈交给比利时鲁汶（leuven）大学南怀仁文化协会第8次国际学术会议（2004年8月）的中文稿。

[①] 关于利玛窦在中国绘制世界地图的过程，有不同的说法。在过去的几年中，黄时鉴教授与我对此作了全面的研究，我们的著作《利玛窦世界地图研究》刚由上海古籍出版社出版。

块石碑上(此石碑现已不复存在),题为《山海舆地图》,这也许就是利玛窦在肇庆所绘世界地图的原名。

2. 1595—1598年,在南昌绘制的世界地图。根据利玛窦本人记述,他在南昌期间绘制过多种世界地图,但原图都已佚失,只有《舆地山海全图》的摹本保存在章潢的《图书编》中。

3. 1600年,在南京绘制的《山海舆地全图》。原图已佚,摹本保存在冯应京的《月令广义》及王圻的《三才图会》中。

4. 1602年,在北京绘制的《坤舆万国全图》,有多种版本保存在国外。

5. 1603年,在北京绘制的《两仪玄览图》,有两幅保存至今。一幅保存于辽宁省博物馆,另一幅保存在韩国崇实大学(原名崇田大学)博物馆。

6. 约1603到1604年,在北京绘制的《地球东西两半球图》。利玛窦称之为"世界舆地两小图"(doi mappamondi piccoli)。此图原刻本已佚,摹本保存在程百二所编的《方舆胜略》中。

1610年,利玛窦在北京去世。万历四十年(1612年),福建税珰从海舶中缴获两幅地图,万历皇帝下令庞迪我(Diego de Pantoja,1571—1618)和熊三拔(Sabatino de Ursis,1575—1620)将图上的外文译成中文。庞迪我拿到地图后,发现这是欧洲出版的世界地图,他将此译作《万国地海全图》。原图应有四幅,但其中的《中国图》和《西南方国图》已经佚失,故仅存两幅。庞迪我后来做了这样几件事:(1)根据其他资料补画了缺失了的那两幅地图,绘成了一份完整的世界地图,由四屏条组成,地图下方用中文写出"各国政教、风俗、土产之类",以便阅览;①(2)他向万历皇帝要回了在

---

① 庞迪我:《奏疏》,见艾儒略原著,谢方校释:《职方外纪校释》,中华书局1996年版,第17—19页。

1601年与利玛窦一起进呈的奥特里乌斯(A. Ortelius)的《地球大观》(Theatrum obis terrarum)，并据此绘制了一份由八屏条组成的世界地图。万历甲寅(1614年)，李之藻曾在北京见过此图；南京教案发生后，庞迪我和与熊三拔于1617年被驱逐出北京；离京前，庞迪我把他所绘八屏幅世界地图送到通政司，被拒绝；于是庞迪我又将地图"奉致大明门外，叩头去"。天启癸亥(1623年)，李之藻在为《职方外纪》写序时，还听说此图"今尚庋中城察院"。①(3)撰写了一本关于世界地理的著作，不过没有定稿，也没有刊刻，只有抄本流传。艾儒略说："都人士多乐道之者，但未经刻本以传。"②李之藻也说："其底本则京绅有传写者，然皆碎玉遗玑，未成条贯。"③

1623年，艾儒略根据庞迪我的遗稿，再加上其他西文资料，写成《职方外纪》一书。书中附有用横轴投影绘制的椭圆形《万国全图》，正轴投影绘制的《北舆地图》和《南舆地图》，还有五大洲分图：《亚细亚图》、《欧逻巴图》、《利未亚图》和《南北亚墨利加图》。

20世纪初，在意大利米兰的安布洛兹图书馆(Ambrosiana Library)中发现了一份题为《万国全图》的彩色中文世界地图(49.4×24.3cm)。④ 此图曾被视作是利玛窦1584年在肇庆所作

---

① 李之藻：《刻职方外纪序》，见《职方外纪校释》，第6页。
② 艾儒略：《职方外纪自序》，见《职方外纪校释》，第1页。
③ 李之藻：《刻职方外纪序》，见《职方外纪校释》，第6页。
④ 原先所测大小为48.5×24.3cm，参见J. F. Baddeley, Father Matteo Ricci's Chinese World maps, *The Geographical Journal*, Vol. L, no. 4, 1917, pp. 254—270. 此数据引自网上资料，网址为：http://www.generali.com/library/ilbollettino/19set98/cultura/mappe.html

的《山海舆地图》。① 后人多因袭此说,直到现在。② 但实际上,早有学者指出,这幅世界地图与艾儒略《职方外纪》中的《万国全图》"乃尽同不异"。③

《职方外纪》是在庞迪我遗稿的基础上写成的,书中的地图自然摹自庞迪我所绘世界地图。安布洛兹图书馆所藏《万国全图》也是庞迪我世界地图的摹本,而非庞迪我所作原图,因为他的原图是八屏条的大型地图。而且,李之藻明确说过,原图留在北京。这样,安布洛兹图书馆藏本的摹绘者很可能就是艾儒图,时间当在他撰写《职方外纪》前后。此外,在意大利梵蒂冈图书馆中藏有一份《万国全图》小幅彩色摹本,同一页的上半部分为艾儒略所撰"万国图小引",署名为"西海艾儒略敬题"。④ 此图与安布洛兹图书馆所藏及《职方外纪》中的《万国全图》完全一样,说明艾儒略确实摹绘过庞迪我的世界地图。

二、章潢《图书编》中的世界地图摹本

1595 到 1598 年,利玛窦在南昌生活,在此期间,他结识了被

---

① J. F. Baddeley, Father Matteo Ricci's Chinese World maps, *The Geographical Journal*, Vol. L, no. 4, 1917 pp. 254—270.; E. Heawood, The Relationship of the Ricci Maps, *The Geographical Journal*, Vol. L, no. 4, 1917, pp. 271—276.

② 如罗渔在《利玛窦书信集》上(光启出版社、辅仁大学出版社 1986 年版)第 62 页的注中说,1584 年肇庆刊印的利玛窦世界地图"初为米兰盎博图书馆收藏,后被人遗忘,直到 1910 年方被人发现"。还有人认为是此图是在利玛窦的指导下绘就的,参见 Pierluigi Portinaro and Franco Knirsch, *The Cartography of North America*, New Jersey; Chartwell Books, INC., 1987, p. 185. 此外,有的国外网站上也把此图当作利玛窦的作品。参见 http://www.diegocuoghi.it/piri-reis/ricci.htm.

③ 参见洪业:《考利玛窦的世界地图》,《洪业论学集》,中华书局 1981 年版,第 153 页。

④ 令人感到高兴的是,此图现已在网上公布,可参见以下网址:www.loc.gov/exhibits/vatican/romechin.html

誉为"江右四君子"之一的章潢(1527—1608)。① 章氏一生著述甚丰,其中最为重要的是《图书编》,洋洋洒洒达127卷。② 该书共有二种世界地图摹本,第一种出现在卷十六中,第二种出现在卷二十九中。下面分别予以讨论。

1. 第十六卷中的《昊天浑元图》

《图书编》第十六卷中有《昊天浑元图》两幅,实际上是用横轴正射投影法绘制的东西两半球图。有学者认为,《昊天浑元图》摹自利玛窦来到南昌后所绘的世界地图。③ 我们认为,这种观点不能成立。主要理由有两个：

A. 从时间上来看,早在利玛窦来到南昌之前,章潢就已得到了《昊天浑元图》。

在《图书编》第十六卷中,有《九重天图》与《天度黄道赤道昼夜长短图》,并附《九天符说》一文。文称:"天一也,胡为有九天之说哉！予自幼闻之,莫识其指,意其荒唐而莫之信也。……前十余载,传闻有番僧航海入中国者,盘诘,身中止怀昊天图像一幅,画天为九瓣,……初亦不解其义。近接瞿太素,谓曾游广南,睹一僧,自

---

① 《明史》卷二百八十三《章潢传》,中华书局点校本。利玛窦在信中多次提到章潢,参见《利玛窦书信集》(上),第178、164—165、187、206—207、214、220页等。
② 章潢:《图书编》,文渊阁四库全书本。《四库全书总目提要》(中华书局1965年版,第1156页)在介绍此书时说:"其门人万问序,称是编肇于嘉靖壬戌(1562年),成于万历丁丑(1577年)。考潢年谱,乃称万历五年丁丑《论世编》成;又称万历十三年乙酉(1585年)出《图书编》与邓元锡《函史》相证。然则初名《论世编》,后乃改此名矣。"实际上,在万历丁丑之后,作者还在对《图书编》进行不断的增补,例如书中所收王宗载《四夷馆考》即成于万历庚辰。故王重民这样称赞道:章潢"于是书补苴罅漏,死而后已,宜其精博若是也"(王重民:《中国善本书提要》,上海古籍出版社1983年版,第382页)。
③ 林东阳:《利玛窦的世界地图及其对明末士人社会的影响》;罗光主编:《纪念利玛窦来华四百周年中西文化交流国际学术会议论文集》,辅仁大学出版社1983年版。

称胡洛巴人,最精历数,行大海中,惟观其日轨,不特知时知方,且知距东西南北远近几何。因携其所制之仪,大不盈尺,中分九层,机可转旋。予细玩而绎之,与九瓣图义稍相似。"

这里所说的瞿太素,即江苏常熟人瞿汝夔。① 1589年,他与利玛窦在肇庆初次相识。这一年的8月,利玛窦被新任总督刘继文(号节斋)逐出肇庆,移居韶州。瞿太素闻讯后赶到韶州,并坚持要求做利玛窦的学生。② 瞿太素在万历二十七年(1599年)为利玛窦《交友论》所作的序中有类似记载:"万历己丑(1589年),不佞南游罗浮,因访司马节斋刘公,与利公遇于端州,目击之顷,已洒然异之矣。及司马公徙公于韶,予适过曹溪,又与公遇,于是从公讲象数之学,凡两年而别。"③瞿太素后来不仅是利玛窦的学生,而且是助手与友人。正是他劝利玛窦脱却僧装改穿儒服,对利玛窦在中国的活动起了重要作用。

《图书编》"九天符说"中的"胡洛巴",即欧罗巴之异写,那个"自称胡洛巴人,最精历数"的所谓"僧"人,无疑是指利玛窦。章潢此处明确地说,他是通过瞿太素而获知欧洲传教士的,这一点与利玛窦所说的瞿太素常在章潢处"一再推崇我们与我们的信仰"相吻合。④ 而且,从章潢"九天符说"的文句来看,瞿太素所说的"曾游

---

① 张维枢:《大西利西泰子传》说:"姑苏瞿太素汝夔,宗伯文懿公长子也。"《耶稣会罗马档案馆明清天主教文献》第12册,辅仁大学,2002年。
② 利玛窦、金尼阁:《利玛窦中国札记》,第246页。
③ 瞿汝夔:《大西域利公友论序》,《天学初函》(一),第296页,学生书局1965年版。
④ 利玛窦在《利氏致耶稣会某神父书》(1595年10月28日写于南昌)写道:"在南昌附近的庐山有一闻名的白鹿书院,众多学人、秀才来此讲学、研究人生的大道理。瞿太素曾来此讲学,一再推崇我们与我们的信仰,可说比一位教友讲得还多,尤其白鹿书院的院长章本清为瞿太素的老友。"见《利玛窦书信集》(上),第178页。

广南,睹一僧",应是指1589年他与利玛窦在肇庆的初次相识。因为瞿太素与利玛窦在韶州第二次相识后,便成了利玛窦的学生,这样,瞿太素不太可能会对章潢讲出"曾游广南,睹一僧"之类的话语。显然,早在1595年利玛窦到达南昌之前,章潢就已从瞿太素那里得到利玛窦带来的欧洲天文仪器。

章潢在说明《图书编》第十六卷的《昊天浑元图》时写道:"《昊天浑元图》,虽古有此图像,尝求之莫可睹也。近传之胡洛巴国。须合二图始见其全。始西瓜中只一蒂,分作四瓣,每瓣各分作九行,总之四九三十六,乃三百六十余度之象。然必从而四之者,因一图难见其全,故分之为二,如《尧典》以四仲分作四时,便观察故耳。"在这里,章潢仅说"近传之胡洛巴国",连"僧"人都没有提到,说明他不仅不认识利玛窦,甚至可能还没有听说过有这样一个人。所以从时间上看,章潢得到《昊天浑元图》,要早于他得到欧洲天文仪器,更早于利玛窦到达南昌。

B. 从内容上来看,章潢将此图误认作天图。

尽管《昊天浑元图》的轮廓非常模糊,但我们依然可以看出它是一幅世界地图,赤道和经纬线几乎是完整的,南北美洲的大陆线也明显可辨。章潢将此图题作《昊天浑元图》,显然是视之为天文图,如果原图有中文说明,或者此时他已与利玛窦相识,就不可能出此大错。此外,利玛窦中文世界地图多有"舆地"、"山海"之类的文字作为名称,而此图的名称却与利玛窦的其他世界地图没有任何共同之处。章潢还说,"《昊天浑元图》,虽古有此图像,尝求之莫可睹也。近传之胡洛巴国",所以《昊天浑元图》这个标题应是他自己从中国故纸堆中找出来的,并非原本所有。

总之,《图书编》中的《昊天浑元图》摹自利玛窦带入中国的某种西文世界地图;早在 1595 年利玛窦来到南昌之前,章潢就已经从其他人那里获得了这种世界地图;它不是摹自利玛窦在南昌所绘的世界地图。

2. 第二十九卷中的《舆地山海全图》与《舆地图》

《图书编》第二十九卷有三幅世界地图摹本:《舆地山海全图》(用椭圆形投影法绘制的世界地图),《舆地图》上(赤道以北)和《舆地图》下(赤道以南)。后两幅《舆地图》是用正轴方位投影法绘制的地球南北两半球图。这三幅世界地图实际上是同一种世界地图的不同投影,章潢在其《舆地圆图考》对两幅《舆地图》作了这样的说明:"此二图即前图也。前图因赤道其直如绳,故总为一图,而五方止列其概。此图圆形,以南北二极分之为二,故各国可因地以考其详。"这里所谓的"前图",即前一页之《舆地山海全图》。因此,我们应把这两种世界地图当作一个整体来进行考察。

《图书编》第二十九卷又收入利玛窦的《地球图说》一文,文末有章潢加上的一段话:"此图即太西所画。彼谓皆其所亲历者,且谓地象圆球。"太西,即指利玛窦。① 可见这些地图都出自利玛窦之手。从这段话中还可推测,此时章潢与利玛窦已经相识,这些地图很可能是利玛窦亲自赠给章潢的。

关于章潢摹本《舆地山海全图》的来源,有二种比较流行的说法。一是认为它摹自 1584 年肇庆版世界地图。② 此说自从德礼

---

① 如郭子章在《山海舆地全图》序中说,"太西国利生持《山海舆地全图》入中国",见《蠙衣生黔草》卷十一,四库全书存目丛书本。

② 曹婉如等:《中国现存利玛窦世界地图的研究》,《文物》1983 年第 12 期。Pasquale M. d'Elia, *Recent Discoveries and New Studies (1938—1960) on the World Map in Chinese of Father Matteo* Ricci, *Monumenta Seria*, 20(1961)"。参见林东阳在其《利玛窦的世界地图及其对明末士人社会的影响》一文中的概述。

贤提出以后,得到国内外多数学者的认同。二是认为它摹自利玛窦在南昌绘制的几幅世界地图之一,且"极可能就是取自于1595年利玛窦献给建安王的世界图志(Descrittione di tutto il mondo)"。①

从章潢《图书编》中的摹本可以看出,利玛窦《舆地山海全图》的整体布局与投影方法,当来自奥特里乌斯的椭圆形世界地图。在奥特里乌斯1570年版《地球大观》上,一个明显的特点是,南美洲的西海岸线在南纬40度左右向西突出,越过经度290度逼近280度,形成一个弯角。在1587年《地球大观》增订本中,奥特里乌斯在两个方面对它作了较大的修改:一是增加了所罗门群岛;二是将南美洲西海岸线在南纬40度左右向东移动到经度300度左右,原来的弯角消失了。观察章潢《图书编》中的《舆地山海全图》,可以看到,图中南美洲西海岸线在南纬40度左右的一个弯角一直突出到经度280度以西。由此可见,这《舆地山海全图》的蓝本乃是奥特里乌斯世界地图的1570年版,而不是它的1587年版。

但是另一方面,在《图书编》第二十九卷《舆地图》(下)的经度170—180度之间,清楚地标有4个岛名:亚马法、勿耳、仙尼苦老、水岛。它们在后来的《坤舆万国全图》和《两仪玄览图》中,音写比较完整,分别作"亚马止法"、"意纱勿尔"、"仙尼苦老"、"水岛"。比对奥特里乌斯原图可以认定,"亚马法"、"勿耳"、"仙尼苦老"无疑就是所罗门群岛中的"Amacefa","Isabella","S. Nicolas"的音译,只是脱失个别读音而已。至于"水岛",德礼贤把它复原为意大利

---

① 林东阳:《利玛窦的世界地图及其对明末士人社会的影响》,罗光主编:《纪念利玛窦来华四百周年中西文化交流国际学术会议论文集》。

文的"Acqua,isola dell'"("Acqua"义为"水")。① 查核奥特里乌斯的世界地图,"水岛"应指瓜达尔卡纳岛,当时拼写为"Guadal Canal",不知利玛窦为何作此翻译。值得注意的是:所罗门群岛最早是在1568年由西班牙人门达那(Alvaro de Mendana)发现的,并首次出现在奥特里乌斯1587年版世界地图上。② 这表明利玛窦在南昌绘制地图时也已掌握奥特里乌斯《地球大观》1587年以后的版本,并据以补充自己所绘的地图,这是个确证,说明《舆地山海全图》并不是利玛窦1584年在肇庆所绘世界地图的摹本。

我们还可以看到,利玛窦的《舆地山海全图》虽然以奥特里乌斯椭圆形世界地图为依据,但又非完全照搬照抄,而是作了适当的调整与充实,主要表现在以下几个方面:1.就整体布局而言,当时奥特里乌斯以及其他欧洲人绘制的世界地图都把中国置于右侧边缘,而利玛窦沿用1584年肇庆版世界地图的设计,使中国位于地图的中间。2.在当时的欧洲地图上,无论奥特里乌斯,墨卡托(Mercator)父子,还是普兰修(Petrus Plancius)等人,都认为北极圈内有四个紧密相邻的大岛,即所谓的"北方四岛"。但在《舆地山海全图》中,只有一个大岛与欧洲地图上的相近,其他三大岛则被许多小岛所取代。3.由于利玛窦到了中国,所以他对东亚地区的认识要远远超过同时代的欧洲人,他在世界地图上加入了不少东亚地区的新内容。当时欧洲世界地图上习用的《马可·波罗游记》上的一些地名,利玛窦改用了中国固有的汉文名称。除了中国的一些省名,还可以见到兀良哈、泰宁、女直、九泉(应是酒泉)、昆仑、

---

① P. Pasqale M. d'Elia, *Il Mappamondo Cinese del P. Matteo Ricci*, Tavola XIV, Vatican City, 1938.

② Peter Whitfield, *New Found Lands*, British Library, 1998, pp. 98—99.

星宿海和海南岛等地名，这在当时的欧洲地图上都是从未得见的。

《图书编》中《舆地山海全图》与《舆地图》上的文字十分细小，特别是两幅《舆地图》上的文字密密麻麻，不易辨认。好在清初周于漆所编的《三才实义》中也摹刻上下两幅《舆地图》，①可以拿来与《图书编》进行参校。通过把《图书编》中利玛窦世界地图摹本与现存利玛窦1602年版《坤舆万国全图》进行比较，可以看到它们之间的关系。

在《舆地图》(上，赤道以北)中，共有地名约280个，其中大多数地名与《坤舆万国全图》相同。也有一些地名音相近而字不同，例如《舆地图》中的门卧耳、色利皮、莫斯未得、母色岭、勿得衣、多多德讶、亚泥汉，在《坤舆万国全图》中分别写作门卧尔、色力皮、没斯个未突、摩色岭、勿突伊、多多德讶国、亚泥俺国。又有10多个地名，在《坤舆万国全图》上却是没有的。如北极圈经度60度—70度之间的太平山（Tabin Pro.），这实际上是自古罗马时代流传下来的一个地名，用来指称亚洲的东北角，②在16世纪欧洲地图中经常出现，如墨卡托1569年世界地图、奥特里乌斯1570年起的各版世界地图、普兰修1594年世界地图，等等。经度140度—150度，北纬50度—60度的兀哈良在《坤舆万国全图》里出现的是兀哈良三卫的具体名称：朵颜、泰宁、福余。经度100度—110度，北纬10度—20度标有珍珠海，而《坤舆万国全图》未标此名，仅有文字说明"此海生好珍珠，滨海人沫水取之为业"。经度60度—70度，北纬0度—10度有"马加大作，即白目人地方"，而《坤舆万国

---

① 周于漆：《三才实义》卷一，续修四库全书本，上海古籍出版社影印。
② Pliny：*Natural History*, vol. VI：xx, The Loeb Classical Library.

全图》仅有马加大作之地名,并无注解。相反,《坤舆万国全图》在经度 300 度—310 度,北纬 60 度—70 度处标有"得尔洛勿多,译云耕农地",而《舆地图》则仅标注"耕农地"。

在《舆地图》(下,赤道以南)中,共有 110 多个地名,也是多数与《坤舆万国全图》相同,有的音相近而字不同。如勿字岛、大母、伯亚其、白露海、马加大德,在《坤舆万国全图》中分别作勿自岛、大拇、伯亚祁、孛露海、马加大突。有的地名章潢在摹绘时则显然搞错了,如《坤舆万国全图》在经度 300 度—310 度间注有"巴大温即长人国",但《舆地图》误将长人与巴大温当作两个国家;《坤舆万国全图》对伯西尔(今译巴西)有两段注文:"巴西尔,此言苏木,此国人……好食人肉";"南亚墨利加今分为五邦……五曰伯西尔,即中国所谓苏木也"。但在《舆地图》中,伯西尔、食人、苏木成了三个不同的地名。

由上可知,在利玛窦南昌期间所绘的《舆地山海全图》中,有一些地名是后来《坤舆万国全图》上所没有的;《坤舆万国全图》上的中译世界地名,有一部分在《舆地山海全图》上已经出现;《坤舆万国全图》基本上沿用利玛窦以前所编世界地图上的地名,但也有些改动,当然增补的更多。

这里特别值得注意的是《舆地图》(下),赤道以南经度 150度—170 度的新入匿(今译为新几内亚)。早在 1526 年,就有欧洲人到过新几内亚。1545 年,德罗达(Ynigo Ortiz de Rota,又名 de Retes)又一次来到这里,并将此地命名为新几内亚,因为他认为这里的土著居民与非洲几内亚人一样都是皮肤较黑、毛发较多。①

---

① A. E. Nordenskiöld, *Periplus*, New York: Burt Frankoin, 1967, p. 196.

但16—17世纪的欧洲人一直无法确定新几内亚到底是一个岛屿还是所谓"南方大陆"(Terra Australis)的一部分,直到18世纪才彻底证实新几内亚是个岛屿。① 16世纪后期的欧洲地图一般都把新几内亚绘成一个大岛,如墨卡托父子的地图,奥特里乌斯的地图,并有"新几内亚新近才发现,不知其为一岛或为南方大陆之一部分"之类的注释。这种模糊的观念集中地反映在普兰修1592年的地图上,此图右下角把新几内亚绘成与陆地相连,而左下角则把新几内亚绘成岛屿。但从1594年起,普兰修明确地把新几内亚绘成南方大陆(他称之为麦哲伦洲,Magallanica)的一部分。在现存利玛窦世界地图(即北京版的《坤舆万国全图》与《两仪玄览图》)上,利玛窦把新几内亚绘成方形,但又写上这样的注文:"此地名为新入匿,因其势貌利未亚入匿相同。欧逻巴人近方到此,故未审或为一片相连地方,或为一岛。"这反映了利玛窦与当时的欧洲人一样无法肯定新几内亚是陆地之一部分还是岛屿。在《舆地图》中,新几内亚的形状与《坤舆万国全图》几乎一样,也是方形,也是与南方大陆相连。这更进一步说明至少早在南昌期间,利玛窦就已确定了他的世界地图的基本图形,现存利玛窦世界地图是在他以前地图的基础上发展起来的。

利玛窦"地球图说"中还有这样的文字:"此图本宜作圆球,以其入册籍,不得不析(按:应为折)圆为平。"洪业早就指出,"入册籍"一句,表明《舆地山海全图》是一幅小小的地图,原本是插在一本书中的。② 根据同一卷章潢所撰《舆地圆图考》中的文字,"前图

---

① R. A. Skelton, *Explorer's Maps*, London: Routledge and Kegan Paul, 1958, pp. 199—201, 206, 223.
② 洪业:《考利玛窦的世界地图》,《洪业论学集》,第153页。

因赤道其直如绳,故总为一图,而五方止列其概。此图圆形,以南北二极分之为二,故各国可因地以考其详",这里的"前图"即《舆地山海全图》,上面可能没有多少地名,这从另一个侧面说明了利玛窦在南昌所绘的《舆地山海全图》是一份篇幅不大的地图,而不是像后来的《坤舆万国全图》或《两仪玄览图》那样的大型地图。

三、《函宇通》中的世界地图

《函宇通》的作者是熊明遇、熊人霖父子。熊明遇,字良儒,江西进贤人,"万历二十九年(1601年)进士,知长兴县,四十三年(1615年)擢兵科给事中,旋掌科事"。① 他因与东林党人联系密切而受到魏忠贤的打击,仕途多有波折,直至被"谪戍贵州"。崇祯元年(1628年)召为兵部侍郎,四年(1631年)晋为兵部尚书。第二年,崇祯皇帝以其处事不当而将他罢官。

熊明遇与来华传教士交往甚多。他曾为庞迪我的《七克》和熊三拔的《表度说》写过序。他一生著述不少,其中有的涉及到东来的欧洲人。如其《文直行书》中就有"佛郎机"、"吕宋"、"红毛番"等条,②分别讲述在亚洲进行殖民活动的葡萄牙人、西班牙人和荷兰人。他甚至与欧洲人有直接接触,如他在"佛郎机"条中写道:佛郎机人"能华语,尝与余言:天竺、大夏以西皆仰给中国之丝、瓷。则华风所被者远矣"。但他对欧洲人的认识相当模糊。他在"佛郎机"条中又说:"佛郎机居海岛中,与爪哇国直,初名勃利国,后更今

---

① 《明史》卷二百五十七《熊明遇传》,中华书局点校本。
② 熊明遇:《文直行书》卷十三,四库禁毁书丛刊本,北京出版社。

名。……计佛郎机与爪哇、真腊隅置海中,道里大约相同。"正由于他认为"佛郎机"(葡萄牙)就在东南亚,他就搞不清楚葡萄牙人与其他欧洲人之间的关系,说"欧逻巴人观光中国者,绝海九万里,亦附其舶以至"。

熊明遇之子熊人霖,字伯甘,崇祯十年(1637年)进士,① 曾任浙江义乌知县、南京工部主事、太常寺少卿等官,也写过一些书,《千顷堂书目》载有他的著作两部,一是在崇祯十三年(1640年)做知县时修的《义乌县志》二十卷②,另一部是《华川集》二十四卷。③

明朝灭亡后,熊明遇父子逃到福建,"寓崇泰里熊屯,五载回籍,尽节死"。④ 据现藏日本内阁文库的《先府君宫保神道碑铭》,熊明遇去世的年代为清顺治五年(1649年)6月。⑤

熊明遇写过一部著作,初名《则草》,后改名《格致草》。熊志学在《函宇通》序中说:"《格致草》初名《则草》,成于万历时,后广之为今书。刻于华日楼,海内宗之,而分至、金、水诸论则今戊子考测乃定。"《格致草》的"气行变化演说"节有这样的注:"偶于箧中得二十五年前一旧稿,盖需次给事之命,闲暇中与四方诸儒极其推论者,再为演说一通。"可知熊明遇在任兵科给事中之职时即已撰写此书,而他擢兵科给事中是在1615年。至1648年还在对此书进行补充,那时他正在福建避难。

熊人霖著有《地纬》一书。他在序中说:"余以此书弱冠少作,

---

① 《江西通志》卷五十五,文渊阁四库全书本。
② 熊人霖:《义乌县志》,稀见中国地方志汇刊本,中国书店。
③ 黄虞稷:《千顷堂书目》卷七、二十七,文渊阁四库全书本。
④ 民国《建阳县志》卷十三,第36条,中国地方志集成本。
⑤ 冯锦荣:《明末熊明遇〈格致草〉内容探析》,《自然科学史研究》1997年第4期,第304—328页。

久尘笥中。甲戌(1634年)上公车,卧子陈君,一见谬加青黄。戊寅(1638年)之夏,仲驭钱君,复为怂恿,辄以授梓,用备采刍。"而此书的凡例后面则题有"天启甲子(1624年)岁,著于竹里"的文字。可见《地纬》成书于1624年,初版于1638年,此时他正在义乌做知县,所以熊志学在《函宇通》的序中说:"《地纬》刻于浙中。"

清顺治五年(1648年),熊志学将熊氏父子上述两书合在一起刊刻,名为《函宇通》,共四册,前两册为《格致草》上、下,后两册为《地纬》上、下。此书清初遭禁,《禁书总目》及《违碍书目》都有收录。由于查禁的缘故,后来极少流传,目前所知仅中国国家图书馆与美国国会图书馆有藏。① 王重民《中国善本书提要》对这部书有介绍。②

《格致草》是一部天文学著作,其主要内容来自多个传教士的作品。有人曾指出,该书中关于元素运动类型、天体性质等内容来自傅汎际所翻译的《寰有诠》(1628年刊刻),其中有的"几乎整篇都是从《寰有诠》里照搬过来的,只不过没有明确地标明出处"。③此外我们发现,另外一些内容来自其他传教士,如"日行分至黄道距赤道节气差数"实际上几乎全部抄自阳玛诺《天问略》(1615年印行)中的相关部分。④ 不过,熊明遇也努力试图把西方传入的文化与中国的传统文化相调和,特别是与"气"的思想相结合。例如

---

① 《中国科学技术典籍通汇》天文卷六已将《格致草》收入影印,河南教育出版社出版1998年版。
② 王重民:《中国善本书提要》,上海古籍出版社1983年版,第213、278页。
③ 石云里:《〈寰有诠〉及其影响》,《中国天文学史文集》(第六集),科学出版社1994年版,第232—260页。
④ 阳玛诺:《天问略》,李之藻编:《天学初函》(五),学生书局1965年版,第2645—2648页。

他在《原理演说》篇中说:"中国处于赤道北二十八度起,至四十四度止,日俱在南,既不受其亢燥,距日亦不甚远,又复资其温暖,禀气中和,所以车、书、礼、乐、圣贤、豪杰为四裔朝宗。若过南,逼日太暑,只应生海外诸蛮人;过北,日太寒,只应生塞外沙漠人。若西方人所处北极出地与中国同纬度者,其人亦无不喜读书,知历理。"

《地纬》是一部世界地理著作,共84篇。第一篇是《形方总论》,来自艾儒略《职方外纪》第一篇《五大洲总图界度解》。第二篇是《大瞻纳总志》,文末有注:"徐玄扈先生原因西书称亚细亚,家君改定今名。"(徐玄扈即徐光启)。因此,"大瞻纳",实际上即亚洲。接下来的41篇讲述亚洲,其中14篇即《职方外纪》亚洲部分的篇目,其他部分则来自张燮的《东西洋考》等中文著作。其余欧洲、非洲、美洲及所谓的"墨瓦腊尼加",则在内容和序次上都与《职方外纪》相同而略有变化,如欧洲部分增加了《红毛番志》。此书最后几个篇目是《海名志》、《海族志》、《海产志》、《海形志》、《海舶志》、《地图》、《纬系》,显然也与《职方外纪》类同。所以《地纬》一书的主要依据是艾儒略的《职方外纪》。《职方外纪》是第一部中文近代世界地理著作,但编者毕竟是外国人;而《地纬》则可以说是第一部由中国人编纂的近代世界地理著作。

熊明遇《格致草》之《圆地总无罅碍》篇附有一幅题为《坤舆万国全图》的世界地图。图上自西而东的地名分别是:华夏海、亚细亚、小西洋海、欧逻巴、利未亚、大西洋海、亚墨利加、南亚墨、平浪海。旁边还有一段注文:

宋儒言:天旋如磨,下许多粉子,凝结为地,可一大噱。又言:海那一岸与天相粘。皆属管中之窥。后"坤舆图"原是浑圆,经线俱依南北极为轴;东西衡贯者,则赤道线也。行海者其行虽在地上，其测量却在天上。如行赤道南，见南极出地三十余度；又进赤道北，见北极出地三十余度，则二处正为人足相对。总以天顶为上，其余行度多寡可类推。瞻纳，欧逻，利未，南墨，北墨，五大州也。

后来熊人霖又把其父的这幅世界地图收录在《地纬》（下）的《地图》中，不过把名称改为《舆地全图》。图上的地名也基本相同，略有变化，自东而西分别是大明海、亚细亚、小西洋海、欧逻巴、利未亚、北亚墨、南亚墨、平浪海、墨瓦腊。他还把其父的说明文字略作改动，抄录在地图下面：

  舆地图原是浑圆，经线俱依南北极为轴；东西衡贯者，则赤道纬线也。总以天顶为上，随人所载履，处处是高，四面处处是下，所谓天地无处非中也。宋儒言：天旋如磨，磨下许多粉子，凝结为地。又言：海那一岸与天相粘。皆属管中之窥。行海者测量于天，如行赤道南，见南极出地三十余度；又进赤道北，见北极出地三十余度，则二处正为人足相对。其余行度多寡，可类推矣。

对于《函宇通》中的这两幅世界地图，林东阳认为它们都是利玛窦所作，并说"如依这两本摹刻图的名称，我们相信它们分别摹自吴中明刻版与李之藻刻版的世界地图"。① 这里所谓吴中明刻版的利玛窦世界地图是指1600年南京版的《山海舆地全图》，李之藻刻版的利玛窦世界地图，则是指《坤舆万国全图》。②

---

  ① 林东阳：《利玛窦的世界地图及其对明末士人社会的影响》，罗光主编：《纪念利玛窦来华四百周年中西文化交流国际学术会议论文集》。

  ② 李之藻版《坤舆万国全图》在国内没有发见过，但有好几幅保存在海外，收藏情况参见 John D. Day, The Search for the Origins of the Chinese Manuscript of Matteo Ricci's Maps, *Imago Mundi*, 47(1995). 1936年，中国禹贡学会曾影印出版一种藏本。

看来林东阳是在没有见到《函宇通》原图的情况下,仅依据地图名称作此推测的。要是他见到此图,想必就不会提出这样的看法。因为第一,《函宇通》中的这两幅世界地图实际上是一样的;第二,这两幅世界地图与现今所知利玛窦绘制的所有中文世界地图都不相同。

《函宇通》中的世界地图,是用椭圆形投影法绘制而成的世界地图。对照16世纪后期欧洲出版的世界地图,很容易发现此图实际上完全摹自奥特里乌斯所著《地球大观》中的世界地图。利玛窦在中国绘制的世界地图虽然也采用奥特里乌斯的椭圆形投影法,并以奥特里乌斯的世界地图作为主要依据,但他毕竟在许多方面作了修改,而不是像《函宇通》中的地图那样全部照摹。这样,这两种世界地图就表现出明显的差别:

1. 就总体布局而言,利玛窦自1584年在肇庆绘制第一幅世界地图开始,就把穿过福岛的零度经线从地图的中间移到地图的左边,亚洲、非洲及欧洲随之被移到地图的左侧,美洲位于地图的右侧,"使中国正好出现在中央"。① 而《函宇通》中的世界地图与奥特里乌斯的一样,都是把零度经线置于地图的中央,这样,美洲就位于地图的左侧,亚洲、非洲及欧洲就位于地图的右侧,中国位于地图的最右边。

2. 虽然16—17世纪欧洲人都无法确定新几内亚是一个岛屿还是所谓"南方大陆"的一部分,但在奥特里乌斯的世界地图上,新几内亚从来被绘成一个大岛,《函宇通》中的世界地图正是如此。而利玛窦则把新几内亚绘成方形,并与"南方大陆相连"。在现存

---

① 利玛窦、金尼阁:《利玛窦中国札记》,第180页。

的利玛窦世界地图中是这样的,在现今所能见到的最早的利玛窦地图摹本中,也是这样的。

3.《函宇通》世界地图的北极地区是大片的岛屿,这是16世纪后期欧洲所绘地图的一个明显特点,奥特里乌斯的世界地图也不例外。但在利玛窦的世界地图上,无论是南昌期间所绘的《舆地山海全图》,还是现存的《坤舆万国全图》、《两仪玄览图》,则用众多小岛取代了这些大岛,使海洋所占的空间较多。

4.在利玛窦的世界地图上,太平洋或作"宁海"(《坤舆万国全图》、《两仪玄览图》),或作"太平海"(《方舆胜略》中的东西两半球图),而《函宇通》则将太平洋标作"平浪海",这与艾儒略的《职方外纪》相同。利玛窦世界地图称中国东部沿海为"大明海",而《格致草》则写作"华夏海"(后来其子之《地纬》改作"大明海")。

5.从《格致草》的内容来看,熊明遇主要依据比利玛窦稍晚入华的传教士之著作,而不是利玛窦的著作,前文对此已有述及,这里再举两例。利玛窦在他的《天地浑仪说》中说天有九重;但《格致草》则持十二重天之说,此说与阳玛诺等人的说法相同。在翻译西方最高造物主时,利玛窦用的是"天主"、"上帝";而《格致草》在表示最高造物主时所用的词汇是"大造",书中《大造畸说》篇所讲的即是《圣经》所载上帝创造世界之事。而《地纬》中的内容则主要来自艾儒略的《职方外纪》,除了前面所说的外,还可见下例:"若欲知中国京师何隅,法以日影在其离赤道以北四十度、离福岛以东一百四十三度,即于两经纬线之交得京师矣。"这是《地纬》之《形方总论》篇中的话,我们很容易在《职方外纪》的《五大州总图界度解》中找到类似的文字。

总之,熊明遇父子受利玛窦影响不大,《函宇通》中的世界地图并非利玛窦所作。从现有资料来看,利玛窦自己也从未提及曾绘制过这样的世界地图。这两幅世界地图当然也不可能是熊明遇父子所绘,因为它们实际上直接译自奥特里乌斯的世界地图,他们不可能有此外语能力。况且,熊明遇自创其说,认为"亚细亚"应写作"瞻纳"或"大瞻纳",而他们书中的世界地图上则作"亚细亚",如果这两幅世界地图出自他们之手的话,亚洲部分一定会被标上"大瞻纳"之类的中文。这样,这两幅世界地图的中文原本只能出自某个稍晚于利玛窦入华、与熊明遇同时代的传教士之手。虽然艾儒略正是这个时期最主要的人物,但此图也不可能来自艾儒略的《职方外纪》,因为《职方外纪》所附世界地图与利玛窦的世界地图一样,都是把零度经线置于地图的左边,把中国绘在中间的。看来此图的原作者现在还是个谜。

另外,此图源自奥特里乌斯的《地球大观》,它所依据的是哪个版本?如前所述,《地球大观》最初出版于1570年,1587年奥特里乌斯在两个方面对它作了较大的修改:一是增加了所罗门群岛;二是把南美洲西海岸线向东移动到经度300度左右。观察《函宇通》中的世界地图,上面南美洲太平洋沿海海岸线比较平直,没有向西突出的一块,所以我们认为它们应当译自奥特里乌斯1587年以后出版的世界地图。当然在《函宇通》中的世界地图上,也见不到所罗门群岛。这可能是由于所罗门岛本来就太小了,缩小以后难以绘出的缘故。

《函宇通》中的世界地图并非来自利玛窦,那么,为什么《格致草》中的世界地图要以"坤舆万国全图"命名呢?大概是由于利玛窦的《坤舆万国全图》当时已非常著名,所以译绘此图的传教士也就借用了这个名称。尽管如此,它自身的却有特殊的价值,它是目前所知惟一的奥特里乌斯世界地图的中文直接摹本。

四、《海防纂要》中的"周天各国图四分之一"

在中国古籍的地图摹本中,与利玛窦有关的还有一幅名为"周天各国图四分之一"的东亚地图。就笔者所知,至今为止,只有曹婉如等所编《中国古代地图集(明代)》一书中提及,①可惜介绍得非常简单。更为遗憾的是,国内外其他人竟均未加注意。我们想在这里就相关问题稍费笔墨,做些探讨。

《周天各国图四分之一》原载王在晋所编《海防纂要》。② 王在晋,"字明初,太仓州人,潜县籍"。③《明史》为他立传:"万历二十年(1592年)进士。授中书舍人。自部曹历监司,由江西布政使擢巡抚山东右副都御史,进督河道。泰昌(1620年)时,迁添设兵部左侍郎。天启二年(1622年)署部事。三月迁兵部尚书兼右副都御史,经略辽东、蓟镇、天津、登、莱,代熊廷弼。八月改南京兵部尚书,寻请告归。五年(1625年)起南京吏部尚书,寻就改兵部。崇祯元年(1628年)召为刑部尚书,未几,迁兵部。坐张庆臻改敕书事,削籍归,卒。"④从此传文,看不出王在晋在明末的功过。实际上,王在晋的经历要复杂得多,而且是个"误国庸臣"。

---

① 曹婉如等编:《中国古代地图集(明代)》,文物出版社1995年版,图版226及文字说明。
② 《海防纂要》原系善本书,现在比较容易见到。四库禁毁书丛书中的影印本系据华东师范大学藏本,续修四库全书中的影印本系上海图书馆藏本。
③ 张豫章等:《御选明诗·姓名爵里五》,文渊阁四库全书本。
④ 《明史》卷二百五十七《王在晋传》,中华书局点校本。

在王在晋的一生中,最重要的有两件事情。一是经略辽东,另一件是被牵涉到张庆臻的案子。在1622年经略辽东时,他不去收复失地,反而主张放弃宁远、前屯两城,退守山海关,并提出在山海关外的八里铺构筑一座关城,遭到部下袁崇焕等人的坚决反对,熹宗经过考察后将其免职,让他迁任南京兵部尚书。① 王在晋接到皇帝将他从关外召回的圣旨,竟然"喜出望外",觉得自己既没有战死疆场,又没有因守边不力而被捕下狱,实在是庆幸之至。② 但正是由于他的无能,给了努尔哈赤以喘息的机会。而王在晋之后却反而以守边良将自居,编撰《三朝辽事实录》自我歌功颂德。明思宗上台后,铲除魏忠贤阉党,励精图治,启用旧贤。崇祯元年,经礼部尚书刘鸿训的推荐,崇祯皇帝任命王在晋为刑部尚书,不久又改兵部。③ 正在这时,发生了张庆臻改敕书的案件。

崇祯元年七月,惠安伯张庆臻受命总督京营。按照旧例,总督京营者不得兼辖巡捕军;但在颁给他的敕书中,却出现了"兼辖捕营"的字句。有人立即指控说,这是由于张庆臻向刘鸿训行贿,刘鸿训授意在敕书中加入这几个字,以扩大他的职权。王在晋也被牵涉进来,因他时任兵部尚书,"改敕非小事,岂得不知?"十二月,崇祯皇帝下令对刘鸿训、王在晋等人"从公依律会议"。④ 虽然王在晋受贿之事查无实据,第二年崇祯皇帝还是作出如下处理:"鸿训谪戍代州,在晋、思顺并削籍,庆臻以世臣停禄三年。"⑤王在晋就这样被革职回家,并在家去世。

---

① 《明史》卷二百五十《孙承宗传》,中华书局点校本。
② 王在晋:《三朝辽事实录》卷十,四库禁毁丛书、四库续修丛书都有。
③ 《崇祯实录》卷一,《明实录·崇祯长编》卷八。
④ 《明实录·崇祯长编》卷十五。
⑤ 《明史》卷二百五十一《刘鸿训传》,中华书局点校本。

王在晋虽然庸碌无能，但编写的书却不少，《海防纂要》就是其中的一部。从其自序可知，此书完成于万历四十一年（1613年）。共十八卷，附图11幅，并一一注明出处。附图之一为《周天各国图四分之一》，注明利玛窦刊。

《周天各国四分之一》图，实际上是一幅正轴投影世界地图的东亚部分。地图最北部有"北海"和"极北"几个字。在亚洲大陆上，长城以北的地名有室韦、靺鞨、女真、鞑靼、福、西、朵、开、咸、东、河套、贺兰、是的亚意貌外、撒马儿罕、哈密，等等。长城以南的地名有朝鲜、开、辽、蓟、京师、登、宣、大、太、青、杨、杭、福、广、大明一统、雷、安南、车、、云南、缅甸、固、河、汉中、于阗、流沙、葛剌、孟道、加尔旦旦、占城、暹罗、真腊、三佛齐、满剌加、等等。日本周围的地名有东洋、一柱岛、野岛、双柱岛、武藏、越北、日本、南阿波、长门、箭、五岛。中国沿海及东南亚海域的地名有小琉球、大琉球、卧山、角岛、亚来、大音、马路古地方、食力百思、茗答闹、色力皮、吕宋、非利皮那、波尔匿何、琼、海南、榜葛剌海。

对照利玛窦《坤舆万国全图》，可以发现，两图的大陆形状、岛屿分布、山脉形势、河流走向都是一样的。《周天各国四分之一》图上有两处写法与《坤舆万国全图》不同，一是"极北"，在《坤舆万国全图》上作"北极"。二是日本北海道岛上的"越北"，不见于《坤舆万国全图》，后者只有"越中后"等。除此之外，其他地名也都见诸《坤舆万国全图》，只是由于篇幅的限制，不少地名作了简称，如长城沿线的福、朵、开、咸、东、大、太、固、河分别是福余、朵颜、开平、咸宁、东胜、大同、太原、固原、黄河的简写；中国西南的"车"是车里的简写；南海中的"亚来"、"大音"则是亚来沙和马大音的简写。

《周天各国四分之一》图上还有两段注文，一是"鞑靼地方甚广，自东海至西海皆是，种类不一，以盗为业，无城郭，无定居"。另一段是"日本乃海内一大岛,长三千二百里,宽不过六百里,今有六十六州,各有国主。俗尚强力。虽有总王,而权在强臣。民多习武,少习文。土产银、铁。国王生子,年至三十,以位让之"。这两段注文也是根据《坤舆万国全图》上相应的注文缩写而来,不过有些地方改得更好。例如在关于日本的注文中有"国王生子,年至三十,以位让之"的文字,在《坤舆万国全图》上则作"其王生子,年三十,以王让之"。这里将"王"改作"位",显然较好。

现在可以进一步追问,它是直接裁取自《坤舆万国全图》,还是专门重新绘制的呢?我们认为答案应是后者。

《坤舆万国全图》是用横轴投影绘成的,《周天各国四分之一》图则是用正轴投影绘成的。因此,如果把《坤舆万国全图》上的东亚部分简单地裁割下来,是不可能形成像《周天各国四分之一》这样的图形。此外,在《周天各国四分之一》图上,日本北海道岛中的地名"越北",在《坤舆万国全图》上并没有,这就更加说明《周天各国四分之一》图并非直接从《坤舆万国全图》中裁切而成。至于《坤舆万国全图》上的"北极"在《周天各国四分之一》图上被写作"极北",则可能是刊刻时的手误。

在《坤舆万国全图》左上角有一幅《赤道北地半球之图》,也是用正轴投影法绘成的。《周天各国四分之一》图是否有可能从这幅地图上裁切下来?我们认为,这同样是不可能的。首先,《赤道北地球之图》东亚部分的地名只有十几个,《周天各国四分之一》图上的多数地名是此图所没有的,所以后者不可能直割切于前者。第二,《周天各国四分之一》图最西边有三个地名("是的亚意貌外"、"撒马尔罕"和"哈密")大体处于相同的经度上,在《坤舆万国全图》上也是如此。这表明《周天各国四分之一》图是特地绘制的,因为将同一经度上的三个地名,在不同投影的地图上换标,需要经过专门的数学计算。正由于它是专门绘制的一幅东亚地图,所以上面还标出"南""西"这样的方位。

那么《周天各国四分之一》图的作者是谁呢?王在晋说是"利玛窦刊"。可是,在利玛窦现有的书信、回忆录以及其他著述中,都找不到相关的记载。利玛窦所交往的其他人,包括中国人和欧洲人,也都没有提到过这样一幅地图。除了王在晋的《海防纂要》外,此图在其他地方也没有出现过。

不过,《周天各国四分之一》图当然不可能是由王在晋或其他中国人绘制的,因为他们当时并不具备这种地图投影知识和世界地理知识,在相关文献中也找不出任何有关的记载。而就王在晋而言,他是一个喜好虚名的人,如果是他所绘,他一定会署上自己的名字,绝不会将此美誉让给利玛窦。

这样,就目前的材料而言,我们似乎只能说,《周天各国四分之一》图的作者还是利玛窦。因为第一,王在晋明确地说此图是利玛窦所刊。第二,除了利玛窦之外,当时的中国人尚不可能绘制这样的地图。至于为什么在利玛窦的著作与信件中没有提到这幅地图,我们也只能猜测,一种可能是由于此图并非像《坤舆万国全图》那样是大型地图,所以他认为不值得一提;另一种可能是相关资料佚失了,或者尚未被发现。此图绘成后,流传范围大概也并不很广,见过或知道它的人很少,所以在其他中文文献中找不到有关记载。利玛窦绘制此图的原因,或是如曹婉如等所说的那样:"此图可能是利氏为突出中国与其海上邻国的关系而绘制的。"①

---

① 曹婉如等编:《中国古代地图集(明代)》,图版说明,第18页。

五、《定历玉衡》中的"天地图"

张雍敬是秀水（今浙江嘉兴）人，一位多才多艺的民间学者。杭世骏（1696—1772年）曾为他写一小传："张雍敬，字简庵，秀水人，潜心历术，久而有得，著《定历玉衡》，主中历为多。赢粮走千里，往见梅氏。假馆授餐逾年，相辩论者数百条，去异就同，归于不疑之地。惟西人地圆如毯之说则不合，与梅氏兄弟及汪乔年辈往复辩难不下三、四万言，著《宣城游学记》。"①《国朝画征续录》记："张雍敬，……善草虫，布置花草，本宋人勾染法，工细多致。……诗有《环愁草》、《灵鹊轩》等集。画笔其余技也，然犹工细若是，可见其学之专矣。"②

《定历玉衡》是张雍敬在天文历算领域的名著。③此书完成后，他即携书稿赴安徽宣城与当时著名学者梅文鼎（字定九，号勿庵，1633—1721年）进行长达一年的讨论，并将讨论的结果写成《宣城游学记》一书。④他们相互辩驳，彼此各有归从。另一位著名学者朱彝尊（1629—1709年）也为此书作序，指称"小人儒"不学无术，"简庵氏耻之，博综历法五十有六家，正古今历术之四十有四，成书一十八卷，既择焉而精，语焉而详矣。始稽之吴江王寅旭氏，继又往证之宣城梅定九氏。凡西洋之言，溺于数之中，出于理

---

① 杭世骏：《道古堂文集》卷三十一，续修四库全书本，上海古籍出版社。
② 张庚：《国朝画征续录》卷下，台北明文书局1986年版。
③ 此抄本原藏复旦大学，现收入上海古籍出版社所出的续修四库全书中。
④ 据说，《宣城游学记》的稿本已在"文革"中被毁，参见江晓原、钮卫星：《天文西学东渐集》，上海书店2001年版，第374页注54；江晓原：《天学外史》，上海人民出版社1999年版，第210页。

之外,傲人以所不知者,弗受其惑焉。……是书传足以伸儒者之气,折泰西之口,而王氏、梅氏为不孤也。"①

虽然张雍敬对西方科学有较多的了解,但他对世界的基本看法,却是中国传统的观点。他引述朱熹相关的说法,认为大地就像木块那样,漂浮在水面上,四周都是水。他还认为,大地不会非常辽阔,欧洲来华传教士说经过几万里才到中国,很可能是夸大之词;只有中国才是世界的文明中心,中国之外的世界即使存在的话,也不会好到哪里去。他在此书第三卷中写道:"西说五大洲,曰瓯罗巴,曰利未亚,曰亚细亚,曰南北亚墨利加,曰墨瓦腊泥加。吾不知海外另有天地,抑同此天地也。今以天道观之,日月星辰,其变占多应于中国,而春秋冬夏、四炁和均,亦仅太行以南、衡岳以北耳。则九州之内,岭南多暑,朔地多寒,其气候且不能尽得天地之正,又何论乎海外!故海国虽多,而与万古神圣相传、广土众民、声名文物之天下,必不可同年而语也。彼为是说者,徒以耳目之所不能及,世亦无从致诘耳。今中国南交北朔、东海西域,固可考而知。若南逾瘴海,至苏吉丹、澎湖岛,北至骨利干、铁勒,此外则不可穷。夫其不可穷处,即其穷处。……南北既有可穷,东西不当独远。其动称去中国几万里,或以水陆纡回之故,或故为夸诞之辞,殆未足信也。"

从年轻时起,直到晚年,张雍敬最难以接受的就是传教士们所介绍的地圆说。在《定历玉衡》第五卷中,他专门写了《西法地球辩》一节。

张雍敬认为,欧洲人的地圆说,与佛教的四大部洲说一样,其

---

① 此序收于朱彝尊:《曝书亭集》卷三十五,文渊阁四库全书本。

实都是从中国传出去的。他说:"古之言天者三家,而盖天为最古,故传播及远。西域之法,皆其遗也。如释氏谓日绕须弥山,照四大天下。"

对于佛教的世界观,"儒家历家,皆所弗道也",根本不值一驳。但对于欧洲地圆说就不同了,务予驳斥,因为这不仅关乎天文历算,而且还涉及"道"的"是非邪正"这一重大问题。"西说以盖天移于浑天,故取验逾远,违理逾甚。乃斯道是非邪正之所关,非独历术精粗暌合之所系也,故不得不起而辨之。"

在引述利玛窦"地与海本是圆形而同为一球"的论述以后,张雍敬列举了十几条理由来反驳利玛窦地圆说。从这十几条理由的申述中,我们可以知道,张雍敬实际上最难接受的是两点,一是大地球形的观点,二是地图绘制的投影方法。我们还可以从张雍敬反对地圆说的那些理由中,看出其思想的特点:

利玛窦说,大地是球形的,"原无上下",所谓的上下是相对于人所站立的位置而言的,东、西这两个方位也一样,甚至地球上的气候也因纬度的不同以及太阳运行位置的不同而不同。对此,张雍敬从哲学上加以批驳:每种事物都有特定的本性,"夫金必指南,水必归下,物之性也。物之性,即物之理也。物之理,即天地之理也。而谓上下无定形,将谓天地无定理乎?"在他看来,利玛窦的说法实质上否定了事物及自然的基本特性。

利玛窦在地图的北部标有"冰海",张雍敬予以首肯,因为"南为阳而主夏,北为阴而主冬,天道之本然也"。且据"南为阳而主夏"来推断,南海应当是炎热的。但利玛窦又说南半球与北半球的气候是会转换的,当北半球为夏天的时候,南半球又为冬天,"极南之处,又当极寒"。这与前面所说的南海应为炎热之地的观点不是自相矛盾吗？

利玛窦说，大地为圆球，所谓上下都是相对的，每个人都可以把自己所站立的位置看作是大地的中心；这个中心也可看作是球体的顶点，从自己所站立的位置向四周看，四周应当要低于自己所站立的地方。根据这个原理，如果人站在杭州向四周看，那么周围地区都应当要低于杭州。现在杭州附近的湖洲、嘉兴确实是比杭州低，可是为什么徽州、南京这些地方会比杭州高呢？又，"自吴越北至朔方，数千里而遥，西至甘肃，亦数千里而遥"，可是为什么我们所看到的还是西北高、东南低呢？因此，大地为球体的观点"终有所不能通也"。

按照地为圆球的观点，球体四周都有人居住，就像虫蚁趴附在木头上，于是从一个固定的地点进行观察，有的人实际上是横立在地球上，有的人则是倒立在球体上。那么，人怎么会横立，甚至倒立呢？由于张雍敬对地球引力的理论毫不了解，他的头脑中只有中国传统的"气"理论，所以他实在不明白这个"气"怎么会使人横立或者倒立在球体上。他说，即便以虫蚁为例，它们固然会趴附在梁壁上，可是这是由虫蚁的本性所决定的，"非由气之所载"，因为如果我们把虫蚁的背放在梁壁上，"则断无不坠焉"。"气"连小小的虫蚁都难以托起，怎么可能把人托起并使其倒立或横立在球面上呢？

当然，在张雍敬心目中，最不能理解的是这样两个问题：第一个问题是，大地既然不是像一块木板那样漂浮于水上，那么，是什么东西把它托起来的呢？难道是"气"吗？可是大地下方之气"将不足以载鸿毛，能载大地乎？"第二个问题是：传教士说，站在地球上面的人，他的重心向下，入于地心，这还可以理解；但是传教士还进一步说,站在地球下面及四旁的人,其重心也是入于地心,他认为这不仅是不可能的,而且是荒谬的。

现在看来,张雍敬对于地圆说的种种质疑都是十分幼稚的,甚至是荒唐可笑的,可是当时它们却引起不少中国士人的强烈共鸣。朱彝尊称赞道:"是书传足以伸儒者之气,折泰西之口。"杨燮说张雍敬"以一人之独信,释千古之大疑,岂不畅然快事哉!"①

对于利玛窦所绘的世界地图,张雍敬更是百思不得其解。

利玛窦说,世界六大洲都出现在他的独幅世界地图上了。可是张雍敬实在难以想象这样一幅世界地图可以复原为一个球体,他反而越看越觉得利玛窦的世界地图并没有把整个世界描绘出来,而只是表现了半个世界,"仅得半面球形"。于是他发出这样的质问:"六大洲既全聚于上面,将下面不复有山川疆域,而生齿安从伫足乎?下面既无人物,而上面独有人物,则亦惟有上面人物之重心,入于地心,而下面无人物之重心以相距,吾恐地球必将下坠矣。若曰下面亦有山川疆域,但人迹不至,不可得而知耳,则彼国好游,何以经历之处,所见所闻,仅得在半球之内,而半球之外,非特不可得而见,并不可得而闻乎?是则地形止有半球,而半球之外,必非人之所能至可知矣。非人之所能至,即必非人之所能居,又可知矣。"

为什么张雍敬会发出这样的质问呢?究其原因,是他对西方的地图投影方法一无所知。根据欧洲地图投影方法,只要把利玛窦《坤舆万国全图》(或者任何一幅横轴投影的近现代世界地图)的东西两端连接起来,那么就可以复原为一个球体,而南极与北极则

---

① 见于《定历玉衡》,续修四库全书本。

根本不需要相连接。但他固执地认定:"即便瓯逻巴之西,可接境于大东洋,而冰海必不可接境于鹦鹉地。"(在利玛窦的世界地图上,冰海在北极周围,鹦鹉地则在南极周围的大片陆地上,利氏称之为墨瓦腊泥亚州)他的这种固执与困惑还出现在同一卷的另一处:利玛窦说世界可分六大洲,而且这六大洲有的位于东,有的位于西,有的位于南,有的位于北。这种说法本身就证明大地是个平面,而非球体,因为如果是球体的话,"则必瓯逻巴之西境,即为南北亚未利加之东境,而冰海之北,又为墨瓦腊泥加之南"。

但是,张雍敬毕竟接触到利玛窦的世界地图及其地圆说,也接受了西方科学(特别是天文学与数学)的一些内容,他作为一个学者,不能完全无视利氏带来的地理学新知识。于是,他在对新知识很不理解的情况下,还企图将两者结合起来,绘出了他自己的"现代世界地图",即《定历玉衡》第三卷中的《天地图》。

在这幅中西合璧的《天地图》上,他加上了这样的注:"外圜为天周,每格纵横各十度四分太,是满真象之度。内圜为地周,每格纵横各二十分度弱,是为虚象之度。"天是圆的,地自然也是圆的,但不是像西方传教士所说的那样是球形的。他在引述朱熹的"地包天内,天圜则地亦必圜,犹盂圜则水圜也"后,解释说:"然亦四周际天处乃圜耳,非如西术地球之说。"

天是圆的,地也是圆的,这是中国传统说法之一。所以,在他的地图中间又画有一个小圆圈,代表大地。出于某种矛盾心态,他表示,大地从理论上来说虽然应是圆的,可是实际上陆地并非圆的:"陆地之体,其形如半璧然。"这个"半璧"形的陆地是什么呢?就是来华传教士所说的欧亚大陆及非洲。那么美洲呢?在张雍敬心中,美洲要么是根本不存在的,要么是应当沉入于水底的大地背面。

此外,张雍敬还接受了传教士传入的经纬度知识,不过他同样根据中国传统观念对这些知识进行改造。《定历玉衡》第三卷中说,"大地中线,其经在燕齐浙闽之间","其纬在衡山南度许","其经纬如十字相交处,则在泉州南入海一二度许,此天地之中也"。诸如此类。

张雍敬不仅引用了利玛窦写在其世界地图上的文字,而且《定历玉衡》上的《天地图》明显地就是根据利玛窦世界地图而加工制成的。这说明张雍敬是看到过利玛窦世界地图的,只是我们不能确定他看到的是原图还是摹本。

明清两朝中国学者对西方科学的论述不少,但多数为包括宫廷御用学者在内的上层知识分子所撰,学术界对这些人的研究也比较多。相比之下,民间学者的著述极少存世,学术界对他们的研究也很少见。我们认为,就利玛窦地图在中国的影响而言,张雍敬的《定历玉衡》有特殊的价值。它在某种程度上反映了当时中国民间学者对西方地图学知识的观点和态度:他们在接触利玛窦传入的新知识后进行过思考和研究,但他们的认识还是相当肤浅和有限的,不能把握西方地理学的实质,并受到中国传统观念的重重束缚。在这种条件下凑合中西地理知识而绘制出来的《天地图》就只能是一个不伦不类的作品。

六、《天文图说》中的《大地圆球五州全图》和《亚细亚一大州图》

在浙江图书馆中,保存着一部名为《天文图说》的抄本,现已收入续修四库全书中。① 书中有这样的署名"崇祯壬申岁孟夏望日昆明后学松石主人袁启集"。崇祯壬申年，即1632年。因此，该书被认作是明末的一个抄本。但书中的内容表明，此说有误。因为书中收录了一幅题为《大地圆球五州全图》的世界地图，图中有这样一段注文："横面九万里，纵面四万五千里。揭暄绘"。书中还有一幅《亚细亚—大州图》，图中注明"乙酉揭暄仿绘"。乙酉年，即1645年。《天文图说》既收有1645年所绘的地图，则其完成的时代当在1645年之后，所以它应当是清朝初的一个抄本。

我们知道，揭暄（字子宣）是明清之际的一个重要学者，大约生活在1610至1702年之间。② 清军入关后，参加过南明王朝的抗清斗争，后跟随方以智学习天文历算等，③并颇有研究，梅文鼎称他为"深明西术而又别有悟人"。④ 揭暄的代表作是《璇玑遗述》，此书问世后，"争传者几履满户外矣"。⑤ 他深受方以智的影响，并与方以智一样主张西学中源说。例如他在《璇玑遗述》中曾写道：西方传教士介绍到中国的欧洲地圆理论，实际上"始于郭守敬，而详于西氏"。⑥

在《大地圆球五州全图》上，"福岛"两字被故意割成两半，分别写在地图东西两端。揭暄在地图左侧有一段文字说明："五大州者，中州亚细亚，西州欧逻巴、利未亚，南州墨瓦蜡泥加，东州南北

---

① 袁启：《天文图说》，续修四库全书本，上海古籍出版社。
② 石云里：《〈璇玑遗述〉提要》，《中国科学技术典籍通汇》（天文六），河南教育出版社。
③ 盛谟：《揭半斋先生父子传》，《中国科学技术典籍通汇》（天文六）。
④ 阮元：《畴人传》卷三十六，《畴人传汇编》（上），世界书局1982年版。
⑤ 何之润："《璇玑遗述》跋"，《中国科学技术典籍通汇》（天文六）。
⑥ 揭暄：《璇玑遗述》卷二《地圆》，续修四库全书本，上海古籍出版社。

亚墨利加。福岛在地北一片,在图则分两头,盖地圆而纸平也,将图环卷,自相接。故折写福岛二字,以待合观。"可见,揭暄是完全理解欧洲制图学原理的。

保存在《天文图说》中的《大地圆球五州全图》,是个椭圆形的世界地图,不过,揭暄在摹绘这幅地图时,把经纬线都省略了。明朝末年,在中国绘制过这类椭圆形世界地图的西方传教士有利玛窦和艾儒略。那么,保存在《天文图说》中的那幅揭暄摹绘的《大地圆球五州全图》是来自利玛窦呢还是来自艾儒略呢?我们认为,《大地圆球五州全图》应当是摹自艾儒略的《万国全图》。一个明显的证据是,在《大地圆球五州全图》上,美洲沿海的东太平洋被称作"小东洋","大东洋"则被标在现在的大西洋上。这与艾儒略的《万国全图》完全相同。而在现存的利玛窦世界地图《坤舆万国全图》及《两仪玄览图》上,"小东洋"被标在日本附近,是指西太平洋地区,"大东洋"则被标在现在美国加州附近,是指东太平洋地区。此外,在利玛窦的世界地图上,现在的挪威北部标有"诺尔京",对照当时欧洲出版的世界地图(也是利玛窦主要依据的底本),①此词是"Noruegia"之音译。在"诺尔京"下面,利玛窦在地图上又标上一个"矮人国"。但在艾儒略的《万国全图》上,没有"诺尔京"这个地名,但把"矮人国"几个字北移到利玛窦所标"诺尔京"的地方。在揭暄摹绘的《大地圆球五州全图》上,如同艾儒略的地图一样,没有"诺尔京",却有"矮人国"。而且,在艾儒略的《万国全图》上,连接"矮人国"与欧洲大陆的陆地被画得过于狭小,揭暄在

---

① Abraham Ortelius, *Theatrum Orbis Terrarum*, Antwerp, 1570; London, 1606.

摹绘时可能把这条狭小的陆地忽略了,误将"矮人国"绘成欧洲大陆以北的一个孤立海岛。揭暄的另一处错误是,把北美洲的"新拂郎察"误为"拂郎察"。所谓的"拂郎察",是指欧洲的法国(今译作法兰西),而"新拂郎察"则是指法国在北美洲的殖民地"新法兰西"。

《天文图说》中揭暄所摹的另一幅地图是《亚细亚一大州图》,揭暄在图旁还加上一段文字说明:亚细亚洲"西起那多里亚,东至亚泥符峡一百一十八度。南起爪哇,北至冰海八十四度,东西二万九千五百里,南北二万一千里"。这段文字在艾儒略的《职方外纪》中是:"其地西起那多理亚,离福岛六十二度;东至亚尼俺峡,离一百八十度;南起爪哇,在赤道南十二度;北至冰海,在赤道北七十二度。"①而利玛窦在他的世界地图上,对于亚洲的界限是这样表述的:"若亚细亚者,南至苏门答腊、吕宋等岛,北至新曾白蜡及北海,东至日本岛、大明海,西至大乃河、墨河的湖、大海、西红海、小西洋。"比较一下,可以清楚地知道,揭暄的《亚细亚一大州图》也是来自艾儒略的《职方外纪》,而不是利玛窦的作品。

虽然《天文图说》中揭暄所摹的两幅地图都来自艾儒略而非利玛窦,但此书中的其他许多内容却是从利玛窦的《坤舆万国全图》或《两仪玄览图》上抄录下来的。如《九天地球诸星总论》,实际上是把《坤舆万国全图》右侧的序文《地与海本是圆形而合为一球》与地图左侧的《论地球比九重天之星远且大几何》两文进行删节后汇编而成的,并把利玛窦写在地图中间的署名"万历壬寅(1602年)

---

① 艾儒略著,谢方校释:《职方外纪》卷一,中华书局1996年版,第32页。

孟秋吉旦欧逻巴人利玛窦谨撰"改作"万历戊戌(1598年)孟冬谷旦欧逻巴人利玛窦撰"放到这里作为署名;《天地仪图》即利玛窦世界地图右下方的《天地仪图》;《周天黄赤二道错行中气界限图》及其文字说明,在利玛窦世界地图中出现在左下方;《四行解》录自利玛窦世界地图右上角"《四行论略》曰"中的内容,并把利玛窦写在《周天黄赤二道错行中气界限图》后面的文字"欧逻巴人名为曷捺楞马云"改作"欧逻巴人曷捺楞马著"作为署名;①《天文图说》抄录了利玛窦写在世界地图下方的"看北极法",但不知为什么把作者题作"崇祯壬申岁(1632年)仲春望日无障道人述";此外,袁启还辑录了利玛窦世界地图上的《九重天图》、《日蚀图》、《月蚀图》及其文字说明。

《天文图说》中还有《中星解》一文,署名为"万历庚戌岁(1610年)孟冬望日袁启识",此文当为袁启自己所撰。

综上所述,我们认为,浙江图书馆所藏《天文图说》抄本的形成过程应当是这样的:1632年,袁启编辑了此书;清朝初年,有人又将揭暄的地图加到袁启的抄本中,于是就有了我们现在所见到的抄本。揭暄所摹的两幅地图,在其他地方尚没见到过;《天文图说》还抄录了利玛窦的许多论述。因此,此书反映了明清之际欧洲传教士对中国人的影响,反映了近代西方科学在中国的流传。这可能也就这部抄本的主要价值之所在。

---

① 利玛窦所说的"曷捺楞马"是"Analemma"(意为"升得高高")的音译,它其实不是人名,而是古希腊一种测量高度与距离的方法,也有人用此名作为书名。参见 J. B. Harley and D. Woodward, *The History of Cartography*, vol. 1, University of Chicago Press, 1987, 第 232 页注 66。

七、余论：从地图看利玛窦的影响

自清朝建立至 19 世纪中期，利玛窦所引入的西方地理知识就是在以西学中源说为主流的思想背景下得以传播的。保证这个传播过程可以持续开展的一个动力，是一批又一批欧洲传教士踏着利玛窦的足迹不断来到中国，他们通过著书立说，继续介绍西方地理学。[①] 就西方地理学知识而言，利玛窦和他们是融为一体的，难以区分出来加以分析。在汉文著作中，有的明确说明引用了利玛窦的著作，例如焦廷琥的《地圆说》即引用了利玛窦的《乾坤体义》；直到 19 世纪中期魏源(1794—1857)在其放眼看世界的名著《海国图志》中，也还摘引了《利玛窦地图说》。[②] 有的著作，虽然没有注明引自利玛窦，但实际上也主要依据他的著作，例如清代李明彻《圜天图说》中的《地球图总说》，显然来自利玛窦。[③] 而在更多的汉文著作中，利玛窦与其他传教士的著述被混杂在一起，无法分辨。尽管如此，有些地理知识的源头还是可以追溯到利玛窦。其中最主要的内容就是关于经纬度的距离。

我们知道，在近代早期，欧洲人认为地球是个完全的圆球，南北直径与东西直径相等，一个经度之间的距离与一个纬度之间的距离也相等。所以利玛窦在他的世界地图上写道："则不特审地形

[①] 在天文学、地理学方面，除了前面已提及的艾儒略、熊三拔外，较为重要的还有阳玛诺(Emmanuel Dias Junior，1574—1659，1610 年入华)、汤若望(Jean Adam Schall Von Bell，1592—1666，1619 年入华)、南怀仁(Ferdinand Verbiest，1623—1688，1658 年入华)、蒋友仁(Michel Benoist，1715—1774，1744 年入华)等。

[②] 魏源:《海国图志》卷七十五，岳麓书社 1998 年版。

[③] 李明彻:《圜天图说》卷下，四库未收书辑刊本，北京出版社。

果圆,而并证地之每一度广二百五十里,则地之东西南北各一周有九万里实数也。"利玛窦之后,地球东西距离与南北距离相等、一个经度之间距离与一个纬度之间距离相等的观念逐渐被普遍接受,在专业学者中间几乎成了定论。18世纪前期,法国国王路易十四授权巴黎科学院向南美和北极地区分别派出考察队进行测量,最后证明地球的形状为扁球体。① 1760年,法国来华传教士蒋友仁绘制了《坤舆全图》并撰写《坤舆图说》,作为庆祝乾隆皇帝五十寿辰的礼物。蒋友仁向中国人全面介绍了西方最新的科学成就,包括哥白尼的日心地动说,法国科学家不久前所进行的证明地球为椭圆形的测量工作。② 蒋友仁在《地球图说》的《测量地周新程》中写道:法国国王派人分赴世界各地考察,证明"地球大圈之圆形不等,止赤道为平圆,而经圈皆为椭圆。地球长径过赤道,短径过两极。……新法测得赤道各度一百九十五里十七丈二尺一九五八,若此数以三百六十乘之,得赤道周围六万九千一百三十四里七十八丈九尺七。经圈上之初度一百九十里一百十八丈三尺,第四十度一百九十一里九十五丈四尺,第九十度一百九十二里一百四十六丈八尺。总合经圈上诸度之里数,则得经圈周围六万九千零二十四里一百零二丈七尺"。③ 这里,蒋友仁明确地说,地球南北长度与东西长度是不相等的,一个经度之间的距离与一个纬度之间的距离也是不相等的;无论一个经度之间的距离还是一个纬度之

---

① 阿尔夫雷德·赫特纳:《地理学》,商务印书馆1997年版,第75页。崔振华、陈丹:《世界天文学史》,吉林教育出版社1993年版,第151—152页。
② 石云里:《〈地球图说〉提要》,《中国科学技术典籍通汇》(天文卷)第七册,河南教育出版社1998年版。陈美东:《中国科学技术史》(天文学卷),科学出版社2003年版,第720—721页。
③ 蒋友仁:《地球图说》,丛书集成初编本。

间的距离,都不到 200 里。

但是,蒋友仁所介绍在这些欧洲科学新成就却遭到了钱大昕、阮元等当时学界权威的抵制。有意思的是,阮元在为蒋友仁《地球图说》所作的序中,引述了梅文鼎"地之正圆无疑"、每一度"二百五十里"之类的文字,而这些观点,正是利玛窦首先传播到中国来的。即使在鸦片战争之后,在徐继畬(1795—1873)的名作《瀛寰志略》(初刻于 1848 年)中,还是沿用了地球为完全球形、每一度二百五十里的观点。他说:"地形如球,以周天度数分经、纬线,纵横画之,每一周得三百六十度,每一度得中国之二百五十里。"①利玛窦在中国的影响由此可见一斑。

利玛窦撰写的文字直接或间接地在中国流传着,而他所绘制的世界地图却遭到了另一种命运。

在利玛窦生前,他的世界地图大量印行,被学者们广为传阅和摹刻。明清鼎革之际,虽然还可见到《坤舆万国全图》,甚至可能还刻版印刷过,但流传已经不广。到了 1700 年前后,利玛窦世界地图更是难以觅见。清宫中无疑保存着若干幅与利玛窦有关的世界地图(目前南京博物院所藏的彩绘本《坤舆万国全图》和辽宁省博物馆所藏的《两仪玄览图》就是来自宫廷),民间则极其稀罕。这样,除了几个翰林学士外,绝大多数人是无缘目睹利玛窦地图的。所以,清代文人中虽然有不少人直接或间接地引述过利玛窦的著作,但极少有人提到利玛窦地图。利玛窦去世后,他的地图已不易获见,人们自然也就不可能把它摹绘到书中了,而只能根据章潢、冯应京等人著作中的地图进行翻刻,其结果是,越翻刻就越走样,

---

① 徐继畬:《瀛环志略》卷一,上海书店 2001 年版,第 1 页。

甚至出现了像《天象仪全图》中《坤元图》这样粗陋不堪的摹本。①进入清代,即使利玛窦图的摹绘本也很稀见,张敬雍的《定历玉衡》中保存了半幅利玛窦世界地图,就我们目前所掌握的资料来看,他可能是最后一个摹绘过利玛窦图的人。总之,就利玛窦图本身而言,其基本过程是从影响广泛渐渐走向湮没无闻。到了康熙末年,利玛窦世界地图的影响已基本消失。

为什么会出现这样的情况呢? 对于这个问题尚缺乏专门研究。② 我们认为其原因在于:1. 利玛窦世界地图是一种特殊的印刷品,刻版繁杂,制作不易。他在世时此图之所以能大量印行,主要原因在于利玛窦本人以极大的热情去绘制地图以及一些中国友人努力刊印。他去世后,这个前提不复存在。2. 利玛窦世界地图是一种大型挂图,面积很大,容易破损,更不便转运和储藏。那些已经在社会上流传的世界地图,极易在各种天灾人祸中毁坏,能够得以传世者甚少。3. 利玛窦世界地图诞生于明朝就要灭亡之时,在明清更替的动荡岁月中,人们难以保全利玛窦地图或其版子。3. 除了像李之藻这样极少数几个学者,大多数人并没有真正理解和接受利玛窦传入的地理知识,他们并没有把利玛窦地图当作科学知识的载体,而更多地将它视为一种可供欣赏的装饰品。装饰品或奢侈品一旦毁掉,固然可惜,但也没有必要想法设法使其复活。只有一个作品成为某种知识来源和研究对象时,人们才会觉得它不可或缺,众多研究者的关注可能使它得以流传,即使它因为某种原因毁掉了,也可能有人千方百计地对它进行复制。4. 利玛

---

① 徐敬仪:《天象仪全图》,续修四库全书本,上海古籍出版社。
② 这方面的主要文章有陈观胜:《利玛窦对中国地理学之贡献及其影响》,《禹贡》第5卷第3—4合刊,1935年。

窦之后，不少传教士相继来到中国，他们带来最近的世界地理新知识，并绘出内容更加丰富的世界地图，其中最为主要的有艾儒略的《职方外纪》及其《万国全图》，南怀仁的《坤舆全图》和《坤舆图说》，蒋友仁的《坤舆全图》和《地球图说》。与逐渐成为古物的利玛窦世界地图相比，这些传教士所绘的世界地图对于中国人来说不仅更加新颖，而且更易见到，这样也就会更多地被人摹刻。

进入18世纪，利玛窦等许多传教士所绘的地图越来越不易获见了，流传较广的，则是南怀仁的《坤舆全图》。

19世纪中期，鸦片战争的炮火震醒了中国知识分子中的先觉者，一批世界地理著作随之问世。徐继畬的《瀛寰志略》即是其中较有代表性的一部。1849年刘鸿翱在为此书所作的序中明确写道，他曾读过南怀仁的地图："吾阅康熙年间西洋怀仁《坤舆全图》，周围九万里，宇中山川、城郭、民物，了如指掌。"①

20世纪末，在石家庄博物馆发现一幅珍贵的汉文世界地图，名为《万国大地全图》，绘制者是河北沧州人叶子佩，1845年初刻，1851年重刊。这幅地图的资料来源有两个，一是南怀仁的《坤舆全图》，一是李兆洛的《皇朝一统舆地全图》。在这幅《万国大地全图》上，叶子佩之兄叶芸士写道："弟于十年前绘《坤舆全图》，误者十之六，五年前又绘一图，所本乃西洋原本，但标题皆西洋字，不知国名尚十之四。今来历下，铁瓢老人示以南怀仁《坤舆图》，国名略备，而无考者乃十之五。"叶子佩自己写道："初得庄廷旉《地球图》，又得《西洋地球图》、《南亚墨利加州》西洋原版图，陈伦炯《海国闻见录·地球一面图》，王鎏《海录·地球一面图》，《东西洋考》、《武

---

① 徐继畬：《瀛环志略》，第2页。

备志》航海各图,于大地全形粗得梗概。今岁来历下,得识汤湘南老人,老人博雅多识,出南怀仁《坤舆全图》见示,心目顿觉豁然。"而铁瓢老人湘南汤景则讲述了这幅南怀仁《坤舆全图》的来历:"余家藏南怀仁《坤舆全图》,乃显邸赠先叔祖药冈公者。"①可见到了19世纪中期,南怀仁的世界地图在民间还有收藏。

从利玛窦开始,一批批的欧洲传教士不远万里来到中国,带来了当时西方的先进科学技术。要全面掌握他们对中国科技所产生的影响,需要我们以同样认真的态度从大量原始资料中进行梳爬整理,还需要东西方学者共同合作,发掘史料、互通信息。鲁汶(leuven)大学南怀仁文化协会主办的国际学术会议,为各国的学者提供了一个重要的交流机会。真诚地祝愿它越办越好。

---

① 上述引文均见李胜伍主编:《清代国人绘刻的世界地图〈万国大地全图〉》,中国大百科全书出版社2002年版。

附图:

拉文塔 4 号祭坑中的玉版
(古代美洲奥尔梅克玉器匡谬)

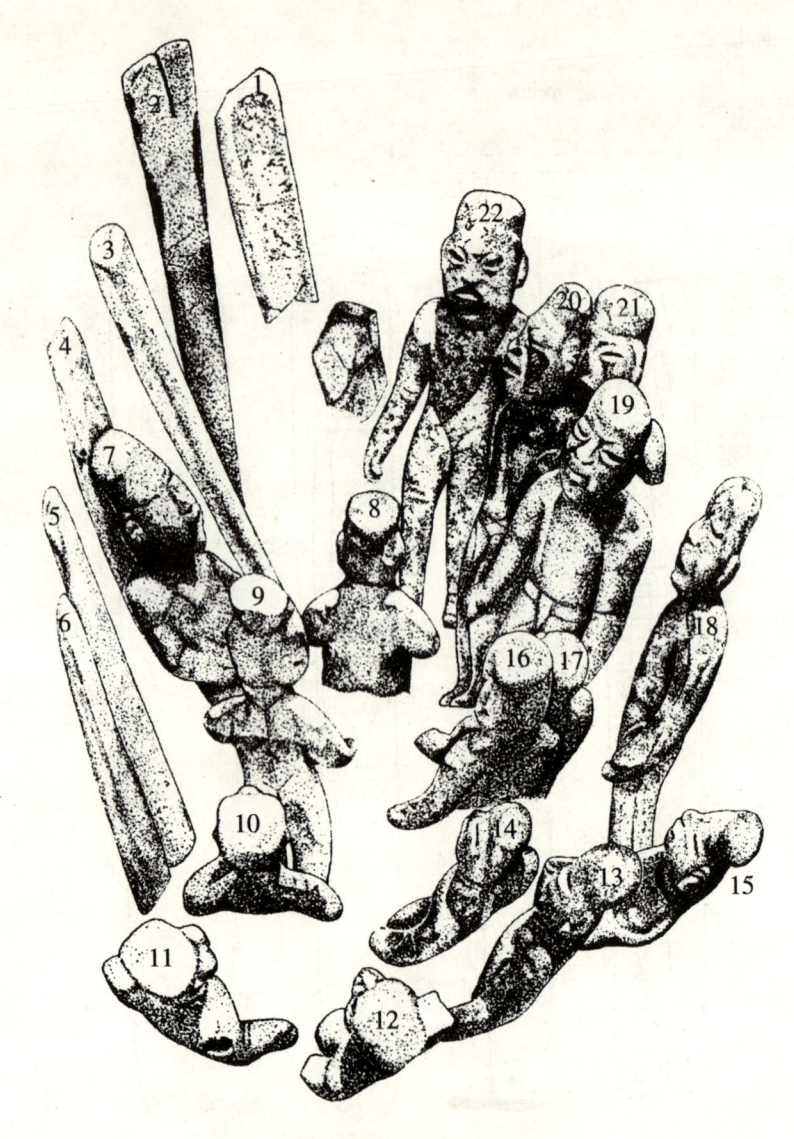

438　下　编

拉文塔 4 号祭坑中的玉人及玉版

（古代美洲奥尔梅克玉器匡谬）

附 图 439

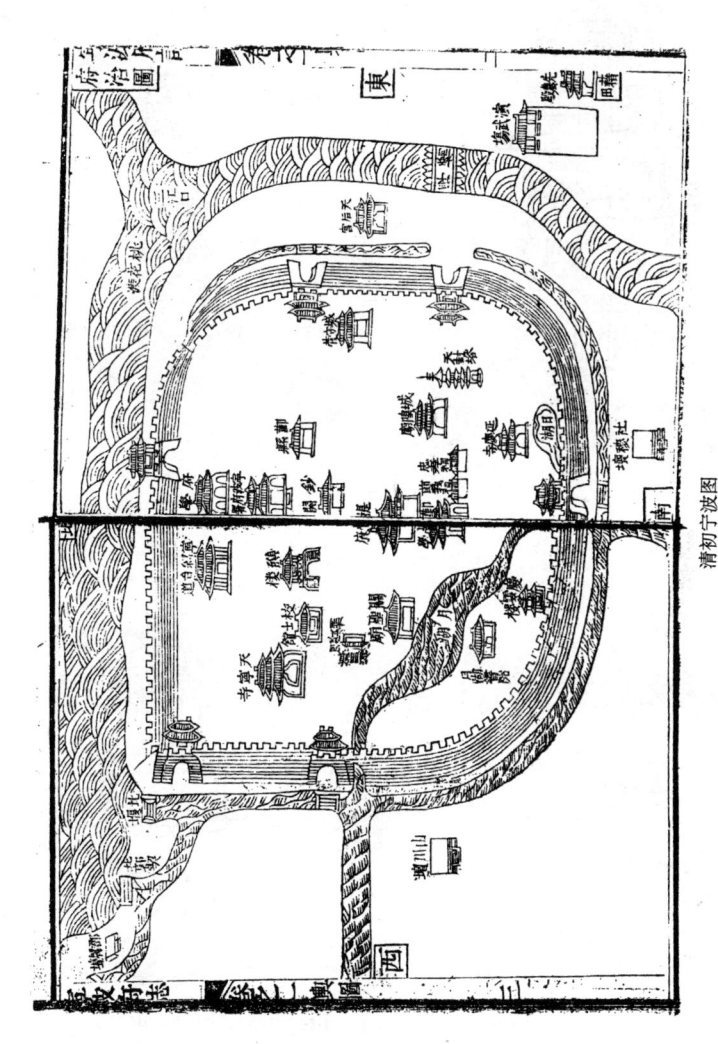

清初宁波图
（宝云又通）
《雍正宁波府志》中的宁波城区图
（欧洲人对宁波的最早记述:文献与地图）

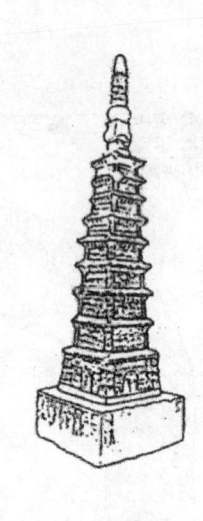

左：云冈21窟塔心柱　右：北魏九层石塔

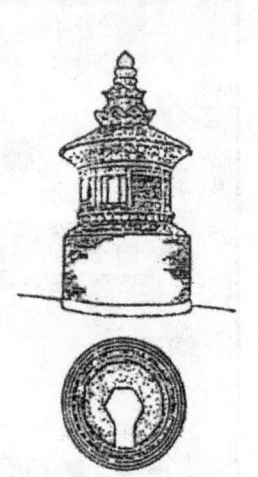

左：山西五台县佛光寺祖师塔　右：山西运城县泛舟禅师塔

佛国寺 1
(佛国寺双塔与中国古塔的比较研究)

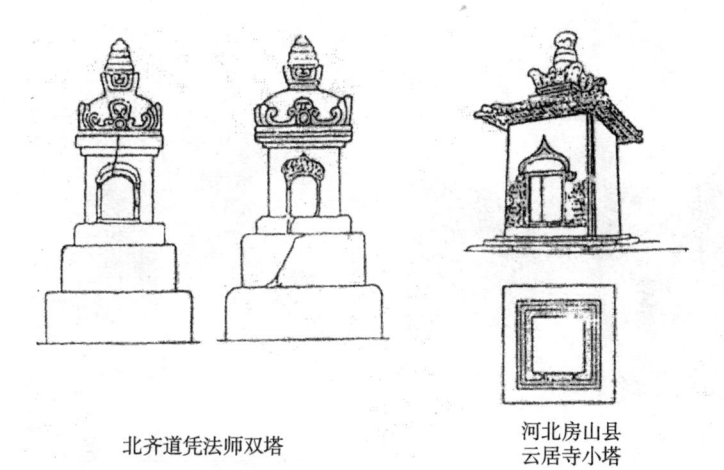

附　图　441

北齐道凭法师双塔　　　　　河北房山县
云居寺小塔

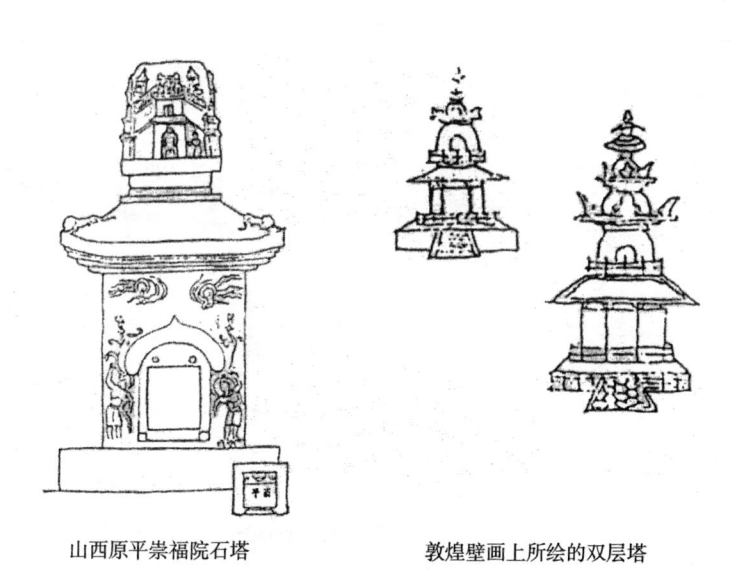

山西原平崇福院石塔　　　敦煌壁画上所绘的双层塔

佛国寺 2

（佛国寺双塔与中国古塔的比较研究）

韩国佛国寺多宝塔(左)与释迦塔(右)

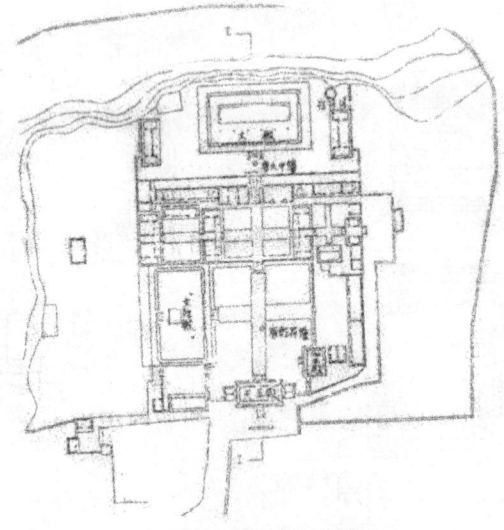

山西五台县佛光寺平面图

佛国寺 3

(佛国寺双塔与中国古塔的比较研究)

附 图 443

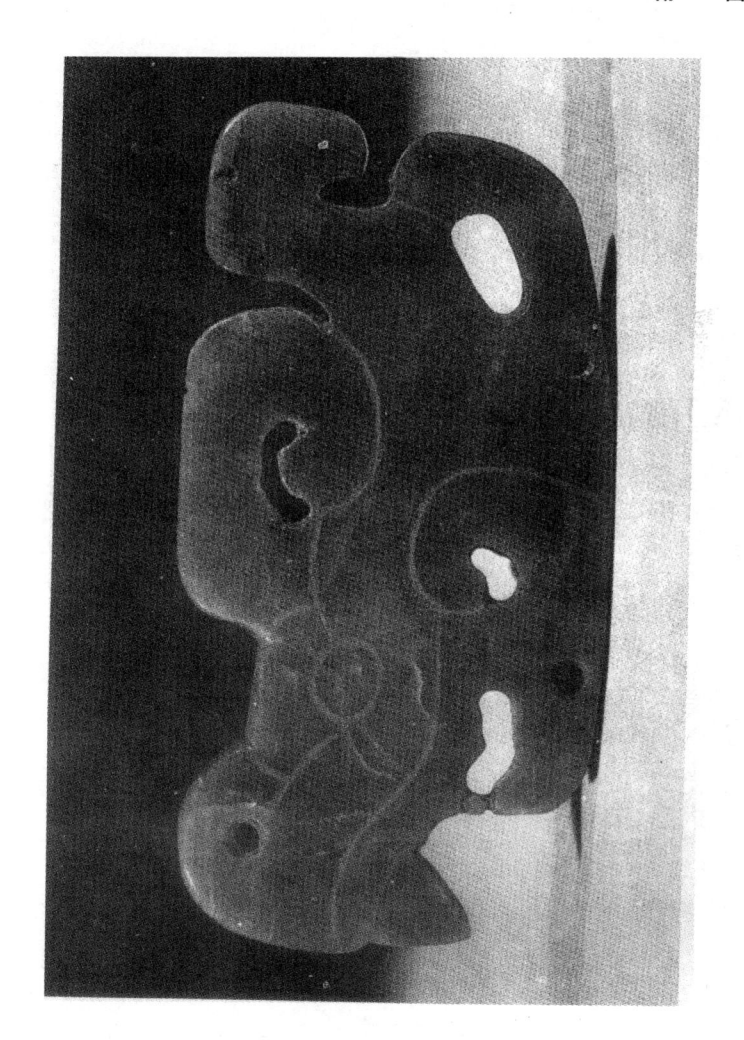

奥尔梅克文化玉器
(古代美洲奥尔梅克玉器匡谬)

444 下 编

瓜地马拉石镜上的太靖式纹饰

中美洲石刻上的太靖式纹饰

中国周朝铜镜上的纹饰

中国周秦时代铜镜上的纹饰

古代中国与美洲的艺术图案
(古代美洲奥尔梅克玉器匡谬)

附　图　445

中国周代青铜器上的纹饰

中美洲石雕上的纹饰

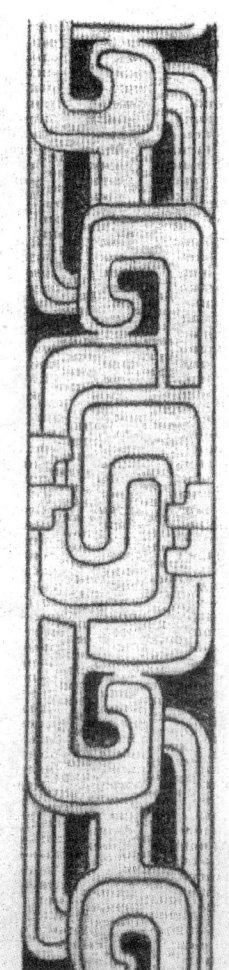

中美洲石雕上的纹饰

古代中国与中美洲的艺术纹饰
（古代美洲奥尔梅克玉器匡谬）

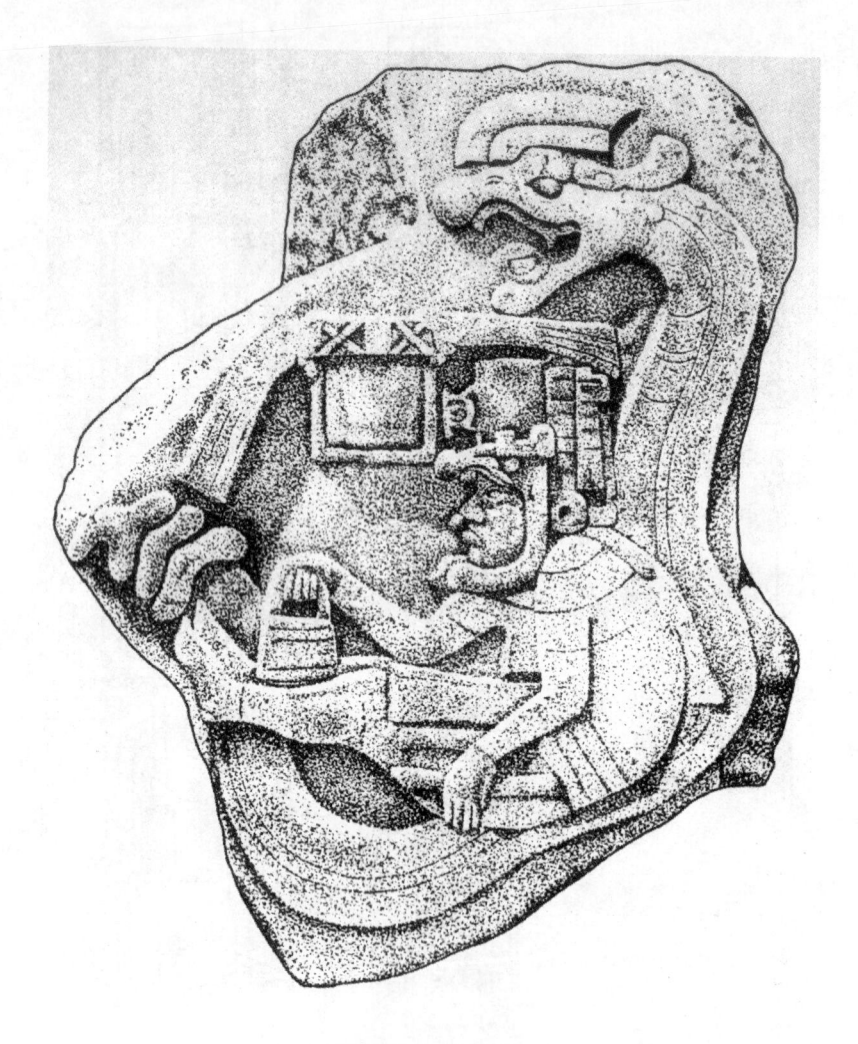

拉文塔 19 号石碑

（古代美洲奥尔梅克玉器匡谬）

附　图　447

古代印度的石雕

墨西哥古印第安人的石雕

美洲与印度的浮雕
(古代美洲奥尔梅克玉器臣谬)

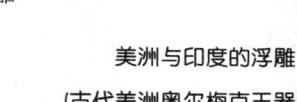

448 下编

a. 印度尼西亚的翼子板
b. 墨西哥的翼子板
c. 塞尔瓦多的翼子板
d. 科斯达利加的翼子板
e. 墨西哥的翼子板
f. 印度尼西亚的翼子板
g. 墨西哥的翼子板

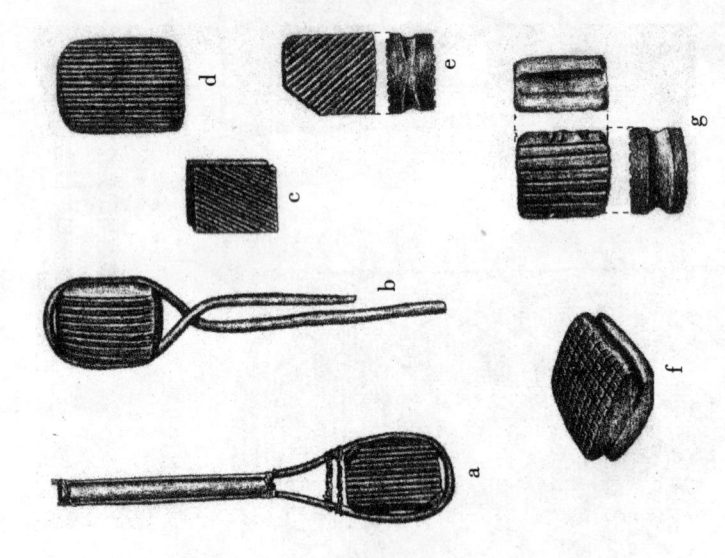

美洲与印尼的翼子板
(古代美洲奥尔梅克玉器匡谬)

附　　图　449

叙利亚发现的腓尼基人车子　　　　中国汉代车子

墨西哥发现的车子　　　　墨西哥发现的车子

世界各地发现的车子模型
（关于古代中国与美洲的交往问题）

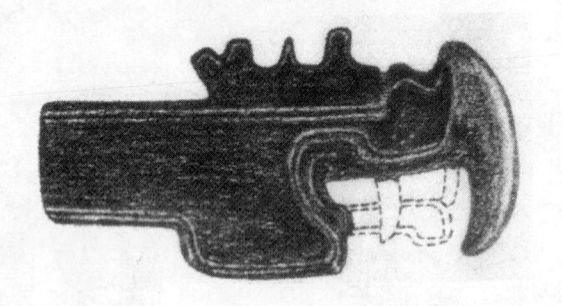

美洲奥尔梅克文化玉器上的动物纹

中国商代青铜器上的动物纹

中国与美洲的动物纹饰

（关于古代中国与美洲的交往问题）

附　图　451

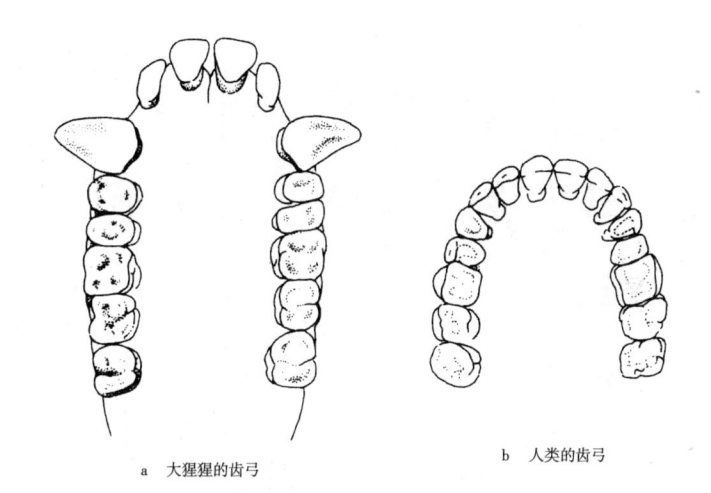

a　大猩猩的齿弓　　　　　b　人类的齿弓

大猩猩与人的牙齿齿弓
（关于人类起源的几个问题）

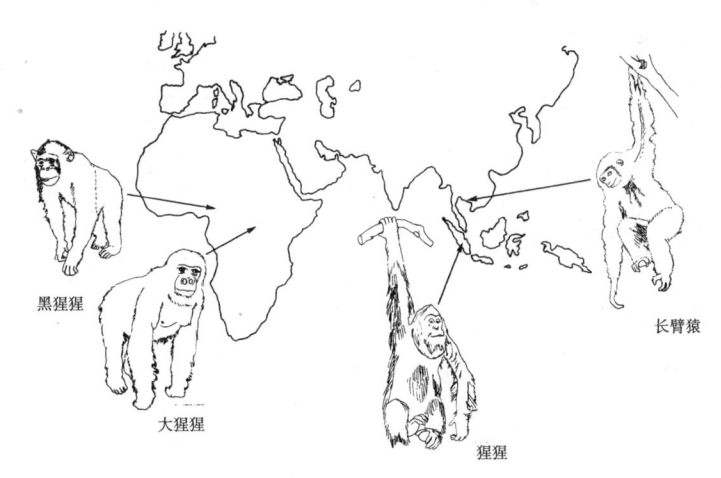

黑猩猩　　大猩猩　　猩猩　　长臂猿

现生世界上的四种猿类
（关于人类起源的几个问题）

跳跃

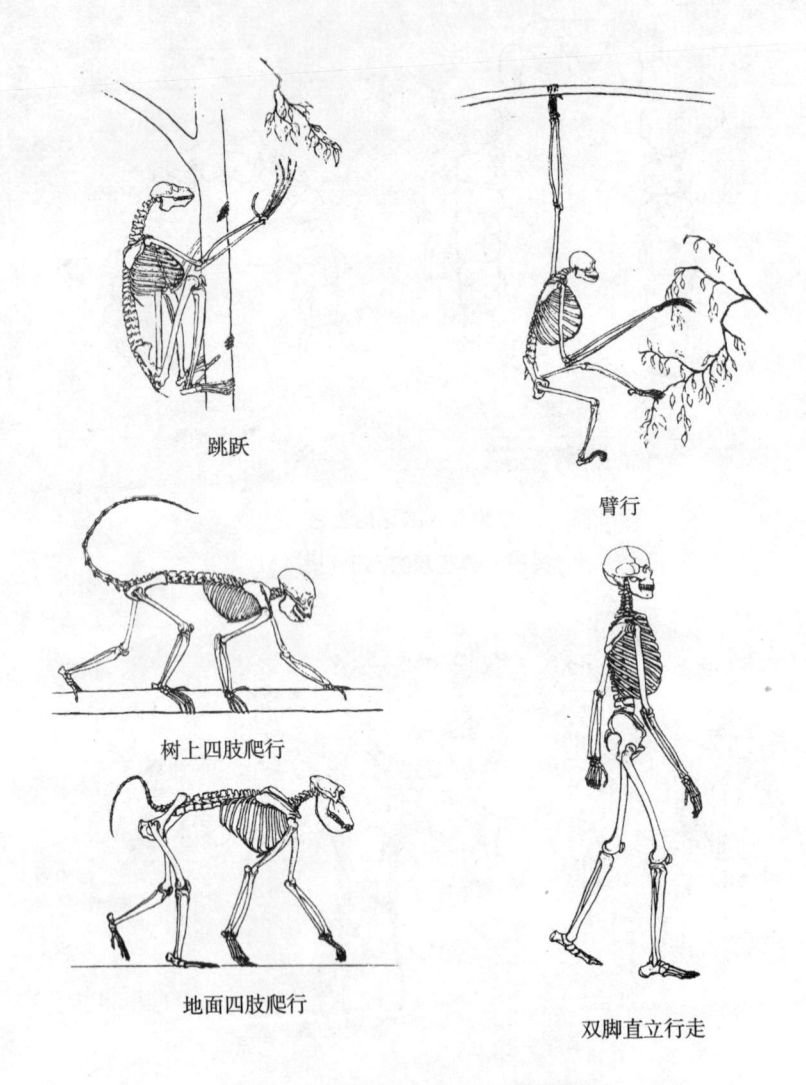

臂行

树上四肢爬行

地面四肢爬行

双脚直立行走

不同动物的行走方式及骨骼结构
(让我们脚踏实地地迈向新世纪)

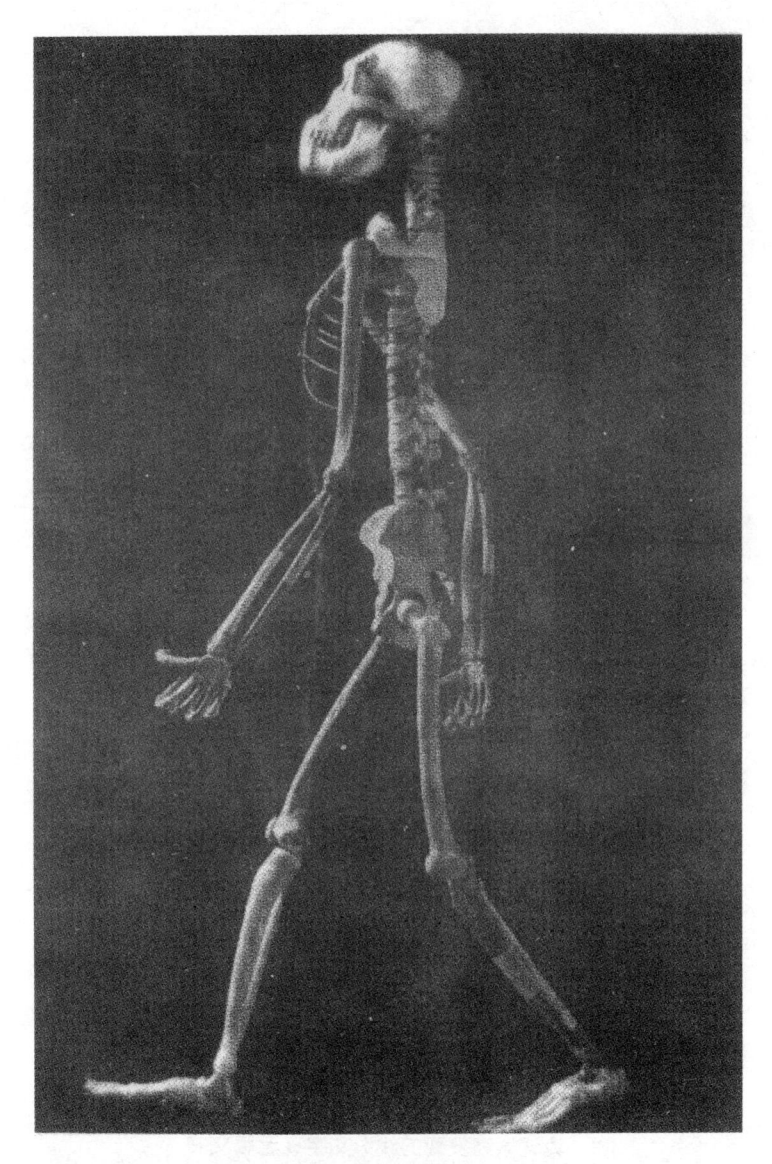

附 图 453

露茜骨架复原图
（让我们脚踏实地地迈向新世纪）

454 下 编

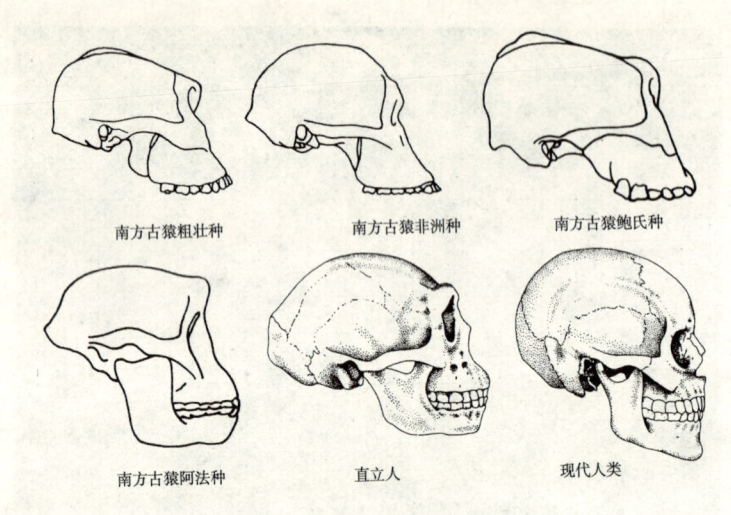

南方古猿粗壮种　　南方古猿非洲种　　南方古猿鲍氏种

南方古猿阿法种　　直立人　　现代人类

南方古猿与早期人类的头颅

（现代人类起源的理论问题）

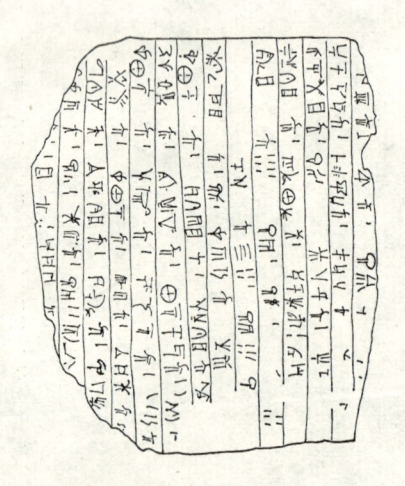

克诺索斯发现的线形文字 B 泥版文书

（线形文字 B 及其释读）

附 图 455

派罗斯发现的线形文字 B 泥版文书
（线形文字 B 及其释读）

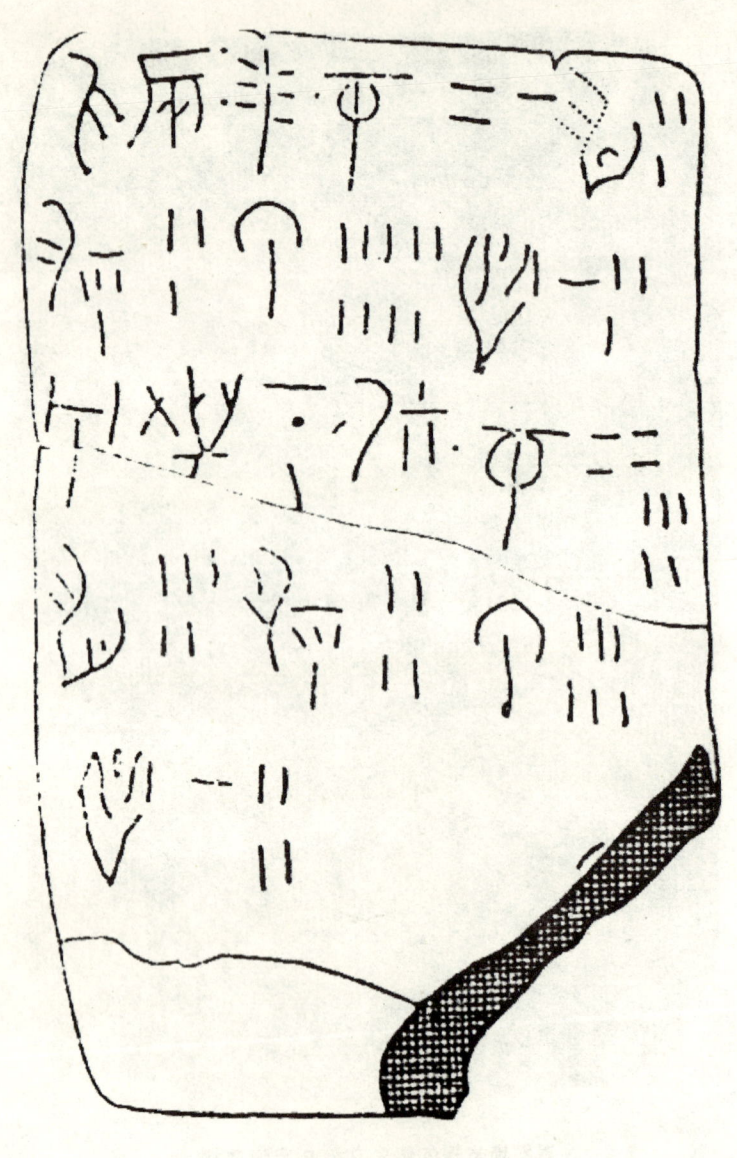

线形文字 A 泥版

（线形文字 B 及其释读）

附　图　457

白铜烛台底下的中文文字 22
（中西文化交流的物证）

白铜烛台上变形了的科林斯式柱头
（中西文化交流的物证）

后记:让人类的求知欲在现代大学中自由翱翔

1982年,我考取世界古代史专业的硕士研究生,开始进行学位论文的选题。当时杭州的外文资料还不多,只得赴北京查阅。在中国社会科学院考古研究所的资料室里,我第一次读到了一本题为 *The Decipherment of Linear B* 的小书,并为书中的内容所深深地吸引。正是在此书的影响下,我最终选取了古希腊迈锡尼时代作为自己毕业论文的题目。一晃二十多年过去了,期间无论是我们的国家、学术界,还是我的个人生活都发生了重大变化,但是,那本小书主人公的形象却始终萦绕在我脑海中:一个名叫Michael Ventris的英国人,14岁上中学时因为在伦敦听了一场关于克里特文明及线形文字的考古学讲座而产生了强烈的兴趣;后来他选择了建筑师为自己的职业;第二次世界大战时,他应征入伍,成了英国皇家空军中的一名轰炸机飞行员;战争结束后,他又去做建筑师,并有不俗表现;但是,他一直没有忘记自己在中学时候的志趣,在业余时间里不断研究线形文字,最终于1952年成功地释读了这种当时世界上没有一个人能够读懂的古代死文字。

Michael Ventris为什么要把有限的生命花费在这种不能带来任何实际利益的业余研究上呢?他为什么没有把宝贵的精力全

部投入到获取物质报酬的活动中去呢？在一个物欲横流的社会中，根据高度物化了的学术标准，他的行为简直有点愚蠢。但是，令人惊奇的是，在人类的历史上，古今中外，像 Michael Ventris 那样的人比比皆是，不胜枚举：谢里曼，商博良，罗林森，罗振玉，王国维，等等。这些人的事迹，只能说明一个事实：人类除了对现实物质利益的追求外，还有精神上的追求。导致人类进行这类精神追求的根本原因，在于人类天生的求知欲。人类的求知欲，既体现在对自然现象的探求上，又体现在对社会现象的探求上，还体现在想知道过去发生了什么。正是有了求知欲，所以，人类才不同于其他生物；正是有了求知欲，人类才有不断积累的知识；正是有了求知欲，人类的生活才显得崇高、有意义；正是有了求知欲，才有了科学与教育。在人类的求知欲面前，所有学科一律平等。

早在 2000 多年前，古希腊文化的集大成者亚里斯多德在其《形而上学》的一开头就明确地写道："求知是所有人的本性。……在各门科学中，那为着自身，为知而选择的科学比那为后果的科学，更加智慧。……不论现在，还是最初，人们都是由于好奇而开始哲学思考的。……一个感到疑难和好奇的人，便觉得自己无知（所以，在某种意义上，一个爱智慧的人也就是爱奥秘的人，奥秘由好奇构成）。如若人们为了摆脱无知而进行哲学思考，那么，很显然他们是为了知而追求知识，而并不以某种实用为目的。……显然，我们追求它并不是为了其他效用，正如我们把一个为自己，并不为他人而是人的人称为自由人一样，在各种科学中惟有这种科学才是自由的，只有它才仅是为了自身而科学。"（亚里斯多德：《形而上学》第一卷，苗力田编：《亚里斯多德选集：形而上学卷》，中国人民大学出版社 2000 年版，第 3—10 页。）

为知识而求知，让科学像一个自由人一样为自己而活，而不是像奴隶一样为他人而活，让科学成为自己的主人。这是亚里斯多德所追求的理想，这也是人类知识所向往的最高境界。但是，在古代中国，这样的思想却难以见到。稍晚于亚里斯多德的中国古代思想家荀子就曾这样写道："凡事行，有益于理者立之，无益于理者废之，夫是之谓中事。凡知说，有益于理者为之，无益于理者舍之，夫是之谓中说。事行失中谓之奸事，知说失中谓之奸道。奸事、奸道，治世之所弃而乱世之所从服也。若夫充虚之相施易也，坚白、同异之分隔也，是聪耳之所不能听也，明目之所不能见也，辨士之所不能言也，虽有圣人之知，未能偻指也。不知，无害为君子；知之，无损为小人。工匠不知，无害为巧；君子不知，无害为治。王公好之，则乱法；百姓好之，则乱事。而狂惑、戇陋之人，乃始率其群徒，辩其奸说，明其辟称，老身长子，不知恶也。夫是谓之上愚，曾不如好相鸡狗之可以为名也。"(《荀子·儒效》)在荀子看来，人类的知识分为有用的与无用的两大类，其中无用的应当坚决予以抛弃，只有那些有用的，才值得人们花费精力去研究。为什么亚里斯多德与荀子对于知识的思想会如此不同？是不是因为中华民族所面临的现实问题实太多、所经历的苦难太多，根本不允许学者们有闲情逸致去探究那些以满足人的智力爱好为惟一目的而没有任何现实意义的"形上"之学？这个问题很有意思。

孟子曾提出一个关于"大丈夫"的标准："富贵不能淫，贫贱不能移，威武不能屈"(《孟子·滕文公下》)。千百年来，这一人格标准一直为中国人所崇尚。但是，在古代中国，没有人把这个标准移加到知识上，没有人倡导人类知识的独立地位。所以，我们看到，在漫长的岁月中，知识或屈从于权力，或屈从于财富，或屈从于暴力,而没有获得"自由人"的自主身份,就像亚里斯多德所倡导的一样。就像中华民族曾经历经了无数的磨难一样,人文知识在中国历史上也是多灾多难的。在封建社会中,人文知识由于受到了封建帝王及封建体制的特殊恩宠而无法得到自由的发展,结果是发育不全,成了一个畸形的怪胎。历史还告诉我们,人文知识曾经在"文化大革命"的名义下备受摧残。同样,如果用科学的名义扼杀科学的灵魂、用"器"的标准强暴"理"的原则,那么,最后的受害者将不是某个学科,而是整个民族。

荀子提出,要抛弃那些没有实用价值的知识,只研究那些有用的知识,因为,对于那些没有用的知识,"不知,无害为君子;知之,无损为小人。工匠不知,无害为巧;君子不知,无害为治。王公好之,则乱法;百姓好之,则乱事。"荀子的议论振振有词,实际上,古代中国对于那些没有用的"知说"确实是进行排斥的。但结果呢?与荀子所设想的正好相反。在中国历史上,我们所看到的是,形形色色的"小人"或"伪君子"要大大多于正直的君子;各行各业的工匠们虽然用自己的双手创造出了辉煌的科技成就,但是,近代科学并不是在中国诞生的;中国古代社会虽然压制了科学技术,但是,统治者们却没有因此而得以长治久安,事实上,从来没有一个民族像中华民族那样多灾多难。相反,在倡导研究那些无用之"知说"的西方,出现了近代科学,出现了工业革命,出现了高等教育体系,并且依仗着发达的科技最终打开了中华帝国的大门。直到今天,我们还在为实现现代化而努力奋斗。

今天的我们当然不可能要求整个社会都去研究历史学。因为现代化的特征之一就是世俗化,还有一个特征则是高度的分工。这样,人类探究知识的活动,就逐渐集中到大学中去进行,或者说,大学的一个主要职能就是探究知识以满足人类的求知欲。在这些探究知识的活动中，自然包括了历史学。如果大学都不能容忍历史学的存在的话，那么，在现代社会中，历史学还会有立足之地吗？近年来，不少人讨论过什么是大学。有人说，大学应有宏大的校园；有人说，大学应有一流的大师；有人说，大学要有大爱，等等。其实，近代大学从它诞生的那一天起，就是以对人类求知欲及知识的尊重为特征。大学以宽阔的胸怀，包容着人类各种各样的求知欲，在这里，人类的精神可以自由地探究一切感兴趣的问题，不管它是有用的、没用的，可以带来具体利益的，还是根本不能带来任何利益的。

中华民族所经历的苦难太多了，中华民族的梦想被压抑得太久了，所以，我们迫切地希望早日腾飞。就在我们奋起直追的时候，我们越来越感到了与国外的主要差距，那就是科学技术的落后，因此，经过了二十多年脚踏实地的改革开放后，我们提出了科技创新。当我们在科技领域努力进行创新的时候，不要忘记，知识是一个完整的体系，如果在努力发展某些学科的同时，排斥甚至剥夺某些没有效益的学科的生存权，那么，这样的知识体系是有缺陷的、畸形的，在这种知识体系上所进行的创新活动是无法获得有效支撑的，也是不可能结出所希求的硕果的；我们更不要忘记，任何创新的最终原动力是人的求知欲，如果不尊重求知欲而只盯着科学技术所能产生出来的结果，那么，这样的创新活动是缺乏持久生命力的。这里，我不禁想起了我曾引用过一的句话："好奇心和求知欲一旦没有，科学也就衰落下去了。"（保罗·佩迪什：《古代希腊人的地理学》，商务印书馆 1983 年版，第 186 页。）进入 21 世纪，我们开始以新的姿态昂首挺胸地走向世界，并响亮地提出了要建立世界一流大学的目标。这是一个宏大的志向,也是一个民族的梦想。当我们朝着这一目标努力的时候,不要忘记,在国外的著名大学中,不仅有诺贝尔奖获得者,而且,还有像埃及学、亚述学这类根本不可能产生任何现实利益的学科。如果不建立相应的学科,如何跟国外的一流大学进行交流对话?一个没有一流大学的国家,是不可能成为一流国家的;一个没有一流学科的大学,也是不可能成为一流大学的。

在大学中,必须有历史学的一席之地。同样,对于历史学来说,要想获得这样的一席之地,也必须放眼世界,把握国际学术的发展动态,不断用新的研究成果丰富我们的知识。但遗憾的是,在我国的历史学殿堂中,所见到的常常是陈腐了的知识。例如,正如本书中开头几篇文章所指出的那样,早几十年前,国内外的古人类学研究就已明确地告诉我们,1400万年前的所谓"腊玛古猿"并不是人类的祖先,甚至"腊玛古猿"这个名称也被取消掉了。可是直到今天,在众多大学教材中,依然在大谈什么"人类的祖先腊玛古猿"。像这样一种对国内外科学进展一无所知的历史学,怎么能够在大学中站得住脚呢?中国的历史学,必须重新审视自己。本书中的《迈锡尼时代及其社会制度》等文章,写于十多年前,这么多年过去了,一直没有看到批评文章。这不是一件好事,而是憾事,说明这一方面没有什么进展。要是有一天,有人能够用新的材料对本书中的文章逐一进行认真的更正,指出其中的错误,我将会感到非常高兴,因为这说明了学术的进步。真诚地盼望着这一天的早日到来。

我曾说过,要振兴、发展人文学科,首先要从人文学科的研究者做起:让人文学者高尚起来,让人文学科纯洁起来。

最后，我想感谢浙江大学宁波理工学院的俞庆森教授等人，他们虽然是科技专家，但对人文学科却极其关心。作为一个人文学科的研究者，我在他们的身上，获得了温暖与鼓励，并看到了人文学科的希望。

让人类的求知欲在现代大学中自由翱翔。